Zu den Autoren

Thomas A. Wetzstein, geboren 1960, Dipl.-Pädagoge, ist zur Zeit wissenschaftlicher Mitarbeiter im Fach Soziologie an der Universität Trier.

Linda Steinmetz, geboren 1963, Dipl.-Pädagogin, ist zur Zeit wissenschaftliche Mitarbeiterin im Fach Soziologie an der Universität Trier.

Christa Reis, geboren 1961, Dipl.-Pädagogin, ist zur Zeit wissenschaftliche Mitarbeiterin im Fach Soziologie an der Universität Trier.

Roland Eckert, geboren 1937, Dr. phil., ist Professor für Soziologie an der Universität Trier.

Anja Lentes, geboren 1968, ist studentische Hilfskraft im Fach Soziologie an der Universität Trier.

Alle Autorinnen und Autoren gehören zur ‹Arbeitsgemeinschaft sozialwissenschaftliche Forschung und Weiterbildung› an der Universität Trier.

Thomas A. Wetzstein,
Linda Steinmetz,
Christa Reis, Roland Eckert

Sadomasochismus

Szenen und Rituale

Unter Mitarbeit von Anja Lentes

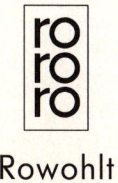

Rowohlt

Das vorliegende Buch basiert auf einem Forschungsprojekt,
das an der Universität Trier, Abteilung Soziologie, durchgeführt
und von der Deutschen Forschungsgemeinschaft (DFG)
gefördert wurde.
Studentische Hilfskräfte im Projekt:
Stefan Lücke, Guida Santos, Fiona Lorenz.

Einmalige Sonderausgabe
September 1995

Originalausgabe
Veröffentlicht im Rowohlt Taschenbuch Verlag GmbH,
Reinbek bei Hamburg, November 1993
Copyright © 1993 by Rowohlt Taschenbuch Verlag GmbH,
Reinbek bei Hamburg
Lektorat Andreas Projahn / Heike Wilhelmi
Umschlaggestaltung Barbara Hanke
(Foto: Fotex / Color Box)
Satz Times und Frutiger (Linotronic 500)
Gesamtherstellung Clausen & Bosse, Leck
Printed in Germany
1600-ISBN 3 499 13826 3

Inhalt

Dies Buch möchte das Leben einer weithin mißverstandenen «sexuellen Minderheit» durch nüchterne Beschreibung für die «Mehrheit» vertrauter und damit verständlicher machen.

Qualitative Verhaltensforschung heißt für die Autoren: aufsuchende soziologische *Feldarbeit*, Beobachtung *vor Ort*, sorgfältige Inventarisierung des Milieus, Sammlung und Auswertung von originaler *Szenenliteratur*, vorurteilsfreie Interviews. All das ist auch in der Sexualwissenschaft nicht neu. Es charakterisierte schon den größten Teil der von Hirschfeld 1914 vorgestellten Studie «Die Homosexualität des Mannes und des Weibes». Als schwuler Arzt, der mit allen einschlägigen Lokalen vertraut war, berichtete Hirschfeld aus eigener Anschauung.

In den zwanziger Jahren, um ein völlig anderes Beispiel zu nennen, begab sich der Ethnologe Bronislaw Malinowski in die Südsee und studierte dort «Das Geschlechtsleben der Wilden in Nordwest-Melanesien». Diese und viele andere sexologische Arbeiten versuchten, dem Leser das sexuell Fremde näherzubringen, ob es sich nun auf der anderen Seite des Globus befand oder unvermutet in der nächsten Straße um die Ecke.

Dem Sadomasochismus ist diese Art Forschung allerdings erst in jüngster Zeit zuteil geworden. Allzu lange hatte man sich auf die psychiatrische Literatur verlassen, die das Phänomen kurzerhand als «Perversion» pathologisierte, damit abwertete und beiseite schob. Richard von Krafft-Ebing, auf den beide Begriffe – Sadismus und Masochismus – zurückgehen, sah in ihnen vor allem «sexuelle Geisteskrankheiten» und sammelte zur Illustration bizarre Fallstudien von Irren und Verbrechern.

Weder dem toten Marquis de Sade, einem Gegner der Todes-
strafe, noch dem lebenden Leopold von Sacher-Masoch wurde damit
aber Gerechtigkeit zuteil. Ja, der letztere war empört, seine persönlichen erotischen Vorlieben in eine diagnostische Kategorie verwandelt zu sehen. Damit hatte die Medizin ihn, einen angesehenen Lite-
raten, seines höchsten Gutes beraubt – seiner Individualität. Jetzt war
er nur noch ein Typus, und sein Name war zum wissenschaftlich ver-
brämten Schimpfwort für Tausende geworden. Sacher-Masoch war
aber kein Masochist und wollte keiner sein. Er war nur er selbst, ein
Besonderer, Unverwechselbarer, eine künstlerische Natur, ein auch
im Ausland geehrter Schriftsteller, den der neue Gattungsname nun
gewaltsam auf einen einzigen Aspekt seiner hochkomplexen Persönlichkeit reduzierte. Diese Persönlichkeit als ganze wurde entwertet –
ein platter Triumph der «Wissenschaft» über die Kunst.

Es ist übrigens amüsant, sich das Ergebnis vorzustellen, wenn
Krafft-Ebing im Falle Sacher-Masochs nicht den zweiten, mütter-
lichen Namensbestandteil «Masoch», sondern den vom Vater stam-
menden, ersten «Sacher» zur Bezeichnung der neuen «sexuellen
Psychopathie» gewählt hätte. Dann würden wir heute von «Sacheris-
mus» und «Sadosacherismus» sprechen, zum Mißvergnügen eines gewissen Wiener Hotels und zum Schaden seiner Torten. Oder wie hätte
sich die Diskussion entwickelt, wenn die Psychiatrie die «Krankheit»
gleichgeschlechtlicher erotischer Interessen auch nach den dafür bekannten künstlerischen Persönlichkeiten benannt hätte, etwa als
«Pindarismus», «Leonardismus», «Michelangelismus», «Winckel-
mannismus», «Platenismus», «Rimbaudismus» oder «Tschaikowsky-
ismus»?

Schwer vorstellbar? Einer klassischen griechischen Dichterin ist es
passiert: Der nach Sappho benannte «Sapphismus» war lange ein
Synonym für weibliche Homosexualität. (Der «Lesbianismus», benannt nach der Insel Lesbos, auf der sie lebte, ist es heute noch.)

Es ist mehr als zweifelhaft, daß derart erlauchte Namen zur größeren Akzeptanz der Homosexuellen geführt hätten. Eher hätten sie zur
Abwertung der so mißbrauchten historischen Gestalten beigetragen,
wie es bei de Sade und Sacher-Masoch ja auch der Fall war.

Leider haben wir uns inzwischen an die überkommenen Klassifi-
zierungen des 19. Jahrhunderts gewöhnt. Nicht nur Sadisten und Ma-

sochisten, auch Homosexuelle begann man damals als Vertreter von Gattungen zu sehen. Ein neues Etikett charakterisierte ihr Wesen, es sagte das Wesentliche über sie aus. Wie einfach! Und wie falsch!

Die Naivität einer Psychiatrie, die aus einzelnen «Fällen» von sexuellem Nonkonformismus ganze «Psychopathien» und «Perversionen» konstruierte und diese dann mit «Degeneration», «Atavismus» oder angeborener «Abartigkeit» erklärte, ist heute nicht mehr akzeptabel. In der Tat wird heutigen Lesern der damaligen Fachliteratur mit Erschrecken klar, wie wenig die Autoren offensichtlich vom Leben kannten, wie «behütet», abgeschottet und blind sie in ihren Kliniken und an ihren Schreibtischen saßen, wie wenig sie von den Sitten anderer Völker, von der eigenen Kulturgeschichte, von den Lebensverhältnissen der «niederen Klassen» wußten, wie unbekümmert sie ihre großbürgerlichen, mitteleuropäischen Vorurteile allem Unvertrauten überstülpten. Ja, man bekommt den Eindruck, diese klassifizierungswütigen, respektablen Gelehrten kannten kaum ihren eigenen Körper, seine Funktionen und Bedürfnisse, sondern nahmen auch sich selbst nur durch die stark verdunkelte Brille anerzogener, historisch bedingter Normenvorstellungen war.

Was der psychiatrisch geschmähte Leopold von Sacher-Masoch empfand, erlebt aber im Grunde heute noch jeder, der mit «wissenschaftlichen» Etiketten versehen und so in seiner Persönlichkeit reduziert wird. Auch Begriffe wie «Transvestit», «Fetischist», «Pädophiler», «Gerontophiler» usw. können einem Individuum nicht gerecht werden, da sie immer nur Teilaspekte seiner Persönlichkeit verabsolutieren. Derartige Ausdrücke sind eigentlich Denksperren und Empathiebarrieren, die verhindern, daß wir den ganzen Menschen sehen. Daß viele Frauen und Männer sich dennoch solchen Pauschalierungen anbequemen und sie freiwillig auf sich selbst beziehen, ist meist nur eine Überlebensstrategie. Auf diese Weise entkommen sie zunächst einer als bedrückend empfundenen Vereinzelung. Zudem wird ihnen oft, in sich bildenden oder gar schon voll ausgebildeten sexuellen *Szenen*, ein besonderes Gruppenerlebnis zuteil, vielleicht sogar die Aufnahme in eine Solidargemeinschaft. So bildet sich dann eine besondere Minderheiten-Identität heraus.

In Wirklichkeit aber gibt es keine Transvestiten, Fetischisten, Pädophilen oder Homosexuellen und auch keine Sadisten und Masochisten. Es gibt nur Individuen, die in bestimmten Kontexten bestimmte sexuelle Reaktionen und Verhaltensweisen zeigen können, aber nicht müssen. (Das gilt selbst für sogenanntes «zwanghaftes» Verhalten, soweit der Zwang, wenigstens theoretisch, eingeschränkt oder gebrochen werden kann.) Diese Verhaltensweisen definieren aber niemals einen Menschen als Person, selbst wenn er sie zusammen mit anderen Menschen zur Basis einer Gruppenorganisation oder sexuellen *Szene* macht. Allerdings wirken solche Szenen auch in einer Art Rückkoppelung wiederum prägend auf den einzelnen ein. In der Tat, von einem bestimmten Ausprägungsgrad an werden auch sexuelle Szenen zu «selbstreferentiellen Subsystemen», deren weitere Entwicklung dann nicht mehr unbedingt von ihrer Ausgangslage oder ihrem Gegenbild bestimmt wird. Diejenigen, die an ihr teilhaben, schaffen eine neue, eigene sexuelle Kultur mit allem, was dazugehört: eigene Sprache und Kostümierung, eigene Kommunikationsmittel, eigene Verhaltensregeln, eine eigene Weltanschauung und Selbsterklärung, eigene Werkzeuge und Symbole. Die Interaktion mit anderen, ähnlichen Subsystemen ist komplex, folgt wiederum eigenen Gesetzmäßigkeiten und ist durchaus nicht so leicht zu erfassen, wie man zunächst meinen könnte. (Beispiele: Schwuler SM, lesbischer SM und SM in der Prostitution.)

Das alles gilt letztlich für das Verhältnis jeder «sexuellen Minderheit» zur vermeintlichen Mehrheit, die ja selbst wiederum aus einer Summe von sich teilweise überschneidenden Minderheiten besteht. Für eine umfassende Studie dieses Verhältnisses, sozusagen auf höherer Ebene, fehlen bisher noch fast alle Grundlagen. Immerhin liefern aber Einzeluntersuchungen wie die hier vorliegende die unverzichtbaren Bausteine für eine künftige Gesamtanalyse.

Dies lobenswerte Buch macht vieles bisher Verschwommene deutlich; es zeigt aber auch, daß es über den Sadomasochismus noch viel zu entdecken gibt. Der von den Autoren eingeschlagene Weg scheint mir aber noch für längere Zeit der beste. Anders als Therapeuten wie von Krafft-Ebing, Freud, Albert Eulenburg oder Theodor Reik, die sich bisher bei diesem Thema hervorgetan haben, sollten heutige Forscher weniger das Individuum untersuchen als den psychologischen und sozialen Kontext, in dem es sich bewegt. Wie die neuere amerikanische Sexualforschung immer wieder betont hat, ist Sexualverhalten «skriptiertes Verhalten» (*scripted behavior*), folgt also gewissen, interaktiv erworbenen individuellen und sozialen «Scripts», d. h. Vorlagen, Mustern oder Definitionen für sexuelle Geschehnisse und Situationen und ihre Interpretation.

Diese neue Sichtweise gab endlich der alten, besonders von Freud propagierten Vorstellung eines «Sexualtriebes» den Abschied, und so mußte auch die Erklärung für nicht-konformes Sexualverhalten anderswo gesucht werden als bisher. Wiederum erwies sich die Hypothese von der «Skriptierung» als hilfreich: Die für den einzelnen jeweils vorgegebenen, sich teils ergänzenden, teils konkurrierenden Scripts befinden sich häufig miteinander im Widerspruch, und ihre individuelle Übernahme kann deshalb von Konflikten begleitet sein. Selbst moderne Psychiater wie Thomas S. Szasz, der die «Fabrikation des Wahnsinns» im 19. Jahrhundert durch seine Vorgänger erkannt und beklagt hat, nähern sich heute dem sexologischen Verständnis an, indem sie viele angebliche Geisteskrankheiten als bewußte oder unbewußte Spielregelverletzungen neu interpretieren.

Der Sadomasochismus ist eine besonders eindrucksvolle Probe auf dieses Exempel. Er lebt demonstrativ aus der Interaktion und kann im Einzelfall ein langes Coming Out erfordern, bis die verschiedenen intrapsychischen Scripts sortiert, selektiert und dann miteinander synthetisiert sind. Die entschlossen betretene Bahn der sadomasochistischen Begegnungen folgt dann oft ganz wörtlich offen vereinbarten Skripten und wird zur Grundlage von sehr differenzierten Szenen und raffiniert ausgestalteten Milieus. All dies ist auf den folgenden Seiten eindrucksvoll belegt. Auch die Überschreitung oder Nichtanerkennung vorgesehener Grenzen kann möglicherweise zunächst als fehlerhafte oder inadäquate Skriptierung verstanden werden. Und dabei kann der Fehler wiederum innen oder außen liegen, d. h., das Individuum hat entweder seine eigenen, unbewußten Skripte nicht «im Griff» oder mißversteht sexuelle Signale von Partnern, sozusagen ihre Stichwörter. Hier wäre ein Ansatz für interessante weitere Forschungen.

Jedenfalls sind die Möglichkeiten qualitativer Sexualforschung noch lange nicht erschöpft. Mit ihrer Hilfe kann man nicht nur mehr über den Sadomasochismus erfahren, sondern über unser aller Se-xualleben.

Prof. Dr. Dr. Erwin J. Haeberle

Präsident, Deutsche Gesellschaft für
Sozialwissenschaftliche Sexualforschung (DGSS)

Vorüberlegung und Forschungsfrage

Der Gewaltdiskurs

Gewalttätigkeit, Drohung mit Gewalt und physischer Zwang sind in den letzten Jahrzehnten immer mehr in das Zentrum öffentlicher Aufmerksamkeit und wissenschaftlicher Erörterung gerückt. Die Gründe dafür sind vielfältig. In der *Erziehung* zeigt sich, daß die Integration der nachwachsenden Generation in Beruf, Rechtsordnung und Politik problematisch bleibt und sich immer wieder neue jugendliche Subkulturen herausbilden, die ihr Recht auf Eigenleben gelegentlich gewalttätig durchzusetzen versuchen oder ein Muster aggressiver Männlichkeit kultivieren. In der *Politik* zeigt sich, daß die Parteiendemokratie nicht alle politischen Probleme parlamentarisch verarbeiten kann, Bürgerinitiativen und soziale Bewegungen dagegen durch dramatische Inszenierungen von Konflikten das Eigeninteresse der Medien mobilisieren. Im Rahmen dieser Konfliktdramaturgie ist es immer wieder (gewollt und ungewollt) zu gewalttätigen Auseinandersetzungen gekommen. Die *Medien* schließlich verallgemeinern die visuelle Präsenz von tatsächlicher und fiktiver Gewalt. Obwohl die Stimulierung der Menschen durch Gewalt und Gewaltdarstellungen kein spezifisch modernes Phänomen ist, führt die Konkurrenz der Zeitungen, Sender und Filmproduzenten zu einer intensiven Ausbeutung der *basic instincts*. Bis heute ist zwar ungeklärt, ob dieser Prozeß die reale Gewalt vermehrt hat, er sichert jedoch ihre dauerhafte und zunehmende Thematisierung. Auch in bezug auf die *persönlichen Beziehungen* in Ehen, Familien, gegenüber Kindern und Jugendlichen und im Bereich Sexualität wird Gewalt immer stärker thematisiert. Dies freilich nicht, weil sie zunimmt (die spärlichen

Daten sprechen eher dagegen), sondern vielmehr, weil sich bei steigendem Bildungsgrad ein Wertewandel zu Selbstbestimmung und freiem Willen entwickelt hat. So werden Gewalt und Zwang immer mehr zum Skandalon und gelten auch in persönlichen Beziehungen nicht als Privatsache.

Die Lage ist also widersprüchlich. Einerseits wird Gewalt fast jeder Art visuell enttabuisiert, auf der anderen Seite steigt die moralische Sensibilität gegenüber Gewalt und Zwang. Wir haben im Rahmen unserer Trierer Arbeitsgruppe die Studien zur Gewaltforschung vor allem auf zwei Fragestellungen zugespitzt: Welche Konflikte und Konfliktregulierungsmöglichkeiten gibt es in der gegenwärtigen Gesellschaft?[1] Und welche Auswirkungen hat die zunehmende Präsenz der Gewalt in den Medien?[2] Die Ergebnisse der Untersuchungen zur zweiten Frage deuten darauf hin, daß nicht so sehr die Medieninhalte für sich, sondern deren Anschlußfähigkeit in der Alltagswelt von Bedeutung für die faktische Gewaltbereitschaft der Rezipienten ist. Gleichzeitig wurde jedoch auch deutlich, daß die Medien als Markt fungieren, auf dem Menschen sich in immer spezielleren Subkulturen *(Wahlnachbarschaften)* zusammenschließen.[3] Derartige Prozesse könnten zu einer neuen sozialen Bedeutung psychischer und physischer Dispositionen führen, die nun zum Prinzip werden, nach dem sich «Wahlnachbarschaften» konstituieren. Wenn es sich so verhielte, würde der von N. Elias rekonstruierte Zivilisationsprozeß in ein ganz neues Stadium eintreten und/oder partiell revidiert: Nicht generelle Affektkontrolle und Sublimation, sondern eine mehr oder minder libertine Ausdifferenzierung von spezialisierten Affektkulturen wäre dann die Konsequenz. Noch sind die gesellschaftlichen Folgen eines solchen Prozesses nicht abzusehen. Weder ist klar, ob sich innerhalb dieser Affektkulturen neue Regeln sozialer Verantwortlichkeit ausbilden, noch ist abzusehen, ob die Gesellschaft insgesamt solche spezialisierten Affektkulturen erträgt bzw. wie sie die Konflikte an den Schnittstellen mit ihnen regelt. Diese Fragen stellen sich noch schärfer, wenn es nicht um z. B. spirituelle und sportliche Aktivitäten geht, sondern um Sexualität und Gewalt, für die in allen Gesellschaften bisher ein hoher Regelungsbedarf besteht.

Wenn Allgegenwart der Medien auch visuelle Allgegenwart von Gewalt und Sexualität bedeutet (wie immer man dies beurteilt), wenn die kommunikative Infrastruktur der Medien zugleich die Basis der Konstitution von Wahlnachbarschaften entsprechend psychophysischer Dispositionen darstellt und wenn dadurch der Zivilisationsprozeß insgesamt berührt oder revidiert werden könnte, dann spricht dies dafür, eine sich gegenwärtig konstituierende und international vernetzende spezielle Affektkultur zu untersuchen, in der Gewalt, Herrschaft und Unterwerfung in sexuellen Beziehungen die Kristallisationspunkte sind. Darin besteht der Ausgangspunkt der vorliegenden Studie.

Die Forschungsfrage

Erschien Sadomasochismus noch Mitte der siebziger Jahre periodisch auftauchend, aber versteckt in Werbung und Presse, wird dieses Thema seit einigen Jahren in der Bundesrepublik Deutschland (und vor allem in den USA) popularisiert. Man begegnet ihm in Pop-Videos, der Belletristik oder in der Modewelt. Auch und gerade in den zahlreichen Lifestyle-Zeitschriften findet die *schwarze Leidenschaft* besondere Beachtung. Sie rangiert in den Medienagendas ganz oben. Doch während die sadomasochistische Ikonographik verstärkt in die verschiedensten Bereiche der populären Kultur vordringt, wissen wir nur wenig über die Welten, in denen sie entsteht. Immerhin führt bereits die Zeitschriftenlektüre zu der Vermutung, daß sich eine spezielle Subkultur ausdifferenziert und international vernetzt.

Zentrales Charakteristikum der modernen, medienvermittelten Kultur scheint zu sein, spezifische Gefühlslagen und -praxen, die in der bisherigen Geschichte der Menschheit in religiöse, familiale, politische und militärische Symbolik eingebunden waren, aus diesen übergreifenden Sinnzusammenhängen herauszulösen und sie isoliert und spezialisiert zur Wahl zu stellen. So lassen sich spezifische Meditationstechniken in der Hoffnung auf spirituelle Erfahrungen einüben, ohne das Lehrgebäude zu übernehmen, in dem sie entwickelt worden sind; so können die Grenzerfahrungen eines Überlebenstrainings «gebucht» werden, ohne daß sie als Vorbereitung auf einen

Krieg «Sinn» machen; so sind symmetrische Kommunikationsformen erlernbar, ohne daß diese an genossenschaftlich-demokratische Organisationsstrukturen gebunden wären. Liebe und Sexualität, die auch in der Vergangenheit eher normativ als faktisch an Ehe und Familie gebunden waren, legitimieren sich zusehends aus sich selbst. Nachdem die persönlichen Beziehungen heute weitestgehend aus der Jurisdiktion und Kontrolle von Verwandtschaft und Nachbarschaft entlassen sind, ist nicht einfach ein Freiraum entstanden, sondern eher ein Marktplatz, auf dem Menschen als Anbieter und Nachfrager von Freundschaft, Liebe, Geborgenheit und Abenteuer auftreten. Auf diesen Märkten differenzieren sich spezifische Sinnwelten heraus, die wir als Spezialkulturen bezeichnen. In ihnen finden sich Menschen zusammen, die eine gemeinsame Wahrnehmung der Wirklichkeit oder gemeinsame Interessen und Spezialisierungen verbindet. Dabei ist es nicht erforderlich, daß zwischen allen Mitgliedern der Spezialkulturen unmittelbare *face-to-face*-Beziehungen entstehen, vielmehr gruppieren sie sich auch überlokal um spezifische Themen und Sinnangebote. Auch um erotische Themen bilden sich solche Spezialkulturen. Auf der einen Seite nutzen sie den medial eröffneten Marktplatz für Angebot und Nachfrage, auf der anderen Seite schirmen sie sich durch spezifische Codes und Symbole gegen den Einblick Unbeteiligter ab. Sie verdeutlichen beispielhaft, wie die moderne, medienvermittelte Kultur sich in immer neue Spezialisierungen verzweigt.

Diesen Prozeß der Ausdifferenzierung und Spezialisierung exemplarisch zu beschreiben war das ursprüngliche Ziel der Studie. Zu vermuten stand jedoch, daß es auch innerhalb dieser Spezialkultur zur Herausbildung von unterschiedlichen Szenen kommt. Teilweise entstehen sie durch die Überlappung mit anderen, umfassenderen Subkulturen: so dürften sich bei Heterosexuellen, Lesben und Schwulen unterschiedliche Symbole und Praxen entwickeln; so dürften fließende Übergänge in den Bereich des Fetischismus zu verzeichnen sein. Ein wichtiger Faktor ist die Spezifität libidinöser Besetzungen, die immer speziellere Themen für die Beteiligten wünschenswert erscheinen lassen, sofern Gleichfühlende zu finden sind. Trotz allem dürfte es zahlreiche Gemeinsamkeiten geben, die aus den Notwendigkeiten der Abschottung nach außen, der internen Normbildung und den besonderen Kommunikationsbedingungen einer abweichenden Subkultur resultieren.

Kern der Spezialkultur sind die sadomasochistischen Rituale, in denen die spezifischen emotionalen Erfahrungen hergestellt werden. Deren Symbole und Abläufe sind als Beitrag zur *sozialwissenschaftlichen Sexualforschung* zu analysieren. Von besonderem *kultursoziologischem Interesse* ist natürlich auch, ob die SM-Impulse weitere Lebensbereiche durchdringen. Handelt es sich also um ein klar abgegrenztes Gebiet? Und wo sind gegebenenfalls die Trennregeln formuliert, die zwischen den verschiedenen Lebensbereichen gelten? Da es sich um Szenen mit freiwilliger Teilnahme handelt: Wie werden die Regeln der Freiwilligkeit definiert und im Vollzug gewährleistet? Bei gewalttätigen, gewaltaffinen oder gewaltanalogen Praktiken, wie in diesem Fall, stellen sich solche Fragen im Rahmen der *soziologischen und kriminologischen Gewaltforschung*. Schließlich wollen wir – soweit dies möglich ist – herausfinden, welcher Art die angestrebten Erfahrungen sind. Sind es Macht- und Ohnmachtserfahrungen, die erotisch oder sexuell stimulieren, und hat der Schmerz nur die Aufgabe, diese zu bekräftigen; oder kommt dem Schmerz eine eigenständig stimulierende Bedeutung zu? Sind es Grenzerfahrungen, die gesucht und durchlitten werden? Welche Rolle spielen möglicherweise hormonale Ausschüttungen, die in extremen Situationen stattfinden? Hier mündet die Untersuchung in *anthropologische und endokrinologische Fragen*, die wir mit unseren Methoden jedoch nicht beantworten können.

Die gewählte Untersuchungsmethode hat es freilich nicht ermöglicht, Sexualstraftäter zu befragen, die sich unter Mißachtung der sexuellen Selbstbestimmung der Vergewaltigung, der Körperverletzung oder des Mordes schuldig gemacht haben, weil diese in den Szenen selbst ausgeschlossen werden.

Angesichts der besonderen Bedeutung des weiblichen Masochismus in der soziologischen, psychologischen und politischen Diskussion, haben wir der Biographie sadomasochistischer Frauen ein eigenes Kapitel gewidmet. Auch SM-Lesben und -Schwule konnten nicht gänzlich in die übergreifende Thematik eingefügt werden, weil sich aus ihrer Lage als Subkultur in der Subkultur besondere Probleme ergeben.

Methodisch haben wir uns diesem Feld über qualitative For-schungsstrategien genähert. Dementsprechend haben wir die Proban-den nach dem Schneeballverfahren in die Untersuchung einbezogen. Dieses Auswahlprinzip erlaubt keine Aussagen über die quantitative Verteilung bestimmter Merkmale. Wir wissen beispielsweise nicht, wie viele Masochisten und Sadisten es gibt und wie viele davon Frauen oder Männer sind. Erkenntnisse solcher Art waren nicht Ziel der Stu-die, die im Sinne qualitativer Forschungsstrategien als exploratives Vorhaben konzipiert ist und mithin der Entdeckung neuer kultureller und sozialer Zusammenhänge dient.

Methodologie, Feldzugang und Forschungsinventar

Die ethnographische Sozialwissenschaft

Das Erfahren und Erforschen des Fremden ist eines der zentralen Themen der Ethnologie. Mittels geeigneter Forschungsstrategien soll der Forscher die Gewohnheiten und Alltagsbedingungen fremder Kulturen, aber auch spezifische kulturelle Bedeutungen und Regelsysteme verstehend untersuchen. Im 20. Jahrhundert gibt es mehrere Forschungsrichtungen, die derlei ethnologisches Gedankengut mit soziologischen Theorie- und Forschungsansätzen zu verbinden suchen.[4]

Auch die vorliegende Sadomasochismus-Studie gehört in diesen Rahmen, womit gleichzeitig auch eine deutliche Distanz zu psychoanalytischen oder medizinischen Konzepten markiert ist. Ethnographisch-soziologische Forschung in dieser Tradition meint freilich, daß nicht nur fremde Völker, sondern auch kulturelle Sonderwelten untersucht werden, die sich durch spezifische Differenzierungsprozesse innerhalb der eigenen Gesellschaft gebildet haben. Wir bezeichnen diese Segmentationen, wie bereits erwähnt, als Spezialkulturen. Unter Kultur verstehen wir dabei – im Anschluß an die kulturanthropologische Tradition – einen Komplex von Bedeutungen und Vorstellungen, der symbolisch ausgedrückt wird. Mit C. Geertz sind wir der Meinung, daß «...der Mensch ein Wesen ist, das in selbstgesponnene Bedeutungsgewebe verstrickt ist, wobei... Kultur als dieses Gewebe» anzusehen ist.[5] Deshalb liegt die Aufgabe einer ethnographisch orientierten Kulturanalyse, die sich mit unserer Gesellschaft beschäftigt, im Verstehen von Sinnmustern, die sich in den Handlungen, Ritualen und Gegenständen verkörpern, mittels derer die Mitglieder von Spezialkulturen miteinander kommunizieren.

Zu diesen kulturellen Enklaven hat der Sozialforscher, auch wenn er dem gleichen übergreifenden Kulturkreis wie die zu untersuchende Spezialkultur entstammt, weder einen selbstverständlichen Zugang, noch ist das Verstehen dieser Welten ohne weiteres möglich. Deshalb muß er zuallererst die notwendige Sensibilität für diese Fremdheit entwickeln und die unvertraute Kultur prinzipiell als eigenständige Symbol- und Sinnwelt begreifen. Nur wer das Fremde wahrnimmt und sich auf diese Wirklichkeit einläßt, hat Chancen, die zu untersuchende Kultur wirklich zu erkennen. Gleichzeitig muß der Forscher darauf achten, daß die Perspektive der fremden Kultur nicht zur eigenen wird, denn nur so kann die objektivierende Beobachterposition erhalten bleiben.

Angesichts der bereits angesprochenen fortschreitenden Pluralisierung von Lebenswelten in unserer Gesellschaft wird diese Forderung immer wichtiger. Mit den Fremden unter uns teilen wir einige Gemeinsamkeiten, z. B. bestimmte Formen der Alltagsorganisation oder ähnliche Reproduktionsbedingungen. In den Bereichen, die für das Selbstverständnis dieser Personen und mitunter auch für ihre Identität wichtig sind, etwa die Lust am grausamen Bild bei den Horrorfans[6] oder – im vorliegenden Fall – die Neigungen der Sadomasochisten, versagt unser Verstehen, wenn wir unsere gewohnten Relevanzrahmen und Normen auf die fremden Erfahrungsräume übertragen. Dies macht es auch unumgänglich, die eigenen ästhetischen und moralischen Auffassungen für den Prozeß der Analyse zu suspendieren. Ohnedies können Sozialforscher für Wertungen keine spezielle Autorität in Anspruch nehmen, die über die anderer Bürger hinausginge. Empirische Wissenschaftler beschreiben, was ist, und dafür können sie Sachautorität beanspruchen. Zu beurteilen, was sein soll, sind wir alle – Forscher und Laien – gleichermaßen kompetent. Die Untersuchung soll entsprechende Wertungen – der Leser, der Juristen, des Gesetzgebers – ermöglichen, nicht aber vorwegnehmen; eine Forderung, die Max Weber schon zu Beginn dieses Jahrhunderts erhoben hat: «Auf das Katheder gehört sie [die Wertung, d. A.] nicht, – sondern in die politischen Programme, Bureaus und Parlamente. Die Wissenschaften, normative und empirische, können den politisch

Handelnden und den streitenden Parteien nur einen unschätzbaren Dienst leisten, nämlich ihnen zu sagen: 1. es sind die und die verschiedenen ‹letzten› Stellungnahmen zu diesem praktischen Problem denkbar; 2. so und so liegen die Tatsachen, mit denen ihr bei eurer Wahl zwischen diesen Stellungnahmen zu rechnen habt.»[7]

Bei unserer empirischen Annäherung an die Spezialkulturen der Sadomasochisten haben wir darum versucht, Wertungen – soweit dies möglich ist – zu vermeiden. Wenn wir dennoch Begriffe wie «normal» oder «abweichend» verwenden, sind diese nicht als wertende Äußerungen, sondern als Bezugnahme auf die Vorstellungen der Mehrheit zu verstehen. Wir wollen mit Hilfe eines streng ethnographischen Forschungsverständnisses über subjektnahe und verstehende Strategien die typischen Sinnmuster dieser fremden – von der soziologischen Forschung kaum berührten – Welt rekonstruieren. Methodisch ist diese Art der Erkenntnisgewinnung auf die Perspektive des Handelnden zentriert. Eine ethnographisch ausgerichtete Kulturforschung sucht das Subjekt deshalb in seiner Sozialwelt auf und untersucht jene Strukturen und Bezüge, die für sein Verhalten und seine Sinnorientierungen bedeutsam sind. Bezogen auf die Sadomasochisten heißt dies, daß ihre Spezialisierung immer auch als Teil einer umfassenden Lebenswelt begriffen werden muß, mit der sie auf vielfältige Weise verbunden ist.

Der Zugang zum Untersuchungsfeld

Ethnographische Forschung findet in den alltäglichen Bezügen der untersuchten Subjekte statt, denn die sinngemäße, authentische Rekonstruktion ihrer Erfahrungen ist nur über unmittelbare Kontakte gewährleistet. Die Analyse von ausschließlich sekundären Datenmaterialien (Presseberichte, Fernsehsendungen, Berichte von Dritten, Bücher usw.) bringt dagegen beinahe zwangsläufig Verzerrungen wie auch Fehlinterpretationen mit sich. Übertragen auf die sadomasochistische Spezialkultur würde z. B. eine Analyse von Artikeln aus der Regenbogenpresse eher Erkenntnisse über Vorurteile und Informationsdefizite erbringen als über die tatsächliche Lebenssituation der

Betroffenen. Über deren Gefühle und Ängste würde man vermutlich kaum etwas erfahren. Der Forscher muß deshalb – soll seine Forschung alltags- und subjektnah sein – das Feld aufsuchen und soziale Welten aus erster Hand beschreiben. Die Beobachtung vor Ort ist essentiell, wie auch der Sexualwissenschaftler E. J. Haeberle treffend beschreibt: «Ein Sexologe, der etwa Bordelle, Sexkeller, Herrensaunen, Nacktbadestrände, Sadomasochistenclubs und ähnliches nur aus Büchern kennt, hat seinen Beruf verfehlt.» [8] Diese Feststellung ist auch auf andere Lebensbereiche und -welten übertragbar. Damit hängt der Erfolg ethnographischer Forschung vom Zugang zum Untersuchungsfeld ab. Wir wollten den Status des «nichtteilnehmenden Beobachters» und des akzeptierten Gesprächspartners erreichen. Doch dieser Status ist keineswegs einfach zu erlangen. Ehe der Forscher ein erstes Gespräch mit einem Sadomasochisten führen kann, muß er zunächst einmal eine Mauer aus Mißtrauen, Angst, Schamgefühlen und Desinteresse überwinden. Und um den Befragten für ein Interview zu gewinnen, muß er bei ihm eine Vertrauensbasis schaffen. Dementsprechend schwierig hat sich der Zugang in die Szene gestaltet.

Von der Bekanntmachung des Projektes bis zur Durchführung eines Interviews waren noch einige Hürden zu überwinden. Fast alle Interessenten erfragten in Briefen oder Telefongesprächen genauere Informationen über inhaltliche Ziele unserer Arbeit. Insbesondere die Art und Weise, wie wir die Interviews durchführen und auswerten wollten, war in diesem Zusammenhang von Bedeutung. So haben wir zahlreiche Fragen zur Methodenauswahl, zu Interpretationsverfahren und zu den geplanten Auswertungsstrategien beantwortet. Um Anonymität und Datenschutz zu gewährleisten, waren besondere Vorkehrungen notwendig. So mußten wir den Befragten garantieren, daß die Aufnahmebänder unmittelbar nach der Transkription gelöscht werden, was – nachdem wir das Transkript in der Forschergruppe anhand der Tonaufzeichnung kontrolliert hatten – auch geschah. Daneben sicherten wir zu, in den Interviews völlig auf die Nennung von Orten, Personennamen, Lokalen oder Shops zu verzichten und auch den jeweiligen Dialekt unkenntlich zu machen. Die Namen zur Kennzeichnung der Interviewpassagen sind dementsprechend fiktiv.

Wichtig in diesem Vertrauensbildungsprozeß war auch die Offenlegung unseres Erkenntnisinteresses. Daß wir – anders als die meisten der bisher vorliegenden Untersuchungen – psychiatrische, psychologische, psychoanalytische oder medizinische Forschungsziele ausgeschlossen hatten und statt dessen ethnographisch die Perspektive der Feldakteure herausarbeiten wollten, hat unserem Projekt sicher entscheidend weitergeholfen. Viele der Befragten versprachen sich von diesem Ansatz mehr Toleranz und Verständnis in Öffentlichkeit und Wissenschaft, wie in einigen anonymen Zuschriften herausgestellt wurde:

▼ Wenn Ihr Projekt dazu beitragen kann, diese tabuisierte Randgruppe *[die Sadomasochisten, d. A.]*, ähnlich wie es bei den Homosexuellen und Lesben ja schon realisiert ist, aus ihrer Situation herauszuführen, bin ich gerne bereit, für Interviews und Auskünfte zur Verfügung zu stehen.

Ihr Forschungsprojekt erscheint mir sinnvoll, und ich möchte es deshalb unterstützen, damit sich die Öffentlichkeit künftig ein realistischeres und enttabuisiertes Bild über sadomasochistisch veranlagte Mitmenschen machen kann.

Ich würde Ihnen nicht helfen, wenn Sie uns als Kranke, Hilfsbedürftige oder Perverse darstellen würden. Das haben andere schon oft genug getan. ▲

Indem wir die Fragen der möglichen Interviewpartner ernst nahmen, konnte sich ihr Interesse festigen. In Abhängigkeit vom jeweiligen Anonymitätsbedürfnis waren unterschiedliche Verhaltensmuster zu beobachten. Einige Personen gaben ihre Identität nicht preis, sie sandten uns völlig anonym schriftliche Schilderungen ihrer persönlichen Erfahrungen zu. Andere mieden den *face-to-face*-Kontakt zu den Forschern; die Daten erhoben wir hier mit Hilfe von Fragebögen über Postlagerkarten oder Postfächer und mündlich per Telefon. Wiederum andere Interviewpartner suchten das persönliche Gespräch, wollten allerdings gleichzeitig anonym bleiben; deshalb fanden die Treffen an öffentlichen Orten (Lokale, Parks etc.) statt. Die meisten Befragten dagegen legten – nachdem sie sich über unser Anliegen informiert hatten – keinen Wert darauf, ihre Identität uns gegenüber geheimzuhalten.

Zur SM-Lesben-Szene bekamen wir zunächst keinen Zugang. Bei manchen Veranstaltungen wurden wir regelrecht hinausbefördert. Erst als wir eine sehr aufgeschlossene Szene-Insiderin kennenlernten, gelang der Einstieg. Doch auch mit ihrer Hilfe galt es in vielen Interviews Mißtrauen und Ablehnung durch lange Vorgespräche jeweils erneut zu überwinden. Die Erkundung dieses Feldes war deshalb sehr zeitintensiv, mitunter auch außerordentlich frustrierend und entmutigend.

Resümierend ist zu dieser Phase festzuhalten: Der Forscher ermöglicht den zu Erforschenden sich ein Bild über die Forschung und die beteiligten Personen zu machen. Umgekehrt kann er in dieser Phase eine Art Lehrzeit absolvieren, die es ihm erlaubt, sich den Szene-Regeln entsprechend zu verhalten, bestimmte Codes zu studieren und so die Fremdheit seines Eindringens zu verringern. Nicht zuletzt wurden immer wieder richtige Prüfungen durch die Feldakteure inszeniert, in denen der Forscher seine Felderprobtheit unter Beweis stellen mußte. Bei einem Termin in einer größeren Stadt zum Beispiel fanden wir nach längerem Suchen der angegebenen Adresse an der Haustür einen Zettel mit dem Hinweis: «Uni Trier, bitte den Eingang durch den Garten benutzen.» Eine zusätzliche kleine Skizze zeigte uns den Weg in den Garten und von dort zum hinteren Hauseingang, der geöffnet war. Als wir eintraten, wurden wir von einer Frau in Domina-Kleidung empfangen. Sie führte uns eine Treppe hinauf in das Dachgeschoß der Villa. Hier fanden wir unseren Interviewpartner, der nackt und gefesselt an den Deckenhaken hing. In solchen und ähnlichen Situationen war es wichtig, sich neutral zu verhalten, auch wenn es angesichts der Darbietungen nicht immer einfach war. Erst nach der bestandenen Probe konnte das Interview beginnen. Das Erlernen solcher Verhaltensweisen hat sich bei jeder unserer Forschungsaktivitäten in der Szene als förderlich erwiesen.

Datenmaterialien und Datenerhebungsverfahren

Wir haben uns nicht auf eine bestimmte Forschungsmethode beschränkt, sondern versucht, das ganze Spektrum alltäglicher Wahr-
nehmungsformen für unsere empirische Arbeit fruchtbar zu machen. Dazu bemerkt der Kulturwissenschaftler R. Girtler: «Der
gute Forscher im Feld, der Kontakte zu Menschen sucht und wissen
will, wie Menschen leben und wie ihre Rituale aussehen, darf sich
nicht von einem exakten Forschungsplan leiten lassen. Ein solcher
Plan, wie ihn für gewöhnlich Leute aufstellen, die mit Fragebogen
arbeiten oder Experimente mit Gruppen durchführen, ist für die
Erforschung menschlichen Handelns eher hinderlich. Nur wer sich
dem Leben einer Gruppe, die er studieren will, vorbehaltlos überläßt, hat die Chance, tatsächlich herauszufinden, warum die Menschen in bestimmter Weise handeln und gewisse Symbole verwenden. Ein solcher Feldforscher hat es freilich nicht leicht, vor allem
wenn er mächtige Gruppen oder kriminelle Subkulturen erforschen
will. Ist er geschickt und setzt sich vielleicht gar mit den betreffenden Menschen zu Wein und Bier, so hat er schon einen gewaltigen
Schritt in Richtung einer guten Studie gemacht.»[9] Entsprechend
diesem offenen methodischen Verständnis haben wir uns in der
Kultur der Sadomasochisten umgeschaut und Daten gesammelt,
ohne uns auf thematische Leitfäden zu beschränken. Grundsätzlich
lassen sich zwei unterschiedliche Datentypen unterscheiden: Einige
Daten produziert das kulturelle Feld ohne Zutun des Forschers, andere werden durch den Einsatz wissenschaftlicher Methoden erzeugt.

▼

▼ Die Daten der Akteure

▼ In jeder Kultur wird eine Vielzahl von Bedeutungsträgern hergestellt und weitergegeben. Sie sind für den Forscher eine wichtige Da-
tenquelle. Insbesondere Historikern und Kulturwissenschaftlern stehen unterschiedliche Informationsquellen zur Verfügung: «Aufzeich-
nungen, Memoiren, offizielle und persönliche Briefe, Tagebücher,
Zeitungen, Landkarten, Fotographien und Gemälde.»[10] Die sadomasochistische Spezialkultur ist reich an solchen Materialien. So gibt
es – wie wir noch zeigen werden – eine Vielzahl von Magazinen, Hef-

ten, Filmen und Texten. In ihnen finden sich neben pornographischen Materialien auch Leserbriefe, Stellungnahmen, Diskussionen, Beschreibungen von Phantasien und Kontaktgesuche etc. Wir haben eine größere Zahl dieser Medienprodukte gesichtet und zur Datengenerierung verwendet. Daneben wurden SM-Filme mit Hilfe eines Auswertungsleitfadens analysiert. Weitere Datenquellen waren: Briefe von Szene-Insidern an uns, Stellungnahmen zu unserem Projekt, Einladungsschreiben von Clubs, Flugblätter, Briefwechsel zwischen Szene-Mitgliedern, Tagebücher und Fotos.

Die Verwendung dieser Daten soll es dem Forscher (und Leser) erleichtern, sich in die fremden Welten hineinzuversetzen. Sie geben gleichzeitig Auskunft über Praktiken und Kommunikationsformen im Feld.

▼

▼ **Die Daten der Forscher**

▼ Neben dem Sammeln von Daten im Feld spielt die methodisch kontrollierte Produktion von Daten durch den Forscher eine wichtige Rolle. Dazu haben wir verschiedene sozialwissenschaftliche Techniken im Rahmen eines Mehr-Methoden-Designs verwendet. Im Mittelpunkt stand dabei das problemzentrierte Interview,[11] das durch Gruppendiskussionen und Beobachtungen ergänzt wurde.

a) Problemzentrierte Interviews: Im Unterschied zu anderen Formen des qualitativen Interviews geht der Forscher beim problemzentrierten Interview nicht ohne jegliches (theoretisches) Vorwissen in die Erhebungsphase, sondern bereitet sich durch Literaturstudium, eigene Beobachtungen und Expertengespräche auf das Gespräch vor. Auf der Basis dieser Vorüberlegungen werden die Schlüsselbegriffe für einen Gesprächsleitfaden formuliert, die dem Interviewer, etwa bei stockendem Gespräch oder unergiebiger Thematik, inhaltliche Anregungen geben. Wichtig für die Interviewdurchführung bleibt aber die Offenheit. Der Interviewte soll frei antworten können, ohne vorgegebene Antwortalternativen. Die Interviews wurden, das ausdrückliche Einverständnis der Befragten vorausgesetzt, mit Tonband aufgezeichnet. Diese Registrierform besitzt einerseits den Vorteil, daß der gesamte verbale Gesprächskontext und damit auch die Rolle, die der Interviewer im Gespräch spielt, erfaßt wird. Andererseits ist so die Möglichkeit gegeben, sich voll auf Gesprächssituation und -verlauf zu konzentrieren.

Im Gespräch sollen die Interviewten als Experten des Alltags behandelt werden. Kontaktaufnahme und Kommunikationsformen sind deshalb so zu gestalten, daß eine Situation entsteht, in der sich die Befragten ernst genommen fühlen und Interesse an der Thematisierung des Gegenstandsbereichs gewinnen. Es hat sich darüber hinaus gezeigt, daß der Interviewer in den Gesprächen mit mehreren Personen (ideal sind zwei bis drei Personen) stark von seiner erzähl-generierenden Funktion entlastet wird, da diese Aufgabe – bedingt durch die höhere Gesprächsdynamik – zumeist von den Interviewten selbst übernommen wird. Hilfreich ist z. B., wenn ein Interviewpartner mit gutem Beispiel vorangeht und den anderen, vielleicht noch zögernden Gesprächsteilnehmern so den Einstieg erleichtert. Wichtig war insgesamt, die Methoden flexibel zu handhaben und das Interview möglichst dicht an ein lockeres Alltagsgespräch anzunähern.

Nach Abschluß der Datenerhebung standen uns 65 auf Tonband aufgezeichnete Interviews mit einer Dauer von 40 bis 180 Minuten zur Verfügung. Alle Interviews wurden durch Postskripte ergänzt, um wichtige nonverbale Informationen (z. B. Wohnungseinrichtung, Ausstattung der privaten *Folterräume* etc.) festzuhalten. Hinzu kamen zahlreiche schriftliche Befragungsunterlagen, deren Länge zwischen 3 und 50 Seiten variierte.

b) Beobachtungen: In der Literatur zur Beobachtung wird zwischen verschiedenen Techniken unterschieden, etwa zwischen der teilnehmenden und nichtteilnehmenden, der strukturierten und unstrukturierten, der offenen und verdeckten, der direkten und indirekten, der künstlichen und natürlichen Beobachtung.[12] Wir haben uns für «nichtteilnehmende Beobachtungsstrategien» entschieden und verschiedene Szene-typische Orte in Augenschein genommen:
– Domina-Studios: Einige Dominas luden uns zu einem Gespräch ein und zeigten uns bei dieser Gelegenheit auch die Studios. Die meisten dieser Besuche fanden während der Öffnungszeiten statt, so

daß wir auch ein wenig den Besucherverkehr beobachten konnten. Manche Kunden waren darüber hinaus bereit, Interviews zu geben. Durch die Beobachtungen war es möglich, einen authentischen Eindruck vom Dominagewerbe zu gewinnen, der uns auch bei der späteren Interpretation der Ergebnisse weiterhalf.

– Kneipen, Bars, Sexshops, Leder-, SM- und Fetischboutiquen: Die in fast jeder größeren Stadt vorzufindenden Spezialgeschäfte und Bars bilden wichtige Kristallisationspunkte der Szenen. Hierher kommen – vorzugsweise am Wochenende – die Insider. Diese Treffen bieten Gelegenheit, unter seinesgleichen über SM-Probleme und -Faszinationen zu sprechen, neue Moden anzuprobieren usw. Manche dieser Treffpunkte sind regelrecht institutionalisiert, so daß es schon längst nicht mehr nur um SM geht. Auch Kinder und Familie, Sport und Auto, Urlaub und Arbeit sind Themen, über die gesprochen wird. Diese Treffpunkte waren, neben ihrer Funktion als Beobachtungsort, vor allem wichtig, um Kontakte zu knüpfen und Interviews durchzuführen.

– Szene- und Privattreffen: Der Zugang zu Szene- und Privattreffen war nicht einfach. Mit der Hilfe von Szene-Insidern konnten wir an solchen Treffen teilnehmen, wobei wir allerdings – bildlich gesprochen – zumeist im «Foyer» bleiben mußten. Aber selbst der «Beobachterposten im Vorzimmer» bietet neben dem unverzichtbaren Vorteil, Eindrücke im Feld zu sammeln, Gelegenheit, Kontakte mit Untersuchungspersonen anzubahnen und die Bereitschaft zu wecken, sich im weiteren Verlauf des Forschungsprozesses zu engagieren.

c) *Gruppendiskussionen:* Ihre Nähe zu alltagstypischen Kommunikationsformen ließ die Gruppendiskussion auch für unsere Untersuchung bedeutsam werden. Insbesondere im Hinblick auf die ständig wachsende Zahl organisierter Gruppen stand hier ein Instrumentarium zur Verfügung, das eine tiefergehende Erkundung von kommunikativen Prozessen und Verhaltensstilen erlaubte. Ein solcher Weg erschien uns zunächst problematisch, weil wir meinten, daß das Gespräch über derart intime Themen in der Gruppe nicht möglich und auch nicht fruchtbar sei. Diese Einschätzung war – von einzelnen Ausnahmen abgesehen – falsch. Damit die Diskussionssituation möglichst naturalistisch war, fanden die Gespräche allesamt in Szene-Treffpunkten statt.

Bei einer Gruppendiskussion mit heterosexuellen Personen in einem Lederstudio überraschte uns zum Beispiel die offene Art, in der die anwesenden Personen über ihre sexuellen Praktiken und Neigungen sprachen. Auf unsere Rückfrage erklärten sie, daß dies in der Szene üblich sei, man wisse schließlich alles voneinander. Eine ähnlich offene und lockere Atmosphäre haben wir bei einer Gruppendiskussion mit schwulen Sadomasochisten erlebt. Bei drei Diskussionen mit Lesben waren die Erfahrungen dagegen ambivalent. In einem Fall ging unser Versuch, ein Tonband aufzubauen und Fragen zu formulieren, in einer Flut von Vorwürfen unter, während sich zwei weitere Diskussionen durch ein konstruktives, relativ offenes Gesprächsklima auszeichneten.

Auswertungsstrategien

Zur Auswertung des umfangreichen Befragungsmaterials mußten die verbalen Äußerungen zunächst verschriftlicht werden. Die sprachliche Tabuierung von Sexualität und Gewalt, die in der Hochsprache und also auch der Wissenschaft gilt, mußten wir ignorieren: die Semantik des Feldes ist nur begrenzt übersetzbar. In der Darstellung unserer Ergebnisse mußten wir uns deshalb auf eine Gratwanderung einlassen: einerseits sollte die «Kultur» der Szene dargestellt werden, andererseits voyeuristischen Bedürfnissen möglichst wenig entsprochen werden. Daß freilich allgemein geltende Geschmacksnormen verletzt werden, ist bei diesem Thema unvermeidlich. Aus Gründen der Anonymisierung und der verständlicheren Darstellbarkeit übersetzten wir die verbalen Daten behutsam in die Hochsprache und paßten sie den Regeln der Schriftsprache an. Die durch dieses Verfahren nicht auszuschließenden Sinnverzerrungen wurden durch wiederholte Überprüfungen in der Forschungsgruppe reduziert. Im Anschluß daran begann die eigentliche Auswertungsarbeit. Dabei ging es uns primär um den «tatsächlich subjektiv gemeinten Sinn» und weniger um die «latenten Sinnstrukturen», die den Akteuren der SM-

Sozialwelt nicht bewußt sind. Entscheidend für die vorliegende Analyse ist der *native's point of view*. Datenaufbereitung und -darstellung sind dementsprechend rein deskriptiv und beschreiben jene Strukturen und Interaktionen, die die Akteure selbst zur Typisierung und Abgrenzung ihrer «Welt» verwenden. Einer solchen Vorgehensweise wird mitunter der Vorwurf gemacht wird, sie sei journalistisch oder unwissenschaftlich, führe zu *over-identification* oder zum *over-rapport*, d.h., die erforderliche Forscherdistanz zum Untersuchungsgegenstand gehe verloren. Diesem Vorwurf ist mit dem bereits erwähnten österreichischen Kultursoziologen R. Girtler zu erwidern, daß «feldnahe» Methoden nicht die Objektivität der erhobenen Daten beeinträchtigen, sondern es überhaupt erst erlauben, die Alltagswirklichkeit (in unserem Falle eher die spezialkulturelle Wirklichkeit) der betreffenden Menschen zu erhellen und zu entschlüsseln. In einer Gesellschaft, die in eine immer größere Zahl von einander fremden Sub- und Spezialkulturen zerfällt, kommt dem Sozialforscher mehr und mehr die Rolle eines «Dolmetschers» zu, der dem einen übersetzen muß, was die anderen denken. Daß soziologische Analyse über die Beschreibung dieser subjektiven Wirklichkeiten hinaus auch die «Tiefenstrukturen» des Handelns untersuchen kann (und auch sollte) – z.B. mit Ansätzen der «objektiven Hermeneutik», der «Konversationsanalyse» und anknüpfend an die vorliegenden Befunde auch quantitative Analysen betreiben muß – wird damit keineswegs bestritten. Ihre Beschreibung und Analyse kann aber erst in einem zweiten Schritt erfolgen. Aus diesem Grund ist auch die Fortführung der vorliegenden Untersuchung geplant. Zunächst haben wir aber versucht, ethnographisch und deskriptiv die Spezialkulturen der Sadomasochisten zu untersuchen, was sich in den im folgenden beschriebenen unterschiedlichen Auswertungs- und Darstellungsformen niederschlug.

Im ersten Fall zielte die Rekonstruktion auf individuelle Handlungs- und Sinnprofile. Sie kann als Einzelfallanalyse bezeichnet werden. Die Grundlage für diese Auswertungsform bildeten problemzentrierte Interviews in Verbindung mit Telefonaten, ständigen Briefwechseln und Wiederholungsinterviews, die zu biographisch orientierten Falldarstellungen ausgearbeitet wurden. Diese sehr zeitintensive Auswertungsform haben wir aber nicht generell eingesetzt.

Aus noch zu erläuternden Gründen verwendeten wir sie nur für die Beschreibung der spezifischen SM-Partizipationsformen von Frauen. Datenerhebungs- und Auswertungsprozeß standen hier in einem Wechselverhältnis, weil die beschriebenen Frauen ihre Sicht immer wieder in die Fallrekonstruktion in Form von Ergänzungen und Korrekturen einbrachten.

Bei der anderen Auswertungsform wurde eine typologisierende Interpretation angestrebt. Aus den Einzeläußerungen wurden also fallübergreifend Strukturen und Zusammenhänge, Typisches und Wiederkehrendes herausgearbeitet. Wir fragten hier in erster Linie nach bestimmten vorherrschenden Mustern, die dann in Form eines Textextraktes oder einer themenbezogenen Synopse, welche die Einheit der Transkripte auflöste, in die Auswertung miteinbezogen wurden. Diese Vorgehensweise erlaubt, die hinter singulären Aussagen sichtbar werdenden Strukturen offenzulegen. Gleichzeitig lassen sich so bestimmte Inszenierungs- und Selbstdarstellungsformen der Befragten vom Forscher herausstellen. Dadurch kann die Gefahr, daß der Forscher nur speziell für die Interviewsituation erfundene Selbstdarstellungen und Täuschungsmanöver wiedergibt, systematisch gemindert werden. So zeigte sich z. B. durch die vergleichende Analyse, daß einige Befragte bestimmte Verhaltensformen zu verharmlosen oder Selbstzweifel und Probleme zu verheimlichen suchten. Insbesondere Problembereiche wie das Vorkommen unfreiwilliger Handlungen wurden zuweilen negiert, obwohl sie in den Randzonen des SM vorkommen.

Die vielfältigen Feldnotizen sind ebenfalls unter Verwendung dieser Auswertungsstrategien in die Analyse eingeflossen. Die Mitarbeiterinnen und Mitarbeiter des Forschungsprojektes haben für die Filmanalysen ein Auswertungsraster entwickelt, das auf die spezifische pornographische Semantik sowie Rolle und Darstellung der Gewalt zentriert war. Die ausgewerteten Daten und Begriffe aus der Szene wurden im Text hervorgehoben, Interviewpassagen entweder in den laufenden Text integriert oder als eigene Interviewabschnitte kenntlich gemacht. Bevor wir auf die qualitativen Ergebnisse eingehen, sollen noch einige statistische Daten über die Verteilung bestimmter Merkmale bei unseren Befragten dargestellt werden. Diese Daten wurden durch eine Sekundäranalyse des Befragungs-

materials mit einem standardisierten Auswertungsschema erfaßt und
mit Hilfe eines Statistikprogrammes jeweils nach Häufigkeiten ausge-
wertet.

Statistische Verteilung ausgewählter Merkmale unter den Befragten

Insgesamt haben wir 143 Personen befragt. Daß die Zahl der interviewten Personen höher ist als die der Interviews, erklärt sich aus
dem Umstand, daß in manchen Interviews zwei bis vier Personen befragt wurden. Die dargestellten statistischen Ergebnisse sind – darauf muß ausdrücklich hingewiesen werden – aufgrund stichpro-
bentheoretischer Einschränkungen nicht verallgemeinerbar und
können entsprechend nur zur Hypothesenbildung genutzt werden.
Hinsichtlich der einzelnen Variablen ergaben sich folgende Vertei-
lungen:

Sadomasochistische Verhaltensformen und Interessen kommen in
allen Altersbereichen vor, wobei die meisten Befragten unter 40
Jahre alt waren. Der jüngste Befragte war 18 Jahre und der älteste 78
Jahre alt.

A. Spengler hat bereits darauf hingewiesen, daß sich nur wenige
Frauen in der SM-Szene bewegen: «Das Zahlenverhältnis von Männern und Frauen kann anhand der Zahlen aus den heterosexuellen
Teilgruppen der Organisationen, die wir kennen, ungefähr abge-
schätzt werden... In der regionalen Teilgruppe dieser Organisation,
die wir genauer kennengelernt haben, gibt es etwa 50 feste und weitere 100 locker assoziierte Mitglieder, aber nur etwa 20 Frauen... Der
Kontakt zu einer Organisation kann die Tatsache nicht überbrücken,
daß nur extrem selten einmal nicht-prostituierte Frauen zu einem sadomasochistischen Erlebnis bereit sind.»[13] Dieses Bild wird von einigen älteren Studien bestätigt.[14] Für unsere Untersuchung ergibt sich
folgende geschlechtsspezifische Verteilung:

Insgesamt befragten wir mehr Männer als Frauen. Von diesen Daten kann zwar nicht auf den Frauenanteil in der SM-Szene geschlossen
werden, es könnte sich hierin aber eine Tendenz andeuten. Um wei-

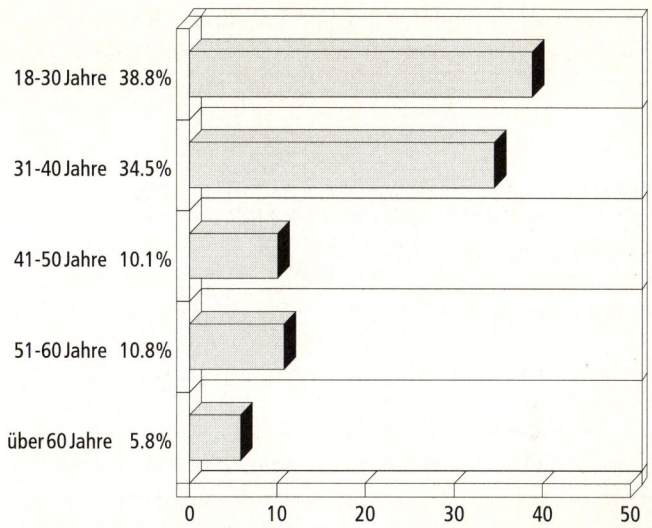

Die Altersstruktur der Befragten

tere Indikatoren zu finden, haben wir einige andere Analysen durchgeführt und beispielsweise Kontaktanzeigen ausgezählt. Das Ergebnis: Von 143 Partnergesuchen in einem SM-Magazin wurden 104 von Männern aufgegeben und 39 von Frauen, wobei in 23 Fällen finanzielle Interessen eine Rolle spielten. In einem Kontaktmagazin, das auf verschiedene sexuelle Interessen (z. B. Gruppensex, Fetischismus) abzielte, ergab sich folgende Geschlechterverteilung: Gegenüber 425 Männern, die eine Partnerin suchten, annoncierten nur 46 Frauen. Daneben suchten noch 72 Paare überwiegend eine weibliche Ergänzung.

Schließlich haben wir selbst mehrere Annoncen zur Bekanntmachung unseres Projektes in Szene-typischen Magazinen aufgegeben. Es meldeten sich fast ausschließlich Männer. Einige Szene-Insider stellten uns Antworten auf Annoncen zur Verfügung, die sie zur Suche eines Partners aufgegeben hatten. Auch hier zeigte sich eine ähnliche Verteilung, genau wie in einer von uns geschalteten Annonce in

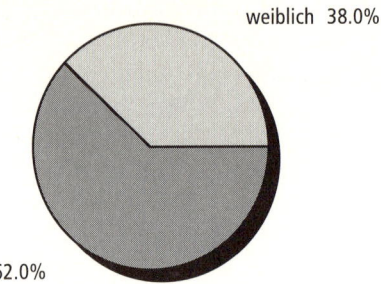

weiblich 38.0%

männlich 62.0%

Die Verteilung der Geschlechter

einer überregionalen Tageszeitung. Bei letzterer war aus dem Anzeigentext weder zu erkennen, ob ein Mann oder eine Frau gesucht wurde, noch waren Rückschlüsse auf sexuelle Präferenzen möglich.[15] Das Resultat spricht für sich: Innerhalb von zwei Tagen erhielten wir über 200 Anrufe, ausnahmslos von Männern, die eine Partnerin für die unterschiedlichsten Sexualpraktiken suchten.

Damit wird deutlich, daß Männer im allgemeinen beim Ausleben ihrer Sexualität vermutlich eher in eine Öffentlichkeit gehen, z. B. indem sie Annoncen aufgeben oder Gruppensex-Veranstaltungen besuchen. Aber nicht nur wegen dieses offensiveren Verhaltens sind sie in den verschiedenen Szenen überrepräsentiert, sondern auch, weil Frauen ihre Sexualität offensichtlich eher privat inszenieren. So hat z. B. unsere Studie zur Nutzung von Videopornographie[16] gezeigt, daß Frauen durchaus solche Filme anschauen, gleichzeitig aber den Weg in die Videothek eher vermeiden. Ausleihen ist eine Männerdomäne. Ein ähnlicher Effekt könnte in der SM-Szene wirksam werden, wenn es darum geht, an Gruppentreffen und Parties teilzunehmen. Daraus nun zu folgern, Frauen interessierten sich nicht für SM, wäre problematisch, weil umgekehrt bisher nur unzureichend untersucht ist, was sich in den privaten Räumen abspielt. Trotz der unergiebigen Datenlage scheint sich in den letzten Jahren – und darin stimmen alle von uns kontaktierten Szene-Mitglieder und -Insider überein – der Frauenanteil kontinuierlich erhöht zu haben.

Die Differenzierung nach bestimmten sozio-ökonomischen Merkmalen können wir anhand der Variablen «Bildungsabschluß» und «Beruflicher Status» darstellen:

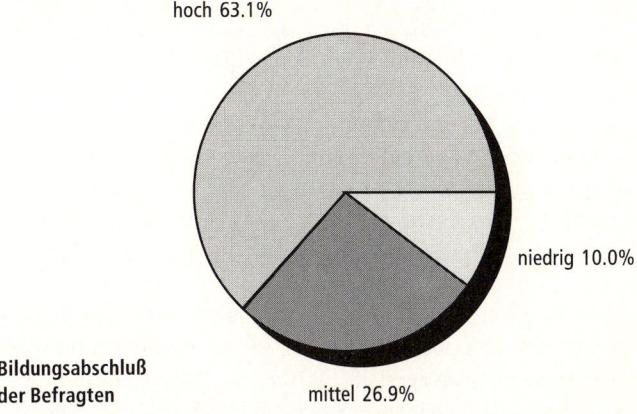

hoch 63.1%

niedrig 10.0%

**Bildungsabschluß
der Befragten**

mittel 26.9%

Die hohen Bildungsabschlüsse überwiegen mit einem Anteil von fast zwei Dritteln deutlich. Die Aufschlüsselung nach dem beruflichen Status zeigt folgende Verteilung:

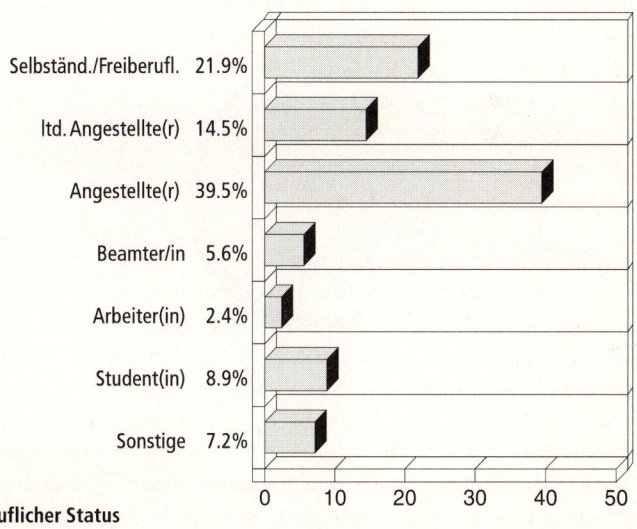

Selbständ./Freiberufl. 21.9%

ltd. Angestellte(r) 14.5%

Angestellte(r) 39.5%

Beamter/in 5.6%

Arbeiter(in) 2.4%

Student(in) 8.9%

Sonstige 7.2%

0   10   20   30   40   50

Beruflicher Status

Statushöhere Berufsgruppen sind mit einem recht hohen Anteil repräsentiert. Hier drängt sich die Frage auf, ob sadomasochistische Sexualität vorzugsweise bei höheren Schichtsegmenten zu finden ist. Wir haben eine Reihe von Einzeldaten erhoben, die diese Hypothese stützen. Auf privaten Treffen, Parties, Feten, Großveranstaltungen oder in Domina-Studios sind hauptsächlich Akademiker, leitende Angestellte etc. anzutreffen. Personen, die aufgrund ihres Berufes oder ihrer Tätigkeit viel mit Sadomasochisten zu tun haben (z. B. Dominas, Zuhälter, Therapeuten, Ärzte), berichten übereinstimmend, daß die Klientel in der Mehrheit aus den oberen Schichten stammt. Trotz dieser Einzelergebnisse stehen repräsentative Daten noch aus, so daß verallgemeinerbare Schlüsse gegenwärtig nicht möglich sind.

Neben den sozio-demographischen Variablen interessierte uns auch die Verteilung von Sexualitätsmerkmalen: 65 Prozent der von uns befragten Personen waren heterosexuell, ca. 8 Prozent bisexuell und etwa 25 Prozent homosexuell. Ein weiteres Merkmal ist die eingenommene SM-Rolle. Die Bezeichnungen in der Szene für die einzelnen Rollen variieren, weswegen wir die unterschiedlichen Begriffe (passiv/aktiv, sadistisch/masochistisch) synonym gebrauchen. Im einzelnen sind die Rollenmuster folgendermaßen verteilt:

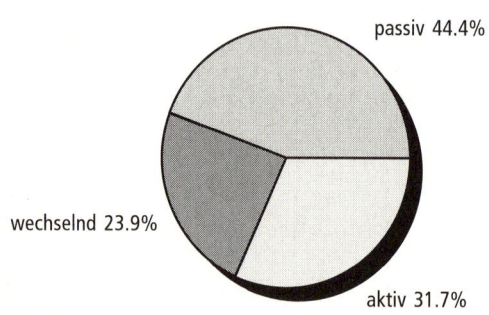

passiv 44.4%

wechselnd 23.9%

aktiv 31.7%

Präferierte SM-Rolle

Etwas weniger als die Hälfte der Befragten ist passiv, rund ein Drittel ist aktiv orientiert, und ein Fünftel der Befragten gab an, beide Rollen einzunehmen. Die Auszählung unserer Befragungsdaten in bezug auf den Zusammenhang von Geschlecht und präferierter SM-Rolle erbrachte folgende Verteilung:

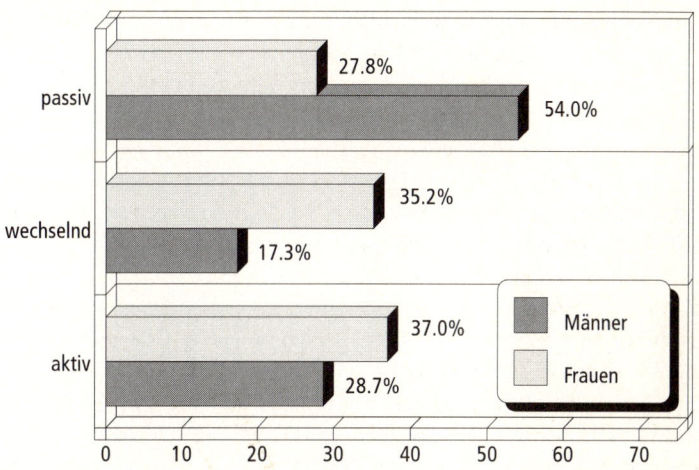

Geschlechtszugehörigkeit und SM-Präferenz

Zunächst ist darauf hinzuweisen, daß das sogenannte *role switching*, also die wechselnde Einnahme der S- und der M-Rolle bei Männern *und* Frauen vorkommt, wobei Frauen die Rolle im SM-Arrangement deutlich häufiger wechseln. Noch markanter sind die Unterschiede allerdings im Hinblick auf die passive Rolle: Fast doppelt so viele Männer wie Frauen geben an, passiv orientiert zu sein. Ist der Masochismus also, um es etwas drastisch zu wenden, zuallererst ein typisch männliches und weniger ein weibliches Phänomen? Die Rollenpräferenz bei den befragten Frauen ist fast gleichmäßig über alle Optionen verteilt, allerdings sind sadistische Frauen leicht in der Überzahl, wobei professionelle Dominas nicht berücksichtigt sind. Die Frage nach der Bedeutung und der Verbreitung des Masochismus von Frauen muß also neu gestellt werden, denn weder die Annahme eines natürlichen noch die eines zwanghaften, kulturell codierten spezifisch weiblichen Masochismus sind haltbar (vgl. Kap. 4).

Im folgenden möchten wir zunächst die gemeinsamen Merkmale der verschiedenen sexuellen Orientierungen in bezug auf den Sadomasochismus beschreiben. Anschließend gehen wir auf das spezifische SM-Verhalten von Frauen sowie die Besonderheiten des homosexuellen Sadomasochismus ein.

Eine Phänomenologie des Sadomasochismus

Den Bedingungen, unter denen es zur Herausbildung sogenannter Perversionen kommt, ist in den wissenschaftlichen Diskussionen bisher besondere Beachtung geschenkt worden. Dies gilt vor allem für die frühe Sexualwissenschaft, mit der die «Psychiatrisierung der perversen Lust»[17] ihren Anfang nahm. Als pervers galten alle Handlungen, die nicht dem Geschlechtsakt zwischen Mann und Frau sowie der Fortpflanzung dienten: Homosexualität, Fetischismus, Sadomasochismus, Sodomie, Nekrophilie, Exhibitionismus, Voyeurismus und Pädophilie ebenso wie die Masturbation. Die Annahmen über die Ursachen der *psychopathia sexualis* waren und sind noch immer sehr unterschiedlich. R. v. Krafft-Ebing zufolge sind Perversionen durch degenerative Erkrankungen des Gehirns bedingt.[18] M. Hirschfeld vertritt eine ähnliche Position, indem er sexuelle Abweichungen als Störungen des Sexualchemismus versteht.[19]

S. Freud mißt dagegen genetischen und endokrinologischen Störungen bei der Genese von Perversionen keine Schlüsselbedeutung zu. Für ihn gehören Sexualabweichungen zur allgemeinen Anlage des Geschlechtstriebes und entstammen der infantilen, prägenitalen Sexualität – der polymorphen Perversität – des Kindes. Sie zerfällt in verschiedene Partialtriebe (wie den analen Partialtrieb), die zunächst unabhängig voneinander nach Befriedigung streben, im Laufe der Entwicklung aber immer mehr in einer umfassenden sexuellen Organisation integriert werden. Im Gegensatz zur normalen Sexualität kommt es bei der Perversion zu einer «Triebentmischung, [*bei der, d. A.*] isolierte Partialtriebe ausschließlich und fast zwanghaft zur Erlangung der Befriedigung dienen sollen.»[20] Aus dieser Perspektive erscheinen die Perversionen von Erwachsenen als die Persistenz oder das Wiederauftreten eines partiellen Elementes der kindlichen Sexualität. Vereinfacht ausgedrückt ließe sich auch formulieren: Der Mensch wird nicht pervers, sondern bleibt es. Damit wird deutlich, daß sich Freud und später seine Anhänger weit von den Ansätzen Krafft-Ebings oder Hirschfelds entfernen.

Trotz aller Gegensätzlichkeit ist den Erklärungsmustern der frühen Sexualforschung wie auch der Psychoanalyse gemein, daß sie eine normale Sexualität definieren, einzelne geschlechtliche Aberrationen klassifizieren und ihnen bestimmte Ursachenkomplexe zuordnen. In der vorliegenden Studie haben wir – wie erwähnt – die individuelle Genese sadomasochistischer Neigungen als Forschungsfrage ausgeklammert. Die ätiologische Frage ist, wenn überhaupt, mit unserem empirischen Material nicht zu lösen. Wohl aber wollten wir wissen, wie Sadomasochisten ihre erste bewußte Erfahrung in diesem Bereich beschreiben. Viele Sadomasochisten, so lassen sich die Ergebnisse vorab zusammenfassen, entdecken ihre Neigungen über Pornographie, über ihren Partner oder durch den Kontakt zu bestimmten Gruppen und Szenen. Auch der Wunsch nach außeralltäglichen Erfahrungen sowie der Verlauf der Lebensgeschichte insgesamt kommen als Faktoren in Betracht.

▼

▼ **Erotische Literatur und Pornographie**

▼ Für sadomasochistische Pornographie hat sich ein umfangreicher Markt etabliert, der auch die ausgefallensten Wünsche mit einer Vielzahl von Produkten bedient. Für die Entdeckung sadomasochistischer Neigungen spielt häufig die gesamte pornographische Medienpalette eine wichtige Rolle: also Bücher, Magazine und Filme. Allein die neuere, digital transportierte Pornographie ist (noch?) bedeutungslos. Dies liegt vermutlich weniger an dem geringen Angebot – so sind z. B. in Computernetzen durchaus entsprechende Produkte zu finden –, als vielmehr an dem noch relativ geringen Verbreitungsgrad der neuen Informations- und Kommunikationstechnologien außerhalb technikinteressierter Kreise.

Bei den lesbischen Sadomasochistinnen konnten wir diese Form des Medien-Erlebens nicht nachzeichnen. Dies könnte zum einen daran liegen, daß für diese Frauen nur wenige pornographische Produkte hergestellt werden, zum anderen auch Ausdruck des ambivalenten Umgangs mit Pornographie unter SM-Lesben sein. Für einen nicht unbeträchtlichen Teil von ihnen gehört die Ablehnung der Pornographie als dem Symbol männlicher Allmachtswünsche und unterdrückter Weiblichkeit zum selbstverständlichen Einstellungshabitus. Nur sehr wenige lesbische Frauen gaben in den Interviews überhaupt an, daß sie pornographische Produkte nutzen. Anders bei heterosexuellen Männern und Frauen:

HOLGER: Ich habe einmal einen Porno gesehen, der spielte im Militärmilieu. Da hatten sie einen Mann in der Mangel, dem sie eine Zigarrette auf dem Schwanz ausdrückten, und eine Frau, die sie mit einem Gewehrlauf festgehalten und gevögelt haben. Das hat mich angemacht. So richtig hat mich aber so ein japanisches Bondage-Magazin angemacht. Die Japaner machen ziemlich heftige Bondage-Sachen... Die Frauen, die hängen halt nicht mehr oder weniger genüßlich in ihren Seilen, sondern man merkt, daß sie Schmerz empfinden. Das hat mich dann nicht mehr losgelassen. (38, S, HETEROSEXUELL)

MARION: Mit fünfzehn habe ich die *Geschichte der O* gelesen. Ich weiß bis heute noch die Situation: Es war bei einer Busfahrt, und ich weiß noch, wie mir der Atem gestockt hat. Es war, als ob sich eine unbekannte Welt öffnet, und ich habe gewußt: «Das ist, was du willst». (36, M, HETEROSEXUELL)

XAVER: Irgendwann habe ich mal so Hefte wie den *Stiefel* oder *Drummer* in die Hand bekommen, und das hat mich wahnsinnig angemacht. Mit meinem damaligen Freund habe ich daraufhin meine ersten Gehversuche im SM-Bereich gemacht. (38, SM, SCHWUL)

Welche Funktion könnte den Hardcores in diesem Zusammenhang zukommen? Vermutlich entdecken manche Personen dort Darstellungen von Wünschen und Bildern, die schon lange in den inneren Drehbüchern der Phantasien eine Rolle spielen. Die Affinität von Pornographie und Phantasien begünstigt solche Effekte. Beide sind auf ihre Weise ein Vexierspiegel der sozialen Wirklichkeit, indem sie

Bedürfnisse, die vom öffentlichen Leben durch Tabus ferngehalten werden, in fiktive Erlebnisräume überführen. Dort können bereits bekannte Erlebnisse in verschiedenen Situationen neu, vielleicht noch faszinierender empfunden oder Erfahrungen gemacht werden, die im Alltag nicht zugänglich oder verboten sind. Solche Einsichten in neue Welten können initiierenden Charakter haben. Die Verflechtungen verschiedener Realitätsebenen dürfen aber nicht als kausale Wirkungen verstanden werden. Zunächst macht die Pornographie deutlich, daß die Phantasien kein persönlicher Makel sind, weil auch andere Menschen sie haben. Darüber hinaus kann Pornographie in einigen Fällen die sexuellen Wünsche überhaupt erst kommunizierbar machen. Angesichts der hohen Tabuisierung von Sexualität auch in der Sprache kann der Umweg über die medialen Szenarien eine wichtige Darstellungshilfe sein.

▼

▼   **Die Lust auf das Besondere**

▼   Der ehelichen Erotik kam nicht immer die gleiche Bedeutung wie heute zu. Die Ehe galt bis in unser Jahrhundert hinein eher als Fortpflanzungsinstitution. Verfeinerte Erotik wird dagegen mit der außerehelichen Sexualität assoziiert (z. B. die Hetärenkultur und die Knabenliebe im antiken Griechenland, der Minnedienst des Mittelalters oder die Verruchtheit der Rotlichtbezirke im ausgehenden 19. Jahrhundert). Diese Situation hat sich im Zuge gesellschaftlicher Wandlungsprozesse geändert: «Erst eine gewisse Entlastung der Ehe von produktiven Interessen und Aufgaben, ihr stärkerer ‹Freizeitcharakter›, freie Partnerwahl und die Verflüssigung der geschlechtsrollenspezifischen Aufgaben lassen die Ehefrau als mögliche Geliebte darstellbar und wünschbar erscheinen. Insofern die Hauptfunktion der Ehe gerade ihr Beitrag zur emotionalen Stabilisierung der Partner wird, die in einer zunehmend affektiv neutralen enterotisierten Berufswelt wirken, wird die Liebesthematik geradezu notwendig.»[21] So transformiert sich die Ehe heute mehr und mehr zu einem Ort erotischer Experimente und Ausschweifung: «Was will nun die eheliche Dyade heute? Nur dies: den Wahnsinn in die Wohnung schmuggeln, das heißt, die Dauer in den Dienst der Lust stellen und sich alle Empfindungen wieder aneignen, die als unvereinbar mit häuslichem Leben galten. Der Wüstling, der das beengte Dasein der Ehe verachtete, wäre höchst erstaunt, wenn er heute sehen könnte, wie die Ausschweifung zur letzten und gefragtesten der ehelichen Kunstfertigkeiten wird. Gemeinsamkeit reimt sich auf Schamlosigkeit, weil Intimität und Privatsphäre für die Partner nicht mehr ausschließlich Zuflucht vor der Brutalität der Welt sind, sondern ein Bereich für Experimentierlust und Phantasie, in dem sie ihre besondere Pornographie entfalten können.»[22]

Diesen erotischen Ansprüchen steht das Problem der Gewöhnung entgegen, wenn die Partnerschaft über einen längeren Zeitraum besteht. Hierauf verweisen jedenfalls einige Studien:[23] zurückgehende Koitusfrequenz, geringere Attraktivitätsbewertungen des Partners oder die Suche nach anderen Sexualbeziehungen können Indikatoren eines solchen Prozesses sein. Um dieser Entwicklung entgegenzusteuern, suchen manche Paare ihre Sexualität durch neue und exotische Erfahrungsmuster zu bereichern. Die Aufladung des ehelichen Sexuallebens mit pornographischen Reizen ist, besonders seit die Verhäuslichung filmischer Produkte in Form von Video möglich geworden ist, ein solcher Weg. Nicht selten wird die Paarsexualität aber auch durch die Hinwendung zu anderen Praktiken, wie dem Sadomasochismus, modifiziert und attraktiver gemacht. Die Lust auf außeralltäglichen Sex und die Flucht vor der «Hasennummer einmal im Monat» kann so der Anstoß für die Hinwendung zum Sadomasochismus sein:

TAMARA: Es verschafft Abwechslung, die mir unheimlich guttut... Wenn wir SM jetzt aus irgendeinem Grunde abhaken würden, dann würde mir was fehlen, eben die ganzen Spezialitäten, die wir bis jetzt entwickelt haben.
PAUL: Ich denke auch, daß sich Gefühle und Praktiken abnutzen. Wenn ich mal so zurückdenke, wie es mit 15 war, da hatte ich einen Orgasmus, wenn mich eine Frau nur berührte. Das läuft heute nicht mehr. Wenn man lange mit einer Frau zusammen ist, dann kann die Sexualität z. B. auf der SM-Schiene wieder bereichert werden, interessanter gestaltet werden. (TAMARA, 30, M; PAUL, 36, S, BEIDE HETEROSEXUELL)

AUGUST: Für mich ist einfach alles, was über das Normale hinausgeht, etwas Besonderes... Ich bin mit meiner Frau jetzt 14 Jahre zusammen und kann eigentlich nur sagen, daß das sicherlich dazu beigetragen hat, daß wir ein harmonisches Eheleben führen... Es ist genauso eine Bereicherung, wie ich einmal zu Hause koche und einmal in das beste Lokal essen gehe. (51, M, HETEROSEXUELL)

CARLA: Irgendwann hatten wir eine schwere Krise, und im Bett ist nichts mehr gelaufen. Ich habe dann für mich so festgestellt: «Bei den SM-Lesbierinnen, da gibt es doch ganz andere Sachen.» Die fand ich spannend und prickelnd und wirklich auch geil. Nicht dieser langweilige Blümchen-Sex. Und zaghaft, mit viel Nervosität haben wir dann allmählich mit SM angefangen. (37, SM, LESBISCH)

FRANZ: Noch während des Studiums bin ich mit meinem Freund zusammengezogen. Wir haben uns wirklich gemocht... Wir sind dann beide irgendwann berufstätig geworden. Seitdem ging es nur noch bergab... Die Spannung war weg. Ich hatte viele Beziehungen nebenbei laufen. Dann bin ich – wie es genau dazu kam, weiß ich nicht mehr – in die Lederszene reingekommen und habe SM kennengelernt. Das habe ich dann mit meinem Freund auch mal gemacht, und da hat es wieder so richtig gefunkt. Nicht, daß wir uns noch mal verliebt haben, aber es war ein wirklich geiler Sex, und das machen wir auch heute noch. (35, SM, SCHWUL)

Der Markt kommt diesen Bedürfnissen nach Abwechslung und exotischer Sexualität, nach neuen Varianten und Praktiken durch ein breites Angebot an Sexartikeln entgegen: Kleidung aus Lack, Leder und Gummi, Werkzeuge aller Art, mediale Gebrauchsanleitungen und Animationen gibt es in fast jedem Sexshop oder Lederstudio. Hinzu kommen die beständigen Ermunterungen aus einigen Gazetten, doch einmal eine andere Erotik zu versuchen. Die sexuellen Varianten werden – ganz zugeschnitten auf die Bedürfnisse sexuell frustrierter Personen – als Ekstase- und Lustparadiese bejubelt. Solche Artikel sind nicht nur ein weiterer Hinweis auf ein geändertes sexuelles Selbstverständnis in Ehen oder eheähnlichen Paarbeziehungen, sondern zeigen gleichzeitig auch, daß dies nicht nur sexuelle Minderheiten, sondern größere Bevölkerungsteile betrifft.

▼

▼ Partner- und Szene-Kontakte

▼ Zugang zum Sadomasochismus finden viele auch über den Lebenspartner oder sonstige persönliche Beziehungen. Hier fällt das Erkennen der Neigungen gelegentlich mit dem ersten Praktizieren zusammen. Unterscheiden lassen sich ein selbst- und ein fremdinitiierter Weg: Bei ersterem liegt möglicherweise schon länger ein latentes Interesse am Sadomasochismus vor. Durch gezieltes Suchen und Finden eines entsprechenden Partners (z. B. über Kontaktannoncen oder dem Besuch von Szene-Treffen) können die persönlichen Voraussetzungen für das Ausleben der Interessen geschaffen werden. Diese Personen nehmen solche Wünsche an sich selbst wahr. Sie beginnen selbsttätig mit dem Aufbau entsprechender Erlebnisräume:

RITA: Als mir dann irgendwann alles klar war und ich gesagt habe: «Das ist es, was ich will», habe ich zunächst einmal Kontaktanzeigen aufgegeben. Ich habe dann einige Männer kennengelernt. Die meisten waren Schrott, aber einige haben mir auch gefallen. Ich habe mich so richtig in die ganze Sache eingearbeitet, bin mit zu Parties gegangen usw. (36, M, HETEROSEXUELL)

Anders verhält es sich beim fremdinitiierten Weg zum Sadomasochismus. Hier versuchen der Lebenspartner oder eine andere Person bei den Betreffenden ein persönliches Interesse aufzubauen. So kann beispielsweise die Ehefrau vom bereits sadomasochistisch erfahrenen Mann für diese sexuelle Spezialisierung gewonnen werden. Nicht selten geht diesem Ansinnen eine lange Phase der Geheimhaltung voraus. Kommt es dann – motiviert durch den Wunsch, den Partner in die Neigung einzubeziehen – zur Offenlegung, sind die Reaktionen verschieden. Manchmal kann ein solcher Schritt die Beziehung stark belasten oder sogar zur Trennung führen. In anderen Fällen willigt der umworbene Neuling dem Partner zuliebe in ein Arrangement ein. Aus diesem anfangs zögerlichen Mitmachen kann mitunter ein eigenes, stabiles Interesse werden:

MARIA: Ich bin durch eine Partnerschaft dazu gekommen. Ich bin schon siebenundfünfzig und habe etwa mit vierzig Jahren damit angefangen. Ich bin verheiratet, wir leben aber getrennt. Nach der Trennung habe ich mich nach einem Partner umgesehen. Da habe ich jemanden kennengelernt, der beides tut, der sowohl aktiv als auch passiv ist. Mit dem war ich sehr eng befreundet. Der hat mir das nahegebracht ... Inzwischen habe ich mich von ihm getrennt ... Ich mache es weiter, weil es mir Freude macht und mich befriedigt. (57, S, HETERO-SEXUELL)

MARGIT: Ich hatte lange Jahre eine ganz intensive Beziehung zu einer Freundin. Die hat mich so allmählich da eingeführt ... Ich habe mir früher nie Gedanken darüber gemacht, daß mir das Spaß machen könnte. (30, SM, LESBISCH)

Erste Berührungen mit dem Sadomasochismus können auch durch Kontakte zu Szene-Insidern entstehen. Sie übernehmen die Rolle des Mentors und führen den Novizen in die Szene ein. Diese Personen vermitteln Kontakte, führen in Gruppenveranstaltungen ein und machen mit den Regeln, Codes und spezifischen Bedeutungen der Szene vertraut. Gerade SM-Schwule können auf eine ausdifferenzierte Szene-Infrastruktur zurückgreifen, zu der auch ein funktionierender Kontaktmarkt gehört, auf dem der Neuling ohne fremde Hilfe Partner finden kann:

BERND: Durch das Tragen von Leder und meinen Umzug nach *[Groß-stadt]* bin ich in den SM-Bereich reingekommen und habe dort sehr schnell einen Freund kennengelernt, mit dem ich seit sieben Jahren fest befreundet bin. Der hat die gleiche Orientierung, eben Leder-SM. Durch die Lederszene in *[Großstadt]* besteht die Möglichkeit, viele Leute kennenzulernen. (37, M, SCHWUL)

Die Kontaktmöglichkeiten für SM-Lesben sind demgegenüber wesentlich ungünstiger. Aufgrund der geringeren Akzeptanz unter Lesben sind sie nicht – so wie die Schwulen – in die Ursprungsszene integriert. Das bedeutet, daß sie die sozialen und kommunikativen Möglichkeiten der Szene nicht ohne weiteres nutzen können.

Insgesamt bieten die jeweiligen Szenen ein Netzwerk, das zur Aufnahme vielfältiger persönlicher Beziehungen dienen kann. Die Nähe zu ihnen kann für die Beschäftigung mit sadomasochistischen Sexualpraktiken ausschlaggebend sein. Es ließe sich auch von einem spezifischen Lernfeld und einer Struktur von Zugangschancen spre-

chen. Diese Feststellung muß allerdings hinsichtlich der Zugangspro-
bleme differenziert werden. In einigen Szeneteilen – insbesondere unter den Newcomern aus links-alternativen oder Yuppie-Kreisen –
wird Sadomasochismus zu Beginn der neunziger Jahre als bislang
nicht dagewesenes, halböffentliches Experimentierfeld und Happe-
ning mit Flugblättern, Hobby-Zeitschriften, Plakaten, Manifesten,
Parties, Selbsterfahrungsgruppen und emanzipatorischen Ansprüchen inszeniert. Hier beginnt sich offenbar eine neue – oder zumindest andere – Szene zu etablieren. Die Mitglieder wollen ihre Neigung
öffentlich machen und für eine breitere Akzeptanz eintreten. Überge-
ordnetes Ziel ist eine ähnlich ausdifferenzierte sadomasochistische
Szene-Infrastruktur, wie sie bei den Schwulen schon besteht. Insbesondere nach dem Vorbild der Hamburger Gruppe *Sündikat*, die die
Szene-Zeitschrift *Schlagzeilen* herausgibt, hat sich in der Bundesrepublik Deutschland eine Reihe weiterer Gruppen gebildet, die alle
miteinander in Verbindung stehen. Durch ihre vielen öffentlichen
und öffentlichkeitswirksamen Aktivitäten sind sie auch für den Neuling leicht ausfindig zu machen.

Diese alltagskulturelle Verbreitung und Rahmung des Sadomasochismus geht insbesondere den Personen, die um die Exklusivität ihrer Neigung besorgt sind, zu weit. Sie befürchten, daß der spezifische
Reiz von SM, nämlich die von vielen gesuchte Außeralltäglichkeit,
verlorengehen könnte. In ihren Augen führt der Aktivismus der
Szene-Neulinge zu einem Normalisierungsprozeß, der der *schwarzen
Sexualität* das Flair des Perversen und Anrüchigen entzieht und ihr
damit einen wesentlichen Faszinationsquell raubt. Sie wenden sich
deshalb ebenso gegen das Heraustreten in die Öffentlichkeit wie gegen das Bemühen um Toleranz und Akzeptanz. So lehnte ein Szene-
Insider die Teilnahme an einem Interview aus diesem Grund ab: «Die
Erfahrung der erotischen Ekstase im Bereich des SM [*gründet, d. A.*]
genau darauf, daß es sich hier um von der Gesellschaft als pervers
bezeichnete Praktiken handelt.» Mit dieser Haltung sind nicht selten
Abschottungstendenzen verbunden, die den Zugang zu diesen Gruppen erschweren.

▼

▼ Biographisierung und Selbstthematisierung

▼ Wiederum andere Personen können ihre ersten Berührungen mit dem Sadomasochismus nicht an einem spezifischen Ereignis festmachen. Für sie ist ihr spezialisiertes Sexualinteresse in die gesamte lebensgeschichtliche Entwicklung eingebunden. Dies erklärt ihre zum Teil sehr langen Ausführungen zu der Frage, wie sie ihre Neigung entdeckt haben.[24]

Generell stellen biographische Erzählungen ein Konstrukt dar: «Denn jedes Konzept kann nur beschreiben, was ihm nach seiner Logik in den Blick kommt; es wählt aus der Totalität des Ereignisstroms ‹Lebenslauf› aus und fügt die ausgewählten Momente nach seiner Logik zu einem Bild auch wieder zusammen, so daß der Lebenslauf stets nur als das erscheint, als was er beschrieben wird: Mit anderen Worten, eine ‹Rekonstruktion› des Lebenslaufs in diesem Sinne erzählt den Lebenslauf, konstruiert ihn als Biographie und identifiziert darin das Subjekt. Kein solches Konzept kann die Totalität des Lebenslaufs insgesamt erfassen. Die paradigmatische Rekonstruktion ist nicht mehr nur Beschreibung, sondern Darstellung, im genauen Sinn des Wortes ein Bild des beschriebenen Lebens, und damit des Individuums.»[25] Dies gilt auch für die Sadomasochisten. Sie richten den Blick aus ihrer SM-Rolle in die Vergangenheit und erzählen den Werdegang vermutlich nicht so sehr als Ablauf des tatsächlich Erlebten; vielmehr bestimmen gegenwärtige Selbstbilder das Kompositionsprinzip. Im einzelnen lassen sich *drei verschiedene Muster biographischer Rekonstruktion* unterscheiden.

Beim *ersten Typ* sind Kristallisationspunkte mit fallübergreifenden inhaltlichen Ähnlichkeiten feststellbar. Bestimmte Lebensphasen (z. B. Kindheit, Pubertät), Ereignisse oder Lebensumstände (z. B. das Aufwachsen im Bordell) erhalten eine zentrale Bedeutung für die Herausbildung sadomasochistischer Neigungen:

RENA: Der rote Faden dabei ist mein Vater. Er war eine sehr, sehr dominante Person, die mich wirklich unterdrückt hat. Konsequent und sehr brutal. Meine Erziehung basierte überwiegend auf Brachialgewalt. Das Ganze unterlag einer stringent katholischen Erziehung. Wirklich nach dem Motto: Du darfst keine anderen Götter haben außer mir. Die Schizophrenie in dieser Erziehung war, daß er mir auf der anderen Seite, wenn alles so lief, wie er es wollte, ein ungeheures Selbstvertrauen vermittelt hat. Die Tendenz war: Laß dir von niemandem etwas gefallen. Und wenn irgend jemand was von dir will, überlege gut, ob es okay ist oder nicht; und wenn du der Meinung bist, daß du keinen Fehler gemacht hast, dann wehre dich. Ich kriegte ungeheure Rückenstärkung dadurch. Nur wenn es dann gegen Daddy ging, und das ging irgendwann, als ich zehn, elf wurde, los, wurden die Praktiken, die er Erziehung nannte, sehr kriminell. Im nachhinein betrachtet waren es klar sadistische Muster. Er hat mich fünf Stunden auf Erbsen liegen lassen, mich in seinen Hobbykeller genommen und mir gedroht, die Hand abzuhacken, weil ich auf dem Vorplatz der Kirche zehn Pfennig gefunden hatte und mir einen Kaugummi kaufte. Ich denke, daß da eine Prägung stattgefunden hat. Ich habe meinen Vater gehaßt, und ich habe ihn geliebt, beides gleichzeitig... Ich bin dann aber mit 16 von zu Hause abgehauen... Der letzte Schritt dazu, den ich wirklich sehr bewußt erlebt habe, war dieses Einsteigen in das, was ich als meinen persönlichen Masochismus definiert habe... Ich habe mir immer Männer gesucht, die irgendwo in einer Richtung dem Bild meines Vaters entsprachen... Die ersten Versuche, meinen Vater erneut in mein Leben zu holen, waren wohl diese Beziehungen. Dann bin ich umgeschlagen in das krasse Gegenteil. Ich habe mich eingelassen auf jemanden, der wirklich sehr sanft und sehr verständnisvoll war, und das war es auch nicht. Da habe ich mich zum erstenmal gefragt: «Warum fragt er mich, ob wir bumsen sollen, warum macht er es nicht einfach?». (40, M, HETEROSEXUELL)

JOSEPH: Die Geschichte stellt sich so dar: Ich bin 1936 geboren, und im Alter von neun Jahren war der Krieg aus. Wir hatten eine Sechs-Zimmer-Wohnung. Mein Vater war noch in Gefangenschaft. Ich war das einzige Kind und lebte mit meiner Mutter in dieser Sechs-Zimmer-Wohnung. Also die Kindheit war ja abgebrochen durch diese Kriegssituation. Und da war man etwas reifer als vielleicht so ein Neunjähriger im allgemeinen. Ich kam mir jedenfalls so vor. Und dann Einzelkind, das spielt ja auch eine Rolle. Immer eigenes Zimmer und alles. Dann, mit einemmal, hat mir meine Mutter eröffnet: «Wir müssen hier ein bißchen enger zusammenrücken, hier werden

Damen zu uns kommen, und du wirst auch nicht mehr dein eigenes Zimmer haben. Du bist nach Möglichkeit bei mir in der Küche.»... Und dann hat meine Mutter zu mir gesagt: «Hier kommen also mehrere Soldaten, die sind befreundet mit den Damen, die wir hier haben.» Um es kurz zu machen: Die Wohnung wurde unten als Bordell angeschlagen. Und dann bin ich also praktisch da hineingewachsen, das heißt also, die *[Name]*, die war meine liebste, und die hat mich sehr viel in ihr Zimmer mitgenommen. Ich habe also den ganzen Tag alles mitbekommen... Und die *[Name]*, die hat mich eben, wenn man so will, in der Zeit zur Brust genommen und hat mich eingeweiht in alles, was überhaupt einzuweihen war. Wenn Besuch da war, wurde ich unter das Bett geschoben. Dann habe ich also praktisch die ganze Sache miterlebt, wie sie sich da abgespielt hat. Ich habe also manchmal stundenlang weiter nichts zu Gesicht bekommen als Beine, Schuhe, Strümpfe und alles, was sich da noch abgespielt hat. Ich bin der Meinung, daß das in der Zeitspanne wesentlich dazu beigetragen hat, daß ich gewissermaßen so einen Fetisch entwickelt habe. Meine Mutter, die hat mir zwar Vorträge gehalten, aber ich habe sie die ganze Zeit lang kaum zu Gesicht bekommen. Und der war das wahrscheinlich auch egal, wo ich nun gerade war. Schule und so weiter gab es in der Zeit noch nicht. Es war ein Zeitraum, von 1945 bis 1948, drei Jahre, die mich doch sehr geprägt haben. Und *[Name]* war, was das Äußere anbelangt, sehr sinnlich. Brünettes Haar, volle Lippen, also sehr, sehr sinnlich. Und dementsprechend hat die mich so fasziniert. Alles, was sie geschenkt gekriegt hat, was damals so in Mode kam, die Nylons und Schuhe und Schmuck und Kosmetika, das hat die natürlich alles an sich verarbeitet. Dementsprechend habe ich das auch mitbekommen. Dann hat sie mich mal geschminkt und dies und das und ihre Scherze mit mir gemacht. Wenn sie wütend war, dann hat sie mich mit Handschellen ans Bett angefesselt. Das hat sich bis zum Exzeß gesteigert bei der Frau. Sie selbst war feminin, sehr stark, diese Frau. Bloß war die Sache eben bizarrer. Fangen wir mal vom Kopf an: Die Haare mußten wilder, toupierter sein, meinetwegen wie heute Tina Turner. Das Gesicht: ganz dick aufgetragene Schminke. Es mußte ja alles irgendwie wirken. Ob nun die Nägel, ob dies und das, jedenfalls alles superbetont, bizarr würde man heute dazu sagen. Gewisse dominante Frauen rennen ja in ihrem Studio auch so rum...

Wenn es um das Essen ging, hat sie mich mitessen lassen. Oder sie hat mir das vorgekaut und hat es mir gegeben... Im Zimmer war ein Waschbecken, ich mußte oft neben dem Waschbecken hocken, dann hat sie teils ins Waschbecken hineinuriniert und teils mir ins Gesicht. Wenn ich mich also in irgendeiner Form abgewendet hätte oder dagegen demonstriert hätte, hätte sie mich geschlagen... In den Lebensjahren später ging das alles wie ein Film an mir vorbei. Und dann habe ich eben gemerkt, daß das in irgendeiner Form zur Sucht wurde. Ich habe also praktisch immer danach getrachtet, wenn ich dann später auf der Straße war: Welche Frau geht so und so angezogen? Wie läuft die? Was hat die für Schuhe? Aus welchem Blickwinkel kann ich mir das genauer ansehen? Also richtig voyeuristisch und ein bißchen zum Fetischismus, das heißt ja dann beim Fetischismus, daß man das auch berühren will in irgendeiner Form... Schuhe, Strümpfe und alles, was dieses Superweib, wenn ich das mal so ausdrücken darf, an sich hatte. Ob das ein Parfum war, ob das die Schminke war, ob das war, wie die sich die Nägel lackiert hat und dies und das. Und wie sie sich gebärdet hat. Wenn sie schlecht gelaunt war, hat sie mich angespuckt. Wie ein Tier hat die mich behandelt. Ich habe zu Anfang dagegen rebelliert, aber nachher nicht mehr. Nachher war ich daran gewöhnt wie so ein Hund. Und das muß einen gewissen Knacks gegeben haben. **(55, M, HETEROSEXUELL)**

MANFRED: Gewisse Phantasien hatte ich schon in vorpubertären Zeiten. Und wie es halt so im zarten Kindesalter ist, wo man Banden gründet und auch so härtere Spiele macht, Mutproben zum Beispiel. Ich komme aus *[Ort]*, das war da gang und gäbe in dieser Bande. Das war auf jeden Fall noch vor der Konfirmation... Dann gab es Pfadfinderspiele, Geländespiele und so. Ja, und dann war halt lange Schluß, aber die Phantasien blieben. Da kam dann auch das Sexuelle langsam auf, daß ich das damit verbunden habe, phantasiemäßig. Ich dachte: «Das ist doch eigentlich ganz geil.» Aber es tat sich nichts, bis ich in eine andere Stadt kam... Und bin dann also noch als Tourist nach [Stadt] gekommen. Da habe ich vor dreieinhalb oder vor vier Jahren das erste Mal bewußt aus sexuellen Motiven Flagellantismus praktiziert... Also dazu muß ich sagen, was bei manchen der Fall ist, daß sie irgendwie von den Eltern geschlagen worden sind oder so, war bei mir nie der Fall. Ich bin absolut ohne Schläge erzogen worden. Das ist nicht der Einstieg gewesen. So was wird ja oft angenommen. (25, M, SCHWUL)

Diese Zugangsmuster verweisen am ehesten auf bestimmte entwicklungspsychologische Ursachen oder Störungen für die Entstehung sadomasochistischer Neigungen, wie sie im Rahmen verschiedener ätiologischer Ansätze thematisiert werden. So ließe sich beispielsweise Renas Masochismus als Konsequenz der Auseinandersetzungen in Kindheit und Jugend mit dem autoritären Vater begreifen. Im Fall von Manfred zeigt sich das Gegenteil. Er ist ohne Zwangsmethoden erzogen worden und in einem liberalen Erziehungsklima aufgewachsen.

Während die eine Probleme mit autoritären Erziehungspraktiken anführt, kann der andere solche Ereignisse für sich ausschließen. Der Umstand, daß konträre Erlebnisse und Prozesse zu vergleichbaren Verhaltensformen führen können, mindert die Verallgemeinerbarkeit von Theorien beträchtlich, die auf der Idee von der fixierenden Kraft bestimmter Ereignisse beruhen. Das komplexe Wechselspiel von individuellen und sozialen Faktoren kann von älteren, ausschließlich individualpsychologisch ansetzenden Theorien nicht erfaßt werden.

Anders bei fetischistischen Neigungen. Hier finden sich gehäuft Hinweise auf bestimmte Schlüsselszenen. Das Beispiel Joseph zeigt, daß bestimmte, aktuell ausgelebte Formen des Schuhfetischismus und sehr spezifische Kindheitserinnerungen möglicherweise in einem Zusammenhang stehen. Ähnlich ein weiterer Interviewpartner:

ANDRÉ: Das sind dann so Krankenhaus-Schlüsselszenen. Das ist noch in den fünfziger Jahren gewesen. Ich glaube, da war ich sechs, als ich wegen einer Blinddarmoperation ins Krankenhaus mußte. Da wurde ich dem Arzt noch auf den Schoß gesetzt. Der hatte eine Gummischürze, und man kriegte noch eine Maske auf den Kopf, wo Äther draufgeträufelt wurde. Ich würde behaupten, daß da was passiert ist, daß da was kanalisiert wurde. Dann trat das wieder mit dreizehn Jahren auf. Seitdem ist das bei mir so mit diesen fetischistischen, ich habe Tick gesagt, aber es sind Neigungen, Veranlagungen. (47, M, HETEROSEXUELL)

Erinnerungen von Sadomasochisten und Fetischisten unterscheiden sich – das zeigen die beiden Fälle – vermutlich in einem Punkt sehr deutlich: Fetischisten erinnern sich an sehr spezifische Situationen, während Sadomasochisten Eindrücke über einen längeren Zeitraum wiedergeben.

Diese Befunde verweisen auf bestimmte Erklärungsansätze. Für die Genese fetischistischer Interessen wird «gewöhnlich irgendeine Form des klassischen Konditionierens in der sozio-sexuellen Lerngeschichte [angenommen, d. A.]. So kann zum Beispiel ein Junge während seiner ersten sexuellen Erfahrungen vor Bildern von Frauen, die in schwarzes Leder gekleidet sind, masturbieren.»[26] Denkbar ist auch eine bestimmte Urszene, in der eine Fixierung auf einen fetischistischen Gegenstand erfolgt, etwa die Gummiunterlage des Kinderbettes oder bestimmte Krankenhaussituationen. Auch wenn es einige Hinweise für die Erklärungsrelevanz von Lern- und Konditionierungsmodellen in bezug auf die Genese des Fetischismus gibt, läßt die empirische Situation verläßliche Aussagen nicht zu.

Während bei dem dargestellten *ersten Biographie-Typ* eine recht genaue Erinnerung an vergangene Ereignisse festzustellen ist, liegen der lebensgeschichtlichen Schilderung beim *zweiten Typ* Theorien oder Theoriecollagen zugrunde, die gleichsam als Selbstdiagnose mehr oder weniger eigenwillig auf den Lebenslauf übertragen werden. Spezifische Lebensphasen werden nicht anhand von biographischen Fakten, sondern etwa als «Hospitalismusschock» oder «repressive Erziehungsmethode» rekonstruiert. Dementsprechend erfährt der Leser oder Forscher nur wenig über die Lebensgeschichte an sich und wird statt dessen mit einer theoretisch abstrahierten Fassung konfrontiert:

NIKOLAUS: Jahrzehntelang habe ich mich mit Verhaltensforschung beschäftigt und mich dabei gefragt, ob dies nicht im Instinktverhalten nachzuweisen ist. Und die Antwort mußte zunächst einmal ganz klar zwischen Männern und Frauen trennen. SM wird von beiden völlig gegensätzlich empfunden. Der Mensch ist ein Herdentier, das stärkste Männchen leitet das Rudel, die Weibchen gehören alle ihm, denn der Nachwuchs muß stark und überlebensfähig sein. Die anderen Männchen bestreiten dem Stärksten das Recht und kämpfen um die

Weibchen. Sie verlieren dabei immer wieder und ziehen die Verachtung der Weibchen auf sich. Der Stärkste wird für die Weibchen dadurch immer bewunderungswürdiger, anbetungswürdiger. Ihm gegenüber – und nur ihm – entwickelt sich ein glückseliges Abhängigkeitsgefühl der Geborgenheit, Hörigkeit (Zugehörigkeit). Wenn man so will: Sklavinnen. Irgendwann hört der Stärkste auf, Stärkster zu sein, wird besiegt und vertrieben, und er erlebt nun die Verachtung der Weibchen wie viele andere vor ihm. Die Verlierer müssen mit dieser Verachtung leben. Sie haben überhaupt keinen Sex, obwohl sie von Natur aus reichlich dafür ausgestattet sind. Der Mann muß zehn Frauen versorgen können, die Frau aber kommt nur jedes zehnte Mal dran. Beide Geschlechter sind dafür programmiert. Die Frauen brauchen es nicht, die Männer brauchen es, oder die Frauen brauchen es nur jedes zehnte Mal. Die Verlierer wären ja schon froh, wenn es eine Frau gäbe, die sie, wenn sie sie auch verachtet, immerhin akzeptieren würde... Daraus ergibt sich: Junge Frauen neigen leicht dazu, Sklavin eines einzigen Herrn zu sein. Ist der weg vom Fenster, hört die Hörigkeit auf. Er wird verachtet und in die Wüste geschickt... Der älter werdende Mann wird daher je länger, je mehr masochistisch, wenn er seinem Instinkt folgt. Folgt er aber seiner Erziehung, so wird er weiter «des Weibes Haupt» sein wollen, macht sich lächerlich und schafft Probleme. Somit ergibt sich: Junge Frauen und alte Männer sind (möglicherweise) Masochisten, während junge Männer und ältere Frauen zu Herrschaft neigen, was sich bei masochistischen Partnern zum Sadismus ausweiten kann. Der Sadismus als solcher ist niemand auf den Leib geschrieben. Er wird lediglich vom masochistischen Partner erbeten: die Verachtung des Verlierers... In diesen Rahmen muß ich mein Leben stellen. (64, M, HETEROSEXUELL)

FERDINAND: Vergewaltigung durch Hospitalismus im ersten Lebensjahr und autoritäre, repressive Erziehungsmethoden trugen das Ihre dazu bei. Logisch, daß aufoktroyiertes Schuldbewußtsein durch Religion und Kirche nebst sublimierter Sexualität in der Kleinfamilie eine Rolle gespielt haben. (43, SM, BISEXUELL)

MIRIAM: Als preußisch und protestantisch Erzogene und damit als kulturfrommes Subjekt mit entsprechend gutem Benehmen hatte ich

SM als Freiraum entdeckt, der eine quasi kompensatorische Funktion zu den inzwischen internalisierten Zwängen erfüllt. (27, S, LESBISCH)

Diese Selbstanalysen sind Ausdruck einer umfassenden Diffusion von Modellen aus Psychoanalyse, Psychologie, Sozialisationsforschung und Pädagogik in das Deutungswissen von Sadomasochisten. Wesentlicher Antrieb für die Suche nach dem roten Faden im eigenen Schicksal ist die Wahrnehmung der Differenz von der Normalität der anderen und die eigene Abweichung. Die Frage «Warum bin ich so?» forciert die Suche nach Sinn. Die Differenz zur sogenannten Normalität wird nicht einfach hingenommen, vielmehr schließt sich die Suche nach Erklärungen an. Identitätskrisen und Ängste werden mit Interpretationsangeboten der Wissenschaften bewältigt. Dabei kann mitunter schon die Tatsache, daß es einen Erklärungsansatz für das eigene Triebschicksal gibt, ausreichend sein, um zu demonstrieren, daß es sich hierbei nicht um paranormale Phänomene oder rätselhafte Krankheiten handelt. Die Autobiographie von Maria Marcus[27] ist ein bekanntgewordenes Beispiel, in dem die Autorin ausführlich beschreibt, wie sie bei der Suche nach den Ursachen ihres Masochismus auch wissenschaftliche Erklärungsmodelle herangezogen hat. Die rationalen Erklärungen der Wissenschaften garantieren gleichsam die Partizipation am vernunftorientierten Normalen.

Mit diesen Adaptionsversuchen korrespondieren möglicherweise Veränderungen im Alltagsbewußtsein. Die Wissenschaften selbst werden zu Sinnangeboten, die z. B. über Medien, im Falle der vorliegenden Szenen auch über interpersonale Kommunikationswege, zu den Interessenten gelangen. An diesen Beispielen zeigt sich auch, daß unabhängig von der Selbstwahrnehmung als Abweichler immer wieder die Normalität als Definitionskriterium für die eigene Identität dient.

Der *dritte Biographie-Typ* läßt sich am ehesten als «Bekehrungstyp» charakterisieren. Eine Fülle von disparaten und unsinnigen Erfahrungen mit sich selbst bekommen für den Bekehrten plötzlich Zusammenhang und befriedigenden Sinn. Der Soziologe P. Berger beschreibt dies folgendermaßen: «Nun gibt es allerdings Fälle, in denen eine Uminterpretation der Vergangenheit absichtlich und voll bewußt vorgenommen wird und ein integrierter Bestandteil eines umfassenderen Vorganges ist – wenn es sich nämlich um die Konversion zu einer anderen religiösen oder politischen Weltanschauung handelt, das heißt zu einem neuen Sinnsystem, in dessen übergreifendes Ganzes sich die eigene Biographie einbeziehen läßt. Der Konvertit kann sein ganzes bisheriges Leben als von der Vorsehung gewollten Weg ansehen – bis hin zu dem Augenblick, da der Nebel vor seinen Augen sich lichtete ... Etwas Derartiges trifft erwiesenermaßen auf religiöse Konversionen und mystische Verwandlungserlebnisse zu. Aber auch säkularisierte Glaubenskomplexe der Neuzeit bieten ihren Anhängern ähnliche Erlebnisse ... In der amerikanischen Gesellschaft sowie einigen westeuropäischen Ländern verhilft auch die Psychoanalyse vielen Menschen zu einer sinnvollen Neu- und Umordnung biographischer Fragmente ... Väter und Mütter, Brüder und Schwestern, Ehefrauen und Kinder werden der Reihe nach in den brodelnden Kessel der Theorie geworfen und kommen als metaphorische Wesen im psychoanalytischen Pantheon wieder heraus.»[28] Ähnlich wie allgemein bei Sekten haben auch manche Sadomasochisten solche Konversionserfahrungen. Der bisherige Lebenslauf wird als Weg begriffen, der zwangsläufig in die neue Sinnwelt führt. Das Schlüsselereignis ist dabei die «Erleuchtung». Sie öffnet den Blick für die eigentliche «Berufung.» Nicht selten wird das, was vorher war, als Irrweg begriffen. Bei diesen Personen gewinnt der Sadomasochismus mitunter den Charakter einer Weltanschauung:

FRANZ-JOSEF: Ich weiß nicht, was ich vorher gemacht habe. Erst seit ich SM gefunden habe, bin ich wirklich ein Mensch. Eigentlich müßte man allen Menschen vermitteln, welches Glück im Sadomasochismus zu finden ist ... Sadomasochismus ist die bessere Sexualität. Das ist nicht nur das stupide Herumgebumse, wie die anderen das machen. SM ist etwas Höheres, etwas Besseres. Das ist ein Weg. **(36, M, HETEROSEXUELL)**

Aus diesen Überzeugungen kann ein elitärer Anspruch resultieren. Für solche Menschen steht fest, daß sie den Königsweg zur *richtigen und besten Sexualität* gefunden haben. Zweifel und negative Bewertungen in bezug auf die neue Sinnwelt äußern sie nicht. Die Stabilität solcher Bekehrungen wäre aber zu prüfen. Erste Eindrücke, die wir in diesem Kontext gewonnen haben, weisen darauf hin, daß aus dem Paulus sehr schnell wieder ein Saulus werden kann.

Diese Biographietypen verdeutlichen, daß Sadomasochismus nicht ohnmächtiges Triebschicksal, sondern auch Fokus von Selbstreflexion, Selbstthematisierung und Selbststilisierung ist. Man könnte auch von einem Biographie-Generator sprechen.[29] Die biographischen Selektionen geben auch Aufschluß darüber, wie Identitäten in den jeweiligen Spezialkulturen generiert und stabilisiert werden. Sie sind Ausdruck eines beständigen Aushandelns der subjektiven Identität. Dementsprechend rekapitulieren Personen, die ihren Zugang zu SM in der Lebensgeschichte verankert sehen, nicht nur bestimmte objektive Lebensumstände, sondern dokumentieren auch ihr Bestreben, ein beständiges Selbstbild zu entwickeln. Gleichzeitig machen die Aussagen in den Interviews klar, daß bei der Genese sadomasochistischer Neigungen disparate Entstehungsbedingungen vorliegen, wie auch immer diese ätiologisch zu interpretieren sein mögen.

Im großen und ganzen läßt sich nur wenig über die Determinanten sexueller Neigungen sagen – seien es nun die abweichenden oder die normalen. So liegen z. B. kaum Erkenntnisse über den biologischen Anteil (genetische und hormonelle Faktoren) vor; auch der Einfluß von Lernprozessen ist nicht geklärt. Zumindest scheint es aber, darauf weist unsere Analyse der verschiedenen Zugangsformen hin, für einen Teil der sexuellen Außenseiter zuzutreffen, daß der Lust an verschiedenen Sexualitäten durchaus bewußte Wahlakte zugrunde liegen können.

Persönliche Beziehungen

Personen, die sadomasochistische Neigungen bei sich entdeckt haben, wollen ihre Wünsche und Bedürfnisse zumeist auch realisieren: «Dazu kann die unmittelbare Bereitstellung von Pornographie gehören, von Lederbekleidung; damit kann der Raum gemeint sein, in dem die sadomasochistischen Interessen nicht verheimlicht werden müssen. Meist ist auch ein Bedürfnis gemeint, einfach mit anderen

Menschen reden zu können. Im Vordergrund steht die Realisierung in einer partnerschaftlichen sadomasochistischen Beziehung, die Suche nach einem ‹passenden› Partner.»[30] Das Ausleben der Obsessionen in den Medien-Welten der Pornographie oder durch die Nutzung kommerzieller Angebote von Dominas und Prostituierten ist für den einzelnen – sofern die finanziellen Ressourcen ausreichen – ohne größere Probleme zu verwirklichen. Zumeist werden aber feste Beziehungen angestrebt. Wie liegen die Chancen bei der Suche nach einem entsprechenden Partner, und welche typischen Beziehungsmuster kommen vor?

Chancen bei der Partnerwahl

Frauen sind in der SM-Szene, darauf haben wir bereits hingewiesen, vermutlich deutlich in der Minderzahl. Dementsprechend ist schon die statistische Wahrscheinlichkeit geringer, daß Männer eine Partnerin finden, als umgekehrt. Die Erfahrungen der befragten Männer zeigen in der Tat, daß sich die SM-Neigung oft als permanenter und erfolgloser Versuch gestaltet, eine Partnerin zu finden. Der Weg über die Kontaktanzeige führt oft zur professionellen Domina, und überhaupt ist der käufliche Sadomasochismus mitunter die einzige Chance, die spezifischen sexuellen Interessen auszuleben:

ALFRED: Partnerinnen finde ich auf privater Ebene überhaupt keine, trotz etlicher Versuche. Zwei Partnerinnen haben am Anfang, als wir uns kennenlernten und die Begeisterung noch groß war, mitgespielt. Ich glaube, daß sie auch selber Spaß daran hatten... Das ging aber schnell auseinander. (37, M, HETEROSEXUELL)

WILLI: Dominante Frauen ohne finanzielle Interessen sind über Kontaktanzeigen kaum zu finden. Ich schätze, daß die Mehrzahl der Frauen auf Wunsch ihres Partners diese Rolle ergriffen hat und darum nicht auf der Suche nach einem Partner ist. Auf eigene Inserate habe ich eine einzige Antwort erhalten, doch hat sich die betreffende Frau auch nicht zu einem näheren Kennenlernen entschließen können. Bezahlte Dominas gibt es viele, und einzelne sind auch sehr fair und mit Talent gesegnet. Der alleinstehende Masochist ohne Geld hat wohl

den schwierigsten Stand in der ganzen Szene. (32, M, HETEROSEXU-
ELL)

In den Domina-Studios findet sich die Berufs-Partnerin, nicht aber
die sadomasochistische Frau aus Berufung. Die Suche nach letzterer
ist außerordentlich schwierig, schon deshalb, weil die Kennenlern-
möglichkeiten gegenüber der normalen Partnersuche stark eingeschränkt sind. So ist z. B. im Falle der traditionellen öffentlichen
Treffpunkte (Kneipen, Cafés, Theater, Kino etc.) ein gezieltes An-
machen im Sinne direkten Ansprechens kaum möglich. Konventionen und Berührungsängste klammern diese Möglichkeit aus oder führen zu Situationen wie folgender:

RALPH: Ich kann ja schlecht eine Frau in einem Lokal ansprechen, ob
sie sadomasochistisch veranlagt ist. Ich habe das mal gemacht. Ich
hätte geschworen, es wäre eine dominante Frau. Sie hatte Stiefel und
ein Lederkostüm an. Normalerweise mache ich das nicht, aber ich war
es einfach leid, immer Partnerinnen zu finden, die nachher doch nicht
passen... Sie war aber keine, und durch meine direkte Frage habe ich
mir eine gepfefferte Ohrfeige eingefangen. (53, M, HETEROSEXUELL)

Umgekehrt ist vielen der umständliche Weg nach dem Motto: «Zuerst einmal kennenlernen und dann sehen, ob es die ersehnte Masochistin oder Domina ist», zu risikoreich, denn nicht selten blicken
sadomasochistische Männer in dieser Hinsicht auf eine lange Chronik
von Enttäuschungen und Frustrationen zurück.

Um solche negativen Erlebnisse – im einen wie im anderen Sinne –
zu vermeiden, wird das gezielte Partnersuchverhalten häufig auf solche Orte beschränkt, die von vornherein als SM-Erfahrungsräume definiert sind, also etwa Parties oder Gruppen-Meetings. Aber auch hier
stehen die Chancen für alleinstehende Sadomasochisten nicht besonders gut. Damit das Mißverhältnis zwischen dem Männer- und
Frauenanteil bei einer solchen Veranstaltung nicht noch drastischer
wird, sind Männer nicht selten nur in weiblicher Begleitung zugelassen. Den zum Teil außerordentlich geringen Chancen für heterosexuelle Sadomasochisten steht ein Überangebot für Frauen gegenüber. Dies gilt nicht nur für verschiedene Veranstaltungen, sondern
auch für die individuelle Suche, etwa mit Hilfe von Kontaktanzeigen:

THERESA: Dann fing die Suche wieder an, und ich habe selbst eine Anzeige aufgegeben. Ich hatte ein überwältigendes Resultat, und zwar 78 Briefe... Ich habe die Leute angerufen und mich mit einigen getroffen, wobei mir einer sehr gut gefallen hatte. **(22, M, HETERO-SEXUELL)**

KLARA: Als Frau kriegst du Hunderte von Zuschriften. Dadurch, daß es in die Richtung auch viele Spielarten gibt, mußt du gucken, wen du anrufst, mit wem du dich triffst... Einen Kontakt herzustellen ist kein Problem, als Frau fressen einem die Männer in der SM-Szene aus der Hand. **(34, M, HETEROSEXUELL)**

Frauen, gleich welcher SM-Rollenorientierung, sind in der Szene begehrt und gesucht. Dementsprechend dürften die Probleme, die für heterosexuelle Männer durch Vereinsamung und ständige Entbehrung einer Partnerin entstehen, bei Frauen nicht so häufig vorzufinden sein. Ähnlich wie im Falle heterosexueller Frauen konnten wir auch unter den SM-Schwulen keine Probleme und Schwierigkeiten mit der Partnersuche erkennen. Im Gegenteil, der Tenor der von uns erfaßten Äußerungen macht deutlich, daß es auf dem Beziehungsmarkt der SM-Schwulen offensichtlich keine Knappheitsphänomene gibt:

ALBERT: Durch die Subkultur hat ein Schwuler sowieso mehr Freunde, sozusagen mehr Eisen im Feuer. Wenn da eine Partnerschaft auseinandergeht, findet man wieder schnell einen Partner. Das ist kein Problem. **(27, M, SCHWUL)**

Etwas anders verhält es sich bei den SM-Lesben. Sie bilden eine kleine Szene, die zudem nur in größeren Städten zu finden ist. Demnach ist die Partnerinnensuche durch wenige Beziehungsalternativen und geographische Bedingungen erschwert:

VIKTORIA: Es ist so, daß unser Kreis sehr klein ist... Ich habe immer sehr lange suchen müssen, ehe ich eine Partnerin gefunden habe. Bis vor acht Jahren habe ich in *[Großstadt]* gewohnt, da habe ich schon mal eher was gefunden. Seit ich hier in der Provinz bin, ist es sehr schwer. **(28, SM, LESBISCH)**

Damit die Suche nach Partnerinnen nicht aussichtslos ist, haben die SM-Lesben eine eigene Form der Partnerinnenvermittlung etabliert, auf die wir später noch eingehen.

Die Chancen, einen Partner zu finden, hängen also weniger vom persönlichen Unvermögen bzw. der Geschicktheit des einzelnen, sondern maßgeblich von den subkulturellen Bedingungen ab. Am schlechtesten kommen dabei heterosexuelle Männer weg. Obwohl sie ein wesentlich aktiveres Suchverhalten (z. B. über Kontaktannoncen) zeigen, stehen sie am unteren Ende des Chancenbarometers. Es bleibt abzuwarten, inwieweit sich ihre Situation durch die Etablierung einer subkulturellen Infrastruktur verbessert. Mit ähnlichen Fragezeichen ist die Entwicklung in der SM-Lesben-Szene zu versehen. Hier wird es wesentlich davon abhängen, ob es gelingt, die ideologischen Grabenkämpfe zwischen SM- und anderen Lesben zu beenden. Für heterosexuelle Frauen und SM-Schwule sind dagegen weniger Probleme bei der Partnersuche festzustellen.

Welche Struktur haben die hetero- und homosexuellen Partnerschaften nun, wenn sie sich erst einmal konstituieren konnten?

Monogame Beziehungen

Feste Partnerschaften oder gar die Ehe sind Begriffe, die in landläufigen Vorstellungen von sexuellen Abweichungen keinen Platz haben. «Sexuellen Außenseitern» schreibt man eher Ausschweifungen und ein zügelloses Geschlechtsleben zu. Die Befragten selbst zeichnen zumeist ein erheblich anderes Bild. Auch hier haben wir nach homo- und heterosexuellen Szenen unterschieden. Zunächst die Lesben:

VANNA: Ich selber fahre mehr auf Monogamie ab. Ich habe das mal versucht, so mit Nicht-Monogamie, so aus einem feministischen Ideal heraus, also nach dem Motto: «Monogamie ist die Stütze des Patriarchats.» Aber ich bin zu eifersüchtig und zu besitzergreifend. Das kriege ich nicht hin. (22, SM, LESBISCH)

BRIGITTE: Ich habe mir schon vor dieser Beziehung Gedanken darüber gemacht, ob eine Zweierbeziehung Bedingung ist. Und ich dachte: «Was anderes, das kannst du dir nicht vorstellen.» ... Es ist

das, was ich im Grunde genommen will: in einer monogamen Zweierbeziehung leben. (27, SM, LESBISCH)

Einige lesbische Frauen können sich Sexualität und Sadomasochismus nur in Zweierbeziehungen vorstellen. Die Vorstellungen einiger
Lesben, wonach die Monogamie als Bestandteil patriarchaler Ideologie und männlichen Besitzdenkens abzulehnen sei, findet nicht bei
allen Frauen Zustimmung. Das Problem der Eifersucht oder das Bedürfnis nach stabilen Bindungen können maßgebliche Antriebe für
die Entstehung monogamer Beziehungen unter SM-Lesben sein. Bei
Schwulen sind monogame Muster seltener.[31] Sie verfügen über promiskuitive Angebote, die gleichsam selbstverständlich in den spezialkulturellen Alltag eingebunden sind. So sind etwa die Verhaltensformen in den Darkrooms ein Indikator dafür, daß Monogamie kein zentraler Wert in der schwulen Subkultur ist. Gleichwohl gibt es auch in
dieser Szene feste Paarbeziehungen, wie die zahlreichen Heiratsan-
träge von schwulen Paaren in der jüngsten Vergangenheit belegen.
Vermutlich ist bei diesen Schwulen auch die sexuelle Treue von zentraler Bedeutung. Im heterosexuellen Bereich ganz allgemein ist die
feste Partnerschaft eng mit dem bürgerlichen Familienbild verbunden, das in Form der Ehe als ideales Beziehungsmuster herausgehoben wird. Auch einige Sadomasochisten bevorzugen diese Form der
Partnerschaft. Sie leben ihre Spezialisierung ausschließlich in der
Zweierbeziehung aus; die Suche nach anderen Partnern ist tabu:

MARLENE: Ein paar Dinge sind für uns fest. Die haben aber auch nicht
unbedingt was mit SM zu tun. Zum Beispiel, daß man nichts mit anderen Partnern macht, sondern nur in der Beziehung. Vielleicht könnte
ich es mir noch innerhalb unserer Gruppe vorstellen, also auf ganz
niedrigem Niveau, z. B. so ein Kostümball, aber ohne anfassen. Also
bei Sachen, die mit Treue zu tun haben, da hört der Spaß einfach auf.
Das ist eine grundsätzliche Beziehungsfrage, die eine Grenze setzt.
(27, S, HETEROSEXUELL)

ALICE: Ich erlebe SM ausschließlich in der Zweierbeziehung. Wir sind
seit 30 Jahren verheiratet und haben einen zwanzigjährigen gemeinsamen SM-Weg hinter uns. Gruppenangebote und Parties mit Gruppensex spielen für mich keine Rolle.

TONI: Ich erlebe SM nur in der Beziehung mit meiner Gattin. Wir sind bald 30 Jahre lang verheiratet und freuen uns immer noch am SM-Spiel, das wir durch die Jahre aufgebaut und verfeinert haben. (ALICE, 51, S; TONI, 52, M, BEIDE HETEROSEXUELL)

In diesen Fällen handelt es sich nicht selten um (Ehe-)Paare, die ihre Neigung nur in den vier Wänden des eigenen Schlafzimmers zelebrieren. Außenstehenden bieten sie die Fassade eines bürgerlichen Lebens und vermeiden jeden Anlaß zu Vermutungen in Richtung Sadomasochismus. Ohne daß es Berührungen mit der Szene gibt, können solche *secret lives* mitunter sehr stabil und in eine lebenslange Partnerschaft eingebettet sein. Diese Gruppe ist bislang kaum untersucht und dementsprechend in den einzelnen Studien nicht berücksichtigt worden. Gerade vor dem Hintergrund der möglicherweise privateren weiblichen Sexualität sind die Verhaltensformen und der erotische Habitus der beteiligten Frauen ein weißer Fleck auf den sexualwissenschaftlichen Karten. Ihre Erkundung ist aber gleichwohl eine wichtige Aufgabe. Sie könnte mit dazu beitragen, ein genaueres Bild von der weiblichen Sexualität und damit auch des Sadomasochismus bei Frauen zu gewinnen.

Eine Subform der Monogamie sind Beziehungen, in denen nur einer eine Vorliebe für solche Neigungen entwickelt und sie nicht mit dem Partner ausleben kann. Gleichsam als Ersatz wird deshalb der sexuelle Kontakt zu einer dritten Person hergestellt. Auffallenderweise haben wir diese spezifische triadische Struktur nur bei heterosexuellen Männern feststellen können:

FELIX: Ich lebe meinen Masochismus mit einer anderen Frau aus. Ich passe nur auf, daß meine Ehefrau nicht darunter leidet. Der habe ich das andeutungsweise gesagt, daß ich diese Veranlagung habe und auch geschildert, daß ich zeitweilig mit Dominas befreundet war. Da ich eine sehr intelligente und sehr kluge Frau habe, die wesentlich mehr denkt und weiß, als sie kundtut, gehe ich davon aus, daß sie die Zusammenhänge kennt und zufrieden ist, daß wir miteinander eine sehr, sehr glückliche Ehe haben. Denn sie hat mir ganz klar signalisiert, das ginge bei ihr unter gar keinen Umständen. (55, M, HETEROSEXUELL)

Anders als im vorliegenden Beispiel, wo es zu einer Art stillschweigender Übereinkunft zwischen beiden Partnern gekommen ist, werden bei vielen anderen die außerpartnerschaftliche SM-Beziehung und die Neigung generell vor der Lebenspartnerin verheimlicht. Der Sadomasochismus wird gezielt aus der Dauerbeziehung ferngehalten. Nur die sadomasochistische Geliebte hat als Komplizin Zutritt hinter die Kulissen; deswegen ist es auch nicht verwunderlich, daß einige Dominas ihre Kunden in mancherlei Hinsicht besser kennen als die Ehefrau.

Wiederum andere Paare treffen Abmachungen, wonach sich einer der Partner bereit erklärt, die sadomasochistischen Vorstellungen des anderen mitzuspielen. Dies aber weniger aufgrund eigener Bedürfnisse, sondern aus dem Gefühl heraus, dem Partner einen Gefallen tun zu müssen, oder auch aus Angst, ihn zu verlieren. Solche Zugeständnisse sind für beide Seiten vermutlich unbefriedigend und können Konflikte schaffen. Ähnliche Spannungsfelder tauchen zwar auch im Bereich der normalen Beziehungen auf, dort bestehen in der Regel aber keine Unverträglichkeiten hinsichtlich der sexuellen Praktiken. Zudem ist der Partnermarkt zahlenmäßig nicht so drastisch limitiert.

Weil insbesondere Männer wissen, daß sie alleine auf der Suche nach neuen Partnerinnen möglicherweise chancenlos sind, nehmen sie mit ihrer Gefährtin vorlieb. Man könnte hier von Konsensfiktionen [32] sprechen, die auch in normalen Ehen zur Herstellung eines bestimmten Ausmaßes an Übereinstimmung benötigt werden. Diese Konstruktionen sind für die Kontinuität der Partnerschaft wichtig: «Die Beziehungen leben von jenem Vertrauen in vorhandenen Konsens und wären ohne es nicht denkbar. Tatsächlich überzieht die Konsensunterstellung nicht nur den faktisch gegebenen, sondern auch den je möglichen. Aber gerade dieser Kredit – der sich als solcher nicht durchschaut – hält die Beziehungen aufrecht.» [33] Unter Knappheitsbedingungen ist aber möglicherweise sogar die durchschaute Fiktionalität des Konsens noch tragfähig, denn nicht wenigen der Befragten ist die Diskrepanz zwischen Wirklichkeit und Anspruch im Verlauf der Beziehung durchaus bewußt geworden. Insofern ist das Modell der Konsensfiktionen im vorliegenden Fall nur bedingt anwendbar.

Trotz dieser Einschränkung bleibt festzuhalten, daß auch hier

Verstehensunterstellungen zum Aufbau einer wie auch immer gearteten Gemeinsamkeit dienen. Die Personen bleiben letztendlich *intimate strangers*.[34] Sie haben zwar auch gemeinsamen Sex, die tatsächlichen Bedürfnisse des Gegenübers bleiben jedoch fremd, zumindest aber unberücksichtigt.

Promiskuitive Beziehungen

Seit den fünfziger Jahren ist die Bereitschaft zu wechselnden Beziehungen mit verschiedenen Partnern gestiegen. Jedenfalls deuten die Ergebnisse der wichtigsten empirischen Untersuchungen darauf hin: In ihren beiden Studien zum sexuellen Verhalten des Mannes und der Frau gehen A. Kinsey u. a.[35] davon aus, daß etwa die Hälfte der Männer außereheliche Beziehungen unterhalten und ungefähr 17 Prozent der Frauen. L. v. Friedeburg[36] zufolge unterhalten 23 Prozent der Männer und 10 Prozent der Frauen sexuelle Beziehungen neben der Ehe. Nach W. Wottawa[37] haben 28 Prozent der Ehefrauen schon einmal außerehelichen Verkehr gehabt, bei den Männern sind es 53 Prozent. S. Hite[38] konstatiert, daß 70 Prozent der Frauen, die mehr als fünf Jahre, und 72 Prozent der Männer, die mehr als zwei Jahre verheiratet sind, schon außerpartnerschaftliche Beziehungen gehabt haben. S. Schnabl[39] schreibt aufgrund seiner empirischen Daten: «In mindestens jeder zweiten Ehe hatte mindestens ein Partner mindestens einmal außereheliche Beziehungen. Damit sollen gemeint sein: erotische und/oder sexuelle Beziehungen zwischen Partnern, von denen mindestens einer mit einer anderen Person verheiratet ist oder in eheähnlicher Gemeinschaft lebt.» Promiskuitive Sexualkontakte scheinen mittlerweile also – soweit diese Zahlen verallgemeinerbare Schlüsse zulassen – ein verbreitetes Phänomen zu sein.

Auch ein Teil der hetero- und homosexuellen Sadomasochisten mit und ohne festen Partner unterhält Intimbeziehungen zu verschiedenen Personen. Für die partnerlosen Personen ist dies oft der einzige Weg, mehr oder weniger regelmäßig sexuelle Kontakte haben zu können. Hier kann es sich um eine «serielle» Promiskuität handeln, d. h. die Partner werden mehr oder weniger rasch hintereinander gewechselt. Doch auch wer in einer festen Beziehung lebt, kann mit seinem

Partner darüber einig sein, daß der Geschlechtskontakt zu anderen wichtig und legitim ist. Hier kann man von «paralleler» Promiskuität sprechen. Oft spielen dabei Tauscharrangements eine Rolle, so daß auch die auf dem Beziehungsmarkt weniger erfolgreichen Männer Partnerinnen finden können. Die besonderen Bedingungen auf den Liebesmärkten in der sadomasochistischen Spezialkultur schaffen so Gelegenheiten für das Einüben promiskuitiver Verhaltensformen:

LISA: Mein Traum war immer, mit zwei Männern zu schlafen, und ich habe das dann irgendwann vor ein paar Jahren erlebt. Da war es ein Fiasko. Heute ist es anders. Heute treffen mein Freund und ich uns regelmäßig mit noch einem Mann. Und wir machen uns einen richtig schönen sexuellen Abend mit SM. Und ich kriege wirklich alles als Frau. Ich genieße das. (38, M, HETEROSEXUELL)

ALBERT: Mein Partner hat noch andere Freunde, mit denen ist er auch schon in Urlaub gefahren und nicht mit mir. Was nicht weiter schlimm ist, ich bin dann mit einem anderen schwulen Freund in Urlaub gefahren. Wenn ich mir das recht überlege, ist das schon erstaunlich, daß da keine Eifersucht aufkommt. Wir kennen uns alle kreuz und quer. Wir schätzen uns menschlich und finden uns sympathisch. Deswegen ist das vielleicht so. (25, M, SCHWUL)

LINA: Heute habe ich keine feste Zweierkiste mehr, weil ich nicht monogam bin und so etwas nicht vertrage. Ich habe viele Liebesbeziehungen nebeneinander und habe immer wieder die Tendenz: «Symbiose und Beziehung, bis daß der Tod uns scheidet.» Und dann irgendwann, manchmal mit großen Schmerzen, manchmal ohne Schmerzen, ist die Kiste aus. (33, SM, LESBISCH)

Sexuelle Kontakte zu anderen werden bei diesen Sadomasochisten keineswegs zu einem Vabanque-Spiel, in dem sie die Beziehung zum Lebenspartner jedesmal aufs neue riskieren. Im Gegenteil, das promiskuitive Sexualverhalten kann die Lebensgemeinschaft stabilisieren, denn die amourösen Abenteuer werden als aus der Beziehung ausgelagerte Formen der individuellen Bedürfnisbefriedigung und keineswegs als Attacke auf die Partnerschaft interpretiert. Sie lassen sich in verschiedenen personellen Konstellationen realisieren und werden zumeist nicht verheimlicht.[40] In diesen Paarbeziehungen gilt

das Motto: «Erlaubt ist, was gefällt.» Promiskuität wird aber nicht –
wie in den sechziger Jahren – als das Ende repressiver Strukturen oder
als das Ideal einer erotischen Partnerschaftskultur ideologisiert und
stilisiert. Der Umgang mit der sexuellen Treue ist pragmatisch, ganz
im Sinne einer Abwägung persönlicher Vor- und Nachteile. Es geht
um die beidseitige Einlösung eines Individualitätsanspruches. Das
Paar begreift sich nicht als «Wir», sondern als «Ich» und «Ich». Es gilt
nicht mehr – wie im romantischen Liebesideal[41] – eine paarzentrierte
eigene Welt zu erschaffen. Vielmehr ist die Paarbeziehung in einen
Partialisierungsprozeß eingebunden, der die Rolle der Eheleute in
immer mehr Teilrollen zerlegt, die wiederum mit der Teilnahme an je
spezifischen Sinnwelten verbunden sind. Sicherlich gibt es gemeinsame Interessen und emotionale Bindungen, es herrscht aber kein
Gemeinsamkeitsdruck.

Die in diesen Beispielen offenkundig werdende Individualisierung
von Interessen und Lebenslagen ist ein charakteristisches Merkmal
der Moderne. Sie dringt auch in Räume wie die der Sexualität vor.
Waren vormals traditionelle Moral, Fortpflanzungspflicht oder -ge-
fahr oder auch die Paar-Verpflichtung zentrale Regulative für das sexuelle Verhalten, so ist es heute für einen bestimmten Personenkreis
das individuelle Bedürfnis. Und das besteht neben der festen Partnerschaft auch aus verschiedenen, zumeist flüchtigen Sexualkontakten
zu anderen. Sexuelle Treue erscheint als ein Wert, der sowohl mit
Individualismus wie auch mit Selbstverwirklichung unverträglich ist.
Einige Paare praktizieren dementsprechend eine Partnerschaft, in
der andere sexuelle Beziehungen durchaus ein Mehr an Gemeinsamkeit bedeuten können und die Monogamie ihre normative Kraft als
Glücksideal verliert.

Festzuhalten ist, daß Promiskuität und Monogamie als gleichberechtigte Beziehungsmuster im SM-Bereich zu finden sind. Wer das
Bedürfnis hat, monogam zu leben, erfüllt sich diesen Wunsch genauso
selbstverständlich wie diejenigen, die über den Lebenspartner hinaus
noch weitere Sexualkontakte haben wollen. Während erstere die
Partnerschaft als gemeinsames und exklusives Projekt definieren, gehen letztere eine solche generelle Verpflichtung nicht ein.

Gruppenveranstaltungen und Feten

Seit den fünfziger und verstärkt seit den sechziger Jahren ist der Gruppensex einer breiteren Öffentlichkeit bekannt geworden: «Manche Paare sagten, sie betrieben das Swingen schon seit zwanzig Jahren, aber alle schienen darin übereinzustimmen, daß der Partnertausch seinen großen Aufschwung 1963 und 1964 erlebte, etwa zu der Zeit, als die Antibabypille populär wurde.»[42] Nachdem sich die Antibabypille als zuverlässiges Verhütungsmittel durchgesetzt hatte und die gesetzlichen Bestimmungen liberalisiert wurden (Unzucht, Kuppelei), nahm die Zahl der Gruppensexanhänger zu. Schon bald konstituierte sich eine Szene mit eigenen Zeitschriften, Kontaktmagazinen und Treffpunkten. Gruppensex ist nicht auf heterosexuelle Kreise beschränkt und kommt auch im Bereich anderer Sexualitäten vor.

So inszenieren auch homo- und heterosexuelle Sadomasochisten ihre Sexualität als Gruppen-Happening. Die Rahmen für solche Veranstaltungen können sehr unterschiedlich sein: private Parties, Club-Abende, Domina-Studios oder Großveranstaltungen. Manche Anbieter organisieren Veranstaltungen, an denen bis zu 1000 Personen teilnehmen: hauptsächlich Kleidungs- und Materialfetischisten, aber auch Sadomasochisten, die sich dort gerne im bizarren Outfit zeigen oder andere sehen wollen. Diese *bizarren Bälle* finden allerdings nur ein- bis zweimal jährlich statt. Daneben haben sich kommerzielle und private Agenturen gebildet, die Gruppenabende organisieren. Sie bieten den Teilnehmern die entsprechenden Räumlichkeiten und Geräte bis hin zur Übernachtung mit Frühstück an. Interessanterweise sind also alle Formen der privaten und kommerziellen Gesellungsorganisation vertreten. Zu prüfen ist, ob zwischen den verschiedenen Anlässen im Spektrum von privaten Parties bis hin zu den halböffentlichen Bällen Unterschiede bestehen. Dazu haben wir die Geschlossenheit der Gruppen, ihre spezifischen Erfahrungsmöglichkeiten, die Besonderheiten themenzentrierter SM-Inszenierungen und die gruppengebundenen Regelsysteme untersucht.

▼

▼ Offenheit und Abschottung bei Gruppenveranstaltungen

▼ Die sexuelle Betätigung in der Gruppe spielt in den erotischen Phantasien eine wichtige Rolle. Einige Menschen wollen diese Bedürfnisse auch ausleben und suchen Aufnahme in einen erotischen Zirkel. Kann jeder ohne weiteres an erotisch gebundenen Gruppen teilnehmen, oder sind nicht gerade hier besondere Zugangshemmnisse zu überwinden? Die Beantwortung dieser Frage hängt von der jeweiligen Veranstaltungsform ab. Fetisch-Bälle und SM-Discos sind mehr oder weniger öffentliche Veranstaltungen. In der Regel kann jeder teilnehmen, sofern sein Outfit entsprechend ist und er eine Eintrittskarte vorlegen kann. In den kleineren Zirkeln, die überwiegend privat organisiert werden, gibt es hingegen Zugangsbeschränkungen. Nur persönliche Empfehlung öffnet die Türen:

RENÉ: Es gibt die allgemein bekannten großen Parties, zu denen im Prinzip jeder gehen kann. Dann gibt es aber auch noch die andere Seite. Das sind dann andere Kreise. Das spielt sich in kleinen Zirkeln ab, meistens in einem Privathaus. Da kommen dann so zwanzig Leute.

FRAGE: Wie findet man den Zugang zu solchen Privatzirkeln?

RENÉ: Man muß die Leute kennen, die in so eine Gruppe integriert sind. Wenn man Glück hat, wird man dahin empfohlen... Sonst hat man keine Chance, in den Kreis aufgenommen zu werden. (42, S, HETEROSEXUELL)

FRANZISKA: Die Leute in meinem Zirkel sind gesiebt... Wenn mich jemand anruft, entscheide ich oft schon beim Anruf, ob ich das Gespräch überhaupt fortführe... Das merkt man an der Art zu sprechen, am Tonfall, am Gebrauch der Worte usw. Da treffe ich schon eine Auswahl. Die zweite Auswahl findet dann statt, wenn ich den Betreffenden sehe. (55, S, HETEROSEXUELL)

Lesben inszenieren ihren Sadomasochismus ausgesprochen öffentlichkeitsfern. Zwar finden sich auch hier hinsichtlich des Abschottungsgrades Abstufungen, insgesamt aber sind der Zugang zu ihren Gruppen und die Integration für Neulinge schwierig. Eine SM-Lesbe berichtet:

JANINE: Adressen und Kontakte sind bei uns so eine Sache. Da kommt noch lange nicht jede dran. Eine, die sich eingeschlichen hat und nichts mit SM am Hut hat, fällt sofort auf. Du mußt empfohlen werden, sonst läuft nichts. (33, SM, LESBISCH)

Einschränkend ist aber festzuhalten, daß nur bestimmte Szene-Teile sich derart rigoros abkapseln. Andere SM-Lesben besuchen Veranstaltungen, auch im heterosexuellen Bereich, oder arbeiten gar in Domina-Studios. Bei den Schwulen ist der Zugang in die Lederbars oder Darkrooms vergleichsweise einfach, solange man keine Frau ist und die entsprechenden Outfit-Regeln beachtet. In ihren Kreisen ist die Aufnahme in die Clubs aber besonders geregelt. Aufgrund der besonderen Bedeutung dieser Clubs, etwa als Familienersatz, müssen hier spezifische Aufnahmerituale absolviert werden.

Mit den verschiedenen Organisationsformen, wie wir sie in den einzelnen Szenen finden, sind unterschiedliche Codierungen von Öffentlichkeit und Intimität verbunden. Auf den größeren Veranstaltungen ist der sexuelle Aktionsradius eindeutig begrenzt. Erlaubt ist das bizarre Outfit oder auch die gekonnt umrahmte Nacktheit. Plaudern, das obligatorische Büffet, Vorführungen, Shows sowie Tanz und Spiele bilden die Aktivitäts-Schwerpunkte. SM-Handlungen kommen, je nach Gruppe, angedeutet im Rollenspiel vor oder als Sklavenvorführungen, die auch etwas *härter* sein dürfen. Wer diesen Rahmen überschreiten und selbst sadomasochistische Aktionen durchführen will, muß in die dazu vorgesehenen *Chambres séparées* ausweichen oder auf die oftmals anschließend stattfindenden Privattreffen warten.

In ihrer sozialen Konstruktion erinnern die Bälle und Tanzfeste damit am ehesten an Karnevalsveranstaltungen. Einige Regeln des Alltags und bestimmte Konventionen werden temporär außer Kraft gesetzt: Frivolitäten sind erlaubt, z. T. sogar erwünscht. Die Kleidung ist reduziert auf ihre erotische Signalwirkung. Wie beim Karneval kann jeder in eine beliebige Rolle schlüpfen: in die der *grausamen* Domina oder des *hündischen* Sklaven, der Mann wird zur Frau und umgekehrt. Doch auch hier werden «vereinbarte Grenzen etabliert, eine Definition des zu geringen und zu starken Engagements»[43] vorgenommen. Ein zu geringes Engagement könnte z. B. dann vorliegen, wenn jemand nicht den geforderten Kleidungskonventionen bei einer Party entspricht. Der Ausschluß von der Veranstaltung kann die Folge sein. Wird trotzdem Zutritt gewährt, wartet zumeist die Rolle des Außenseiters – etwa so, wie der unverkleidete Besucher eines Masken- oder Kostümballs –, mit dem keiner so recht etwas anfangen kann. Umgekehrt kann auch das zu starke Engagement die Rahmenvorgaben verletzten, etwa wenn bestimmte SM-Darbietungen in unerlaubten Situationen stattfinden.

Je vertrauter der Teilnehmerkreis aber ist, desto intimer wird die Atmosphäre. In diesem Ambiente sind auch drastische Aktionen erlaubt:

BIANCA: Auf der letzten Fete ging ziemlich was ab. Die dauerte zwei Tage lang. Da hatten sie eine Frau zugenäht. Das war eine Sache. Das war nicht der Geschmack von vielen. Aber es ist komischerweise keiner weggegangen. Geguckt hat jeder, denn es war einfach interessant. Allerdings wurde es von jemandem gemacht, der Ahnung hat. Es sah sehr schön aus... Andere Paare machten was zusammen, mal kommen dritte und vierte dazu. Aber nicht so wie beim Rudelbumsen. Es ging um SM. Manchmal behandelten auch mehrere Frauen einen Typen, z. B. die Hoden an die Oberschenkel oder den Schwanz an den Bauch annähen, wenn es etwas Hartes sein soll. Oder eben Hoden und Penis so abbinden, daß er doppelt so groß wird. Oder Bondage, daß sie sich absolut nicht mehr bewegen konnten. So in die Richtung, das sind eben harte Sachen. Die können sie normalerweise in einer großen Gruppe nicht so machen, weil das nicht jeder mag. Das haben wir halt öfters in einer kleineren Gruppe gemacht. (43, S, HETERO-SEXUELL)

Die Personen in einer Kleingruppe sind sich zumeist schon länger bekannt. Dementsprechend weiß jeder um die Unverträglichkeiten bei den anderen Teilnehmern. So ist normalerweise sichergestellt, daß Geschmäcker und Toleranzgrenzen das gleiche Niveau haben. Trotz der weitgefaßten Grenzen gibt es einen kleinsten gemeinsamen Nenner. Insbesondere dann, wenn Ekelbarrieren überschritten werden, entstehen häufig negative Stimmungen, die das Ende der Veranstaltung bedeuten. Auf Dauer kann eine sexuelle Gruppe nur dann bestehen, wenn es ihren Mitgliedern gelingt, die Aversionen von einzelnen gegenüber bestimmten Negativ-Stimuli nicht zu provozieren und die jeweiligen Bedürfnisse zu versöhnen. Wohl auch deshalb sind Gruppeninitiativen, die versuchen, alle sexuellen Orientierungen in gemeinsamen Veranstaltungen zu integrieren, häufig zum Scheitern verurteilt. Intimität, so läßt sich aus diesen Ergebnissen folgern, hängt auch in der scheinbar enthemmten Atmosphäre solcher Gruppen-Meetings maßgeblich vom Grad der persönlichen Vertrautheit ab; und diese wird unter anderem von mehr oder weniger ähnlichen sexuellen Bedürfnislagen mitbestimmt.

▼

▼ Die Funktionen der Gruppe

▼ Das Interesse an Aktivitäten in der Gruppe ist recht stabil. Die einzelnen Personen gehören mitunter mehrere Jahre zu einer Gruppe und sind dort sexuell aktiv. Was macht die Faszination des Gruppenerlebnisses aus, und was treibt den einzelnen mitunter über einen sehr langen Zeitraum immer wieder zu diesen Veranstaltungen?

Maßgebliche Bedeutung kommt dem «Sehen und Gesehenwerden» zu. Die Präsentation des eigenen (nackten, halbnackten oder verkleideten) Körpers oder das Anschauen anderer Teilnehmer wird zu einer wichtigen Faszinationsquelle. Die Gruppe konstituiert so eine Situation, in der die Schaulust erwünscht ist. Damit unterscheiden sich die gruppengebundenen von einigen anderen Ausprägungen des Exhibitionismus und Voyeurismus, die durch Anonymität und Heimlichkeit charakterisierbar sind und auf einer «vorpersonalen Ebene»[44] verbleiben.

ROMAN: SM in der Gruppe ist ein sehr interessanter Aspekt ... Das ist sicherlich so eine Art von Vorführeffekt. Daß da noch jemand ist. Das ist nicht nur so eine ganz enge Beziehung zwischen ihr und mir, sondern da sind noch eine andere Person oder zwei. Das ist so eine Quasi-Öffentlichkeit. Also ich würde es sicherlich nie in der Öffentlichkeit tun, aber in diesem Rahmen ist es mir möglich, sehr intim zu werden. **(40, SM, HETEROSEXUELL)**

CHRISTA: Also was ich eben gerne mache, das ist in Verbindung mit Öffentlichkeit. Also ich gucke gerne zu, ich mache auch gerne was. Das ist das, was mich dann daran reizt, und eben, ja, dieses hautnahe Mitkriegen von dem, was andere machen. Das kenne ich eben nur aus der SM-Szene. Sonst läuft das Vögeln heimlich zu zweit ab. Und wie es andere machen, wie sie überhaupt da rangehen, keine Ahnung. Nur in der SM-Szene habe ich wirklich was von anderen mitbekommen. Es gibt da keine falsche Scham, aber auch keinen Zwang. Und das mag ich eigentlich so an der Gruppe. (28, M, HETEROSEXUELL)

CHRISTINE: Ich mache auch gerne Gruppensex, aber die Gelegenheit ist natürlich äußerst selten... Als ich das das erste Mal gemacht habe, da ging es mir Tage danach völlig gut. Dann habe ich gemerkt, das ist schon was, was mir völlig Spaß macht, was mir am meisten bringt. Ich habe das sehr gerne, wenn ich anderen zuschauen kann oder auch von ihnen lernen kann. (26, SM, LESBISCH)

Eine weitere Funktion kommt der Gruppe als Partnersuch- und Tauschbörse zu. Die Partner in der Gruppe können beständig wechseln, etwa durch den Austausch der Sklaven. Dadurch wird die Gruppe auch zu einem Lern- und Experimentierfeld, auf dem Praktiken und Variationen hautnah erlebt und ausprobiert werden können.

LISA: Die Treffen sind schön. Da lernst du mal wieder jemanden kennen und machst vielleicht mal was mit dem und so weiter. Das ist das Gute an der Gruppe, du lernst eben immer Leute kennen, kannst Kontakte aufbauen. (38, M, HETEROSEXUELL)

OLIVER: Mit der Zeit findet sich eine Gruppe, die sich schon länger kennt. Das ist wichtig wegen der Kontakte. Da sagt der eine: «Guck mal den und den, und der würde mal gern mit dir.» Da macht man die Connection und geht mal zusammen in die Kammer. Durch ein Gespräch weißt du, was derjenige von dir will oder was ich von dem will. Es ist eine Möglichkeit, Sexpartner zu finden. (29, SM, SCHWUL)

Auch eine therapeutische Funktion der Gruppe ist nicht zu übersehen. Sie konstituiert einen Raum, in dem ohne Scheu und Ängste über die eigene Neigung geredet und diskutiert werden kann. Hier ist das Stigma etwas Normales und Selbstverständliches, denn die anderen wissen aus eigener Erfahrung, was es bedeutet, dieses Stigma zu haben. Sie betrachten ihresgleichen nicht als «diskreditierte Person.» [45] Nicht selten ist der Eintritt in eine Gruppe ein befreiendes Erlebnis. Übereinstimmend berichten viele Befragte, daß das Kennenlernen von Gleichgesinnten den Leidensdruck ihrer Neigung erheblich vermindert oder gänzlich aufgelöst hat: «Die positive Bewertung der devianten Interessen innerhalb des subkulturellen Raums ist mehr als eine Voraussetzung der partnerschaftlichen Beziehung. Sie ist für viele Betroffene bereits Teil-Erfüllung ihrer Wünsche, dann nämlich, wenn direkte Begegnungen unmöglich oder selten sind… Die Entlastung, die in einer indirekten oder direkten Verbindung zu Gleichgesinnten besteht, die Befreiung von Schuldgefühlen und das Aufkommen manchmal kämpferischen Selbstbewußtseins, die ‹Selbstakzeptation›, sind Möglichkeiten der subkulturellen Organisation.»[46] Gerade die Aufhebung der Isolation des einzelnen in der Gruppe ist für Sadomasochisten ein Schlüsselmotiv. So wie der Kakteenzüchter oder Briefmarkensammler seinem Faible durch den Eintritt in einen entsprechenden Verein eine intersubjektive Dimension gibt und sich somit diesen Teil seiner Identität von den anderen in einer Art und Weise konsensuell bekräftigen lassen kann, wie sonst nirgends, eröffnet sich auch der Sadomasochist diesen Sozialraum. Denn nur in den spezialkulturellen Arrangements kann dieser Teil der Persönlichkeit seinen sozialen Tribut fordern.

▼

▼ Inszenierungen und Theaterstücke

▼   Eine besondere Erlebnisform entsteht durch die Inszenierung des Gruppenerlebnisses mit einem bestimmten Handlungshintergrund. Solche Gruppen-Happenings werden von Domina-Studios für interessierte Kunden oder auch von privaten Zirkeln organisiert. Wie bei einem Theaterstück spielen die Teilnehmer bestimmte Rollen. Es gibt einen oder mehrere Regisseure (zumeist die Vertreter der S-Position), die das Drehbuch und die Dramaturgie festlegen. Derartige Veranstaltungen bedürfen einer längeren Vorbereitung, um die entsprechenden Räumlichkeiten, Requisiten etc. zu beschaffen. Die Mitspieler werden zumeist lange vorher eingeladen und in ihre Rollen eingewiesen. Thematisch drehen sich alle Inszenierungen um das Spiel von Macht und Erniedrigung, von Folter und Schmerz oder Strafe und Gehorsam.

Dabei wird das gesamte Spektrum der populären Kultur, wie auch der üppige historische Fundus als Vorlage bemüht. Es handelt sich z. B. um mittelalterliche Kerker-Szenarien, Zofenspiele oder Gerichtsverhandlungen mit anschließenden Verurteilungen oder um die sadomasochistischen Erlebnisse der Comic-Helden Batman und Catwoman. Auch Bücher, wie z. B. die *Geschichte der O*, können den Rahmen für das Theaterspiel liefern. Eine besondere Variante des Strafthemas ist die Schulerziehung. Der passive Teil schlüpft in die Rolle des Schülers, während der aktive Part den Lehrer spielt. Die Strafe, die der *Schüler* für Falschlösungen oder Fehlverhalten erhält, wird in Form von Stockschlägen erteilt. Nicht zuletzt werden auch religiöse Themen verwendet, etwa Kreuzigungen oder die Umgestaltung eines Passionsspiels. Bei den Schwulen gibt es als Sonderform das Drill-Lager, das paramilitärische Rahmen adaptiert.

FERDINAND: Mir war die Teilnahme an einer recht genau inszenierten Jesus-Kreuzigung mit verteilten Rollen (Pilatus, Schergen, Schächer...) vergönnt. In verteilten Rollen standen die Texte und Handlungen von vornherein fest. Der zu Kreuzigende hatte alles genau vorbereitet. Zirka acht Personen waren verkleidet und mit dem notwendigen Instrumentarium versehen. Solche Inszenierungen werden aber eher selten geplant und durchgeführt. **(43, SM, BISEXUELL)**

LINA: Ich hatte mal eine Freundin auf der Bühne getopt. Die mußte zu der Zeit gerade Diät leben, weil sie sich auf einen Kickbox-Kampf vorbereitet hat, und ich habe sie dann vor den ganzen Zuschauerinnen gezwungen, so richtig viel zu essen. Auch das Publikum habe ich mitgetopt. Meine Freundin mußte zu denen hinkriechen und sich füttern lassen ... Natürlich habe ich dann auch zwischendurch Dinge gemacht, von denen ich wußte, die macht sie überhaupt nicht gerne, z. B. haßt sie Ketten. Wenn ich sie dann in Ketten gelegt habe, hat sie immer das Gesicht verzogen und ist wütend geworden und hat mich angespuckt, und dann konnte ich sie wieder bestrafen dafür. **(33, SM, LESBISCH)**

THOMAS: Ich mache gerne Uniformspiele, und wir versuchen solche Sessions so perfekt wie möglich in einem *Military Camp* zu inszenieren. Da gibt es dann Rekruten und einen oder manchmal auch mehrere Ausbilder. Wenn ich z. B. Rekrut bin, dann werde ich da durch Wald und Wiesen gejagt, ich muß mich in den Schlamm fallen lassen und so weiter. Natürlich finden die Ausbilder immer einen Grund, um einen zu bestrafen. **(29, SM, SCHWUL)**

Der besondere Reiz dieser Inszenierungen liegt in den vielfältigen Möglichkeiten, den sadomasochistischen Arrangements ihre Beliebigkeit und Willkürlichkeit zu nehmen. Eingebettet in einen entsprechenden Handlungsrahmen werden Strafe und Schmerz zu einer «sinnvollen» Notwendigkeit:

MARKO: Ich finde es absurd, «grundlos» gedemütigt und bestraft zu werden. Ich möchte, daß dies in einer ausgedachten «realen» Situation geschieht. So ist es viel leichter möglich, zu vergessen, daß man aufgrund des eigenen Wunsches dominiert wird – und eventuell sogar dafür bezahlt. Wenn eine Geschichte mit Requisiten etc. inszeniert wird, kann man sich leichter der Illusion hingeben, daß das Ganze einem aufgezwungen wird, daß man hilflos und ausgeliefert ist. (43, M, HETEROSEXUELL)

Nicht die Anonymität der «Perversion», die «Triebsituation» oder das Gutdünken des dominanten Teils fordern den Schmerz, die Erniedrigung und Demütigung, sondern das Skript des Spiels. Manche Akteure, die ihr Tun als krankhaft empfinden, können sich für den Zeitraum der Inszenierung vom Leidensdruck befreien. Sie verschmelzen in der Phantasie und im Tun mit dem Spielrahmen. Theateraufführungen sind deshalb auch ein Versuch, die Phantasie wirklich werden zu lassen. Die Grenzen der Wirklichkeit sind es aber, die immer wieder für Brüche sorgen und die Fiktion auflösen:

REINHOLD: Ich finde, es kann leicht ins Lächerliche entgleiten, wenn eine Inszenierung zu dick aufgetragen wird. Reizvoller ist es fast immer, eine entsprechende Stimmung herzustellen. Ein Beispiel: Wollte man eine Lehrer/Schüler-Situation herstellen, ist es wichtig, die verbal-psychologische Stimmung zwischen Lehrer und Schüler(in) herzustellen und darauf zu achten, daß die vorhandenen Accessoires dem nicht widersprechen: also, in diesem Fall nicht unbedingt eine Schülerin mit Straps und High-Heels. Das ist auf jeden Fall unglaubwürdig... Das Faszinierende ist zum einen die Lust am Spiel schlechthin und zum anderen der Versuch, sich möglichst dicht der Realität zu nähern, die ja die Vorbilder für SM-Inszenierungen liefert, aber eben nicht erreicht werden kann und soll. (57, M, HETEROSEXUELL)

Einige Sadomasochisten nehmen wegen der desillusionierenden Realitätseinbrüche nicht an diesen Spielen teil. Sie fürchten, daß die Umsetzungsversuche ihren Phantasien die Vollkommenheit rauben.

▼

▼ Regeln und Bestimmungen in der Gruppe

▼ Wo Körperlichkeit und Emotionen kultiviert werden, entwickeln sich oft spezifische Regeln des Umgangs. M. S. Weinberg hat dies am Beispiel sexueller Schamhaftigkeit in FKK-Lagern untersucht. Schamhaftigkeit und Nacktheit – so gängige Vorstellungen – passen nicht zusammen: «Die Vorstellung, daß diese Kleidungsschranke plötzlich nicht mehr existiert, läßt sofort Bilder von zügellosen sexuellen Wünschen, Promiskuität, Verlegenheit, Eifersucht und Schamgefühl entstehen.»[47] Dieser Einschätzung ist Weinberg empirisch nachgegangen. Er hat festgestellt, daß FKK-Anhänger Nacktheit neu definieren. Nacktheit hat keinen Bezug zur Sexualität, denn in den Lagern gibt es einen strengen Regelkanon, der die Situation entsexualisiert: Witze mit sexuellem Inhalt, Gespräche über Sex, Körperhaltungen, die als sexuelles Signal interpretiert werden können, etwa das Spreizen der Beine bei Frauen, oder auch das Anstarren von Personen werden nicht geduldet. So berichtet M. S. Weinberg pointiert: «Alle gucken in den Himmel, nicht einer guckt nach unten.»[48] Alle Anwesenden überwachen die Einhaltung dieser Regeln, und obwohl sich in einem FKK-Lager nur nackte Menschen begegnen, benehmen sie sich so, als seien sie bekleidet. In den FKK-Kolonien konstituiert sich also eine spezifische Wirklichkeit mit eigenen Regeln und Vorschriften, die letztlich alltägliche, zivilisatorisch eingeübte Verhaltensweisen fortsetzen. Eine ähnliche Situation finden wir bei den sadomasochistischen Gruppen. Auch hier läßt sich ein umfangreicher Regelkanon feststellen:
1. Um Neulingen den Zugang zu den Gruppenevents zu erleichtern, gibt es Initiationsregeln, die ihnen eine Eingewöhnungs- und Entscheidungsphase zugestehen:

DIETER: Das ist natürlich alles neu, ist doch ganz klar. Da guckst du erst mal. Mir war auch nicht danach, irgendwas zu machen. Aber das Angenehme in dieser Gruppe ist, die machen dir den Einstieg eben sehr einfach. Die kriegen das auch schon mit und lassen dich erst mal da sitzen und gucken... Wenn sich der erste Eindruck gesetzt hat, helfen die einem schon weiter. (34, S, HETEROSEXUELL)

Haben sich die Novizen für den Verbleib in der Gruppe entschieden, werden sie in die Regeln und Gepflogenheiten eingewiesen. Erst dann sind sie akzeptierte Mitglieder der Gruppe.

2. Für den Umgang innerhalb der Gruppe ist Freiwilligkeit die wichtigste Regel. Niemand darf zu etwas gezwungen werden:

INA: Wichtig ist, daß alles freiwillig ist. Ich meine, wenn ich da zu etwas gezwungen werde, dann würde ich ausrasten. Aber ich kann mich nicht entsinnen, daß das schon einmal vorgekommen ist. (29, M, HETEROSEXUELL)

Wer gegen diesen Grundsatz verstößt, wird normalerweise sofort ausgeschlossen. Diese Rigidität ist besonders bei Gruppenaktionen wichtig.

3. Eng mit der vorhergehenden Regel ist die Bestimmung verbunden, wonach die individuellen Geschmacks- und Ekelgrenzen akzeptiert werden müssen:

AUGUST: Wenn jemand einer Frau die Schamlippen zunähen will, dann soll er es bitte in einem Eckchen oder einem anderen Raum machen und sagen: «Da drüben wird das gemacht, wen es interessiert, der soll zugucken». (51, M, HETEROSEXUELL)

Die Verletzung von Ekelgrenzen kann mitunter die Stimmung bei einer solchen Veranstaltung verderben und das vorzeitige Ende bedeuten.

4. Eine weitere Regel verlangt, bestehende persönliche Beziehungen zu respektieren:

MARITA: Es ist üblich bei solchen Treffen, daß man immer die Domina fragt «Darf ich das? Darf ich Deinen Sklaven haben? Darf ich das machen?» (33, S, HETEROSEXUELL)

Aufgrund der spezifischen Machtsituation im SM-Arrangement ist es üblich, daß der dominante Partner in die *Behandlung seines Sklaven* einwilligen muß. Das umgekehrte Einverständnis wird zumeist vor der Veranstaltung eingeholt, denn ein Sklave, der sich im SM-Arrangement nicht den Wünschen seines Herrn entsprechend verhält und vielleicht das Ausgeliehenwerden an eine bestimmte Person verweigert, würde die Freude an der Fiktion des Herrschens erheblich trüben.

5. Neben diesen allgemeinen Regeln gibt es zahlreiche gruppenspezifische Übereinkünfte. So ist z. B. in einigen homo- bzw. heterosexuellen Gruppen die Penetration untersagt:

AUGUST: Sie müssen eines verstehen. Bei diesen Parties gibt es keinen Geschlechtsverkehr, wenn es eine richtige Sache ist. Höchstens Ersatzhandlungen am Mann oder an der Frau sind zugelassen. (51, M, HETEROSEXUELL)

Hinzu kommt, daß das Spektrum der erlaubten Praktiken variiert. Was in der einen Gruppe als zu hart abgelehnt wird, ist in einer anderen völlig normal. Auch die Handhabung homosexueller Aktivitäten ist uneinheitlich; bei manchen Gruppen sind sie erlaubt, bei anderen werden sie toleriert, und wiederum bei anderen sind sie untersagt.

6. Schließlich gelten in der Gruppe Regeln, die die Gefahr durch Verletzungen oder unfreiwillige Grenzüberschreitungen minimieren sollen. Sie gelten in ähnlicher Weise auch in den Zweierbeziehungen und sind an späterer Stelle beschrieben.

Dieser Verhaltenskodex findet sich bei homo- und heterosexuellen Sadomasochisten. Selbst in der scheinbar anarchischen Situation des Darkrooms gibt es Basisregeln, die den Radius des einzelnen begrenzen. Genau wie in den FKK-Kolonien wird die alltägliche und gewohnte Ordnung nicht auf den Kopf gestellt oder außer Kraft gesetzt; es sind im Gegenteil diese Regeln, die bestimmte Handlungen überhaupt erst ermöglichen.

Exkurs: Die professionelle Domina-Szene

▼ Hinter der Kellertür öffnet sich der purpurrote Samtvorhang, und der Blick fällt in einen kleinen, mit rotem Teppichboden ausgelegten Raum. In der Ecke stehen eine schwarze Ledercouch und ein Glastisch. Es ist ziemlich dunkel, und nur das schwache Rotlicht läßt die Umgebung erkennen. An den weißen Wänden hängen gerahmte Zeichnungen, die verschiedene SM-Praktiken zeigen. Ein langer Gang mit vielen Türen führt zu verschiedenen Zimmern. Der nächste Raum ist mit dunklem Holz verkleidet und teilweise mit Balken und Verstrebungen versehen. Der Fußboden ist mit schwarzem PVC ausgelegt. An den Wänden hängen schmiedeeiserne Werkzeuge und Lederkleidung: Peitschen in unterschiedlichen Ausführungen, Rohrstöcke, Zaumzeug, Handschellen, Fesseln, High-Heel-Oberschenkelstiefel aus Leder, Pranger, Flaschenzug, Andreaskreuz, Sling, Streckbank, diverse Dildos usw. In einer Ecke steht ein Käfig und mitten im Raum eine Streckbank. Der nächste Raum ist mit schwarz-roter Lackfolie verkleidet und mit schwarzem PVC ausgelegt. An einer Wand steht ein mit Gummibettwäsche bezogenes Bett: ein Laken und ein Kopfkissenbezug aus rotem Latex. An Haken und Kleiderständern hängt Gummikleidung in allen Variationen und Farben: schwarz, rot, lila, Gummisäcke, Ganzanzüge, Gummimasken, Gummistrümpfe. Gummi und schwarzes PVC bestimmen auch das Ambiente des nächsten Raumes. Über einem großen roten Gummibett ist an der Decke ein Spiegel installiert. An einer Wand stehen eine zirka 2,50 Meter lange Wanne und ein Stuhl, der aussieht wie der beim Gynäkologen. Dann wieder ein langer Flur mit verschiedenen Türen. Weißer PVC-Boden, weiße Wände, an denen breite Aluminiumleisten befestigt sind und auf denen «Station A 3», «Zum OP» und «Zu den Krankenzimmern» geschrieben steht. An der Seite steht eine Bahre auf Rollen. Am Ende des Ganges befindet sich ein Empfangsschalter: Werbegeschenke von Pharmakonzernen, Kugelschreiber, Terminkalender, Neonröhren an der Decke, Telefon. Dahinter steht ein Schreibtisch mit einer Schreibmaschine. Im nächsten Raum: In der Mitte eine riesige OP-Lampe, darunter ein Operationstisch, an den Wänden Schränke aus Chrom. Eine Schublade ist geöffnet. Verschiedenes chirurgisches Besteck ist dort einsortiert. Auf den Schränken liegen Spritzen in verschiedenen Größen, Mullbinden, OP-Handschuhe, große, dicke, bis zum Oberarm reichende Gummihandschuhe, Geburtszangen, eine Gasmaske, verschiedene Katheter mit Urinbeutel, Vibratoren, Klistierbecher und -schläuche, Schüsseln, Wäscheklammern, Desinfektions-

mittel, Alkohol, Milchpumpen, Wattetupfer. In einer abgetrenn-
ten Ecke steht ein gynäkologischer Stuhl. Von hier aus führt ein
Flur zu den Krankenzimmern. Ihre Einrichtung besteht aus einem
Krankenbett, einem Nachttisch, einem Wäscheschrank, einem
Fernseher und – einem Kreuz an der Wand. ▲

In dieser Beobachtungssequenz werden die verschiedenen Räume
eines professionellen Domina-Studios beschrieben. Aber nur die großen und bekannten Studios sind in dieser Weise ausgestattet. Manche
haben zusätzlich für *Windelsex* noch eine Babyecke mit Bausteinen,
Schnullern und Rasseln oder für die *Schulerziehung* ein Klassenzim-
mer mit Schulbänken, Tafel und Rohrstock. Entsprechend der jeweiligen Preisklasse variiert die Ausstattung der Studios beträchtlich.

Für einen Stundensatz zwischen 200 und 600 Mark können sich die
Besucher von der Domina oder der Sklavin behandeln lassen. Die
Vielfältigkeit der Ausstattung verweist bereits auf das Spektrum der
Wünsche, die hier geäußert werden. Wir haben zunächst gefragt, wie
der Kunde Kontakt zu einer Domina aufnehmen kann, welches
Selbstverständnis diese Frauen haben und wie die Domina-Szene mit
der organisierten Prostitution zusammenhängt.

▼

▼ Der Weg ins Studio

▼ Erste Kontakte zu Domina-Studios ergeben sich häufig über Annoncen in einschlägigen Magazinen. Gelegentlich finden sie sich in
der Tagespresse, dort allerdings codiert. Der oft mit Fotos versehene
Anzeigentext beschreibt das Repertoire der einzelnen Praktiken und
führt Ansprechmöglichkeiten für den Kunden auf.

Nach der Lektüre der Anzeigentexte und der Entscheidung für ein
bestimmtes Angebot stellt der Kunde den ersten Kontakt üblicherweise über das Telefon her. So kann er in einem ersten Gespräch unverbindlich prüfen, ob ihm das Angebot zusagt. Gegebenenfalls verabredet er einen Termin und erfragt – sofern sie im
Kontaktführer nicht aufgeführt ist – die Adresse. Beim Besuch im
Studio verständigen sich Kunde und Domina über die konkreten
Wünsche, die bevorzugten Praktiken, aber auch über die Grenzen,
die einzuhalten sind. In dieser Aushandlungsphase gibt es unterschiedliche Möglichkeiten:

HANNA: Es gibt Gäste, die kommen hierher und wissen genau, was sie wollen. Das ist eigentlich recht gut. Ich will zwar nicht alles konkret wissen, aber ich brauche drei, vier Anhaltspunkte, und daraus mache ich dann irgendein Programm. Dann gibt es wiederum die anderen, die alles bis ins kleinste Detail ausgeklügelt aufgeschrieben mitbringen. Das ist mir schon wieder viel zu sehr festgelegt, denn als Domina will man noch einen gewissen Freiraum haben. Und dann gibt es die, die sich so schämen, daß sie überhaupt nicht damit herüberkommen, was los ist. Da fängt dann eigentlich die richtige Arbeit an. Die meisten genieren sich so, daß sie sich mir im Gespräch nicht offenbaren und herumdrucksen. Für diese Fälle habe ich dann einen Fragebogen, auf dem sie diverse Dinge ankreuzen können, damit ich weiß, in welche Richtung die Tendenz geht. Dann kann ich wenigstens einen Ansatzpunkt für ein Gespräch finden, denn es ist ja schwer, an so jemanden ranzukommen... Oftmals weiß ich aber auch einfach so aus der Erfahrung heraus, was einer will, wenn er mein Studio betritt. Man erkennt auch am Verhalten mancher Leute bereits, wie sie veranlagt sind. **(38, DOMINA, STUDIO-INHABERIN)**

Schambarrieren und Hemmschwellen erschweren es vielen Sadomasochisten, über ihre Neigung zu sprechen. Deshalb hängt es wesentlich vom Geschick der Domina ab, ob sie den Kunden zufriedenstellen kann. Manche Dominas haben für ihre Stammkunden Karteikarten oder Register angelegt. Es gibt aber auch Kunden, die mit sehr konkreten Vorstellungen kommen oder ihre Phantasien und Wünsche bereits vorher niedergeschrieben haben.
▼

▼ Die Tätigkeit einer Domina

▼ Im Mittelpunkt der Dominatätigkeit steht die *Behandlung* des einzelnen Kunden, wobei häufig eine *Sklavin* oder *Zofe* assistiert. Bei den befragten Dominas handelt es sich um Frauen im Alter zwischen 26 und 55 Jahren. Durchaus vorteilhaft kann es sich auswirken, wenn ihre Statur in Größe und Umfang das dominante Auftreten unterstreicht. Anders die Sklavinnen und Zofen. Sie sind in der Regel zwischen 20 und 30 Jahre alt und entsprechen eher allgemeinen Schönheitsidealen. Nach Aussagen der Studio-Inhaberinnen kommen sie aus dem Prostitutionsmilieu und kehren oftmals dorthin zurück.

Der Erfolg eines Studios hängt davon ab, wie die Domina die sehr verschiedenen Bedürfnisse der einzelnen Kunden befriedigen kann. Ohne ein entsprechendes Equipment ist dies kaum möglich. Die verschiedenen Abteilungen und Räume entsprechen den Kundenwünschen. Neben den verschiedenen Praktiken in der *Einzelbehandlung* bieten die Studios aber auch Sonderveranstaltungen an. Parties, Motto-Abende oder die Vorführung von Transvestiten und Transsexuellen zu bestimmten Terminen gelten als besondere Attraktion. Zu diesen Veranstaltungen werden verschiedene Privatpersonen eingeladen, die einen Unkostenbeitrag von 200 bis 500 Mark pro Person und Abend zu entrichten haben. Manche Dominas verfügen über einen speziell eingerichteten Raum, den sie an verschiedene Clubs oder Zirkel vermieten:

KASSANDRA: In meinem Studio gibt es einmal die normalen Öffnungstage. Da stehe ich mit meiner Sklavin und vielleicht noch der einen oder anderen Gastdomina oder -sklavin zur Verfügung. Ich habe oft irgendwelche Frauen, die dann eben zusätzlich da sind. Und dann gibt es die großen Parties, die vorher unter verschiedenen Gesichtspunkten festgelegt sind, zum Beispiel «Paarabend» oder «Anfängerparty» oder «Insidertreff». Das ist eigentlich die Fortführung dieses Damenzirkels, wo es darum geht, daß ich alle möglichen Frauen, die ich kenne, dominante Frauen in erster Linie, einlade. Die kommen dann mit Partner, und dann gibt es hier sozusagen *action*. Dann gibt es noch den «Sklavinnenabend», das ist also die umgekehrte Situation. Da kommen M-Frauen mit ihren Partnern und werden von ihnen vorgeführt. Es sind auch aktive Männer dabei, die schauen sich das Ganze an. Dann gibt es das «Café TV/TS» für Transvestiten, Transsexuelle und so weiter. Und «Rubber Event», also Gummiabend – ich glaube, das ist so in etwa alles. Und diese großen Parties werden dann in regelmäßigen Abständen wiederholt und absichtlich immer unter dieses große Motto gestellt, weil man da viel besser aussortieren kann... Und dann gibt es mitunter kleine Geschichten, die ich auch immer wieder mache. Zum Beispiel ruft mich der R. an und sagt zu mir, er würde gern mal wieder mit der H. vorbeikommen, ob ich nicht irgendwas hätte in nächster Zeit. Und dann rufen auch die R. und der G. aus dem Ausland an – sie ist auch maso –, sie würden auch gern mal wieder vorbeikommen. Und dann fängt es bei mir wieder zu rattern an, und ich denke: «Aha, ja, genau, das könnte ich doch wieder verbinden». **(35, DOMINA, STUDIO-INHABERIN)**

An solchen Veranstaltungen nehmen nicht nur Männer, sondern auch Frauen teil, von denen einige ein privates Interesse mit dem SM-Erlebnis im Studio verbinden: Die *Damenzirkel* sind ein Beispiel für das Engagement von privaten Dominas. Auch (Ehe-)Paare kommen zu einer vorher angekündigten Veranstaltung ins Domina-Studio, und es kommt auch vor, daß Gastgeber (Clubs und Privatpersonen) für ihre Zwecke professionelle Dominas engagieren, die dann als Höhepunkt des Abends z. B. ein Programm (Sklavenvorführung oder -behandlung) anbieten. Ein Grund für das Zurückgreifen auf kommerzielle Angebote ist sicher der Mangel an Frauen. Gleichzeitig bilden diese verschiedenen Angebote eine Schnittmenge zwischen kommerzieller und privater SM-Szene.

Wenn eine Domina flexibel auf die unterschiedlichen Wünsche und Phantasien der Kunden eingehen kann, bedeutet das noch lange nicht, daß der Kunde in einem professionellen Studio für Geld alles kaufen kann. Geschlechtsverkehr, oft auch schon die Berührung der Domina, ist ausgeschlossen. Wünscht der Kunde dies dennoch, so kommen nur die Sklavin oder Zofe in Frage. Nicht jede Domina aber ist hiermit einverstanden und nicht jede Sklavin dazu bereit. Auch sadistische Wünsche lassen sich im Domina-Studio nicht ohne weiteres erfüllen. Entweder werden die Kunden gleich von der Domina abgewiesen oder von der Sklavin befriedigt. Erklärt sich eine Sklavin bereit, sadistische Handlungen über sich ergehen zu lassen, ist es üblich, daß die Domina die Situation durch häufiges Betreten des Raumes kontrolliert und prüft, ob der Kunde nicht zu weit geht. Oft entstehen durch die extremen Wünsche mancher Kunden auch Probleme, denn Domina-Studios dienen auch als eine Art Auffangbekken für Personen mit extremen und bizarren Vorstellungen:

HANNA: Ich hatte einen Fall, der ist jedesmal gekommen und hat sich auf extremste Art und Weise quälen lassen, das heißt: brennende Zigaretten ausdrücken, Rheumasalbe auf die Fußsohlen, Stockschläge auf die Fußsohlen, wie man gehört hat, daß Kriegsgefangene gefoltert wurden. Bis er mir dann erzählt hat, daß er in der Nähe einer Schule

wohnt und immer Mädchen belästigt. Ich habe es anfangs nicht geglaubt, habe das Ganze nachgeprüft. Es war wirklich eine Schule in
der Nähe. Und dann kam mir der Gedanke, ob ich mich nicht an die
Polizei wende, weil das für mich schon ein Psychopath war. Der hat
gemeint, wenn er sich dann auf gemeinste Art und Weise quälen läßt,
daß das für ihn eine Art Absolution ist. So wie ein Katholik bei der
Beichte. Der kam mir dann aber leider nicht mehr unter die Finger.
Ich finde, bei so einem Menschen sollte man sich doch überlegen, ob
er nicht eine Gefahr für die Allgemeinheit darstellt. So jemanden
müßte man in Behandlung geben. Zumindest in eine Therapie.
(38, DOMINA, STUDIO-INHABERIN)

DANUTA: Da habe ich also einen Gast, der immer auf kleine Mädchen
angesprochen hat. Er sagt, er treibt es mit kleinen Mädchen. Er lockt
die in sein Landhaus, streichelt ihre Brüste, ihre Muschi und so. Das
ist ein schwieriger Fall für mich, weil ich nicht einschätzen kann, ob er
nur phantasiert oder es wirklich macht. Diese Kleine, die hier als
Sklavin arbeitet, auf die ist er jetzt ganz heiß, weil die so kindlich ist.
Und da habe ich Schwierigkeiten. Mit allen Dingen, die ich selber
hasse, habe ich Schwierigkeiten. Ich könnte mir vorstellen, daß er so
was tatsächlich macht. Man kann sich doch nicht einfach in so eine
Rolle hineinversetzen. Und der strengt mich an. Wenn ich mit dem
Mann drei Stunden arbeite, dann bin ich geschafft. Dann sind wir alle
geschafft hier.
FRAGE: Mir ist nicht ganz klar, was jemand, der eine Neigung für
Kindersex hat, in einem Domina-Studio sucht?
DANUTA: Das ist seine Wunschvorstellung, und das möchte er sich bei
uns austreiben lassen. Er kommt in die Klinik, daß man ihm das aus-
treibt. Dann sage ich zu ihm: «Na, hast du es wieder mit Mädchen
getrieben? Wie alt war die Kleine denn, die du wieder in das Landhaus gelockt hast? Sage mir mal, was du mit ihr gemacht hast!» Dann
holt er seinen Penis raus, streichelt den. Ich sage: «Findest du das
nicht schweinisch, so was? Hast du sie auch geküßt? Dann mußt du
heute wieder bestraft werden!» **(48, DOMINA, STUDIO-INHABERIN)**

Neben dem Umstand, daß solche Kunden die Toleranz der Domina
und ihrer Sklavin auf die Probe stellen, ist mitunter auch nicht klar, ob
sie vielleicht in Sexualdelikte verwickelt sind. Aufgrund der anony-

men Studiosituation können manche Besucher ihren persönlichen Hintergrund leicht verbergen, auch wenn dies nicht die Regel ist.
▼

▼ **Verflechtung mit der Prostitutions-Szene**

▼ SM-Prostitution kann auch eine besondere Form der Wohnungsprostitution sein, die im Gegensatz zu den sonst üblichen Praktiken auch *Spezialbehandlungen* durch normale Prostituierte umfaßt. Daneben spielen perverse Praktiken auch bei der Straßenprostitution eine Rolle. In seiner Untersuchung über den Strich berichtet R. Girtler auch von Prostituierten, die auf dem Straßenstrich arbeiten und sich ein «perverses Kisterl»[49] angeschafft haben, um dem Kunden eine strenge Behandlung zu ermöglichen: ein kleiner Kasten oder Koffer, der mit den unterschiedlichsten SM-Werkzeugen ausgestattet ist. Viele Prostituierte lehnen sadomasochistische Praktiken aber mit dem Hinweis ab, *«so etwas Perverses nicht mitzumachen»*. Derartige Sonderwünsche erfüllen sie, wenn überhaupt, nur zu einem deutlich erhöhten Preis.

Im Bereich der Straßen- und Wohnungsprostitution arbeiten die Frauen meistens für einen Zuhälter: «Der Zuhälter ist es, der in gewisser Weise den Strich bzw. die Prostitution überhaupt möglich macht. Er ist es, der nicht nur darauf achtet, daß der Strich funktioniert, sondern er ist für die Prostituierte so etwas wie eine Bezugsperson, die sie vor diversen Problemen schützt und mit der menschlich-intime Kontakte möglich sind. Das heißt jedoch nicht, daß die Beziehungen zwischen Prostituierter und Zuhälter immer partnerschaftliche sind, ... sondern daß auch Gewalt die Kommunikation bestimmt.»[50] Zu Beginn unserer Studie sprachen wir mit einem Zuhälter, der angab, daß auch Dominas nicht ohne Zuhälter arbeiten könnten. Dominas bewerten das anders. Sie berichten, daß Zuhälterei nicht zwangsläufig mit dem Dominagewerbe verbunden sein muß. Sicherlich gibt es Studios, die durch Zuhälter kontrolliert werden, und dies insbesondere dann, wenn die Domina vorher als Prostituierte gearbeitet und sich im gleichen Ort «auf pervers» spezialisiert hat. Häufig sind die Studios aber ganz aus den Sperrbezirken ausgelagert. Die Domina arbeitet als eigenständige Geschäftsfrau oder zumindest als Leiterin des Etablissements:

HANNA: Der Bereich der Zuhälterei, den gab es schon immer in diesem Milieu. Daß irgendwelche Frauen mit irgendwelchen Leuten aus dieser Szene Kontakt kriegen, notgedrungen oder gewollt, das passiert auch. Aber ich sage mir immer: Wer sich in Gefahr begibt, kommt darin um. Es kommt immer darauf an, wo man hingeht. Wenn man als Domina meint, man muß in die Stammdiskotheken oder in die Milieukneipen gehen und sich dort publik machen, ist natürlich die Gefahr da, daß man solche Leute auf sich aufmerksam macht, die vielleicht Geld riechen. Wenn man sich aber nur auf seinen Job konzentriert und ein normal geregeltes Privatleben hat, ist diese Gefahr so gut wie ausgeschlossen. Die Repressalien von früher lassen immer mehr nach. (38, DOMINA, STUDIO-INHABERIN)

Neben den fallweisen Unterschieden zwischen Dominas und Prostituierten hinsichtlich der Organisation und der Geschäftsführungspraxis gibt es auch durchgängige Trennlinien. So distanzieren sich fast alle Dominas von den «Nutten». Sie verstehen sich nicht als Prostituierte, schon deshalb nicht, weil sie keinen Geschlechtsverkehr mit Kunden ausüben. Für sie ist ihr Gewerbe ein besonderes Dienstleistungsangebot, das genaue Menschenkenntnis und ein besonderes Einfühlungsvermögen verlangt. Sie sehen sich als Anlaufstelle für Menschen, die ihre spezifischen Bedürfnisse sonst nirgends befriedigen können. Damit – so ihre Auffassung – stellen sie ein Ventil für die «abartigen» Wünsche mancher Kunden dar, die sonst vielleicht zu einer Bedrohung für die Allgemeinheit in Form von Gewalt- und Sexualdelikten werden könnten. Wohl auch deshalb bezeichnen sich einige Dominas als Therapeutinnen, die Erziehungsfehler kompensieren und gesellschaftlich geächtete Wünsche erfüllen.

Codes und Symbole

In sadomasochistischen Spezialkulturen bilden sich typische Wissensvorräte aus. Die sozialen Regeln bei Gruppeninszenierungen oder bestimmte Fertigkeiten (z. B. bei Bondage-Praktiken) sind Beispiele für ein spezifisches Szene-Wissen, das auf schriftlichem oder mündlichem

Weg tradiert wird. Der Wissensfundus beschränkt sich aber nicht auf diese Dinge. Symbole und Codes mit festgelegten Bedeutungen sind ebenfalls wichtige Elemente. Sie können zumeist von Außenseitern nicht ohne weiteres dekodiert werden. Im folgenden stellen wir die sadomasochistische Symbolik dar, indem wir zwei größere Bereiche unterscheiden: 1. die Sprachcodes, insbesondere aus den Kontaktanzeigen, und 2. die symbolvermittelten nichtsprachlichen Bedeutungsträger (Kleidung, Schmuck etc.). Letztere haben auch fetischistische Funktionen, auf die wir am Ende dieses Kapitels eingehen werden.

Kontaktanzeigen

Medien spielen, wie wir noch zeigen werden, in den sadomasochistischen Spezialkulturen eine wichtige Rolle. Ein großer Teil der Print- und elektronischen Medien dient dabei Animationszwecken. Daneben gibt es zahlreiche Kontaktzeitschriften, in denen Interessierte nach persönlichen Beziehungen suchen oder sie anbieten. Inzwischen finden sich solche Kontaktführer in jedem Szene-Geschäft; doch dies war nicht immer so. Bis in die siebziger Jahre hinein gab es keine ausgeprägte subkulturelle Organisation und als Folge auch kaum Medien für diese spezialisierten Interessenlagen, was aber nicht heißen soll, daß keine Kontakte über Medien geknüpft wurden:

DOROTHEA: Anzeigen gibt es eigentlich schon sehr lange. Die waren früher allerdings ziemlich verschlüsselt. Also nicht so offen, wie man das heute formuliert. Heute gibt es ja Hefte, in denen stehen Anzeigen drin, die sind ja nun wirklich deftig, so daß ich mich manchmal wundere, was für Worte da gebraucht werden. Aber früher hat man ja diese Anzeigen verschlüsselt abgefaßt. Die Zeitungen hätten das ja auch gar nicht aufgenommen, wenn man das anders formuliert hätte. Sogar heute gibt es Zeitungen, in denen man sehr vorsichtig formulieren muß. (50, S, HETEROSEXUELL)

Die normalen und überall erhältlichen Tages- und Wochenzeitungen, neuerdings auch Stadtmagazine, werden dazu genutzt, Annoncen unter Rubriken wie «Kontakte», «Bekanntschaften» oder «Stellenangebote» aufzugeben. Um aber in einer Tageszeitung überhaupt gedruckt zu werden, ist der sadomasochistische Kontext der Annonce zu verschleiern. Für die Praktiken und Neigungen gelten deshalb entsprechende sprachliche Codes:

▼ Wo werden Sprößlinge, Ehefrauen, Freundinnen, Freunde noch mit dem Rohrstock erzogen? Gepflegter Pädagoge möchte mit Rat und Tat zur Seite stehen. Erzieher, mit komplett eingerichtetem Erziehungsraum, erteilt solventen Damen, Herrn und Paaren einfühlsame Erziehungshilfe. Wochenend- und Langzeitbehandlung möglich.

Engländerin. Erfahrene Internatslady und zudem examinierte Krankenschwester mit speziellen Erziehungsmethoden erteilt englischen Unterricht – eigenes Privathaus, zweckmäßige Räume, herrisch, einfühlsam, konsequent mit Sinn für Individualität.

Straflos ungezogen sein kannst Du – kleiner großer Bub – bei mir nicht. Du siehst ein, daß nur die strenge Hand Deiner erfahrenen Erzieherin Dich zu einem wirklich nützlichen Glied der Gesellschaft formt. Erziehungsbedürftige Knaben bewerben sich unter...

Die Schönheit und die gleichzeitige Strenge Deiner jungen Erzieherin werden Dich zunächst verwirren. Ihr Niveau und ihr ausgezeichnetes Benehmen lassen Dir Deine fehlende Kinderstube bewußt werden. Du siehst ein, daß bei Dir nur die gute alte englische Erziehung fruchtet... ▲

Ein wichtiges Mittel, die Absicht des «Senders» nur für einen speziellen Adressatenkreis verständlich zu machen, ist die nichtsexuelle Kontextierung des sexuell motivierten Anliegens. Das Wechselspiel von Beherrschung und Erniedrigung wird etwa hinter der Metapher der *Erziehung* verborgen, wobei dieser Begriff zuallererst für verschiedene flagellantische Praktiken steht, etwa die *englische Erziehung* mit dem Rohrstock. In vielen Anzeigen ist das Spektrum an «Erziehungsmitteln» aber weiter gefaßt. Gerade die Begriffe des *toleranten Paares* oder der *tabulosen Beziehung* verweisen auf die Bereitschaft zum Ausüben einer ganzen Palette verschiedener sadomasochistischer und *bizarrer*[51] Praktiken. Die auf diese Weise benutzten Begriffe stammen zumeist aus anderen Sinnsystemen und erhalten im

SM-Bereich neue Bedeutungen. So soll etwa die Erziehungsmetapher den Szene-Fremden täuschen und ihn von der Kommunikation einer speziellen Personengruppe ausschließen. Die Neubesetzung sprachlichen Sinns wird so zur Geheimhaltungsstrategie; in dem Maße, wie die sadomasochistische Spezialkultur zunehmend öffentlich wird, verlieren die Codes allerdings ihre exklusive Bedeutung. Sie sind aber trotzdem erforderlich, weil mit solchen Anzeigen, etwa in der Tagespresse, der spezialkulturelle Rahmen verlassen wird und Medien, die außerhalb der spezifischen Sonderwelten liegen, als Kommunikationsinstrument eingesetzt werden. Auf diese Weise schützen sich die Inserenten vor Pornographievorwürfen. Umgekehrt tragen, um es überspitzt zu formulieren, die normalen Tageszeitungen zum Erhalt abweichender Spezialkulturen bei. In Zeiten restriktiver Sexual- und Pornographiegesetze sind die offiziellen Medien manchmal sogar die einzigen Kommunikationsmittel solcher Enklaven und werden gleichsam unbemerkt «subversiv» umfunktioniert. Dies zeigt auch, daß Zensur allenfalls zu einer Verlagerung der jeweiligen Kommunikationskanäle führt, nicht aber zum Erliegen der jeweiligen Kommunikation. Während die Medientexte da, wo sie in Berührung mit der breiten Öffentlichkeit kommen, verschlüsselt sind, wird die begrifflich neutrale Thematisierung sexueller Wünsche innerhalb der subkulturellen Grenzen (z. B. in Szene-Magazinen und Hardcore-Heften) durch eine direktere Begriffswahl ersetzt. Hier besteht auf den ersten Blick kein Codierzwang, so daß das verwendete Vokabular Vergleiche mit der pornographischen Drastik nicht zu scheuen braucht. Wie wir noch ausführen werden, finden sich ähnliche Stilelemente auch in der gesprochenen Interaktion der Szene-Insider.

▼ Schwanger? Williges Ficktier sucht Leute, die Lust auf einen dikken Bauch und pralle Titten haben. Wer hat Erfahrung im Umgang mit einer solchen Deckstute? Keine finanziellen Interessen. Aber genaue Angaben, was man bei der Dressur berücksichtigen muß. Echter Erfahrungsaustausch gesucht. Wie kann man z. B. die Milchproduktion der Stute steigern etc.? Kontakt zu SM-Arzt/ Hebamme für Hausgeburt gesucht.

Eine scharfe, tabulose Wichserin bin ich, 26 Jahre jung, schlank und ständig feucht in meiner Möse. Für frivole Spielchen suche ich geile Herrn mit außergewöhnlicher Sexneigung (z. B. NS, Kaviar, Wichser, Fußanbeter, Achselschweiß- und Mösensaftlecker etc.). Gerade ganz ausgefallene Erotik macht mich an, also nur keine Hemmungen!

Er (26, 170 cm, schlank) sucht Paar oder Sie (auch mehrere Freundinnen ...) für zärtliches Ficken, Französisch, Sperma spenden und lecken, Bi-Sex, Anal, NS, Klistier, Schoko.

Er (33, 190 cm) mit riesiger Ficklanze (25 cm) sucht Stute zum rammen und abmelken. Auch ausgefallene Sachen machen mir Spaß: Abrichtungsspiele, Fotzenlecken ...

Paar, Mitte dreißig, sie dominant, attraktiv, durchsetzungswillig, er devot, abgerichtet, sucht Kontakt zu Kastrationswilligen, Semi-Kastrierten, Kastraten, Sklaven mit übermäßigem Geschlechtstrieb. Äußerste Diskretion. ▲

Diese «Werbetexte», die zumeist den Autor selbst anpreisen, bekunden die Bereitschaft zu einer enthemmten Sexualität jenseits aller Tabus und Normen. Und das in einer Sprache, die der «versteckten» Thematisierung von Sexualität in der Alltagssprache die grelle Metaphorik und Omnipräsenz von immerwährender Lust- (*scharf, geil, feucht*) und Perversionsbereitschaft (*tabulos, frivol, versaut*) gegenüberstellt. Die häufige Verwendung tierischer (*Ficktier, Deckstute* etc.) und kriegerischer (*Ficklanze, rammen* etc.) Metaphern soll animalische und aggressiv-enthemmte Sexualität symbolisieren, die weit jenseits der als langweilig abgelehnten «Mehrheitssexualität» liegt. In der Tat beschränken sich diese Ankündigungen nicht nur auf das Wort. Wer sich aufgrund solcher Anzeigen in sexuelle Beziehungen einläßt, signalisiert damit gleichzeitig auch die Bereitschaft zu Praktiken, die jenseits des Normalen liegen. Insofern entsteht hier eine Gegenwelt mit konträren Normen.

Aber auch wenn hier die Geschmacks- und Toleranzgrenzen der «normalen» Mehrheit überschritten werden, sind doch Tabuisierungen sichtbar. Gerade diejenigen Praktiken, die Scham- und Ekelgrenzen besonders provozieren, werden hinter «wohlklingenden» Bezeichnungen verborgen: wie etwa *Kaviar* und *Natursekt* oder *Schoko* und *Dirty*, die Exkremente bezeichnen. *Nektar* umschreibt die verschiedensten Körperflüssigkeiten (z. B. Urin, Scheidenflüssigkeit, Sperma); *Nursing* steht für *Kliniksex*. Solche von vielen Sadomasochisten als ekelhaft abgelehnten Praktiken fristen ihr mediales und sprachliches Dasein auch innerhalb der Szene hinter Normalitätsattribuierungen. Diese Sprachpraxis verdeutlicht, daß in der Spezialkultur zwar eine weitergehende verbale (und praktizierte) Freizügigkeit besteht, gleichwohl setzen sich hier auch die zivilisatorisch gewordenen Umschreibungszwänge fort.

Kleidung und Schmuck

Typischerweise differenzieren sich in Subkulturen spezifische Stilmuster aus. Zur allgemeinen Funktion von Stilen schreibt H. G. Soeffner: «Es ist eine sichtbare, einheitsstiftende Präsentation, in die jede Einzelhandlung und jedes Detail mit dem Ziel eingearbeitet ist, eine homogene Figuration oder Gestalt – den Stil – zu bilden und darzustellen. Stil zu haben – in diesem Sinne – bedeutet fähig zu sein, bewußt für andere und auch für das eigene Selbstbild eine einheitliche Interpretation anzubieten und zu inszenieren.»[52] Illustrative Beispiele sind die Punks oder Motorrad-Rocker. Letztere zielen bei ihren Inszenierungsformen darauf ab, einen betont männlichen Habitus nach außen zu demonstrieren: Lederkleidung, Abzeichen, Bart und die «schwere Maschine» sind Kernstücke dieser Macho-Emblematik. Daneben hat Stil eine wichtige ästhetische Funktion, ist gleichsam «eine ästhetisierende Überhöhung des Alltäglichen,»[53] im Falle der Rocker etwa das chromblitzende Motorrad, dessen Tank mit der Darstellung einer nackten Frau oder eines Fantasy-Motivs bemalt ist.

Auch die sadomasochistischen Szenen kennen ähnliche Ästhetizismen. Die spezifische Bekleidung – von Leder über Latex und Seide bis Gummi – ist für ihre Träger immer auch ästhetischer Ausdruck. Wie wichtig gerade im SM-Bereich das *dressing for pleasure* geworden ist, zeigt der Besuch in Lederstudios und SM-Läden.

Die Auswahl eines Gummikleides und der entsprechenden Accessoires oder einer Lederkombination unterscheidet sich kaum vom Kauf eines Abendkleids oder Fracks. Modezeitschriften, Beratung durch die Verkäufer und unzählige Modellvarianten sind auch in den

Erotikboutiquen mittlerweile Alltag. Früher dagegen stand oft nur das Material an sich im Vordergrund. Einer der Befragten, der schon seit über 25 Jahren zur Szene gehört, zeigte uns seine Katalogsammlung aus diesem Zeitraum mit der Bemerkung:

AUGUST: Gummikleider beispielsweise waren gegen Ende der sechziger Jahre in der Regel formlose Säcke und erinnerten mitunter stark an Mülltüten. Heute ist – bis auf den Unterschied im Material – kaum noch ein Unterschied zur Alltagsmode zu bemerken. (51, M, HETEROSEXUELL)

Die führenden Hersteller kreieren jährlich neue Kollektionen, die zum Teil Ideen und Anregungen aus der Haute Couture aufgreifen. Umgekehrt erhält auch die Mainstream-Mode Impulse aus der SM-Szene: Lackmäntel, Nietenschuhe, Halsbänder etc. sind zur Zeit en vogue. Ästhetik, Mode und Design, so darf man schließen, werden für die Kleidungsstile in der sadomasochistischen Spezialkultur immer wichtiger. Kleidung und – nicht zu vergessen – Schmuck sind aber nicht nur ästhetischer Ausdruck. Sie haben noch weitere Bedeutungen. Kleidung, Schmuck und auch bestimmte Körperhaltungen können zur Verstärkung des rollenspezifischen Habitus genutzt werden und dienen damit der Verfestigung der virtuellen Identitäten während des SM-Arrangements. S. Stepper und F. Strack konnten in jüngsten Experimenten zeigen, daß bestimmte Körperhaltungen (z. B. gebeugt oder aufrecht stehend) bestimmte Gefühlsempfindungen (wie z. B. Stolz) beeinflussen,[54] auch ohne daß die Haltung in ihrer emotionalen Bedeutung interpretiert wird. Das Gefühl wird nur nicht aus der Körperhaltung erschlossen, sondern durch das ausgelöste körperliche Empfinden unmittelbar beeinflußt.

Gleichzeitig gilt auch für Kleidung und Schmuck eine feste semantische Ordnung. Sie schaffen für die jeweiligen Rollenzuweisungen Eindeutigkeit und sind nicht beliebig:

KURT: Ich trage z. B. gerne Gummikleidung, auch Damenwäsche, Korsetts und dergleichen, aber keine Uniformen. Die Kleidung erhöht meine Erregung und verstärkt meine SM-Rolle. Stiefel sind das Symbol für Herrschaft, eine Halskette oder eine Maske sind dagegen Symbole für Unterwerfung. (28, SM, HETEROSEXUELL)

ARNOLD: Lederstiefel und selbstverständlich die Peitsche sind für mich ein Symbol der Herrschaft. Nackte Füße als Gegensatz dazu ein Zeichen der Unterwerfung. Ach, wollte man alle aufzählen, man käme an kein Ende. (64, M, BISEXUELL)

Auffallend ist auch, daß in vielen Fällen der Körper fast ganz bedeckt ist. Dadurch soll die Unnahbarkeit und Überlegenheit, z. B. der Domina, symbolisiert werden.

Masochisten und Sklaven hingegen tragen wenig Kleidung. Oft handelt es sich um ein einfaches Riemengeschirr (Harness) und ein ledernes, mit Nieten und Ringen versehenes Halsband. Die Inhaber der aktiven wie auch der passiven Rolle sind also darauf angewiesen, sich durch bestimmte semantische Konstruktionen gegenüber ihren Antipoden glaubwürdig zu machen. Dazu müssen sie sich «Techniken der Eindrucksmanipulation» bedienen, etwa bestimmter Körperhaltungen, eines passenden Sprachduktus oder Requisiten wie Kleider und Schmuck. Die Mechanismen dieser virtuellen Rollenkonstellationen entsprechen damit letztlich denen des Alltags, für die E. Goffman die Metapher des «Theaterspielens» gebraucht: «Das Selbst als dargestellte Rolle ist also kein organisches Ding, das einen spezifischen Ort hat und dessen Schicksal es ist, geboren zu werden, zu reifen und zu sterben; es ist eine dramatische Wirkung, die sich aus einer dargestellten Szene entfaltet, und der springende Punkt, die entscheidende Frage, ist, ob es glaubwürdig oder unglaubwürdig ist.»[55]

Nicht zuletzt werden Kleidung und Schmuck durch diese Kodifizierung auch zu Mitteln der Kommunikation. Dies läßt sich anhand des Luhmannschen Kommunikationsbegriffs erläutern. N. Luhmann versteht Kommunikation, vereinfacht ausgedrückt, als dreistufigen Selektionsprozeß, wobei der Absender in einer ersten Selektion eine Information aus der Gesamtheit der Möglichkeiten auswählt und in der zweiten entscheidet, wie er die Information mitteilen will. Die dritte Selektion erfolgt durch den Empfänger, der Information und Mitteilung trennt, was wiederum die Grundlage des Verstehens bildet. Verstehen schließlich wird durch Feedbacks an den Sender zurückgemeldet. Kommunikation ist damit als gemeinsame Aktualisierung von Sinn zu begreifen, als die Synthese von Information,

Mitteilung und Verstehen, ohne notwendigerweise an verbale oder schriftliche Formen gebunden zu sein.[56]

Im Falle der nonverbalen SM-Kommunikation hat der Absender eine zweifache Selektion getroffen, nämlich die Selektion der Information (z. B. «Ich bin Masochist») und die der Mitteilung (z. B. der Ring am rechten Finger). Aber erst wenn auch der Empfänger eine Selektion treffen kann, z. B. «Da ist ein Masochist, der vielleicht einen Partner sucht» oder «Sie ist die Herrin und ich der Diener» und das Verstehen dem Sender bestätigt, entsteht Kommunikation. Typische Gelegenheiten für diese Kommunikationen sind Kontaktanbahnungen:

ANDREAS: Letztendlich signalisierst und dokumentierst du mit der Kleidung irgendwelchen Leuten etwas, die gegebenenfalls zukünftig Partner sein könnten. Wenn ich in so einem Hawaii-Hemd dasitze, denkst du nicht, daß ich vielleicht ein Sado-Mann bin. Wenn ich in Leder dasitze, assoziierst du ganz einfach: «Halt mal, der könnte was mit der Geschichte zu tun haben». (30, S, HETEROSEXUELL)

Ein noch eindeutigeres Codesystem haben die SM-Schwulen entwickelt, auf das wir später noch eingehen. Für die hetero- wie die homosexuelle «Geheimkommunikation» gilt: Weil die mitgeteilten Informationen im Falle des Sadomasochismus zu einem sehr spezifischen «Sinnprozessieren» gehören, ist die Zahl der potentiell Verstehenden recht gering. Außerhalb der Sinn- und Sozialwelt «Sadomasochismus» gibt es ohnehin – von Einzelfällen abgesehen – niemanden, der den mitgeteilten Sinn entschlüsseln kann. Allerdings ist bei diesen Codes ein generalisiertes Verstehen überhaupt nicht intendiert – im Gegenteil. In bezug auf die Kleidung spielen neben der Mitteilungsfunktion auch fetischistische Bedeutungen eine Rolle. Fetische sind mitunter wichtiger Teil von SM-Inszenierungen.

Fetischismus und Sadomasochismus

Der Begriff Fetisch stand ursprünglich für die Verehrung von leblosen Gegenständen, eben den «Fetischen», bei Naturvölkern, insbesondere in afrikanischen Kulturen. Im sexualwissenschaftlichen Bereich verwendete den Begriff erstmals der französische Psychologe Alfred Binet (1857–1911), um die sexuelle Fixierung mancher Menschen auf bestimmte Gegenstände zu bezeichnen. Auch im SM-Feld spielen Fetische eine Rolle. Zwar beginnt sich eine eigene Fetischszene mit Treffpunkten und Zeitschriften zu etablieren, gleichwohl ist die SM-Szene zur Zeit wichtiges «Auffangbecken» für fetischistisch interessierte Personen. Dies gilt im übrigen auch für Transvestitismus und Transsexualismus. Beide haben in der SM-Szene einen besonderen Stellenwert.

Fetische spielen darüber hinaus als eigenständiges Element im SM-Arrangement eine Rolle. Maßgebliche Bedeutung hat dabei das schwarze Leder. Insbesondere bei den Schwulen ist es ein Kultobjekt wie kaum ein anderes. Für manche ist schon der spezifische Geruch ein Grund für die Anziehungskraft dieses Materials. Das enganliegende Leder und seine Betonung von Körperformen und Bewegung ist ein weiterer Faszinationspunkt. Entscheidend für die Verwendung schwarzen Leders ist aber seine Machtsymbolik. Wie Uniformen steht es als Material bestimmter Kleidungsstücke (z. B. Stiefel) für eine polarisierte Machtstruktur, in der der Träger die dominante Rolle ausübt.

Gummi und Latex sind weitere Fetischmaterialien. Sie sind im Vergleich zum Leder noch körperbetonender (der Szenebegriff *Skin two* für Gummi und Latex verweist darauf). Daneben sind sie in hohem Maße atmungsinaktiv und können so die Transpiration verstärken oder, wenn sie auch den Kopf umschließen, die Atmung behindern. Schwitzen oder Atemnot in den entsprechenden Kleidungsstücken oder hermetisch abschließbaren Säcken gewinnt für einige Menschen eine eigene, faszinierende Erlebnisqualität. Auch im Zusammenhang mit bestimmten Fäkalpraktiken spielen diese Materialien eine Rolle. Zum einen, weil die Träger bei der symbolischen Erniedrigung durch Exkremente nicht tatsächlich verunreinigt werden, zum anderen, weil sie abwaschbar sind, was ein wichtiger Hygiene-Aspekt ist. Neben diesen Formen des «Materialfetischismus» sind auch Uniformen und spezielle Arbeitskleidungen, bei Schwulen noch die Jeans, von Bedeutung. Einer der Befragten war Wäschefetischist und sammelte die getragene Wäsche von Prostituierten. Andere wiederum sind fasziniert von High-Heels oder Militärstiefeln.

Auch Körperteile können fetischistische Funktionen übernehmen; bei masochistischer Orientierung wird etwa der Fußfetischismus oft genannt. Unter Schwulen kann der Bart als Ausdruck von Maskulinität Fetischcharakter gewinnen. Das gleiche gilt für Tätowierungen.

Aus dem engeren sadomasochistischen Bereich kommen weitere Fetische, etwa Werkzeuge, Peitschen und Fesseln hinzu. Sie übernehmen eine dominanz- bzw. submissionsverstärkende Funktion, wie wir sie schon im Zusammenhang mit der rollenstabilisierenden Bedeutung des Outfits beschrieben haben. Dies trifft insbesondere bei stärker sadomasochistisch als fetischistisch Orientierten zu, für die der Fetisch mehr den Charakter einer Beigabe hat. Von ihnen sind diejenigen zu unterscheiden, die ausschließlich auf einen bestimmten Körperteil oder Gegenstand fixiert sind. Weil manche Fetischismen aber zur SM-Situation passen, etwa das devote Verhalten eines Fußfetischisten, lassen sie sich ohne größere Probleme in die SM-Situation integrieren:

ERNST: Ich kann mir alle sadomasochistischen Praktiken vorstellen, von ihr als Teppich, als Fußabstreifer benutzt, getreten zu werden, ihr die Füße küssen oder lecken zu müssen. Aber das kann natürlich auch mehr sein: Mein Brustkorb wird von ihr aufgeschlitzt, und sie wühlt ihre Füße in das Innere hinein. Die Phantasie ist nicht von mir persönlich, sie ist in einem ganz normalen Film vorgekommen, wo die Frau dem Mann nachgebrüllt hat, daß sie ihn so sehr haßt, daß sie am liebsten seinen Brustkorb aufschneiden würde und mit ihren Füßen in seine offene Brust reintreten würde. Und das habe ich mir erregend vorgestellt. Ich stelle mir sehr gerne vor, daß meine Haut z. B. abgezogen wird und ewig, z. B. als Schuh, als Sohle, als Matratze oder als Fußmatte dient. (18, M, HETEROSEXUELL)

MARLENE: Mein Freund steht ja unheimlich auf diese Gummisachen. Irgendwann hatte er sich dann so einen Gummisack gekauft, in den ich ihn einpacken mußte. Das ging so weit, daß ich irgendwann das Gefühl hatte, völlig überflüssig zu sein. Ich war nur noch eine Puppe, die ihn in diesen Gummisack hineinmanövriert, und dann war meine Aufgabe erfüllt. Er hat sich im Endeffekt nur noch um seinen Fetisch gekümmert. Mittlerweile hat sich das Ganze aber wieder gebessert. (27, S, HETEROSEXUELL)

BARBARA: Leder mag ich einfach, weil es ein absolut anschmiegsames Material ist. Ich trage es gerne auf der Haut, weil, es hat so etwas – ich kann es schwer beschreiben, anschmiegsam trifft es nicht, es ist irgendwie noch was anderes… Ich mag auch zum Beispiel den Lederduft. Also wenn ich im Laden ein Paket mit Ledersachen frisch aufmache, dann könnte ich mich jedesmal reinlegen; das ist wundervoll, wie das nach Leder duftet, das ist toll. Und was mich an Gummi fasziniert, ist dieses Total-an-die-Haut-Anlehnen und dieses Schwitzen unter Gummi, so daß es sich noch mehr anlehnt und man im Prinzip ein Gefühl hat, wie: «Eigentlich habe ich nichts an, und trotzdem habe ich was an». Das muß ein bißchen glitschig sein… Ich für mich habe verschiedene Fetische, und einer davon ist Leder, der andere ist Gummi. (31, SM, LESBISCH)

FRANK: Also was mich schon immer fasziniert hat, sind Männer mit Bärten, die auch sonst ziemlich stark behaart sind. Manchmal, wenn ich im Schwimmbad bin, und ich sehe so einen breiten total behaarten Oberkörper, dann muß ich mir einen wichsen gehen. (37, SM, SCHWUL)

Fetische haben im SM-Bereich den Charakter eines Accessoires, eines zusätzlichen Stimulus. Der Grad der Fixiertheit auf den Gegenstand nimmt allerdings unterschiedliche Ausprägungen an und kann, wie das Beispiel Marlene zeigt, bis hin zum Ausschluß des Partners aus der Sexualität des Fetischisten gehen. Typischer scheint aber die Integration dieser Vorlieben in die Partnersexualität zu sein. Die unterschiedlichen Grade der Partnerbezogenheit betonen auch W. Bräutigam und U. Clement: «Dies kann bei einer fetischistischen Besetzung von Körperteilen (Busen, Gesäß, Fuß, Haare) so weitgehend sein, daß der Fetischcharakter kaum auffällt. Er kann zur sexuellen Stimulation des Partners bewußt eingesetzt oder toleriert werden, wenn der Geschlechtsverkehr in bestimmter Kleidung (z. B. Strapse, Unterwäsche, Strümpfe, Stiefel), aus bestimmtem Material (Samt, Leder, Seide) präferiert wird oder ausschließlich möglich ist. Schließlich kann der Fetisch ganz losgelöst von der partnerschaftlichen Sexualität und seinerseits ein Partneräquivalent sein, z. B. wenn in einen Schuh oder ein Stück Unterwäsche masturbiert wird.»[57] Im Bereich des Sadomasochismus, wo Fetische nur ein Teilbereich des sexuellen Habitus sind, aber auch allgemein läßt sich die Fixiertheit nicht allein als Ausdruck einer Abwehrreaktion gegen das Genitale erklären, wie Freud vorschlägt.[58] Der Mann, der seine Frau gerne in Reizwäsche sieht, ist vermutlich weniger auf das Kleidungsstück fixiert, um der genitalen Sexualität zu entkommen, als vielmehr, um sie gerade zu ermöglichen und in ihrer Erlebnisqualität zu steigern. Fetischismus in dieser Form ist dann eine spezifische Technik der Rahmung,[59] um Außeralltäglichkeit in der Beziehung herzustellen.

Die Bedeutung der Phantasien

Sexuelle Phantasien stehen seit den siebziger Jahren in zahlreichen Publikationen unter verstärkter Aufmerksamkeit.[60] Dabei wurden Fragen der Vorkommenshäufigkeit oder der Beziehung zur sexuellen Zufriedenheit untersucht. Die Zusammenhänge zwischen Geschlechtszugehörigkeit und sexuellen Imaginationen sind ebenso thematisiert worden, wobei gerade die Bedeutung masochistischer Phantasien bei Frauen, wie wir noch zeigen werden, sehr umstritten geblieben ist.

Im Hinblick auf die sadomasochistische Orientierung untersuchen wir die Phantasien auf Inhalt, Umsetzungswunsch und Umsetzbarkeit. Zuvor wollen wir aber darstellen, in welchen Situationen und unter welchen Umständen die imaginierten Welten auftreten.

▼

▼ Der situationale Kontext des Phantasie-Erlebnisses

▼ Phantasien können zu ganz unterschiedlichen Zeitpunkten eine Rolle spielen. Während eine bestimmte Gruppe von Phantasien an Masturbations- und Koitussituationen oder an das SM-Arrangement gebunden ist, tauchen andere in unterschiedlichen Alltagssituationen auf. Sie lassen sich im weitesten Sinne als Tagträume bezeichnen: Spontan und oft bruchstückhaft sind sie an die Zufälligkeiten konkreter äußerer Anlässe, etwa bestimmte Personen, Gegenstände oder Bilder geknüpft. Sie lösen den Imaginationsprozeß aus und stehen zumeist auch im Mittelpunkt der Phantasiesequenz. Eine umfassende Rahmenhandlung findet sich selten, das Flüchtige und Diffuse überwiegt:

MAGNUS: Wenn ich eine Frau in Leder sehe, High-Heels, enge Kleidungsstücke, beginnt sich bei mir die Phantasie zu regen. Ich stelle mir dann vor, wie die Frau in Leder, Lack und Gummi vorgeführt wird. (23, M, HETEROSEXUELL)

ARNOLD: Wenn ich z. B. eine Reiterin mit Peitsche auf dem Weg zum Reitstall an der Bushaltestelle stehen sehe, möchte ich mich hinknien und ihr meine Unterwürfigkeit zeigen. Weil es nicht geht, denke ich mir es halt in meinen Phantasien aus. Aber das sind immer nur ganz kurze Momente. (64, M, HETEROSEXUELL)

EVELYN: Manchmal, während der Arbeit, überkommt es mich. Es kann sein, daß ich gerade die Schere in der Hand habe und mir vorstelle, jemand würde sie mir in die Haut ritzen. Dann schauere ich kurz, was aber angenehm ist, und sehe das auch vor mir. Dann ist es schon wieder vorbei. (34, M, HETEROSEXUELL)

MARIE: Manchmal brauche ich nur eine Frau zu sehen, und ich stelle mir schon vor, wie ich mich ihr unterwerfe. Das sind ganz kurze Szenen, die wie ein Blitz durch meinen Kopf schießen. (32, M, LESBISCH)

Anders verhält es sich mit den z. T. bewußt herbeigeführten Masturbations- und Koitusphantasien. Entsprechend der jeweiligen Situation gewinnen diese Phantasien unterschiedliche Bedeutungen. In Ermangelung eines Partners kann die «einsame Phantasie» Männern und Frauen als zusätzliche Stimulation bei der Selbstbefriedigung dienen. Sexuelle Imaginationen spielen aber auch in der Paarsituation eine Rolle. Während der koitalen Vereinigung können etwa Phantasien von Herrschaft und Unterwerfung dem Lusterlebnis noch einen zusätzlichen Intensitätsschub geben. Andere Personen brauchen solche Phantasien, um überhaupt sexuell erregt zu werden. Nicht zuletzt während des SM-Rituals spielen Phantasien eine Rolle. Sie können hier als Antizipation des Erwarteten Spannungserlebnisse vermitteln oder Ausdruck heimlicher Reizsteigerungswünsche sein:

RÜDIGER: Wenn ich mit ihr normal verkehre, habe ich masochistische Phantasien, damit ich besser loskommen kann... Doch auch bei realen SM-Situationen können sehr wohl solche Phantasien eine Rolle spielen. Es sind dann eigentlich unausgesprochene, heimliche

Wünsche nach Steigerung und Erfüllung durch entsprechendes Handeln. (32, M, HETEROSEXUELL)

Phantasierte und physisch reale Reize können auch in einem gegenseitigen Verstärkungsverhältnis erlebt werden, etwa in dem Sinne, daß Phantasie-Wünsche höhere physische Reizungen verlangen und diese wiederum die Imaginationen in neue, bisweilen noch nicht erlebte Welten weitertreiben.

▾

▾ Die Phantasie-Inhalte

▾ Die Inhalte sexueller Phantasien sind thematisch beinahe unbegrenzt. Fast jedes Ereignis- und Erlebnisfeld kann zum Anknüpfungspunkt für sexuelle Wunschvorstellungen werden. Zusätzliche Variationen entstehen durch die jeweils unterschiedlichen individuellen Bedeutungen bestimmter Inhaltsmuster.

Vielfach wird als weibliche Besonderheit der Traum beschrieben, von anonymen Männern gegen den Willen zu sexuellen Handlungen gezwungen zu werden. So schreibt M. Lohs: «Phantasien, die um die Themen ‹Gewalt› und ‹Mißbrauch› kreisen, besitzen sehr unterschiedliche, sexuell stimulierende Qualitäten. Gemeinsam ist ihnen allen, daß die träumende Frau sich als Opfer einer Gewalttat erlebt. Die Fiktionen unterscheiden sich deutlich im Ausmaß und in der Art der hingenommenen Gewalt als auch in den Quellen der Gewalt. Leichter, äußerer, von der Frau in ihrer Vorstellung wenig bis fast nicht steuerbarer Zwang und Druck wirkt anregend. Viele Frauen erregen sich stark durch die Vorstellung, sexuellen Zwängen ausgeliefert zu sein. Bei diesen Phantasiethemen steht das Bedürfnis im Vordergrund, von dem eigenen sexuellen Begehren, Verlangen und Wünschen exkulpiert zu werden: Von anderen geht der Druck aus, Außenstehende, Mächtigere, zwingen die Frauen zur Sexualität; sie kann sich nicht wehren, sie muß sich beugen gegen ihren Willen und somit ist sie unschuldig an ihrem Tun.»[61] Auch unsere Interviews liefern Hinweise, daß bei Frauen solche Muster eine Rolle spielen. Allerdings gilt dies in ähnlicher Weise für Männer. Die Sehnsucht nach Entlastung und Befreiung von Verantwortung ist ein wichtiges Motiv in den Phantasiewelten: einen spezifisch femininen Charakter dieser Vorstellungen können wir jedoch nicht bestätigen.

Die folgenden Interviewpassagen vermitteln einen Eindruck von der thematischen Vielfalt der Phantasien bei Männern und Frauen. Aus Darstellbarkeitsgründen können wir nur kurze Skizzen wiedergeben. Die z. T. mehrseitigen Schilderungen, die uns zugegangen sind, haben wir nicht berücksichtigt. Sie sind im Unterschied zu den folgenden Beispielen minutiös ausgestaltet, weisen ein entsprechend hohes Konkretisierungsniveau auf, haben einen festen Handlungsrahmen und eine ausgefeilte Dramaturgie, die bisweilen an die Akribie der de Sadeschen Orgien erinnert. Aber auch die kürzeren Phantasieausschnitte verdeutlichen die Richtung der Vorstellungen:

MELITTA: In der Phantasie hätte ich auch nichts dagegen, wenn Blut fließen würde. Mit Rasierklingen habe ich es mir schon vorgestellt oder mit Nadeln. Oder so lange schlagen, bis er blutet, das wär irgendwie noch stärker. Also ihn mal so behandeln, daß er halb ohnmächtig wird, daß er übersät ist mit aufgeplatzten Striemen und mit Schnitten. Daß er eben weiß, ich spiele nicht. Das ist eine Vorstellung, die ich oft habe, daß ich mich mal so richtig austoben könnte, daß ich einen Orgasmus vom Sadismus bekomme. (30, S, HETEROSEXUELL)

DIANA: Phantasien spielen für mich eine wichtige Rolle. Meine Phantasien zu beschreiben ist mir doch etwas zu heikel. Orientieren Sie sich an de Sades *Die hundertzwanzig Tage von Sodom.* Dann können Sie sich schon einiges vorstellen. (24, S, HETEROSEXUELL)

FRITZ: Eine Phantasie, die mich besonders anmacht: Ich bin an einem verlassenen Ort, nackt, Hände und Beine gespreizt, hart gefesselt und geknebelt, absolut bewegungsunfähig. Nachdem ich gepeitscht und gefoltert worden bin, muß ich zusehen, wie ca. sechs bis acht starke, große Männer meine zierliche, hübsche Frau vergewaltigen, vaginal und anal. Ich bin gezwungen zuzuschauen, weil ich mich nicht abwenden kann. (34, M, HETEROSEXUELL)

BERND: Im ganzen Bereich von Dirty Sex ist meine Phantasie sehr stark. Ich versuche ein Beispiel zu nennen. Phantasie wäre, irgendwo in Gummi gefesselt oder auf Toiletten zu liegen und von allen möglichen Leuten, die zufällig reinkommen, vielleicht auch mit Maske auf oder verbundenen Augen, angepißt, angeschissen zu werden. Das ist eine Phantasie, die ich immer wieder habe. (37, M, SCHWUL)

SUSANNE: Ich stelle mir manchmal vor, daß es eine Sklavin gibt, mit der ich machen kann, was ich will. Sie muß mir dienen, in jeder Hinsicht. Wenn ich Lust habe, die Alte zu schlagen, muß sie meine harten Schläge hinnehmen und sich dafür bedanken. Oder daß ich sie z. B. mit heißem Wachs und Zigaretten foltere und ich sie zur Belohnung mit einem Riesendildo ficke. Eben einfach, daß ich ihr alles zufügen kann, was mir gerade in den Kopf kommt, ohne daß es da ein Stopwort gibt, das mich zwingen würde aufzuhören. (25, SM, LESBISCH)

Inhaltlich drehen sich die Phantasien um die Spannungspole von Submission und Dominanz, um sadistische, masochistische Handlungen oder um die Verletzung von Ekelgrenzen. In den Szenarios werden die normativ-moralischen Schranken der Zivilisation außer Kraft gesetzt. Es konstituiert sich ein affektgeleiteter, regelfreier Handlungsraum. Hier liegt gleichzeitig auch eine wesentliche Ursache für die Faszination dieser künstlichen Paradiese. Sie erlauben Variationen von Herrschaft, Knechtschaft, Schmerz, Lust und Ekel, wie sie im Alltag nicht vorzufinden sind. In der Phantasie ist das Recht auf körperliche Unversehrtheit oder die sexuelle Selbstbestimmung des einzelnen zugunsten einer ungehemmten Wunscherfüllung suspendiert. Die sexuellen Vorstellungen sind für die Betreffenden perfekte Handlungsdramaturgien, die keine Beschränkungen kennen, wie J. Benjamin schreibt: «Die Phantasie eröffnet ... eine kontrollierte Form des Aus-sich-heraus-Gehens, eine Ahnung der eigentlichen Befriedigung. Vielleicht sind sadomasochistische Vorstellungen und Darstellungen deshalb so weit verbreitet, weil sie diese Verheißung der Entgrenzung beinhalten, nicht aber deren beängstigende Realisierung.» [62] Dementsprechend *abenteuerlich, gefährlich* und *entmoralisiert* sind die Gefilde, in denen sich die Phantasien abspielen.

Sklavenauktionen der Antike, Kreuzigungen, die Martyrien der christlichen Heiligen, Folterungen der Inquisitionszeit oder das Szenario eines Konzentrationslagers sind die Stoffe, aus denen die Phantasien bestehen. Aber auch eigene Erlebnisse, z. B. der letzte Besuch im Domina-Studio oder mediale Vorlagen, können Anlaß und Kristallisationspunkt sexueller Imagination sein. Überhaupt scheint das Phantasieerlebnis medialen Erlebnisformen vergleichbar. In beiden Fällen handelt es sich um virtuelle Situationen, und in beiden ist die imaginative Übertretung der normativen Wirklichkeitsgrenzen möglich.

▼

▼   **Das Verhältnis von Phantasie und Realität**

▼   Die Umsetzung von Phantasien scheitert schon oft an den jeweiligen physischen und psychischen Gegebenheiten. Was in der Phantasie reibungslos funktioniert oder als anregend empfunden wird, stößt in der Realität an deutliche Grenzen oder entpuppt sich als lusthemmende und unangenehme Erfahrung. Darauf hat bereits T. Reik hingewiesen: «Es kommt nur selten vor, daß die wirkliche Aufführung die Vorstellung des Dichters übertrifft. Viel öfter bleibt sie, ebenso wie die masochistische Szene, hinter dem Phantasiebild zurück. Ich kenne Fälle, in welchen die Person in der aktuellen perversen Szene unbefriedigt oder nur schwach erregt war, während die Erinnerung an sie zum Orgasmus führt.»[63] Diese Einschätzung teilen viele der von uns befragten Personen. Das Seil, das in der Phantasie so «wunderbar fesselt», erzeugt in der Realität aufgescheuerte Hautstellen und nicht genügend durchblutete Gliedmaßen. Die Wunden, die im erotischen Traum faszinierend wirken, beginnen in der Wirklichkeit zu eitern und hinterlassen häßliche Narben. Der in der Phantasie ersehnte Schmerz kann in der Realität eine unangenehme Erfahrung sein. Ein Teil der Befragten lehnt die Realisierung der Vorstellungsinhalte ab und nennt eben diese Diskrepanz zwischen Perfektionismus in der Phantasie und den Unzulänglichkeiten der Wirklichkeit als entscheidenden Grund:

ROLF: Wenn man es praktiziert hat, dann sieht man, daß gewisse Dinge eigentlich gar nicht gehen, z. B. bei Fesselungen oder Aufhängen, das machen die Gelenke nicht mit. Genau wie mit dem Zigarettenausdrücken. Das sind einfach Verletzungen, die dann entstehen können, das eitert und blutet und ist auch unheimlich schmerzhaft. In der Phantasie ist das alles recht schön und macht auch an. Aber in der Praxis sieht es dann anders aus. (44, S, HETEROSEXUELL)

EDWINA: Dieses Rumferkeln mit Kaviar, das Sich-gehen-Lassen und sich mal wirklich beschmutzen und dreckig machen, das ist es. Wir haben auch mal die Phantasie gehabt, eine Schlammgrube auszuheben und irgendwelche Dinge zu machen. Leider ist es nie so weit gekommen, weil es bei Regen auch immer furchtbar kalt ist. Das will man dann auch nicht unbedingt. Aber so rein optisch macht es eben sehr an, gerade das Dreckigmachen und Rumferkeln, bloß dieses Geruchsproblem ist da, und wir haben uns noch nicht so weit vorgewagt. **(37, SM, HETEROSEXUELL)**

SEBASTIAN: Meistens unterscheidet sich die Phantasie nur dadurch von der praktischen Durchführung, daß ich überschätze, was tatsächlich erträglich ist und vor allem wie lange. Viele Nebeneffekte kannte ich nicht, bevor ich die Phantasie ausprobierte: Gliedmaßen zu sehr abgeschnürt, Beine in einer Stellung abgewinkelt, die starke Schmerzen im Kniegelenk verursacht usw. **(47, M, SCHWUL)**

Neben diesem eher rationalen Kalkül spielen aber auch moralische Gesichtspunkte eine Rolle. Schon die Übertretung bestimmter Grenzen in der Phantasie und erst recht der Gedanke an die reale Umsetzung schafft für manche der Befragten Probleme. Die Dissonanz dieser beiden Erfahrungsbereiche hat M. Marcus anschaulich beschrieben: «Jahrelang war ich regelrecht unglücklich darüber, daß ich in einer so zivilisierten Zeit lebte, und neidisch auf diejenigen, die im Mittelalter gelebt hatten, in Zeiten von Hexenjagd und Inquisition. Warum war ich nicht als Sklave oder Fronbauer in einer anderen, ereignisreicheren Epoche geboren worden! Meine unglückliche und sehnsüchtige Liebe zu den goldenen Tagen der Folter wurde nur übertroffen von meinem Entsetzen, als ich die ersten Berichte aus der Realität hörte, der wirklichen Realität. Es waren Berichte über die gleichen Geschehnisse, und sie geschahen zu meiner Zeit. Es schien, als gäbe es zwei Arten von Realität, die eine in Büchern und eine andere, die mich selbst traf oder jemanden, den ich kannte, oder jemanden, den ich nur sehen oder hören konnte, oder einfach jemanden, der heute lebte. So wirklich hatte ich es nicht gewollt. So konnte ich es überhaupt nicht gebrauchen!»[64] Während bei M. Marcus noch die inzwischen verstrichenen Jahrhunderte als Schutzfilter zwischen Wirklichkeit und Phantasie stehen, gibt es auch Sadomasochisten, die sich durch aktuelle Ereignisse in ihren Imaginationen erregen, z.B. an Folterszenen aus Diktaturen der dritten Welt. Gerade die reale Nähe dieser Bilder verhindert allerdings die «ungetrübte» Lust. Gewissenskonflikte, die sich in Sätzen ausdrücken wie «An so etwas darf man sich doch nicht aufgeilen», symbolisieren eine Auseinandersetzung mit Werten, die schon in der Phantasie und erst recht im tatsächlichen Verhalten Probleme und «kognitive Dissonanzen» bereiten:

FRANZ: Da gibt es viele Bereiche, über die man halt nicht reden kann, die nicht nur in bezug auf Sex ein Tabu sind, sondern ganz allgemein, und das macht es einfach schwer. Das gleiche gilt, wenn jemand eine SS-Uniform total toll findet. Mir geht das so. Wenn ich einen Film sehe, z. B. eine KZ-Aufseherin im Film, finde ich das sexuell erregend. Aber auf der anderen Seite sage ich mir: «Das darf ja nicht sein.» Ich würde das in der Realität sicherlich nicht so empfinden. Ich ziehe ja nur das aus dem Bild, was ich sehen will; aber mir fallen schon genügend Einwände ein, die ich mir selbst entgegenhalten könnte, warum das alles ganz gefährlich ist... Aber die Phantasie, die ist trotzdem da. (28, M, HETEROSEXUELL)

Andere hingegen kennen die Ambivalenz von Wirklichkeit und Phantasie nicht. Für sie führt ein geradliniger Weg von der Fiktion des Traums in die Wirklichkeit der SM-Praktik. Phantasie und Alltagswirklichkeit sind zwei Bühnen, die gleichsam auf einer Erfahrungsebene liegen:

JOSEPH: Die Phantasie geht nicht weiter *[als das Tun, d. A.]*. Ich gebe Ihnen mal ein Beispiel. Ich bin also in Paris in ein heruntergekommenes Viertel gefahren, ein Araberviertel. Und die Frauen, die da sind, sind Zigeunerfrauen... Da war auch so eine Absteige, es fing an zu regnen, und da habe ich mich vor der Absteige in die Gosse gelegt. Habe mir vorher drei, vier ausgesucht, habe denen was gegeben und habe gesagt: «Trinkt mal anständig». Die haben dann getrunken. «So», sage ich, «wenn ihr nicht mehr halten könnt, dann kommt ihr alle schön rüber, und pißt mich mal voll.» Ich wollte das sehen, wie die alle da so kommen, die Röcke heben und mich vollpissen von oben bis unten... Genauso habe ich es mir immer vorgestellt. (55, M, HETERO-SEXUELL)

Diese Umsetzungsversuche können innerhalb bestimmter Grenzen unproblematisch sein. Gleichzeitig ist in ihnen aber immer auch die Überschreitung von Beschränkungen in der Wirklichkeit angelegt. Viele der Phantasien weisen weit über das hinaus, was im freiwilligen sadomasochistischen Arrangement tatsächlich möglich ist, ohne körperliche, psychische und damit in letzter Konsequenz auch strafrechtliche Beschränkungen zu verletzen. Hier könnte eine wesentliche Problematik sadomasochistischer Phantasien begründet liegen. In ihrer fiktiven Dimension sind sie ähnlich unbedrohlich wie romantische oder zärtliche Sexualitätsinszenierungen. Sind aber letztere auch im Umsetzungsfall in den meisten Fällen ohne negative Folgen, können einige extrem sadomasochistische Phantasien durchaus Leib und Seele des Opfers gefährden. In den von uns untersuchten freiwilligen Arrangements wird diese Gefahr reflektiert, und es werden bewußt Grenzen gezogen. Spezielle Sicherheitsvorkehrungen sollen verhindern, daß diese Grenzen überschritten werden.

Die Rolle der Pornographie

Der Stellenwert von Pornographie in der sadomasochistischen Spezialkultur ist bislang nur in Ansätzen untersucht worden, aktuelle Daten liegen kaum vor. Unser Versuch beruht auf zwei unterschiedlichen Zugangsweisen. In einem ersten Schritt haben wir die gegenwärtige Situation auf dem Pornographiemarkt untersucht und uns anschließend in einem zweiten Schritt mit den SM-Nutzern selbst beschäftigt. Ziel war es, die jeweiligen Rezeptionsmuster zu identifizieren.

Exkurs: Die Stellung der SM-Pornographie auf dem Hardcore-Markt

Die Marktbedeutung sadomasochistischer Hardcore-Produkte kann nur analysieren, wer dieses spezielle Subgenre in den Kontext des gesamten Pornoangebots stellt. Grundlage unserer Untersuchung ist deshalb das ganze Spektrum hetero- und homosexueller Spezialisierungen, von den sogenannten normalen Hardcores über die SM- bis hin zu den *Bizarr-Pornos*. Anzumerken ist, daß die Analyse keinen Anspruch auf Vollständigkeit erhebt. Sie kann nur einen ersten Einblick in die Markt- und Angebotssituation geben.

▼

▼ **Zeitschriften: Pornohefte, Kontaktmagazine und Comics**

▼ Um zunächst den Zeitschriftenmarkt zu untersuchen, begannen wir mit der Auszählung des Angebotes bei einem Zwischenhändler aus der Pornobranche; darüber hinaus haben wir das Verkaufsangebot einiger Sexshops und die persönliche Heftesammlung von Interviewpartnern ergänzend miteinbezogen. Nach Abschluß unserer Recherchen hatten wir insgesamt 539 verschiedene Magazine mit Hilfe eines standardisierten Erfassungsbogens registriert, der folgende Angaben enthielt: Titel der Hefte, Funktion (Animation oder Kontakt), mediale Darstellungsform (Foto oder Text und Comics oder Zeichnungen), sexuelle Orientierung (heterosexuell, lesbisch, schwul und bisexuell) sowie dargestellte sexuelle Praktiken. Eine systematische Erfassung des jeweiligen Herkunftslandes war nicht möglich: die zumeist verdeckten oder undurchsichtigen Vertriebswege ließen keine eindeutige Rekonstruktion zu. Die Auszählung erfolgte computergestützt, wodurch Doppelnennungen vergleichsweise einfach vermieden werden konnten.

Unsere Analyse der Nutzungsart ergab folgende Verteilung:

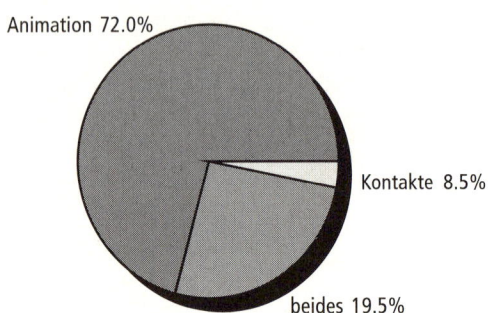

Die Funktionen von Pornomagazinen

Etwa ein Fünftel aller Magazine enthielt sowohl Kontaktanzeigen als auch Animationspornographie, der größere Teil der erfaßten Hefte war aber monofunktional. Animationspornographie kommt mit zwei Dritteln der Titel der größte Stellenwert zu. Hierzu zählen auch Comics, die gerade im SM-Bereich – gemessen am restlichen Pornographiemarkt – eine wichtige Rolle spielen. Schon in den Vorläufern der pornographischen Zeichengeschichten, den *eight papers* der dreißiger und vierziger Jahre, fanden sich häufig sadomasochistische Thematiken. Heute ist ein eigenständiges Comic-Genre entstanden. Die Hefte haben nicht selten Kultrang, und einige Autoren sind mittlerweile weit über die Szene hinaus populär. Der 1962 verstorbene John Willie etwa ist einer der bekanntesten Zeichner der Bondage- und Flagellantenwelt und hat u. a. Künstler wie Tomi Ungerer beeinflußt. Willie gab zwischen 1946 und 1956 das Heft *Bizarre* heraus und kreierte *Sweet Gwendoline*. Sie ist neben *Betty Page* Kultfigur und Fetisch vieler Bondage-Anhänger. Inzwischen konnte sich auch eine ganze Reihe anderer Zeichner etablieren, z. B. Robert Bishop, Guido Crepax, Paul Cuvelier, Irving Klaw oder Tanino Liberatore. Manche SM-Pornos greifen literarische Themen auf: So hat Crepax de Sades *Justine* und Réages *Geschichte der O* nachgezeichnet. Aus dem Schwulenbereich sind vor allem die *Tom-of-Finland-Zeichnungen* bekannt geworden.

Auch wenn Comics und Animationspornographie zahlenmäßig stärker vertreten sind, darf die Bedeutung der Kontaktführer nicht unterschätzt werden. Sie erscheinen in der Regel häufiger und haben hohe Auflagen. So gibt es Hefte, die zweimal monatlich mit einer Auflage von mehr als 60 000 Exemplaren erscheinen. Der größere Teil der Annoncen wird aus kommerziellen Motiven aufgegeben, und das Kürzel «KFI» (keine finanziellen Interessen) darf nicht darüber hinwegtäuschen, daß oft dennoch ein mehr oder weniger hoher «Unkostenbeitrag» erhoben wird.

Zwei Formen von Kontaktführern sind zu unterscheiden: einmal Hefte, die auf verschiedene sexuelle Spezialisierungen abzielen. Wie ein Anzeigenblatt für Autokäufe nach verschiedenen Automobiltypen aufgebaut ist, sind diese Kontaktführer nach Praktiken unterteilt. Der Kunde wählt nach Vorlieben, Wünschen und finanziellen Möglichkeiten. Unter der Rubrik «Sadomasochismus» finden sich beispielsweise Anzeigen von professionellen Dominas oder von Männern, die eine SM-Partnerin suchen. Die zweite Kategorie von Kontaktheften ist dagegen nur für eine bestimmte Richtung sexueller Interessen konzipiert. So gibt es für den SM-Bereich eigene Domina-

und Sklavenführer. Erwähnenswert ist noch, daß viele Annoncen mit entsprechend aussagekräftigen Fotos versehen sind: von einfachen Polaroidbildern bis hin zur professionellen Hochglanzfotografie. Die Qualität der Fotos war ursprünglich ein Indiz dafür, ob die Anzeigen kommerziell oder nichtkommerziell motiviert waren. Um den Kunden zu suggerieren, den Anzeigen lägen echte Bedürfnisse zugrunde, gehen manche Prostituierte aber inzwischen dazu über, amateurhaft wirkende Polaroids zu verwenden. «Dann», so eine Befragte, «glauben die Männer eher, daß ich wirklich so bin und nicht nur das Geld sehe.» Diesen Effekt nutzen im übrigen auch die sogenannten Privat-Videos.

Folgendes Bild ergab unsere Untersuchung der sexuellen Orientierung:

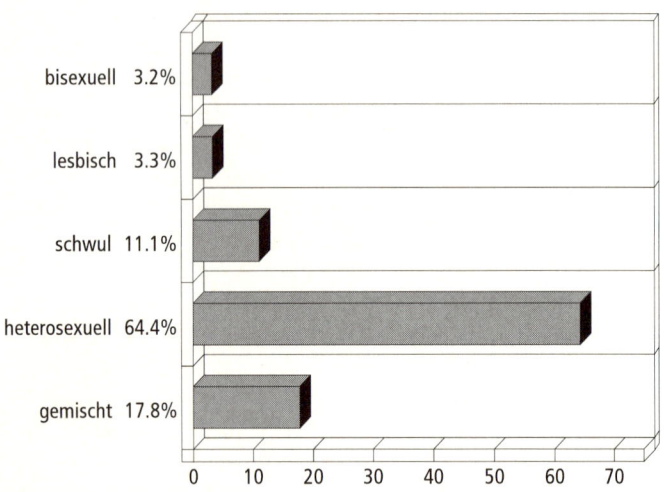

Sexuelle Orientierungen in Hardcore-Magazinen

Die Zahlen machen deutlich, daß Pornographie überwiegend für heterosexuelle Zielgruppen produziert wird. Aber auch Schwule finden ein vergleichsweise breitgefächertes Angebot; ein großer Teil stammt dabei aus den USA. Magazine für bisexuelle Personen oder

Lesben sind dagegen eher ein Randphänomen. Die meisten Hefte mit dieser Thematik werden ohnehin nicht in Lesbenkreisen rezipiert, denn die Frauen betrachten sie als «Wichsvorlagen» für heterosexuelle Männer.

Die Unterscheidung nach verschiedenen sexuellen Orientierungen sagt aber noch nichts über die dargestellten Praktiken. Deshalb haben wir eine Themenanalyse durchgeführt. Es zeigte sich, daß nur wenige Zeitschriften eindeutige Profile bezüglich der dargestellten Praktiken aufweisen. Im Bereich der normalen Hardcore-Magazine gibt es, abgesehen von geschmacklichen Einschränkungen (z. B. Vermeidung der Darstellung von Fäkalien), kaum Limitierungen. Im SM- und *Bizarr*-Bereich entfallen auch diese Beschränkungen, und es ergibt sich folgende Verteilung:

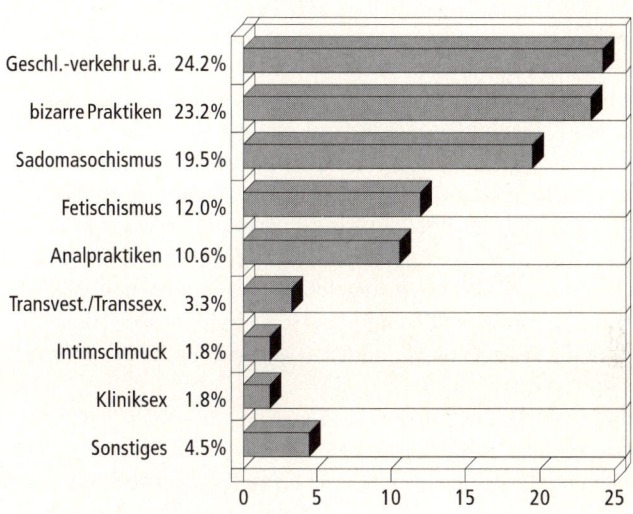

Darstellung sexueller Praktiken

Am häufigsten werden normale heterosexuelle Praktiken dargestellt. Auffallend groß ist auch der Anteil der *bizarren* Inhalte. Sadomasochistische Darstellungen rangieren an dritter Stelle und sind damit recht verbreitet: Das Gros der Hefte stammt aus dem Ausland, wobei es bestimmte thematische Spezialisierungen gibt. *Japan Bondage* ist beispielsweise ein begehrter Artikel, weil hier besonders akrobatische und kunstvolle Bondage-Arrangements gezeigt werden; aber auch aus den USA kommt eine Vielzahl von Bondage-Magazinen (z. B. *Tight Ropes, Love Bondage Treasures*). Andere Hefte thematisieren ausschließlich das Domina-Sklaven-Verhältnis oder die Flagellation. SM-Motive und -Accessoires (Leder, Peitschen, Stiefel) finden sich allerdings auch in normalen Hardcore-Produkten.

Uniformen, Corsagen und High-Heels sowie Materialien wie Latex und Leder sind die Topoi der fetischistisch orientierten Pornographie, die zusammen mit der Darstellung von Analpraktiken zahlenmäßig im Mittelfeld anzusiedeln ist. Deutlich seltener werden Transvestitismus, Transsexualität, Intimschmuck und Kliniksex zum Gegenstand von Pornoheften. Die Kategorie «Sonstiges» schließlich umfaßt «Lolita»- und «Teenie»-Magazine. Diese Hefte sind jedoch nicht mit Kinderpornos zu verwechseln. Es werden keine Minderjährigen abgebildet; vielmehr handelt es sich um den Versuch, das jugendliche Alter der Frauen lediglich zu suggerieren. Um diesen Effekt zu erreichen, werden bestimmte Stilmittel eingesetzt: die Frauen tragen Zöpfe, haben kleine Brüste und des öfteren abrasierte Schamhaare. Die im Handel verbotenen Kinderpornos fanden wir weder in den Läden noch bei den Befragten. Sie werden in der Szene, die uns zugänglich war, fast durchweg abgelehnt. Vermutlich halten allerdings Personen, die solche Produkte herstellen und nutzen, ihre Neigung unter dem erheblichen Stigmatisierungs- und Kriminalisierungsdruck ohnehin geheim.

Im SM-Bereich gewinnt in der jüngsten Zeit eine andere Heftkategorie an Bedeutung: die nichtkommerziellen Szene-Magazine. Die bekanntesten deutschsprachigen Hefte heißen *Schlagzeilen* und *Unter Druck*. Die *Leather News*, ein Magazin aus Lesbenkreisen, sind inzwischen eingestellt worden.

Typisch für diese Zeitschriften, die in der Regel über private Kanäle vertrieben werden und unregelmäßig erscheinen, ist eine Distanzierung von der Ästhetik vieler kommerzieller Anbieter und das Bestreben, eigene Ausdrucksformen zu entwickeln. Die Autoren dieser Erotika stammen meist selbst aus der Szene.

▼

▼ **Bücher: Klassiker und neuere Erotika**

▼ Bei den Buchproduktionen haben wir die immense Titelvielfalt allgemeiner erotischer Literatur außer acht gelassen und uns auf den SM-Bereich beschränkt. Nennungen in den Interviews, das Angebot in Sexshops, Buchhandlungen und Verlagen waren die relevanten Datenquellen. Das Angebot läßt sich in verschiedene Kategorien einteilen.

Die Klassiker: Die etymologische Rückführung des Begriffs Sadomasochismus auf Marquis de Sade und L. v. Sacher-Masoch verweist schon auf die Bedeutung beider Autoren für die Auseinandersetzung mit diesem Bereich der Sexualität. Der umstrittenste von ihnen war und ist sicherlich de Sade, wie M. Luckow treffend bemerkt: «Sade –, sobald der Name fällt, pflegt er zwei stereotype Reaktionen auszulösen: Genießerlächeln oder empörte Ablehnung.»[65] Sein Werk umfaßt neben Romanen auch Geschichten, Reden, Traktate, Theaterstücke, Fragmente und Briefe. Er beschreibt dort sämtliche Formen abweichender Sexualität, von inzestuösen Praktiken bis hin zu ritualisierten Menschenopfern. Seine Hauptpersonen (männliche und weibliche Libertins) lehnen alle moralischen und kulturellen Gebote ab. Und diese Negierung von Normen und Normbefolgung hebt de Sade aus dem pornographischen Einerlei hervor. Dazu H. Böhme: «Sades Romane sind eher philosophische als pornographische. Unendlich, wie das Sperma der Libertins, strömt auch deren philosophischer Diskurs.»[66] Vermutlich deshalb werden seine Werke eher im wissenschaftlichen Bereich rezipiert. Ganz anders L. v. Sacher-Masoch. Seine Bedeutung ist hauptsächlich literarischer Art. Die *Venus im Pelz* – das Hauptwerk – hat längst seine pornographische Verruchtheit abgestreift und zählt zu den literarischen Klassikern. Der Roman thematisiert die Geschichte einer Liebesbeziehung zwischen einer dominanten Frau und einem masochistischen Mann, der immer mehr in den Bann seiner Herrin gerät. Zur Schilderung dieses Arrangements bedient sich Sacher-Masoch einer sehr zurückhaltenden und metaphorisch beschreibenden Sprache, Stilmittel also, die weitab vom Metier der Mainstream-Pornographie liegen.

Hardcore-Bücher: Unsere nächste Kategorie umfaßt Romane, Anthologien und «dokumentarische» Berichte, die meistens unter Pseudonym veröffentlicht sind. Die Bücher werden über spezialisierte Versandfirmen vertrieben und sind nur zu einem kleinen Teil im Buchhandel erhältlich.[67] Inhaltliches Merkmal der Dokumentationen ist die Darstellung extremer oder besonders markanter Fälle sexueller Begierden und Praktiken, inszeniert als problem- und geschichtslose Sinnlichkeit um ihrer selbst willen. Die im erotischen Buch oder im Liebesroman so wichtige «Kunst des Verführens» spielt keine Rolle, wie E. Kronhausen und P. Kronhausen ausführen: «Ein weiteres Merkmal obszöner Verführungsszenen ist ihre Kürze, die durch die Leichtigkeit des Verführungsaktes bedingt ist. Wir werden deshalb in einem obszönen Buch keine seiten- oder kapitellangen Beschreibungen der Verführung durch den Helden oder die Heldin finden, wie das häufig in anderen Romanen der Fall ist. In einer obszönen Geschichte trifft der Held meist eine Frau (oder einen Mann), der oder dem er sexuell zugeneigt ist, und im nächsten Satz oder Absatz befindet sich das Paar mitten im Vorspiel und ein paar Zeilen weiter bereits mitten im Liebesakt.»[68]

Etwas komplexer – zumindest was die Handlungsdramaturgie anbelangt – sind Bücher wie Pauline Réages *Die Geschichte der O*, die *Dornröschen-Trilogie* von Anne Roquelaure, Elizabeth McNeils *9 Wochen und 3 Tage* oder Elfriede Jelineks *Klavierspielerin*. Auch Jeanne de Bergs *Cérémonies des Femmes* ist in diesem Zusammenhang zu nennen. Diese Werke haben sich auf dem Buchmarkt etabliert, obwohl ihre Verbreitung hierzulande durch Verbote teilweise unterbunden wird. Publikationen für SM-Schwule, z. B. Christian Pierrejouans *M/S* oder Larry Townsends *Leatherman's Handbook*, auch solche für Lesben, z. B. Pat Califias *Doc and Fluff*, sind eher auf subkulturelle Distributionswege beschränkt.

Feministische Pornos und Biographien: In den sechziger und siebziger Jahren boomte die Pornobranche, nicht zuletzt wegen der weltweit liberalisierten Gesetzgebung. Mitte der achtziger Jahre entfachte deshalb die alte Diskussion um das Verbot und die schädliche Wirkung von Pornographie erneut, maßgeblich initiiert durch die *PorNo*-Kampagne feministischer Kreise. Ein Teil der Feministinnen fordert Hand in Hand mit konservativen Politikern und Kirchenvertretern ein Verbot von Pornofilmen. Diese Position wird aber in der Frauenbewegung keineswegs einhellig geteilt. Die Gegnerinnen einer Verbotspolitik sind sich zwar darin einig, daß die gegenwärtige Pornographie vor allem männlichen Wünschen angepaßt sei, folgern daraus aber gerade, daß es wünschenswert sei, eine weibliche Pornographie zu entwickeln. Aus diesem Ansatz resultiert eine ganze Reihe feministischer und Szene-Pornos. Dazu zählen Arbeiten von Christa Beinstein, Monika Treut und Cleo Uebelmann oder die erotischen Jahrbücher des Konkursbuchverlages. In fast allen Beispielen wird auch Sadomasochismus thematisiert. So ist es nicht verwunderlich, daß diese Kategorie pornographischer Darstellungen in Teilen der SM-Szene ihren Platz hat und längst nicht mehr nur von Frauen rezipiert wird.

Daneben ist auf dem Büchermarkt eine weitere Entwicklung zu beobachten. Biographien von und über Sadomasochisten gewinnen verstärkt an Bedeutung und Auflage. Auffallend ist, daß die Darstellungen zum größten Teil von Frauen verfaßt worden sind: z. B. S. Geißlers *Lust an der Unterwerfung* und *Mut zur Demut* oder T. Sellers' *Der korrekte Sadismus*, in dem es beispielsweise um ihre Erfahrungen als Domina geht. Eine ähnliche Intention hat auch Heide-Marie Emmermanns *Credo an Gott und sein Fleisch*.

▼

▼ **Pornofilme: Genre und Subgenres**

▼ Die Rezeptionsorte für filmische Pornographie waren bis in die siebziger Jahre vor allem auf die Rotlicht-Distrikte der Großstädte beschränkt. Durch den Siegeszug des Videorecorders hat sich das geändert. Filmische Pornographie läßt sich seither, genau wie Hefte, Magazine und Bücher, zu Hause nutzen. Dadurch setzt ein Veralltäglichungsprozeß für Videopornographie ein, der durch die Begriffe Verhäuslichung und Privatisierung charakterisiert werden kann.[69]

Um Aussagen über die Struktur des Pornofilm-Marktes machen zu können, haben wir eine Angebotsanalyse in einer Videothek durchgeführt. Nach Abschluß der Recherchen hatten wir 3778 Pornofilme erfaßt, wobei zwei Aspekte besonders berücksichtigt wurden: erstens die Repräsentation der verschiedenen sexuellen Orientierungen und zweitens die Verteilung nach den Genres. Zunächst zum ersten Punkt:

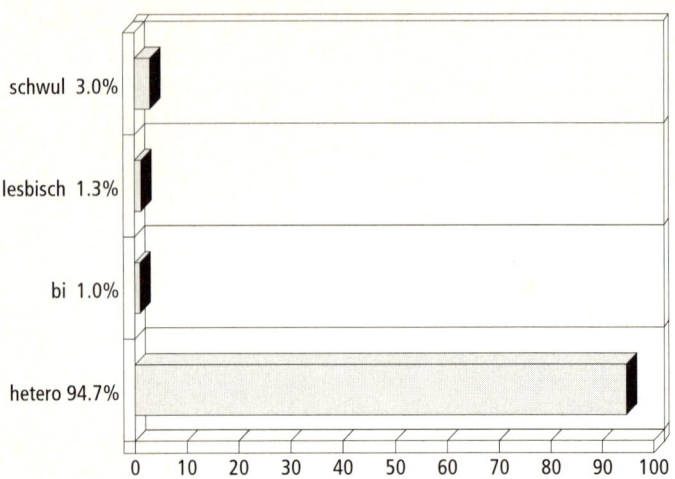

Sexuelle Orientierungen in Videofilmen

Über 90 Prozent der Filme werden für ein heterosexuelles Publikum produziert. Homosexuelle und bisexuelle Zielgruppen sind auf dem bundesdeutschen Videomarkt kaum repräsentiert. Um nicht die Geschmacksrichtung und Geschäftspolitik einer einzelnen Videothek wiederzugeben, ergänzten wir die Analyse durch Katalogauszählungen – mit ähnlichem Ergebnis: Pornos für Schwule, Lesben und Bisexuelle werden von den führenden Herstellern nur in kleiner Zahl produziert. Erst wenn man das Angebot der zum größten Teil international arbeitenden kleinen Produktionsfirmen hinzunimmt, verändert sich dieses Bild: Insbesondere für Schwule – weniger für Lesben – läßt sich dann ein etwas umfangreicheres Angebot ermitteln, das aber nur eingeschränkt über Videotheken distribuiert wird.

Unabhängig von der Unterscheidung homo-, bi- und heterosexueller Pornographie differenzieren sich im Bereich der Video-Hardcores unterschiedliche Subgenres heraus. Aufgrund der veränderten Fragestellung und Marktsituation haben wir abweichend von einer früheren Untersuchung des Pornomarktes[70] eine erweiterte Genrestrukturierung vorgenommen. Anal- und Fetischfilme beispielsweise erhielten eine eigene Kategorie; das ist nicht unproblematisch, denn so werden die Genregrenzen zum einen über bestimmte Praktiken (z. B. *bizarr*, anal), zum anderen aber über spezielle Darstellungs- und Stilmittel (Zeichentrick, Privatfilme) definiert. Die Einteilung ist aber notwendig, um die Differenziertheit des Pornogenres insgesamt nachzuzeichnen:

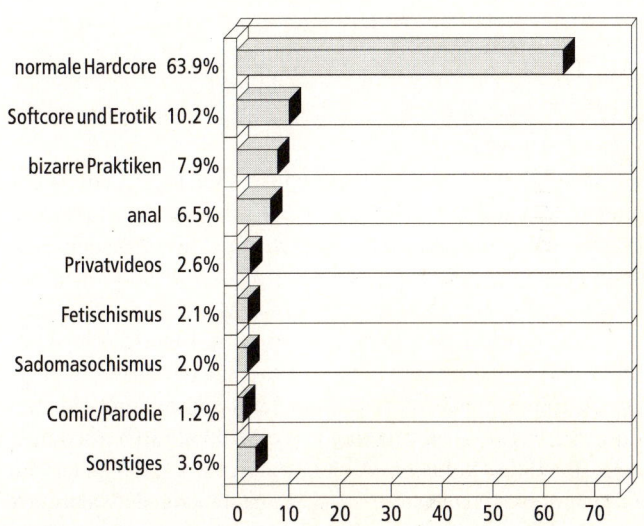

normale Hardcore	63.9%
Softcore und Erotik	10.2%
bizarre Praktiken	7.9%
anal	6.5%
Privatvideos	2.6%
Fetischismus	2.1%
Sadomasochismus	2.0%
Comic/Parodie	1.2%
Sonstiges	3.6%

0 10 20 30 40 50 60 70

Verteilung der Subgenres bei Pornofilmen

Die thematische Diversifizierung der filmischen Pornographie ähnelt derjenigen im Printmedienbereich. Die normalen Hardcore-Produktionen mit der Darstellung von Geschlechtsverkehr, Masturbation, Fellatio, Cunnilingus etc. haben den größten Marktanteil, gefolgt von verschiedenen Spezialisierungen (*bizarre* und anale Praktiken). Die Kategorie «Sonstiges» umfaßt z. B. «Lolita»-Filme oder solche mit «exotischen» Thematiken.

Für den SM-Bereich sind verschiedene Subgenres (*Bizarr*, Anal, Fetischismus) wichtig, was mit der Offenheit des Sadomasochismus für diese Praktiken zusammenhängt. Auch Erotik- und Softcore-

Filme, die das Wechselspiel von Sexualität und Macht eher andeutend und umschreibend inszenieren, spielen eine Rolle. Diese Filme lassen sich in das weite Feld des erotischen Kunstfilms einordnen.[71] Davon können die «drastischeren» Hardcore-SM-Pornos unterschieden werden, die mit ca. zwei Prozent Anteil deutlich in der Minderzahl sind. Die Gesetzeslage in der Bundesrepublik Deutschland[72] gewährt diesem Subgenre des pornographischen Films nur engen Entfaltungsspielraum. Erst durch die Einbeziehung ausländischer Angebote (z. B. aus den USA, Frankreich, Skandinavien, den Niederlanden und Japan) weitet sich das Spektrum beträchtlich aus. Diese Produkte sind zwar hierzulande zumeist verboten, was aber nicht bedeutet, daß sie nicht rezipiert werden.

Die hiesige Gesetzeslage führt nämlich zu einer Verschiebung der Bezugsquellen auf den Schwarzmarkt oder ins Ausland. Insbesondere für den Videobereich hat sich ein umfangreicher, illegaler Handel etabliert. Über das Ausland kann der interessierte Videoseher Produkte erwerben, die auf dem deutschen Markt nicht erhältlich sind. Dazu zählen neben SM- auch Horrorfilme. Ihnen allen ist gemein, daß sie in Deutschland entweder verboten und indiziert oder bis zur Unkenntlichkeit geschnitten worden sind. Ein anderer Weg zu diesen Filmen führt über Raubkopien, die professionell arbeitende Agenturen oder nichtorganisierte Videopiraten anbieten. Wie uns ein Raubkopierer anonym mitteilte, liest er regelmäßig den neuesten *Report der Bundesprüfstelle für jugendgefährdende Schriften (BPS-Report)* und hält so seinen Angebotskatalog immer auf dem neuesten Stand.

Die technische Qualität der Kopien wird durch die Verwendung hochwertiger Equipments immer besser. Auch die äußere Aufmachung braucht den Vergleich zu den Originalen nicht zu scheuen – Farbkopierer leisten hier verblüffend gute Dienste. Vollends überflüssig wird dieses Thema bei der bereits erwähnten digitalen Pornographie, denn Kopie und Original sind hier absolut identisch. In der Illegalität der Raubkopierszene haben sich für Videos und Computersoftware Märkte herausgebildet, die auch sehr spezifische Nachfragen befriedigen können. Hier reguliert einzig die Nachfrage das Angebot.

Das Ausweichen der Nutzer in der Bundesrepublik Deutschland

auf diese Bezugsquellen läßt vermuten, daß die ausländischen Filme qualitativ andere Maßstäbe setzen. Uns hat deshalb interessiert, wie sich die liberale Gesetzgebung in anderen Ländern auf die inhaltlichen und dramaturgischen Aspekte der Filme auswirkt. Um diese Frage zu beantworten, haben wir einige deutsche und ausländische Filme[73] vergleichend analysiert: In den deutschen Produktionen ist die sichtbare und offenkundige Verbindung von Sex und Gewalt durch Gesetze beschränkt. Deshalb werden direkte körperlich schmerzhafte Handlungen nicht visualisiert. Der Betrachter hört beispielsweise das Peitschen, sieht es aber nicht. Es wird durch das schmerzverzerrte Gesicht, den sich krümmenden Körper der flagellierten Person oder auch einige Striemen lediglich angedeutet. In internationalen SM-Filmen ist das anders. Der Rezipient sitzt gleichsam live im OP. Verschiedene Praktiken – Flagellieren, Durchstechen der Brustwarzen oder der Vorhaut mit Nadeln, Zunähen der Schamlippen etc. – werden offen und mitunter ohne Schnitte visualisiert. Lange Kameraeinstellungen halten die körperlichen Reaktionen fest. Diese Inszenierungsform soll den Filmen einen authentischen Eindruck verleihen, der durch Nahaufnahmen von blutenden Wunden, Narben etc. noch gesteigert wird. Häufig ist der ganze Körper mit Spuren bedeckt, die Peitschen oder andere Instrumente hinterlassen haben.

Bei manchen Filmen drängt sich die Frage auf, ob die Darsteller wirklich freiwillig teilnehmen. Darüber können wir allerdings nichts aussagen, da kein Datenmaterial vorliegt. Die Diskussion um das erzwungene Mitspielen in Porno- und Gewaltfilmen wird schon länger geführt, ausgelöst durch die sogenannten *snuff movies*, in denen Frauen vergewaltigt, gefoltert und ermordet werden. Der Film *Snuff* greift dieses Thema auf, ist aber eine Täuschung. Laut G. Seeßlen kam er «1975 heraus, kurz nachdem die Polizei in New York einige Rollen Film beschlagnahmt hatte, auf denen echte Frauenmorde im Bild festgehalten worden waren. Das Material stammte offensichtlich aus Südamerika und konnte nur die Spitze des Eisbergs darstellen.»[74] Auch Linda Marchiano, die Darstellerin des Pornoklassikers *Deep Throat*, schildert in ihrer Autobiographie, daß sie gezwungen wurde, bestimmte Filme und Szenen zu spielen. Beweise für die Richtigkeit dieser Annahmen liegen jedoch nicht vor.

Zusammenfassend ist für die Bedeutung des Sadomasochismus auf dem Pornomarkt festzuhalten: Die Bundesrepublik Deutschland ist als Produktionsort vergleichsweise unbedeutend, denn vermutlich wird die Mehrzahl der Titel im Ausland hergestellt. Diese sind wesentlich «härter» und authentischer in der Darstellung, was mit ein Grund für ihre Beliebtheit sein dürfte. Daß es sich dabei nicht selten um ein illegales Vergnügen handelt, tut der Lust an solchen Medien keinen Abbruch. Das Beispiel Bundesrepublik Deutschland zeigt, daß Gesetze den Gebrauch dieser Pornographie zwar erschweren, letztlich aber nicht verhindern können. Unsere Erfahrungen im Rahmen der Feldarbeit haben uns gezeigt, daß es vergleichsweise einfach ist, an die verschiedenen Extremausprägungen der pornographischen Darstellung, so auch der *Animal Hardcore*, heranzukommen. Lediglich der Kauf von Kinderpornographie ist auch auf dem schwarzen Markt schwierig, wenngleich nicht unmöglich. Der Versuch, die abweichenden Pornogenres mit gesetzlichen Mitteln zu unterdrücken, führt in der Konsequenz nur zur Etablierung illegaler Beschaffungswege.

Insgesamt verdeutlicht die Analyse des Hardcore-Gesamtangebotes, daß diese Genres, Filme oder Bücher also, die sadomasochistische oder *bizarre* Praktiken thematisieren, gemessen an der Zahl der Produktionen für die heterosexuelle Normalität, in der Minderheit sind.

Die Nutzung von Pornographie in der SM-Szene

Nachdem wir die Stellung von SM-Hardcores auf dem Pornographiemarkt dargestellt haben, wenden wir uns im folgenden der Rezipientenseite zu. In unseren Interviews fragten wir, in welchem Umfang und in welcher Form Pornos in der SM-Szene genutzt werden. Dabei spielte ausschließlich der Animationsaspekt von Hardcores eine Rolle. Die erste Frage galt der Häufigkeit der Rezeption; unsere Stichprobe ergab folgendes Bild:

Über zwei Drittel der Befragten gaben an, Pornographie monatlich und häufiger zu nutzen, wobei nicht zwischen Büchern, Zeitschriften, Filmen etc. unterschieden wurde. Pornographie scheint damit eine

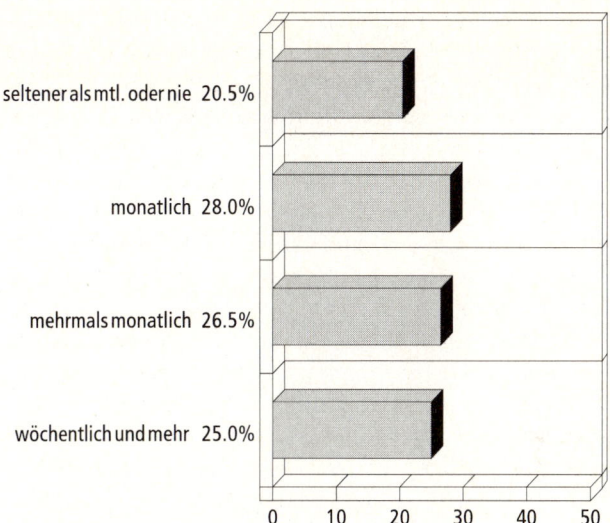

seltener als mtl. oder nie 20.5%

monatlich 28.0%

mehrmals monatlich 26.5%

wöchentlich und mehr 25.0%

0   10   20   30   40   50

Nutzungshäufigkeit von Pornographie unter den Befragten

wichtige Rolle für Sadomasochisten zu spielen; daß sich jedoch deutliche Unterschiede zwischen Männern und Frauen feststellen lassen, zeigt allerdings das nächste Schaubild.

Weitaus mehr Männer als Frauen gehören in die Kategorie der Vielseher oder -leser. Keine einzige Frau, aber 40 Prozent der Männer gaben an, Pornos wöchentlich oder öfter zu nutzen. Gleichzeitig ist der Anteil der Frauen, die Pornos selten oder nie nutzen, etwa viermal höher als bei Männern.[75] Das generelle Muster, wonach Frauen ein deutlich geringeres Interesse an Hardcore-Pornographie haben, setzt sich also auch in der spezialisierten Szene der Sadomasochisten fort. Bezogen auf die Variablen «Alter» und «Bildungsabschluß» ließen sich hingegen keine nennenswerten Unterschiede feststellen.

Neben dieser Verteilung interessierten uns auch die Rezeptionsformen. Es sind zwei unterschiedliche Muster festzustellen. Im einen Fall geht es um die möglichst realistische Darstellung sadomasochisti-

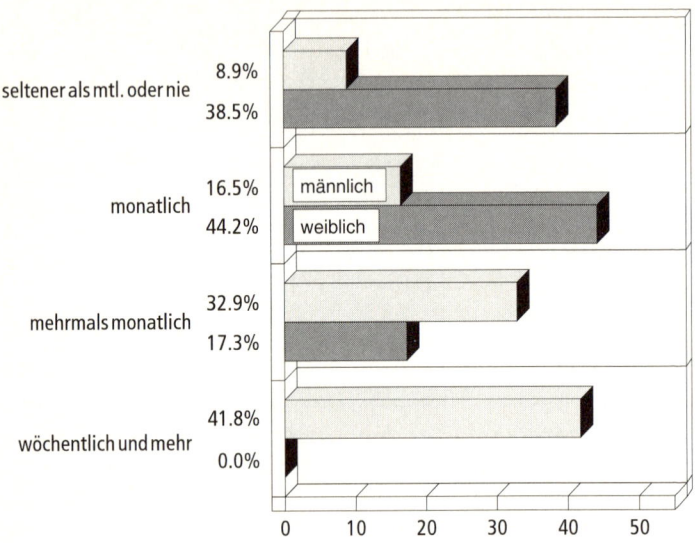

Nutzung von Pornographie bei den befragten Männern und Frauen

scher Praktiken, im anderen um die Inszenierung imaginativer Rahmen, in denen sich die Phantasien bewegen können. Beide Rezeptionsmuster können in der sozialen Wirklichkeit bei ein und derselben Person vorkommen, müssen dies aber nicht.

▾

▾ **Rezeptionsmuster 1: Der mediale Praxisraum**

▾ Gerade das Foto – und in der Folge Film und Video – haben als Darstellungsmittel von Realität, wie sie «wirklich» ist, der Pornographie neue Bilderdimensionen eröffnet. Hochleistungskörper produzieren Lust ohne Unterbrechung, Geschlechtsteile sind die Helden der Inszenierungen, und wo sich im Liebesfilm die Kameraeinstellung mit einem dezenten Stöhnen ins Dunkel eines Schnitts verflüchtigt, wird dem Pornorezipienten das Ejakulat in Großaufnahme entgegengeschleudert. Der möglichst starke Realitätseindruck, den die allgegenwärtige Kamera erzeugt, ist für einige Sadomasochisten der Grund ihrer Faszination an diesem umstrittenen Genre:

FRITZ: Am liebsten mag ich die Filme, die mir eine echte Inszenierung bieten oder suggerieren, z. B. gewisse *Slave-Sex-, Pain-, French-, Satisfaction-, Violenz*-Videos. Im Bereich Magazine gefallen mir *Sadanas*, *SM-Spezial* und japanische Bondage-Bände am besten. (34, M, HETEROSEXUELL)

DIANA: Leider ist das, was man in Deutschland an Pornographie bekommt, ziemlich doof. Gute Bücher, die ich gelesen habe, waren aus Holland. Da geht es wirklich zur Sache. Das sind Bücher, die machen vor nichts halt. (24, S, HETEROSEXUELL)

THOMAS: Ich finde *Kumpel* und *Disziplin* so mit das Beste, was es auf dem Markt gibt... Wer ein bißchen Englisch kann, findet noch mehr. Da gibt es *Drummer*, *Dungeon*, *Master* usw. Der amerikanische Markt bietet natürlich Möglichkeiten, die wir hier nicht haben. Da gibt es viel mehr echte und realistische Pornos. Das ist eine echte Fundgrube. (29, SM, SCHWUL)

Die Pornographie ist für manche Befragte eine «Verlängerung» ihres sexuellen Erfahrungsraums. Ihre Funktion ist stark auf die Suche nach Vorbildern und Anregungen für die eigene sexuelle Praxis ausgerichtet. Dafür benötigen sie wirklichkeitsnahe Szenarios, die das Nacherleben vergleichsweise unproblematisch machen. Sie haben gelernt, das mediale Erfahrungsangebot für ihre spezifischen Bedürfnisse zu funktionalisieren. Die sprachliche oder visuelle Pornographie wird so zum Werkzeug, zum Gebrauchsgegenstand. Erfüllen die medialen Texte die ihnen zugedachte Funktion nicht hinreichend, werden sie entsprechend umgestaltet. Geschichten werden umgeschrieben oder – wie das folgende Beispiel zeigt – Filme umgeschnitten:

JOSEPH: Ich habe mir zu Hause in drei Jahren alleine einen Film zusammengebaut. Da ist alles das drin, was ich aus Filmszenen herausgeschnitten habe und was mich fasziniert. Der Titel des Videofilms könnte sein: «Die Träume eines Fetischisten». Er ist aus zahlreichen Szenen von Frauen zusammengestellt, mit modischen Accessoires, ausgefallener Kleidung, Wäsche, Corsagen, Strümpfen, Schuhen, Händen, Füßen, Brüsten, Figuren und so weiter. Auch die Bewegungsabläufe und Redewendungen – obszöne – sind wichtig für mich. Ich habe gewisse Szenen, die auf mich einen Reiz ausgeübt haben,

drei- bis sechsmal hintereinander kopiert, um so eine Ausgangsposi-
tion zum Onanieren zu schaffen ... So habe ich in 180-Minuten-Form
einen ganz auf meine Geilheit abgestellten Film zusammengebastelt.
(55, M, HETEROSEXUELL)

Die Einheit des medialen Textes wird aufgebrochen, um eine effekti-
vere Nutzung zu ermöglichen. Das mediale Angebot entwickelt sich
zu einem Gebrauchsgut, das den ästhetischen und dramaturgischen
Rahmen des Produkts verläßt und den individuellen Vorstellungen
anpaßt.
▼

▼ Rezeptionsmuster 2: Die Phantasizer

▼   Das folgende Muster gründet auf dem Spielraum, den ein mediales
Produkt der Phantasie offenhält. Medienprodukte, die auf solche Rezeptionsmuster zielen, haben wir als «Phantasizer» bezeichnet. Sie
können auf direkte pornographische Thematisierungs- und Darstellungsformen verzichten. Angedeutete oder latent sadomasochistische
Handlungen treten an ihre Stelle; damit wird der engere pornographische Rahmen verlassen, und es können auch Werke der bürgerlichen
Literatur eine Rolle spielen – ebenso wie Hollywood- oder andere
nicht-pornographische Filme. Auch religiöse Motive sind wichtig für
die sadomasochistische Kultur. So dienen Renaissance-Darstellun-
gen des Hl. Sebastian – als halbnackter Jüngling an einen Baum gefesselt und von Pfeilen durchbohrt – manchen Sadomasochisten als be-
liebter Startplatz für eine Phantasiereise.

WILLI: Es gibt sehr wenig Niveauvolles. In Magazinen finde ich oft
den Text gut, meistens aber die Bilder abstoßend. Filme gibt es kaum
brauchbare. Am meisten schätze ich die seltenen guten Bücher; bei
der Lektüre kann ich mir die dazugehörenden Bilder selbst im Kopf
ausmalen ... Ich benutze sie, wenn ich hie und da mal wieder was
Ansprechendes gefunden habe, zur Beflügelung meiner Phantasie.
(32, M, HETEROSEXUELL)

MARION: Einen großen Reiz hatte *Das obszöne Werk* von George
Bataille. Bei Jean Genet hatte ich auch etwas gefunden. Dann findet
man auch im *Heimlichen Auge* gelegentlich was. Pornos sind toll
zur sexuellen Stimulation und zum Phantasieren. Die Bücher sind ja

abstrakt. Da kann ich mir das alles vorstellen, wie ich will. (36, M, HETEROSEXUELL)

VERONIKA: Ich habe festgestellt, daß ich jetzt geschriebene Pornographie oder Literatur, wie man das auch immer nennen will, wesentlich spannender und anregender finde als Filme. Weil da eben auch die Möglichkeit bleibt, daß ich das in meinem Kopf in eine tolle Phantasie umsetzen kann. Wenn andere Leute das machen und es dann als Pornofilm verkaufen, finde ich das meistens so daneben, daß es mich überhaupt nicht mehr anmacht. Da denke ich immer: Das ist doch nur platt, und wen soll das denn aufgeilen? Sehr viele Pornosachen erinnern mich an rammelnde Kaninchen, die geilen mich nicht auf. Ich finde, es gibt ganz wenig, was noch so gemacht ist, daß es einen gewissen Reiz hat; der Reiz daran ist eben, sich noch etwas dabei denken zu können. Das macht für mich Pornographie erst spannend. Wenn alles fertig serviert ist, dann ist einfach kein Raum mehr dafür da. (26, SM, LESBISCH)

HERBERT: Mein Freund hatte so einen Zusammenschnitt von Züchtigungsszenen aus verschiedenen Spielfilmen. *Deutschstunde* von Siegfried Lenz bis *Väter und Söhne*; und das waren auch Sachen, die fand ich sehr, sehr geil. (33, M, SCHWUL)

HANS: Als Hilfsmittel, als Stimulation benutze ich oft Pornos, aber seltsame. Zum Beispiel habe ich eine richtige Sammlung von schwülstigen Passionsdarstellungen – so Altertumswissenschaft über römische Hinrichtungsarten... Die Rechtshistoriker und die Bibelforscher, das sind meine Quellen. Ich habe festgestellt, als ich diese Sammlung anlegte, daß halt vieles in der Absicht geschrieben wird, sexuell zu erregen. Oder es wird von Leuten nicht aus Frömmigkeit gekauft, sondern weil die das auch als Porno benutzen. Zum Beispiel habe ich so eine Abhandlung über christliche Märtyrer und ihre Folterwerkzeuge in der Antike, die ist im 16. Jahrhundert aufgelegt worden. Da kann man nicht sagen, aus welchen Motiven, aber die ist 1910 in einem französischen Verlag erschienen, der sonst fast nur Pornosachen gemacht hat. Oder jetzt dieser Film von Scorsese: *Die letzte Versuchung Christi*. Die Kreuzigung alleine so eine halbe Stunde, also richtig luxuriös. (34, M, SCHWUL)

Die ursprünglich religiös oder geschichtlich geprägten Themen erhalten je nach Sichtweise des Betrachters oder Lesers eine neue Bedeutung. Auch im filmischen Bereich ließe sich ein ähnlicher Umgang zeigen.[76] Selbst Themen uminterpretieren zu können und sie in neue Rahmen zu plazieren, eröffnet faszinierende Vorstellungswelten, die die (imaginativen) Erfahrungsmöglichkeiten «verbreitern». Besonders drastisch zeigt sich das am Beispiel der Lesben. Für sie gibt es nur wenige Hardcore-Angebote, und deshalb weichen einige auf Schwulenpornos oder Produkte für heterosexuelle Zielgruppen aus:

ANNA: Ich habe noch keine Lesbenpornos gesehen, und in Ermangelung dessen schaue ich halt Schwulenpornos. Vor allem die amerikanischen... Diese amerikanischen Schwulenpornos mit den kalifornischen Sunnyboys, wo die Sonne scheint und das Licht hell und freundlich ist, sind sehr erotisch. (28, SM, LESBISCH)

Hier findet eine Uminterpretation statt, die weitab von der Intention der Produzenten liegt. Damit wird deutlich, daß Medienproduktionen nicht nur eine Lesart anbieten. Sie sind polysem strukturiert und können potentiell von jedem Rezipienten anders gelesen werden. Medienrezipienten erzeugen so im Prozeß der Aneignung ihre eigenen medialen Texte. Entscheidende Interpretationsfolie ist dabei der jeweilige kulturelle Hintergrund des Rezipienten. R. Winter führt dies am Beispiel von Filmen aus: «Gerade bei Filmen, die von einer Vielzahl sozialer Gruppen gesehen werden, wird eine abweichende und uneinheitliche Dekodierung, in der der Film gemäß den jeweiligen Kodes der Rezipienten angeeignet wird, die Regel sein. Deshalb ist die Filmkommunikation grundsätzlich polysem strukturiert. Wie Massenkommunikation im allgemeinen ist sie von einer Interpretationsvariabilität gekennzeichnet.»[77] Für den Sadomasochismus bedeutet dies, daß beinahe jede mediale Vorlage, die Verbindungen zu Dominanz und Submission oder Schmerz herstellbar macht, solchen Umdeutungsprozessen Wege eröffnet.

Zusammenfassend ist festzuhalten, daß die unterschiedlichen textuellen Ebenen, die ein Medienprodukt enthält, und der jeweilige kulturelle Kontext der Aneignung zu verschiedenen Interpretationen durch die Nutzer führen können. Diese Deutungsprozesse sind letztlich «Fabrikationen» neuer Medientexte. M. de Certeau weist auf diese kreative und schaffende Dimension der Aneignung von kulturellen Produkten mit Nachdruck hin: «Als verkannte Produzenten, Dichter ihrer eigenen Angelegenheiten und Erfinder ihrer eigenen Wege durch den Dschungel der funktionalistischen Rationalität produzieren die Konsumenten etwas... Sie folgen ‹unbestimmten Bahnen›, die scheinbar sinnlos sind, da sie in keinem Zusammenhang mit dem bebauten, beschriebenen und vorfabrizierten Raum stehen, in dem sie sich bewegen... Auch wenn ihr ‹Vokabular› aus vorgegebenen Sprachen besteht (der Sprache des Fernsehens, der Zeitung, des Supermarktes oder der städtischen Organisationsformen) und auch wenn sie sich im Rahmen der vorgeschriebenen ‹Syntaxen› bewegen (Zeitmodi des Stundenablaufs, paradigmatische Organisation von Orten etc.), bleiben diese ‹Quergänge› heterogen gegenüber den Systemen, in die sie eindringen und in denen sie trickreich ‹differente› Interessen und Wünsche entwerfen.»[78] Die mediale Praxis von Sadomasochisten zeigt, wie weit und offen das Terrain sein kann, auf dem sich die «Konsumenten» bewegen. Während sich also im Falle des ersten Musters eine Linearität von medialem Text und Rezeption feststellen läßt, sind für das zweite Muster Uminterpretationen und Neukontextierungen der Medienstoffe typisch. Sie werden zum Anknüpfungspunkt für sehr unterschiedliche Phantasien.

Interessant ist an dieser Stelle, inwieweit die jeweiligen kulturellen Güter Art und Vielfalt der Rezeption mitprägen. Sind also die simplen Produkte in ihrer Struktur so angelegt, daß sie die Aneignung durch den Nutzer über die Schlichtheit des Textes von vornherein begrenzen? Bieten umgekehrt «anspruchsvolle» Produkte von sich aus mehr Lesarten an, so daß ihre Nutzung schon fast zwangsläufig produktiver und kreativer sein muß? Oder werden die Rezeptionsleistungen der «Konsumenten» z. B. von einfachen Hardcores vielleicht deswegen unterschätzt, weil die mit ihnen einhergehenden inneren emotionalen und imaginierten «Taten» nicht meßbar oder nicht verbal mitteilbar sind? Diese Fragen können wir im Rahmen unserer Untersuchung nicht beantworten, gleichwohl sind sie für die Beurteilung von Rezeptionsprozessen im Spektrum von «Konsum» und «Gebrauch» wichtig.

Das sadomasochistische Szenario

Sadomasochistische Praktiken sind keineswegs einheitlich als solche definiert. Was für die einen eine genuine SM-Inszenierung ist, hat für die anderen überhaupt nichts mit dieser sexuellen Spezialisierung zu tun, wird sogar möglicherweise als verabscheuungswürdige Perversion abgelehnt. Wie weit das Spektrum sadomasochistischer Praktiken reicht, stellen wir im folgenden dar. Anschließend behandeln wir die Frage, welche sozialen Mechanismen dem SM-Arrangement zugrunde liegen.

Die Praktiken

Die Praktiken konstituieren den äußeren Handlungsrahmen des SM-Szenarios. Angesichts der Variationsvielfalt, die hier zu finden ist, haben wir Kategorien gebildet, die sich an den in der Szene üblichen orientieren. Im einzelnen sind zu unterscheiden: verbale Mittel, Flagellantismus, Bondage und bizarre Praktiken. Damit haben wir uns auf die wichtigsten Formen beschränkt und eine ganze Reihe weiterer *exotischer* und *extremer* Arrangements nicht berücksichtigt.[79]

▾

▾ Verbale Mittel

▾ Die Sprache erfüllt im sadomasochistischen Arrangement mehrere Funktionen. Zunächst ist festzustellen, daß die verbalen Ausgestaltungen rollenspezifisch als Elemente von Herrschaft und Unterwerfung eingesetzt werden. Die dominante Person kommandiert, befiehlt, duldet keinen Widerspruch; der passive Teil bittet und fleht. Dieses Stilelement des Sprachhabitus ist in vielen Szene-Teilen üblich, hat beinahe schon einen allgemeinverbindlichen Charakter. In den einzelnen Beziehungen läßt sich das rollenspezifische Sprachverhalten noch weiter akzentuieren. So darf der devote Partner oft nur dann reden, wenn er gefragt wird: Er wird nicht als vollwertiger Gesprächspartner akzeptiert. Diese hierarchisierte Kommunikationssituation verdeutlichen die beiden folgenden Gesprächspassagen:

FERDINAND: Ich muß meine Frau dann auch devot ansprechen. Ich bin eben ihr Sklave und muß mich vorsehen. In der Regel darf ich erst dann sprechen, wenn die Herrin es wünscht. Das gilt erst recht bei Veranstaltungen, wenn ich da vorgezeigt werde. Da kann ein Wort zuviel schon eine schwere Strafe bedeuten. **(36, SM, HETEROSEXUELL)**

ROSWITHA: Den Herrn, den ich mir ausgesucht habe oder der mich dann erwählt hat, spreche ich als Herr und als Meister an. Totaler Respekt vor diesem Menschen heißt, ihm in jeder Beziehung meine Unterwerfung zu zeigen. Sei es, daß ich zurückhaltend bin, nur etwas sage, wenn ich gefragt werde, aber nicht zuviel spreche und in gewissen Situationen gar nichts sage, höflich bleibe, ihm zu Diensten stehe. **(35, M, BISEXUELL)**

Die Sprache ist aber nicht nur Requisit der Rolle. Ein weiteres Merkmal ist ihre mitunter obszöne Ausgestaltung. Ein bewußt deftiges Vokabular soll die Tabulosigkeit der Handlung und ihre Ausklammerung aus dem Alltag symbolisieren. Die Sprache ist ein Distinktionselement, das die Exklusivität der SM-Situation betont. Ebenso wie die Lederkleidung ist sie Signum und Konstituens der Normalitätsabweichung. Die Übertretung der konventionellen Geschmacksgrenzen durch das Obszöne «verfeinert» als stilistisches Surplus die SM-Situation – wie das raffinierte Accessoire, die Peitsche oder die Handschellen:

JOSEPH: Verbalerotik ist für mich sehr stimulierend: Schwein; Sau; dreckiger Arschlecker; Sohn einer pißwütigen Zuchthaushure; geiler Bock; Ficksau; Leck mir die Fotze sauber; du impotenter Jammerlappen; jetzt wichse dich, du Hurensohn usw. sind Ausdrücke, die in unterschiedlichen Nuancen den Reiz einer Erziehung erhöhen können. **(55, M, HETEROSEXUELL)**

KARIN: Das Verbale spielt zur Stimulation eine unglaubliche Rolle. Wenn er vor mir winselt und bettelt, kann ich ihn durch meine Wortwahl noch zusätzlich erniedrigen und demütigen, indem ich zum Beispiel sage: «Na, was ist denn mit meinem kleinen Schlappschwanz heute, kriegt er wieder keinen hoch?» oder «Wage es nicht, dich zu befriedigen, du kleiner Toilettenwichser!» **(28, S, HETEROSEXUELL)**

Was bedeutet diese obszöne Sprache? Wie die pornographische Inszenierung (nicht nur im SM-Bereich) wird sie mitunter als symbolischer Code für eine mechanistische Sexualität oder eine spezifische Grammatik der Geschlechter – etwa im Sinne einer Entweihung bzw. Entwürdigung der Frau – interpretiert. Das ist nach unseren Ergebnissen eine verkürzte Sichtweise. Die Sprache ist in der Pornographie wie in den Inszenierungen der von uns untersuchten SM-Spezialkultur ein spezifisches ästhetisches Mittel zur Herstellung von Außeralltäglichkeit. Diese Negativ-Ästhetik dient als Distinktionsmittel gegenüber der mehrheitlichen Kultur der «Anständigkeit». Letztere steht für Rationalität und Kalkül; Pornographie ist der Platzhalter für «animalisches Triebhandeln» und «Sinnentaumel». Eine solche ästhetische Praxis ist ein Beispiel dafür, wie sich in spezialkulturellen Figurationen eigene Codes und Semantiken herausbilden, mit denen die Ausklammerung des Alltags befestigt wird.

Diese abweichenden Formsprachen sind kein Spezifikum der Pornographie. Sie sind – wenn auch unter anderen Vorzeichen – in eine lange Tradition «abweichender Ästhetik» eingebettet. Gerade der bereits erwähnte Marquis de Sade bedient sich zur Beschreibung seiner fiktiven Orgien eines jenseits aller Normen stehenden Vokabulars. Die stilistischen Mittel – etwa die pornographische Direktheit der Szenen oder die Akribie der Beschreibung von Perversionen, Sexualität und Gewalt – stehen in provokanter Opposition zu den Geschmacksnormen der Mehrheit. Auch die französischen Dichter des Fin de siècle, beispielsweise Gustave Flaubert, Charles Baudelaire oder Arthur Rimbaud, lassen sich in die Tradition abweichender Ästhetik einordnen. So rief die Veröffentlichung von *Madame Bovary* oder *Les Fleurs du Mal* seinerzeit die Zensur auf den Plan und zog für die Autoren Gerichtsverfahren nach sich.

Noch drastischer fallen ein wenig später die moralischen und ästhetischen Provokationen der Surrealisten und Dadaisten aus. Sie entfalten eine Ästhetik, die die Tabuverletzung zum Prinzip macht und zeitgenössische bürgerliche Geschmackskonventionen auf das tiefste verletzte. Die Arbeiten von George Grosz, Richard Hülsenbeck, Kurt Schwitters, Tristan Tzara, Johannes Baader und den anderen Dadaisten wollen ganz in der Tradition des «göttlichen Marquis» schockieren, lächerlich machen und das «wahnwitzige Simultankonzert von Morden, Kulturschwindel, Erotik und Kalbsbraten»[80] in seiner Absurdität entlarven.

Die Sadeschen und dadaistischen Auseinandersetzungen mit Normen und Moral haben kaum an Sprengkraft verloren. Auch heute noch fühlen sich viele Menschen von den inzestuösen Exzessen im Boudoir oder den Kulturattacken der Dadaisten in ihrem moralischen oder ästhetischen Empfinden betroffen oder schockiert. Was ist das Gemeinsame, was trennt diese Beispiele abweichender Ästhetik voneinander? In beiden Fällen handelt es sich um ein ästhetisches Konstrukt, wenngleich die Intentionen unterschiedlich sind: Kultur- und Moralkritik auf der einen, Außeralltäglichkeit und Enthemmung auf der anderen Seite.

▼

▼ Flagellation

▼ Die religiöse, kultische und juristische Bedeutung des Flagellantismus ist vielfach dokumentiert und zu erklären versucht worden. Oft wird dabei ein Zusammenhang zwischen gesellschaftlicher Restriktion und individueller Obsession hergestellt. So schreibt M. Farin in der Einleitung zu einer Textsammlung zum Flagellantismus: «Als man aber das Triebleben durch ein ausgeklügeltes System von Schlägen, durch die obere und untere Disziplin, scheinbar wirksam unterdrückt und die sexuellen Anfechtungen augenscheinlich niedergekämpft hatte, mochte man die Schläge nicht mehr missen. Der Trieb, nun pervertiert, brach sich wieder Bahn: die Flagellation ersetzte die nicht erlaubte Sexualität, wenigstens teilweise, wurde Selbstzweck, zum Akt an sich.»[81] Systematisch sind Kulturhistoriker wie S. Marcus[82] oder J. van Ussel[83] diesen Fragen nachgegangen. Wir wollen uns auf die sexuelle Seite der Flagellation beschränken. Die Rolle des Auspeitschens und Schlagens in den SM-Szenen verdeutlichen die folgenden Interviewausschnitte:

ALICE: Ich übe die aktive Rolle einer Eheherrin aus. Am meisten spricht mich das Auspeitschen meines Ehesklaven an, was ich auch praktiziere. Das SM-Spiel liefert den Rahmen für Erotik und sexuelle Erfüllung. Speziell freue ich mich, den zum Auspeitschen bereit gemachten Sklaven zu betrachten, ihn unter den Peitschenschlägen zukken zu sehen und ihn stöhnen zu hören. Ich genieße die roten Striemen auf den gepeitschten Körperflächen. Lust bereitet es mir auch, den Arsch des Ehesklaven mit Gummischwänzen zu ficken. (51, S, HETEROSEXUELL)

HANS-JÖRG: Eine Striemenhose ist sehr ansprechend... Da sind Hintern und Schenkel nackt. Dann werden auf den linken Po drei, vier Striemen senkrecht und auf den rechten Po drei, vier Striemen senkrecht und dann waagerecht verpaßt. Am Schluß ist es so, als hätte man eine Karohose an, in Form von roten Striemen. Das kann man mit der Reitpeitsche sehr gut. Wenn man sie nur halb durchzieht, gibt es schon Striemen, die aufgehen und bluten. Das ist sehr schmerzhaft. (57, M, HETEROSEXUELL)

CHRISTINE: Ich peitsche ganz gerne... Also weil ich mir die kommerziell hergestellten Peitschen nicht leisten kann und will, bin ich zum Selberbasteln übergegangen, vorwiegend mit Lederriemen. Je dünner und härter das Leder, desto härter ist dann auch die Peitsche. Aus weichem Leder und etwas breiteren Streifen, das macht eigentlich nur noch Krach und kribbelt ein bißchen, aber es tut nicht weh. (26, SM, LESBISCH)

Entsprechend der jeweiligen Rollenverteilung hat der Flagellantismus eine aktive und eine passive Ausprägung, wobei einer amerikanischen Untersuchung zufolge Männer eher auf der passiven Seite zu finden sind: «Die Anzahl der Männer, die sexuelle Befriedigung nur empfinden, wenn sie Flagellation erleiden, steigt ständig an und ein unverhältnismäßig hoher Prozentsatz davon sind Politiker. Es trifft sich gut für die Mädchen, daß das Verhältnis zwischen Empfängern und Verabreichern von Flagellation unter ihren Kunden etwa acht zu eins beträgt.»[84] Mit Hilfe der verschiedensten Schlagwerkzeuge (Peitschen, Rohrstöcke, Gerten etc.) wird der masochistische Teil vom aktiven Partner *behandelt*. Die Wirkung der verschiedenen Schlaginstrumente ist unterschiedlich. Manche erzeugen nur eine gerötete Haut, andere blutige Striemen, Platzwunden oder blaue Flekken.

Was die geschlagene Person ertragen kann, ist individuellen Schwankungen unterworfen. Einige berichteten, daß fünfzig Schläge mit dem Rohrstock die absolute Grenze seien, andere ertragen das

Zehn- bis Zwanzigfache. Bevorzugtes – aber nicht ausschließliches – Ziel der *Geißel-Lust* ist das Gesäß. Damit solcherlei Malträtierungen nicht zu ernsthaften Verletzungen führen, muß der Flagellierende eine gewisse Geschicklichkeit erlangen.

Die Flagellation ist, wie wir schon gezeigt haben, häufig in besondere thematische Rahmen eingebettet: «Die strenge Lehrerin züchtigt das ungehorsame Kind» oder «Der Sklave soll für seine Verfehlungen bestraft werden.» Nicht umsonst werden diese Praktiken von vielen Szene-Mitgliedern auch als *Erziehung* bezeichnet. Sie konstituieren für das sadomasochistische Arrangement eine spezifische Rahmenhandlung, die neben der physischen Erregung die Phantasie stimuliert.

▼

▼ **Bondage**

▼ Fesselungspraktiken (Bondage) haben nicht selten fetischistische Ursprünge. Seile, Schnüre, Korsetts, Gürtel etc. spielen in der Vorstellungswelt von Bondage-Anhängern eine wichtige Rolle. Die «Fesselungs-Manie» existiert in fetischisierter Form als eigenständige Neigung unabhängig vom Sadomasochismus. Sie kann aber auch Bestandteil sadomasochistischer Handlungen sein, weil Fesseln wehrlos macht. Gefesselt wird mit den verschiedensten Materialien. Am gebräuchlichsten sind Stricke, Ketten, Handschellen oder Lederbänder. Geht es nur darum, den passiven Teil bewegungsunfähig zu machen, wird er nicht selten an ein Andreaskreuz oder an andere Vorrichtungen (etwa Wand- und Deckenhaken) gebunden und dann ausgepeitscht oder mit anderen Werkzeugen *behandelt*. Fesselungen können aber auch dazu dienen, bestimmte Körperhaltungen und ästhetische Effekte zu erzeugen:

HELMUT: Mit Fesselungen kannst du auch bestimmte Dinge betonen. Wenn du z. B. die Arme auf den Rücken und die Ellenbogen zusammenbindest, dann wird der ganze Brustkorb herausgehoben und betont. Dann kannst du zum Fesseln auch eine alte Gardinenschnur nehmen, ein schönes, weiches Band, und du machst das sorgfältig, so daß die Knoten nicht sichtbar sind. Du kannst das schön oder lausig machen. Der Effekt ist für das Opfer unter Umständen der gleiche, weil es das sowieso nicht sieht und sich nicht befreien kann ... Um das

ideal hinzubekommen, gehört Ästhetik dazu; bestimmte Lederge-
schichten etwa, die ich einfach schön finde. Ledermanschetten kann
man auch auf verschiedene Art herstellen. Einiges würde ich noch
nicht mal einem Hund anlegen. Es gibt aber auch Sachen, da merkt
man, da war jemand wirklich mit Hingabe dabei, und der wußte genau, worauf es ankommt. (28, SM, HETEROSEXUELL)

CAROLA: Das Festbinden gehört dazu, es unterstreicht es noch. Ein
einfacher Hanfstrick oder eben Ketten, dann kann der stärkste Typ
nichts mehr machen. Du kannst mit ihm machen, was du willst, er ist
ausgeliefert. (26, S, HETEROSEXUELL)

VANNA: Was ich schön finde, ist Bondage. Sich festbinden und fesseln
zu lassen finde ich unheimlich geil. Das Gefühl, sich dabei nicht bewegen zu können und warten zu müssen auf das, was passiert, das ist sehr
spannend. Da ist auch Geborgenheit mit dabei. Du kannst auch Bondage machen und Kuschelsex praktizieren, damit mußt du nicht immer nur harten SM verbinden; das liegt in so einer Grauzone. (22, SM,
LESBISCH)

Angesichts manch waghalsiger, akrobatischer Figuration ist es beinahe schon unerläßlich, daß der Gefesselte sehr gelenkig sein muß.
Vorbildcharakter haben die japanische *Bondage-Art* und die vielen
Zeichnungen aus den Comics. Sie sind Idealtypen, denen manche
nachzueifern versuchen, obwohl sie immer wieder an der physiologischen Wirklichkeit scheitern:

GILDA: Ich bin nun mal keine Gwendoline aus diesen Heften; und
deswegen kann er mich nicht so drehen und zusammenbinden, wie es
ihm vielleicht vorschwebt. (35, M, HETEROSEXUELL)

Neben Stricken und Seilen finden Zwangsjacken und Geschirre Verwendung. Auch sie haben nicht selten zusätzlich fetischistische Bedeutung. Eine Bondage-Sonderform ist das Abbinden von Geschlechtsteilen. Dazu werden dünne Schnüre verwendet. Gerade bei
solchen «extremen» Fesselungen besteht die Gefahr von Durchblu-
tungsstörungen; deswegen ist gut beraten, wer sich nicht von Anfän-
gern derartig fesseln läßt.

▼

▼ Bizarre Praktiken

▼ *Bizarre* Praktiken dienen der gezielten Betonung bestimmter Effekte, etwa dem Schmerz- oder Ekelerlebnis. Die verwendeten Hilfsmittel sind vielfältig: Klistier, Nadeln, Klammern, Gummi, Fäkalien, Elektroschockgeräte, Rasierklingen, Rasur, Keuschheitsgürtel, Intimschmuck, Gewichte, Handschellen, Ketten, Dornenkränze, Katheter usw. Auch seltene Praktiken wie das Wickeln mit Windeln, in denen sich gemäß psychoanalytischen Vorstellungen Konflikte mit der Reinlichkeitserziehung manifestieren, werden in der Szene nachgefragt und gelegentlich mit bestimmten Strafritualen kombiniert. Nicht zu vergessen ist in diesem Zusammenhang der *Kliniksex*, bei dem krankenhausähnliche Arrangements zur Stimulation eingesetzt werden. Sie finden zumeist in nachgestellten OP- oder Praxisräumen statt, und die Akteure sind passend gekleidet: die Domina etwa als Krankenschwester im weißen Kittel. Auch das Durchbohren von Brustwarzen und Schamlippen, Hoden, Eichel und Vorhaut ist keineswegs selten, um dort Ringe und Haken anzubringen. Während diese bei Intimschmuckliebhabern hauptsächlich ästhetisches Surplus oder fetischistischer Gegenstand sind, dienen sie Sadomasochisten häufig zum Anhängen von Ketten und Gewichten. Die Gewichte können oftmals mehrere Kilo wiegen und werden mitunter während der ganzen Inszenierung getragen. Um kontinuierliche Steigerung zu erreichen, besitzen manche Sadomasochisten ein ganzes Set an Gewichten, die sie dann nach und nach anhängen. Analpenetration mit übergroßen Dildos oder der Hand (nicht nur bei Homosexuellen); Beträufeln mit heißem Wachs, das nach dem Erkalten mit einer Gerte wieder weggeschlagen wird; das «Streicheln» mit Brennesseln oder das Trinken von Urin und Verzehren von Fäkalien sind weitere Beispiele solcher *Bizarr-Praktiken*.

SVEN: Was für mich bis jetzt am schwersten erträglich war, das waren Brennesseln. Das war also mehr als ein Streuselkuchen. Wobei das Peitschen damit noch erträglich ist, aber das Streicheln ist unerträglich. Vor allen Dingen im Genitalbereich. Das war am härtesten an der Grenze dessen, was ich bisher erlebt habe. Daran habe ich noch 24 Stunden später denken müssen. (50, M, HETEROSEXUELL)

RALF: Ich habe keine speziellen Wünsche. Alles, was von mir verlangt wird, mache ich mit oder lasse ich mit mir machen. Aufgeilen tun mich nur wenige Praktiken, z. B. Dehnung meines Poloches bis zum Faustfick, Klistiere und Bondage. Als echter Sklave ist es für mich aber selbstverständlich, alle Wünsche und Befehle meiner Herrschaft zu erfüllen und zu erdulden, auch wenn ich sexuell nichts davon habe. Meine Erfüllung ist es, wenn meine Herrschaft befriedigt und glücklich ist. (39, M, BISEXUELL)

SANDRA: SM funktioniert nur, wenn ich Vertrauen habe. Ein gutes Beispiel: Fisten. Ich muß eigentlich rein körperlich schon ein total offenes Vertrauen haben, wenn ich das mache, sonst klappt das einfach nicht. Was du in dem Moment machst, ist, dein Leben in die Hand von einer anderen Frau zu legen. Wenn die durchdreht oder eine falsche Bewegung macht, dann war es das. (27, SM, LESBISCH)

MARTIN: Und die Gummistiefel kannst du dir bis obenhin vollpissen lassen und kannst da drin rumwatscheln, und du hast natürlich ein unheimlich angenehmes Gefühl auf der Haut. Wenn du mal so vier bis fünf Stunden in Gummi rumgelaufen bist, das ist unheimlich geil. Du schwitzt da drunter, und das ist schon ein gutes Gefühl. (54, S, SCHWUL)

Der Sadomasochismus ist ein Erlebnisfeld, das die Ausgestaltungsformen relativ offen läßt. Die angewendeten Praktiken werden individuell ausgehandelt, und dementsprechend groß ist die Variationsbreite. Eine typische SM-Praktik gibt es nicht. Allenfalls Flagellantismus und Bondage genießen eine gewisse Sonderstellung. Ihnen haftet das Flair der klassischen SM-Praktik an. Sie werden in der Szene als unzweifelhaft dazugehörig akzeptiert. Manche Personen finden nur an einer bestimmten Form sadomasochistischer Äußerungen Gefallen und lehnen alles ab, was darüber hinausgeht; haben unter Umständen sogar Ekelbarrieren. Wiederum andere sind bei der Wahl der Mittel nicht festgelegt und goutieren nach dem Motto eines Akteurs: «Alles, was erniedrigt, wird ausgeführt.» Mit diesen unterschiedlichen Präferenzen ist auch die Konstitution bestimmter szene-interner Gruppierungen verbunden. Flagellanten bilden eine «Sub-Szene», Bondage-Anhänger oder Fetischisten ebenso. Je stärker die

Unverträglichkeiten zwischen den einzelnen Gruppen, desto ausgeprägter auch die Distinktionen zwischen ihnen. Gruppen mit Abneigung gegen Fäkalpraktiken distanzieren sich z. B. auf das entschiedenste von den «Perversen», die so etwas präferieren.

Mit der zunehmenden Szene-Einbindung verändern sich häufig das sexuelle Verhalten und die Bereitschaft, mehr zu riskieren. Das Gefühl für die *harten* und *weichen* Praktiken kann sich verschieben. Was am Anfang vielleicht als zu schmerzhaft oder zu abstoßend abgelehnt wurde, kann zu einer selbstverständlichen SM-Praktik werden. Ein Reizsteigerungszwang läßt sich allerdings nicht feststellen.

Zur Stellung dieser Praktiken im gesamten Sexualverhalten bleibt anzumerken, daß manche Interviewpartner nur in dieser Form intime Kontakte pflegen und aus einem normalen Geschlechtsverkehr keine sexuelle Befriedigung ziehen können. Ihre Orgasmusfähigkeit ist an den sadomasochistischen Rahmen gebunden. Daneben gibt es Sadomasochisten, die ihre Neigung als Teil eines vielfältigen «Sexuallebens» begreifen, zu dem beispielsweise auch der Koitus gehört.

Die sozialen Mechanismen im SM-Arrangement

Sadomasochistische Inszenierungen sind gelegentlich mit bestimmten thematischen Rahmenhandlungen verbunden, etwa nach Vorbildern antiker Sklavenversteigerungen oder Schulsituationen mit autoritärem Charakter. Aber auch ohne dieses dramaturgische Mittel zeichnen sich die Interaktionen durch eine bestimmte Struktur aus. Was von außen wie eine sinnlose Aneinanderreihung von Praktiken erscheint, gehorcht tatsächlich der Logik von Dominanz und Submission. Der Szene-Begriff *Abrichtung* bezeichnet diese interne Dramaturgie treffend. Im Zentrum der *Abrichtungen* stehen nicht selten flagellantische Praktiken oder Fesselungen, die je nach Präferenz durch die verschiedensten Maßnahmen ergänzt werden. Häufig gibt es genaue «Abstraf- und Sklavenerziehungspläne»; der folgende Auszug aus den Behandlungsmaßnahmen für eine Sklavin beschreibt die zweite Stufe eines insgesamt vierstufigen Plans: «Befestigung von Armen in Manschetten am obersten Punkt der Balken vom Spreizbalken, anschließend Beine ebenfalls gespreizt am obersten Punkt festmachen: abrasieren (naß) der Schamhaare und eincremen der Scham (kurzfristig Gewichte entfernen, dann wieder anhängen). Heißes Kerzenwachs auf Schamlippen, Kitzler und Umgebung auftropfen lassen, anschließend mit breitem Holzlineal (Gewichte entfernen) mit steigender Kraft einschlagen.»

Durch solche schriftlich fixierten Regelwerke werden die Handlungssequenzen inhaltlich wie formal strukturiert und gewinnen einen «verbindlichen» Charakter. Eine ähnliche Funktion kommt den in der Szene verbreiteten *Sklavenverträgen* zu. Herrin und Sklave beispielsweise unterzeichnen einen Vertrag, der für die SM-Beziehung einen bestimmten Rahmen definiert. Diese «Pläne» sind z. T. sehr detailliert ausgestaltet, und das folgende Beispiel zeigt die «praktischen» Konsequenzen:

HARTWIG/HEIDRUN: Nachdem wir anfangs sehr wahllos praktizierten, haben wir seit einigen Jahren eine feste Regelung eingeführt. Jeweils wochenweise wechselt die Reihenfolge: Herrin/Sklave, Herr/Sklavin. Dafür muß jeder ein sogenanntes Strafbuch führen. Darin sind sämtliche Verfehlungen, die zur Zucht führen, aufzulisten. Das Strafmaß legt jeweils der oder die Dominierende fest. Widerspruch ist nicht erlaubt; die Zuchtwoche beginnt jeweils um Mitternacht von Sonntag auf Montag und endet dann sieben Tage später zur gleichen Zeit. Die Zucht kann sowohl nachts als auch tags erfolgen. Wir bevorzugen folgende Zuchtmittel: Ganzkörper-Auspeitschen, Genitalschmuck, Natursekt-Duschen, Klistier, Rasieren, Strafkleidung, Fesselung... Unser Schlafzimmer haben wir als Zuchtraum ausgerüstet. Dort findet auch die Abstrafung statt, es sei denn, es ist Besuch da, und einer von uns beiden wird vorgeführt. In der Regel läuft die sexuelle Zucht so ab:

– splitternackt ausziehen;
– Geschlechtsteile ausgiebig und intensiv präsentieren;
– Beine breit spreizen und hinknien;
– Hintern hochrecken, bis Pobacken stramm sind, oder auf eines der Geräte fesseln;
– Geschlechtsteile feucht fummeln, knabbern und beißen;
– auspeitschen: Striemen, blutige Knötchen, blaue Flecken;
– Schmücken: Gewichte, Klammern, Ketten am ganzen Körper;

- Natursekt zum Duschen ablassen;
- Klistier vorbereiten: z. B. Pfeffer-Sekt-Urin-Gemisch;
- Schamhaare rasieren, mit einer Flüssigkeit einreiben, die auf der Haut brennt;
- Vorführung bei Besuch.

Dann noch zwei aktuelle Erlebnisse. Zuerst von mir: Ich kam nach Hause, meine Frau pfiff mich ins Zuchtzimmer. Sie lag nackt auf dem Bett und las mir meinen Strafkatalog vor. Ich mußte mich ebenfalls völlig ausziehen. Das erste, was sie von mir verlangte, war, ihr einen Orgasmus zu lecken. Dann spannte sie mich über den Bock und verabreichte mir tausend Hiebe, bis mein Hintern wie Feuer brannte und blutige Knötchen sichtbar wurden. Dann mußte ich mich in die Badewanne legen, und sie verpaßte mir von oben bis unten eine Natursektdusche. Abtrocknen durfte ich mich nicht. Sie hängte mir Gewichte an die Hoden und setzte Klammern auf meinen gestriemten Hintern. Und dann kam Besuch. Ich mußte mich vor sie hinknien, den Kopf zwischen ihren Beinen, so daß ich mit dem Mund ihre nackte Scheide erreichen konnte. Sie unterhielt sich angeregt mit ihrem Besuch, und wenn ich es ihr nicht genug tat, bekam ich einen Rohrstock in meiner Poritze zu spüren. Sie hatte mir die Penis-Manschette übergezogen, und die Nägel stachen ins Fleisch. Alles tat mir weh. Anschließend wurde es dann noch ein sehr gemütlicher und intensiver Abend.

Jetzt zu ihr: nachdem ich ihr Strafbuch gelesen hatte, beschloß ich, sie sonntags früh zu züchtigen. Sie lag nackt bäuchlings schlafend im Bett. Ich zog ihr hundert mit der Hundepeitsche über die rosigen Pobacken. Ihr Hintern schwoll leicht an. Ich schnallte sie aufs Andreaskreuz, wobei ihre Fußspitzen den Boden nicht berühren konnten. Sie bekam fünfzig Schläge mit dem dünnen Rohrstock auf ihre Brüste und fünfzig mit der Fünfschwänzigen auf ihre Scheide. Ich hängte ihr Ketten und Gewichte an Brüste und Schamlippen. Nach zwei Stunden am Kreuz erlöste ich sie. Sie mußte sich hinknien und wurde gefesselt. Mit dem Paddel, der Rute und dem Klopfer bearbeitete ich ihre Schenkel und die Pobacken, bis blaue Flecken sichtbar wurden. Dann mußte sie meinen Penis auslutschen und bekam ein Drei-Liter-Klistier. Ihr Bauch wurde prall und rund. Ich stopfte einen Pfropfen in den Anus, damit sie sich nicht gleich entleeren konnte. Ich zog ihr noch zwanzig Schläge über die Fußsohlen... **(OHNE ALTERSANGABE, BEIDE SM UND HETEROSEXUELL)**

Solche Exaltationen lassen sich nur in hierarchisierten Beziehungen verwirklichen. Dementsprechend polarisiert ist die Rollenverteilung. Ausgestattet mit einer virtuellen und situationsgebundenen Machtbefugnis, übt die aktive Person eine umfassende Kontrolle aus. Sie bestimmt den Ablauf und die Inhalte des Arrangements. Gleichzeitig baut sie um ihre Person eine Aura der Unnahbarkeit auf. Wie schon erwähnt, läßt sich eine Domina nur in Ausnahmefällen von ihren Kunden berühren oder hat gar Geschlechtsverkehr mit ihnen. Will der Kunde sexuelle Befriedigung, muß er masturbieren oder sich mit einer Sklavin begnügen. Hier werden Distanzierungen im Ritual aufgebaut und überzeichnet, wie sie G. Simmel als typisch für die soziale Beziehung zwischen über- und untergeordneten Personen beschrieben hat: «Dem ‹bedeutenden› Menschen gegenüber besteht ein innerer Zwang zum Distanzhalten, der selbst im intimen Verhältnis mit ihm nicht verschwindet...»[85] Übertragen auf den sadomasochistischen Rahmen, gewinnt dieser Mechanismus folgende Ausgestaltung:

MARIUS: Beim SM ist das anders. Ein Koitus mit der Herrin wird gar nicht erst angestrebt. Es würde im Widerspruch stehen zu der Rollenverteilung, wobei ich unter «Rolle» nicht eine Schauspielerrolle verstehe. Die Königin schläft normalerweise nicht mit ihrem Schuhputzer. Zumindest kann es der Schuhputzer nicht anstreben. Die Königin könnte es befehlen. So hat es mir einmal eine Domina befohlen, und während des Koitus, als es besonders schön zu werden anfing, brach sie ihn abrupt ab und peitschte mich wegen dieses Vergehens. Man kann also sagen, daß dies auch kein Koitus war. **(49, M, HETEROSEXUELL)**

Die Wünsche und Befehle des dominanten Teils haben verpflichtenden Charakter und müssen, sofern sie nicht den Rahmen der vereinbarten Grenzen überschreiten, vom masochistischen Part bedingungslos befolgt werden. Die Grade dieser Selbstauslieferung sind allerdings variabel und richten sich nach dem individuellen Verständnis. Nur der *absolut hörige Sklave* fügt sich beinahe ohne Einschränkungen in sein submissives Los. Weil die passive Person aber fast immer bestimmte Grenzen vorgibt, sind manche Sadomasochisten der Meinung, daß sie es ist, die die Handlung eigentlich bestimmt. Dies trifft sicherlich im Hinblick auf die Vereinbarung der Rahmenbedingungen zu: Wer als Passiver etwa Handlungen mit Fäkalien ablehnt, kann dies auch in der Regel durchsetzen. Innerhalb derart definierter Grenzen bestimmt und agiert allerdings der *Sadist*, und der *Masochist* liefert sich – freilich selbstinitiiert – dessen Handlungen aus.

Nicht nur physiologische, sondern auch psychologische Mechanismen spielen hierbei eine wichtige Rolle. Die Verletzung der Schamgefühle des «Opfers» ist von besonderer Bedeutung. Sehr beliebt ist die öffentliche Vorführung, etwa einen nackten Sklaven einfach nur vor bekleideten Menschen zu präsentieren, seine körperlichen Makel oder bestimmte Verrichtungen eingehend bloßzustellen:

WERNER: Wenn mich meine Herrin dann in den Raum hinausführt und ich vollkommen nackt bin, während alle anderen bekleidet sind, auch fremde Leute, das ist schon sehr unangenehm. Schlimm ist es auch, wenn ich mich falsch benommen habe und sie mich richtig zurechtweisen muß. Dann werde ich den Leuten vorgeführt und muß auf den Tisch. Sie beschreibt und präsentiert den Gästen dann meinen Körper. Nach dem Motto: «Hat er nicht eine besonders muskulöse Brust?» oder «Ist das nicht ein richtiger Hengst?». Dazu muß ich sagen, daß ich eine sehr schmächtige Figur habe und nur 1,60 Meter groß bin. Das Allerschlimmste war aber, als mich die Herrin einmal wegen einer anderen Frau bestrafte. Vor etwa zwanzig Leuten habe ich ein grauenhaftes Klistier bekommen, und sie hat mich mit einem Tampon verschlossen. Unter der Androhung, noch ein zweites Klistier zu bekommen, mußte ich mich absolut zusammenreißen. Die Schmerzen und das Unbehagen waren schon nach wenigen Minuten beinahe unerträglich, und alle haben mich beobachtet. Dann hat meine Herrin einen Eimer gebracht, und ich durfte mich vor den ganzen Anwesenden entleeren. Das ist klar, daß das dann sehr laut und unangenehm ist. Noch nie habe ich mich mehr gedemütigt gefühlt. Andererseits war ich glücklich, daß ich auch diese Prüfung bestanden habe. (43, M, HETEROSEXUELL)

Die Verletzung der Schamgefühle läßt sich, das macht dieses Beispiel deutlich, zu einem sehr subtilen Entwürdigungsmechanismus ausbauen; in der Terminologie E. Goffmans[86] könnte von rituellen Entweihungen gesprochen werden.

Ein anderer Mechanismus zielt auf die Entpersonalisierung der passiven Person. Sie wird dann als Gegenstand behandelt:

HELGA: Mein Herr hatte einmal Besuch von einer anderen Frau, und ich mußte dabeisein. Das war folgendermaßen: Die beiden haben sich auf dem Sofa vergnügt, und ich mußte Getränke servieren. Ich mußte sie aber nicht nur bringen, ich mußte mich auch hinknien und als Tisch dienen. Wenn sie dann getrunken hatten, haben sie die Gläser auf meinem Rücken abgestellt, und sie durften nicht umfallen. Dann hat mein Herr mit dieser Frau geschlafen. Als sie fertig waren, mußte ich Aschenbecher und Zigaretten besorgen und wieder Tisch sein. Sie haben geraucht und die Füße auf meinen Rücken gelegt. (34, M, HETEROSEXUELL)

Die Vorstellung, Menschen als Gegenstände zu nutzen, taucht schon in einigen Werken de Sades auf. So etwa in dem Roman *Juliette*: «Sie sehen, daß dieser Tisch, diese Lüster, diese Sessel, nur aus Mädchengruppen bestehen, die kunstvoll arrangiert sind. Meine Gerichte werden ganz heiß auf die Hüften dieser Geschöpfe gestellt, meine Kerzen stecken in ihren Votzen, und mein Hintern wird, wenn er sich in den Sessel niederläßt, genauso wie der Ihre, von den weichen Gesichtern oder den weißen Brüsten dieser Mädchen gestützt werden. Deshalb bitte ich Sie, meine Damen, ihre Röcke hochzuheben und Sie, meine Herren, ihre Hosen herunterzuziehen, damit nach den Worten der Heiligen Schrift, das Fleisch auf dem Fleisch ruhen kann.»[87] Die Verdinglichung in dieser oder einer anderen Form bewirkt eine temporäre «Ent-Identifizierung»[88], die durch das Tragen von Masken noch zusätzlich betont werden kann. Der Gesichtsverlust durch das Überziehen einer zumeist formlosen Maske raubt dem Opfer auch die letzte Möglichkeit, seine Individualität zu wahren. Es wird vollends zu einem anonymen, in eine bestimmte Funktion gepreßten Körper.

Dieses Inszenierungsmittel gewinnt in der Gruppensituation Bedeutung, denn hier können die *Sklaven* in eine anonyme «Masse» verwandelt werden. Im Rückgriff auf E. Goffmans Arbeit zu totalen

Institutionen läßt sich dieser Prozeß genauer beschreiben. Der Eintritt in eine solche Einrichtung ist vom Prozeß der Diskulturation begleitet: «Der Neuling kommt mit einem bestimmten Bild von sich selbst in die Anstalt, welches durch bestimmte stabile soziale Bedingungen seiner heimischen Umgebung ermöglicht wurde. Beim Eintritt wird er sofort der Hilfe beraubt, die diese Bedingungen ihm boten.»[89] Dazu sind nach Goffman verschiedene Maßnahmen üblich. An erster Stelle steht der Entzug der Identitätsausrüstung: Der persönliche Besitz, wie Kleidung, Uhren, Schreibmöglichkeiten, Radios, Bücher etc., wird eingezogen und gegen eine Anstaltsuniform eingetauscht. Der Name wird durch eine Nummer ersetzt, die selbstbestimmte Verfügbarkeit über den eigenen Körper z. B. durch bestimmte Nacktheitsrituale nicht mehr gewährleistet. Ein ähnlicher Prozeß findet im SM-Arrangement statt. Durch den Verlust der alltäglichen Identitätsrequisiten und die Reduktion auf den Körper sind dem Sklaven die Möglichkeiten seiner alltäglichen Rollen genommen. So ist auch der Firmenboß im Studio keine Autoritätsperson mehr, sondern nur ein einfacher Sklave. Die radikalste Form dieser Aberkennung von Identität ist die Reduktion einer Person auf eine Sache, etwa einen Tisch.

Ein weiterer Mechanismus läßt sich ebenfalls mit E. Goffman veranschaulichen.[90] Alltägliche Umgangsformen werden durch ein beträchtliches Maß an ritualisierten Handlungen geprägt. So sind bestimmte «Zuvorkommenheitsrituale» (z. B. Respektbezeugungen bei Begrüßungen) und «Vermeidungsrituale» (z. B. das Ansprechen von Personen mit dem Nachnamen als Zeichen der Respektierung sozialer Distanz) typisch für die Interaktion mit anderen Menschen. Die meisten dieser Rituale werden während des sozialen Verkehrs mit anderen nicht reflektiert. Sie bleiben in einer Art halbbewußtem Zustand und finden insbesondere bei Situationen Verwendung, in denen Verhaltensunsicherheiten auftauchen können. Diese Rituale dienen also letztlich dazu, die Erwartbarkeit von Handlungen sicherzustellen und gleichzeitig die «ideelle Sphäre»[91] vor dem «unbefugten» Eindringen fremder oder unerwünschter Personen zu schützen. Zur Respektierung dieser Persönlichkeitssphäre zählen etwa die Berücksichtigung und Achtung der individuellen Schamgrenzen oder auch bestimmte Formen der Ehrerbietung.

Auch in der SM-Interaktion werden Rituale eingesetzt. Sie sind hier keine impliziten, sondern explizite Handlungsregulative. Neben der Bewußtheit ihrer Verwendung bestehen weitere Unterschiede zu den Alltagsritualen. Zuvorkommenheits- und Vermeidungsrituale beispielsweise tauchen in den SM-Enklaven übersteigert auf. Es reicht nicht, wenn der Sklave zur Domina «Guten Tag, Frau Schmitt» sagen würde, sondern er muß beispielsweise bei der Begrüßung auf die Knie fallen und seine Herrin durch Fußküsse und übergebührliche Huldigungen begrüßen. Auf Außenstehende wirkt das zumeist theatralisch übertrieben, für die Beteiligten ist es gleichwohl ein wichtiges Element. Andere Rituale haben die Funktion der Entweihung. Sie reichen weit in die Persönlichkeitssphäre hinein, machen auch nicht vor den wunden Punkten einer Person halt und zielen im Gegenteil darauf ab, sie erniedrigen und demütigen zu können. Die SM-Fähigkeit des Sklaven hängt wesentlich davon ab, daß er Image-Verletzungen als Erwartung an sich akzeptiert. Je besser die jeweiligen Akteure sich dabei kennen, desto eher wissen sie um die besonders verletzbaren physischen und psychischen Punkte ihres Gegenübers. Diese Kenntnisse nutzen sie für die Gestaltung des Szenarios aus.

Außer bekräftigenden Ritualen, die zumeist der Sklave erbringt, gibt es auch eine ganze Reihe von negativen, die sich nicht nur als Reaktion auf unterbliebene Respektbezeugungen begreifen lassen: sie erfolgen auch dann, wenn der Sklave sich mustergültig verhält. So entsteht eine paradoxe Situation: Zum einen stellt die Ritualisierung Verhaltensschablonen zur Verfügung, um Handlung und Erwartung voraussehbar zu machen, zum anderen ist gerade die permanente Verletzung der Erwartung durch die aktive Person maßgeblicher Teil der SM-Rituale. Der Sklave kann, vereinfacht ausgedrückt, nie etwas richtig machen, weil fast immer negative Sanktionen erfolgen.

MARTIN: 1985 habe ich den wahrscheinlich wahnsinnigsten Schmerz erlebt. Nachdem die Erziehungsstunde zu Ende war und ich vor der ganz jungen Herrin zu Ende onaniert hatte, erklärte sie mir, daß sie mich jetzt entschädigen werde, denn meine stark strapazierte Eichel müsse gepflegt werden: Sie habe dafür einen Balsam. Sie rieb mir, dem voll Ernüchterten, die Eichel ein und versprach mir eine sehr lindernde Wirkung, ohne zu verraten, daß es Rheumabalsam ist. Ich kniete vor ihr, bedankte mich für alles, zog mich an und bat um Entlassung. Draußen auf der Straße begann der Balsam, seine Wirkung zu zeigen. Es brannte immer schlimmer, ich war ganz ratlos. Was sollte ich hier auf der Straße tun? Nach längerem Herumirren fand ich eine Gastwirtschaft, setzte mich in eine Ecke, legte den Mantel über meinen Schoß und nahm unter der Tischdecke und dem Mantel, ungesehen von allen, mein Glied heraus, wischte es erst einmal ab und kühlte es dann mit meinem Bier. Ich litt einfach unsagbare Schmerzen, die Tränen liefen mir ungewollt aus den Augen, ich litt und litt und litt. Diese Schmerzen kann man nicht beschreiben. Nach einer halben Stunde etwa ließen sie dann langsam nach. Ich zahlte und ging. Zu Hause angekommen nahm ich den Telefonhörer, rief die junge Herrin an und bedankte mich vielmals für die freundliche und rücksichtsvolle Behandlung. Ihre Reaktion lautete einfach «Idiot», und der Hörer knallte in die Gabel. Wenige Tage später war ich wieder da. Ich wollte Buße tun, weil ich den köstlichen Balsam abgewischt hatte, den sie mir gegen meine Schmerzen gegeben hatte. (58, M, HETEROSEXUELL)

Typisch für diese Sequenz ist die Willkürlichkeit. Sie strukturiert die Handlung und ermöglicht die unentwegte Fortführung des Rituals. Trotzdem sind solche Rituale durch die Klammern, die der Alltag vorgibt, begrenzt. Die Akteure geben ihre Alltagsidentität an der Tür zum ehelichen Folterraum oder zum Domina-Studio ab. Sie erhalten sie aber wieder zurück, wenn die Situation verlassen wird. Diese beiden Punkte markieren die Grenzen des SM-Rahmens, der durch verschiedene Modulationen vom Alltag abgetrennt ist. «Module» definiert E. Goffman als «das System von Konventionen, wodurch eine bestimmte Tätigkeit, die bereits im Rahmen eines primären Rahmens sinnvoll ist, in etwas transformiert wird, das dieser Tätigkeit nachgebildet ist, von den Beteiligten aber als etwas ganz anders gesehen wird.» [92] Die Modulationen durch Hyperritualisierungen, Verzerrungen des Wechselspiels von Erwartung und Bestätigung oder den Verlust der alltäglichen Identitätsrequisiten machen die Eigenart des SM-Arrangements maßgeblich aus. Sie tragen mit dazu bei, einen spezifischen Rahmen zu konstituieren, in welchem Ausdrucksformen wie Respekt, Ehrerbietung, Dominanz, Scham etc., die prinzipiell natürlich auch in der alltäglichen Interaktion vorkommen, neue Bedeutungen gewinnen. Die sozialen Spielregeln werden neu definiert, die zugrundeliegenden Mechanismen bleiben die gleichen.

An dieser Stelle ist auf die «Informalisierungsthese» von C. Wouters[93] hinzuweisen. Ihr zufolge ist insbesondere seit dem Zweiten Weltkrieg eine Entwicklung hin zu einer Lockerung zivilisatorischer Standards zu beobachten. Als Beleg nennt Wouters z.B. Veränderungen in den Grußritualen, wo das förmliche «Sie» zugunsten des informellen «Du» an Bedeutung verloren hat. Auch im Sexualleben ist eine elastischere Handhabung zivilisatorischer Normen festzustellen. Der äußere Reglementierungsdruck ist einem größeren privaten Spielraum zur Inszenierung sexueller Vorlieben und Bedürfnisse gewichen. Derartige Transformationen im persönlichen Austausch werden mitunter als Ende des Zivilisationsprozesses begriffen. Wouters wehrt sich gegen diese Auffassung und sieht hierin gerade den Zivilisationsprozeß belegt: Diese «Lockerungen» träten nur in Verbindung mit einem höheren Selbstkontrollniveau auf.

Auch die Ausdifferenzierung der sadomasochistischen Spezialkultur ließe sich in diesen Zusammenhang stellen. Hier agieren Individuen auf der Bühne extremer Emotionen mit einem hohen Selbstkontrollaufwand. Unsere Untersuchung zeigt aber, daß insbesondere solche Impulse, die körperliche Verletzungen mit sich bringen und irreversibel negative Folgen haben können, durch äußere Kontrollsysteme abgesichert werden. So zeichnet sich das SM-Ritual gerade durch einen extrem hohen Zeremonialisierungs- und Formalisierungsgrad aus. Es ist die äußerliche, intersubjektive Kontrollapparatur, die typisch für diese Spezialkultur ist. Sie sichert die Selbstkontrolle der Akteure. Gleichwohl sind auch diese äußeren Rahmen Ausdruck eines gestiegenen Zivilisationsniveaus, als Folge von Reflexion und Selbstthematisierung des eigenen Handelns in bezug auf seine Konsequenzen.

Sadomasochistische Interaktionen bedeuten nicht das «wilde» Ausleben von Affekten, sondern deren «gezähmte» Inszenierung in einem zivilisatorischen Rahmen. Das Herauslösen aggressionsaffiner aus den allgemeinüblichen Verhaltensformen läßt sich als Lockerung und Informalisierung begreifen; es geschieht aber zu dem Preis einer extremen Formalisierung des Verhaltens, das wiederum Züge niedriger Zivilisationsstufen aufweist.

Faszination, Gefühle und Erlebnismuster

Die Inszenierungsformen des Sadomasochismus und die zugrundeliegenden Mechanismen sagen selbst noch nicht viel über die Erfahrungen aus, die in diesem Bereich gemacht werden können. Bei ihrer
Darstellung ist zu berücksichtigen, daß manche Personen sich auf eine
bestimmte Form sadomasochistischen Erlebens spezialisiert haben
und z. B. nur Submissions- oder nur Dominanz-Erfahrungen suchen.
Andere wiederum trachten sowohl nach bestimmten Unterwerfungs-
als auch Ekel- oder Schmerzerlebnissen. Bei ihnen gründet die Faszination am Sadomasochismus auf einem ganzen Ensemble von Ge-
fühlszuständen, die wir in verschiedene Kategorien (Dominanz, Submission, Schmerz und Ekel) unterteilt haben. Wir gehen davon aus,
daß sich die jeweiligen individuellen Bedeutungsrahmen im Hinblick
auf die spezifischen Gefühlslagen konstituieren. Die im folgenden
dargestellten Gefühlsmuster sind idealtypische Vereinfachungen, die
im Alltag der Akteure noch wesentlich variantenreicher vorzufinden
sind. Die Darstellbarkeit hat diese Reduktionen notwendig gemacht.

Das erotisierte Herrschaftsverhältnis

Typisch für das sadomasochistische Arrangement ist die bereits erwähnte Polarisierung der Akteure in zwei entgegengesetzte Rollenmuster. Aus der Differenz von Submission und Dominanz resultieren
unterschiedliche Erfahrungen und Gefühle, die im folgenden dargestellt sind.
▼

▼ Dominanz
▼ Die Trennung von Macht und Sexualität ist als kulturelle Norm
etabliert. Macht darf ihr zufolge nicht dazu verwendet werden, sexuelle Handlungen zu verlangen oder zu erzwingen. Demgegenüber
erscheint das SM-Ritual normwidrig. Die Basis dieser Rituale ist aber
die Freiwilligkeit. Das SM-Arrangement ist eine «private little Come-
dia dell'Arte» [94], die auf gegenseitigem Einverständnis beruht und in
der «Macht... der Machtlosigkeit gleich [*ist, d.A.*].» [95] Dennoch finden sich hier die Rollenmuster des *Herrn* oder der *Meisterin*, mit-

hin deutliche Verweise auf explizite Machtansprüche. Im SM-Rahmen werden also in einem freiwilligen Arrangement intensive Machtzeremonielle inszeniert. Ihre Bedeutung und die Erfahrungen, die in diesem besonderen Raum möglich sind, erklären die Befragten folgendermaßen:

FERDINAND: Meine Dominanz übe ich aus, um meinen Partner sich hilflos winden zu sehen, seine Unsicherheit zu riechen und seine Angst zu fühlen. Ich genieße es, wenn seine Scham ihn überwältigt und wenn die Geilheit trotz aller Widerstände Besitz von ihm ergreift. Sicher auch, weil ich mich mit meinem Opfer identifiziere. (43, SM, BISEXUELL)

BIANCA: Faszinierend an unseren Erziehungsstunden ist, daß mein Mann für mich was macht, und zwar freiwillig, das ist wichtig. Ich binde ihn auch nie fest. Das können sehr viele Schläge sein, sehr hart. Und er sieht auch danach nicht immer sehr schön aus. Mir bringt es einfach Spaß und eine Befriedigung... Mir macht es einfach Spaß, daß er was für mich tut. (40, S, HETEROSEXUELL)

JOACHIM: Die Illusion des Machtgefühls, der totalen Unterwerfung eines Menschen, die theoretische Möglichkeit, uneingeschränkt alles mit dem anderen machen zu können, was gerade in den Sinn kommt, turnt mich unheimlich an. (40, SM, SCHWUL)

KATRIN: Es hat einfach viel damit zu tun, die andere zu beherrschen; ja, richtige Macht über sie zu haben. Das Gefühl, sie macht alles für mich. Das gibt mir Ruhe und Lust, es befriedigt. (32, SM, LESBISCH)

Mit dem subjektiven Gefühl des Herrschens können Lustgefühle verbunden sein. Für diese Zustände könnte es eine biophysiologische Basis geben: Dominante Individuen produzieren unter Anspannung (was im SM-Ritual zumeist der Fall ist) körpereigene Stoffe (Testosteron), die sexuell stimulierend sein können. Diese Reaktionen wurden allerdings erst bei Primaten untersucht. Die Übertragbarkeit in den Humanbereich wurde bislang nicht ausreichend geprüft. Ob es sich bei Dominanz und Submission um Grunddimensionen von Emotionen – genau wie beispielsweise Lust und Unlust – handelt, ist ebenfalls wenig erforscht.[96] Zu diesem Gesichtspunkt des dominanten Verhaltens lassen sich deshalb zur Zeit nur Vermutungen anstellen.

Über die Verbindung von Gewalt und Lust könnten einige amerikanische Studien Aufschluß geben.[97] Sie zeigen, daß Personen, die zuvor sexuell erregt wurden, sich anschließend in einer Versuchssituation eher aggressiv verhielten. Und umgekehrt: Nachdem Versuchspersonen aggressiv stimuliert wurden, zeigten sie in einer anschließenden Versuchssituation ein höheres sexuelles Erregungsniveau. Die enge Verbindung von Sexualität und Aggression wird dabei auf die spezifische Organisation des limbischen Systems und auf bestimmte hormonelle Einflüsse zurückgeführt. Dieser Ansatz ließe sich auch zur Erklärung des SM-Verhaltens heranziehen: Wer in einer sexuellen Situation Macht bzw. Aggression ausübt, wird dadurch auch sexuell stärker stimuliert. Diese These ist allerdings bislang empirisch kaum belegt.

Dominante Verhaltensmuster können auch ein Versuch sein, Nähe gegenüber dem Partner herzustellen oder das Gefühl der Sicherheit vor dem Partnerverlust zu vermitteln. Die Befragten gebrauchen dafür Begriffe wie «aufbrechen», «durchdringen», «auflösen» oder «verschmelzen». Die Torturen, die der Masochist auf sich nimmt, werden aus der Sicht des Sadisten zu einem symbolischen Treue-Eid. Hinter diesen Bedeutungen verbirgt sich vermutlich das gleiche Motiv, das T. Reinelt als generelles Merkmal von Perversionen beschreibt: «Im perversen Akt wird über die Sexualisierung die Distanz zwischen dem Devianten und dem Objekt seines Verlangens reduziert... Außerdem können über eine derartige ‹Distanzreduktion durch Sexualisierung› Handlungen vorgenommen werden, die ohne sexuelle Erregung als unangenehm oder ekelerregend empfunden werden. Das heißt, daß durch die Sexualisierung ängstigende, unangenehme, schmerzhafte Situationen vorübergehend verändert erlebt werden. Sie ermöglicht eine Form der Nähe und Intimität, die sonst nicht geleistet werden kann...»[98] Aber auch die umgekehrte Situation, die nicht auf Verschmelzung, sondern auf Distanzierung angelegt ist, ist feststellbar:

KAI: Es ist kein Mensch, zu dem ich eine gefühlsmäßige Beziehung habe, sondern ein Objekt. Dieser Mensch kann mich nicht verletzen. Das heißt, ich habe eigentlich eine Angst in mir, verletzt zu werden. Die ist in dem Moment, wo ich die Sadisten-Stellung einnehme, überwunden. Das ist für mich sicherlich der Kern der Sache, diese absolute Objektivierung des Gegenüber, wenn ich dominiere. (33, S, HETERO-SEXUELL)

Dominantes Verhalten kann also einerseits der Versuch sein, sich durch die Opferbereitschaft des Partners dessen Loyalität und Nähe zu versichern. Andererseits sehen manche dominante Personen in der sadomasochistischen Beziehung ein Mittel zur Entpersonalisierung von Menschen. Sie wollen dadurch Distanz aufbauen und persönliche Nähe vermeiden. Wie auch immer das Bedürfnis nach extremer Bindung und umgekehrt nach Distanz ätiologisch zu bewerten sein mag, festzuhalten ist, daß – verglichen mit normalen Liebesbeziehungen – eine bestimmte Richtung extrem ausgeprägt und die Balance zwischen Nähe und Distanz ungleichgewichtig geworden ist.

Über die physiologischen und psychologischen Aspekte hinaus könnten auch Zusammenhänge zwischen gesellschaftlichem (beruflichem) Status und SM-Präferenzen, wie sie in manchen amerikanischen Studien thematisiert werden, eine Rolle spielen. Einige Autoren vertreten dabei die Auffassung, daß Personen, die im Beruf überdurchschnittlich hohe Entscheidungsbefugnisse haben, eher dazu neigen, sich in der SM-Rolle devot zu verhalten. Sadomasochismus wird im weitesten Sinne als die Kompensation beruflicher Erfahrung und Wirklichkeit verstanden. Wir haben diese These am Beispiel der von uns befragten Personen anhand der Merkmale «Beruflicher Status» und «SM-Rolle» geprüft (s. Graphik S. 153).

Unter dem Vorbehalt der nur bedingten Generalisierbarkeit dieser Daten, ist festzustellen, daß insgesamt mehr Personen, die im beruflichen Bereich als Führungskräfte einzustufen sind, der passiven sadomasochistischen Orientierung zugeordnet werden können. Umgekehrt finden sich unter den Nicht-Führungskräften sowohl passiv orientierte Personen wie solche, die den statusniederen und autoritätsarmen Berufsalltag mit der scheinbaren Allmacht des sadomasochistischen Arrangements verbinden. Auch wenn es also Verknüpfungen zwischen diesen beiden Variablen gibt, läßt sich auf der Grundlage bisheriger Forschungsergebnisse noch nichts über die Richtung dieser Zusammenhänge sagen. Unsere Ergebnisse weisen aber darauf hin, daß Verbindungen nicht nur, wie bisher vermutet, im

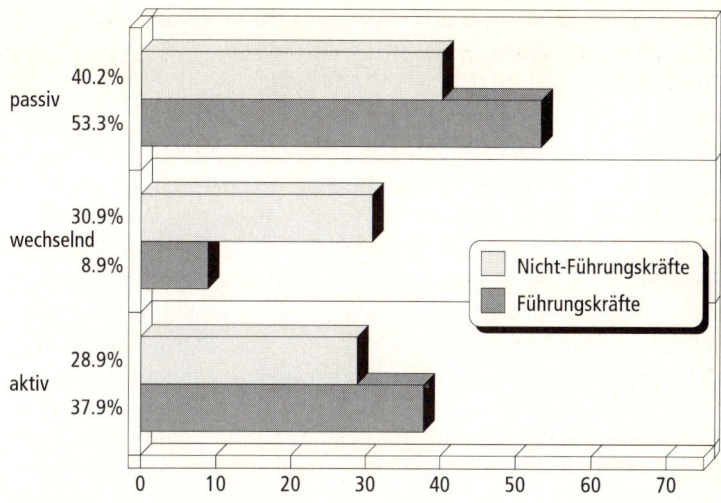

Beruflicher Status und SM-Rolle

Sinne einer Verknüpfung von beruflicher Macht und devoter Sexualität, sondern auch im umgekehrten Fall, der Allianz von sexueller All- und beruflicher Ohnmacht bestehen könnten. Das Bild des mächtigen Firmenchefs, der vor seiner Domina kriecht, müßte jedenfalls um das Bild der kleinen Angestellten, die ihren Partner knechtet, ergänzt werden. Folgende Antwort einer Sadistin könnte zusätzlich ein Hinweis darauf sein, daß diese Effekte auch über die Geschlechtergrenzen verlaufen:

ANASTASIA: Ein anderer Punkt ist, daß ich auf die Art meine Dominanz ausleben kann, als Gegensatz zu meinem normalen Leben. Da bin ich ja nur die Sekretärin. So wie der Direktor mal was machen möchte, was ihm gesagt wird, mache ich etwas, wo ich bestimmen kann. Das ist ja nicht nur gespielt. Wenn sich da ein Professor auf einmal nackt auszieht und sich bückt und sich den Po versohlen läßt, der hat doch ganz gemischte Gefühle. Erotik, Scham und was das alles so ist. Und das spüre ich wiederum, daß der das spürt. Dann spüre ich

schon eine gewisse Macht in mir und finde das schon toll, daß der das
in meinem Beisein macht. (45, S, HETEROSEXUELL)

▼

▼ **Submission**

▼ R. D. Eskapa beschreibt die masochistische Orientierung folgendermaßen: «Masochismus bedeutet Befriedigung durch Selbstver-
leugnung, Erniedrigung und Schmerzen..., bedeutet sexuelle Befriedigung durch Unterwerfung unter geistigen und körperlichen
Schmerz. Masochisten sind Menschen, die den Schmerz jeglicher anderer sexueller Aktivität vorziehen.»[99] Das Phänomen des Masochismus ist jedoch nicht auf diese einfache Aussage reduzierbar, denn in
den Interviews werden weitaus vielschichtigere Erlebnisformen genannt. Die Schlüsselfaszination für die passive Person resultiert maßgeblich aus dem Gefühl des «Sich-fallen-lassen-Könnens», indem die
alltägliche Selbstkontrolle außer Kraft gesetzt wird. Der Masochist
liefert sich einer Situation aus, die ihm sämtliche Gestaltungsoptionen
entzieht. Er ist Teil des Regie-Spiels des aktiven Partners. Nicht die
Regeln des Alltags, sondern das Gehorsamkeitsverlangen sind hand-
lungsleitend. Wenn die dominante Frau den Sklaven vor einem Publikum zur Masturbation auffordert, gelten weder die Regeln des Alltags
noch individuelle Schamgefühle, die solche Handlungen normalerweise in verborgene Bereiche abdrängen. Der Masochist wird dadurch
– unabhängig davon, wie pervers und abweichend sein Verhalten auch
sein mag – von Rechtfertigungszwängen entlastet. Er ist nicht schuld an
dem, was er tut, und er muß auch keine Schamgefühle haben: Schließlich ist alles vorgeschrieben und befohlen worden.

GUDRUN: Es ist diese Sehnsucht, mich fallenzulassen oder kontrolliert zu werden. Oder aufzuhören, Selbstkontrolle über mich auszu-
üben... Ich habe hinterher oft Gefühle von Erlösung, und das ist, als
wenn alles von mir abgenommen wäre... Das ist das Schöne daran.
Es ist wie eine Erlösung von dem, was man sonst immer macht. Oder
von dem Leben, das ich unter meiner Kontrolle habe. Und Kontrolle
zu haben, das ist ja immer auch sehr anstrengend. In dem Moment,
wo ich gefesselt bin, da muß ich alles auf mich zukommen lassen,
und ich kann überhaupt keine Abwehr aufbauen. (30, M, HETERO-
SEXUELL)

HANS-JÖRG: Wenn ich splitternackt oder gefesselt vorgeführt werde oder unter vier Augen, das ist egal, dann ist das schrecklich aufregend. Wenn ich dann festgebunden bin, liegt die Befreiung eigentlich darin, daß ich nicht mehr verantwortlich bin für das, was ich da mache, ich werde ja gezwungen. Und ich bin gänzlich frei, denn ich tue ja nichts Böses, ich werde ja gezwungen, das zu tun. Ich habe kein schlechtes Gewissen, im Gegenteil, ich bin befreit, losgelöst und ruhig. (57, M, HETEROSEXUELL)

ANNE: Wenn ich gefesselt bin und meine Augen verbunden sind, habe ich nur noch die Möglichkeit zu fühlen, zu hören, zu riechen, zu schmecken. Dadurch, daß ich nicht mit den Augen erleben oder vorhersehen kann, was passiert, wirkt alles viel erregender. Ich bin dann der Partnerin vollkommen ausgeliefert, und das gefällt mir... SM erleichtert das Loslassen, spielt dem Kopf Streiche, indem es mir das Gefühl gibt, keine andere Chance zu haben, als mich hinzugeben. (23, SM, LESBISCH)

THOMAS: Diese Praktiken erzeugen bei mir ein Lustgefühl: in der passiven Rolle dieses Ausgeliefertsein, Nichts-tun-Können. Gleichzeitig fühle ich mich dadurch erleichtert; ich brauche nichts zu tun, und ich brauche nichts zu denken. (29, SM, SCHWUL)

Diese «Entlastung» ist bei manchen – wie gezeigt – schon in der Phantasie als Wunsch angelegt, etwa in Gestalt von Überwältigungsphantasien, und findet ihre Fortsetzung im realen Verhalten. Masochismus ist also auch eine Form des Ausstiegs aus den normativen Zwängen und Selbstkontrollen der Alltagswirklichkeit. Je weiter der Ausstieg vom Alltag wegführt, desto höher wird der Preis, den der Masochist zahlen muß. Sich schlagen und fesseln lassen, Exkremente verspeisen und Schmerzen erleiden sind nur einige der Opfer, die ein solcher «Ausbruchsversuch»[100] fordert.

Vielleicht ist gerade die größtmögliche Diskrepanz zwischen Alltag und Enklave das Faszinierende an dieser Rolle. Sie wäre dann bei Firmenchefs, Politikern oder Managern, wenn sie beispielsweise über den Boden eines Domina-Studios rutschen oder Sklavendienste leisten, am größten. Dabei geht es vermutlich nicht nur um die Kompensation von Macht und Ohnmacht oder bei Frauen um eine spezifische

Reaktionsform auf die Jahrtausende während «Knechtung im Patriarchat». Hier konstituieren sich auch spezifische Formen von Grenzerfahrungen, die der Alltag nicht oder nicht mehr erlaubt.

An die masochistische Rolle sind neben den Gratifikationen, die der Masochist aus der Entlastung gewinnt, noch weitere Entschädigungen geknüpft. Indem er sich ausliefert und damit dem Dominanzanspruch des aktiven Partners entgegenkommt, kann er sich der umfassenden Befriedigung der eigenen Bedürfnisse hingeben, während sich der aktive Partner um das Wohlergehen des «Dieners» kümmern und das Szenario auch noch spannend inszenieren muß. Die aktiven Personen müssen zudem viel stärker auf ihre Selbstkontrolle achten, um im Spiel mit den Grenzen keine Verletzungen zu riskieren.

Schmerz und Ekel

Die Darstellung der verschiedenen Praktiken hat deutlich gemacht, daß im sadomasochistischen Ritual auch das Schmerz-Zufügen bzw. -Erleiden oder die Verletzung bestimmter Ekelgrenzen eine Rolle spielen. Um ihre Bedeutung geht es in den folgenden Abschnitten.
▼

▼ **Der Schmerz**

▼ Die Schmerzforschung ist ein verhältnismäßig junger Zweig der Neurophysiologie und der Biopsychologie. Zur Zeit gibt es nur wenig gesichertes Wissen über den Schmerz. Fest steht, daß Menschen ebenso wie tierische Organismen über spezielle Sensoren verfügen, die nur durch gewebsschädigende oder -bedrohende Reize (Noxen) erregt werden. Die Rezeptoren bezeichnet man als Nociceptoren. Sie können auf mechanische, thermische und chemische Einflüsse reagieren. Manche Nociceptoren sind unimodal, sie antworten nur auf eine bestimmte Reizart; die meisten sind jedoch polymodal und können durch verschiedene Reizarten aktiviert werden. Die Aufnahme, Weiterleitung und zentralnervöse Verarbeitung noxischer Signale bezeichnet man als Nociception. Die Erregung der entsprechenden Sensoren löst die subjektive Empfindung «Schmerz» aus. Dieser wiederum signalisiert, daß entweder von außen oder von innen kommende Reize dem Körper Schaden zuzufügen drohen. Das Schmerzerlebnis ist beim einzelnen Menschen normalerweise mit Unlustgefühlen verbunden. Dazu schreibt W. Keeser: «Der unseligen Koppelung von körperlichem Schmerz und Angst können wir überall begegnen: in den Warte- und Behandlungszimmern von Zahnärzten, in den Kreißsälen der Krankenhäuser, am extremsten jedoch auf den onkologischen Stationen. Immer wieder treffen wir Menschen, die nicht die Krankheit ängstigt, sondern der Schmerz; Menschen, die nicht der Tod ängstigt, sondern das mit Schmerzen verbundene Sterben.»[101] Damit wird deutlich, daß Schmerz sehr häufig Abwehr- und Fluchtreaktionen auslöst. Schmerzsituationen werden nach Möglichkeit gemieden und aus dem alltäglichen Erfahrungsrepertoire ferngehalten.

Anders im sadomasochistischen Rahmen. Bereits die frühen Sexualwissenschaftler weisen auf die wichtige Rolle des Schmerzes für das sadomasochistische Erlebnis hin, und auch die heutige Wissenschaft sieht dies ähnlich. Im sadomasochistischen Arrangement kann der Schmerz Teil des Herrschafts- und Unterwerfungsrituals sein. Er wird zumeist nur von der passiven Person ertragen. Der aktive Teil versichert sich auf diese Weise der Unterwürfigkeit, Demut und Aufopferung seines masochistischen Partners.

Die Erfahrungen des aktiven Teils lassen sich am ehesten mit Vergewisserung und Bestätigung der Macht beschreiben. Es ist aber auch denkbar, daß das Foltern und Quälen selbst Lustgefühle erzeugt. In der Phantasie – so berichten einige der Befragten – haben diese Vorstellungen durchaus eine stimulierende Funktion. Allerdings lehnen sie die Umsetzung aus moralischen Gründen oder wegen möglicher negativer Sanktionen ab, soweit es kein Einverständnis des «Opfers» gibt. Dieser Umstand darf aber nicht so verstanden werden, als gebe es diese «Grenzüberschreitungen» nicht. Sie werden in der Szene totgeschwiegen, weil sie nicht selten mit Verletzungen des Freiwilligkeitsgebots einhergehen und die Sadomasochisten als Gesamtheit diskreditieren. Auf diesen Zusammenhang werden wir später noch ausführlich eingehen, wenn es um die Verletzung von Grenzen und Regeln im sadomasochistischen Arrangement geht.

Die Bedeutung des Schmerzes für die passiv orientierten Personen ist ambivalent. Für einen Teil von ihnen ist der Schmerz während des SM-Rituals ein notwendiges Übel:

NIKOLAUS: Schmerz fügt sie mir zu. Sie fragt nicht, ob sie darf oder ob ich es will, sie tut es, mit verschiedenen Schmerzgraden. Die geringen Grade empfinde ich unter Umständen direkt angenehm. Da spüre ich meine Herrin, die ich im Normalsex ja sonst ohnehin nie zu spüren bekomme. An den Geschlechtsteilen, am Anus und vor allem an den Brustwarzen habe ich diesen leichten Schmerz besonders gern. Aber dann kommen höhere Schmerzgrade, die schwer zu verkraften sind. Nur: Wer fragt danach? Ich habe mich unterworfen, ich muß es erdulden. Ich beschimpfe mich dann selbst laut als Feigling und Schwächling, daß mir das weh tut. Ich bitte die Herrin aufzuhören, aber sie verhöhnt mich nur und lacht wahnsinnig demütigend, und der Schmerz kann auch ins Unerträgliche gesteigert werden... Ich schreie, bitte um Gnade, die nicht gewährt wird – aber hinterher bedanke ich mich, und dieser Dank ist trotzdem echt und nicht nur befohlen oder gespielt. Da ich meine Herrin oft wechsle, ist es nicht nötig, die Schmerzintensität zu steigern, um den «Spaß», wie Sie es nennen, zu erhöhen. Schmerzen machen natürlich keinen Spaß, aber eine Luststeigerung ist es schon. Würde ich einen Salon verlassen, ohne Schmerz empfunden zu haben, so hätte ich nichts erlebt. Der Schmerz, der mir zugefügt wird, also Strafe ohne Grund, da ich doch gar kein Verschulden auf mich gezogen habe, demütigt mich sehr stark, und je größer der Schmerz war, um so tiefer die Demütigung. (64, M, HETEROSEXUELL)

In diesem Beispiel wird deutlich, daß für den Autor der Schmerz keineswegs eine angenehme Erfahrung ist. Manche Sadomasochisten erleiden den Schmerz nicht aus «Schmerzlüsternheit», sondern als den signifikantesten Beweis ihrer Devotheit und Selbstaufgabe gegenüber ihrer Domina oder ihrem Herrn.

Es gibt aber auch Masochisten, die aus dem unmittelbaren Schmerzerlebnis Lust gewinnen. Für diesen Sachverhalt hat der Sexualforscher F. von Schrenck-Notzing 1902 den Begriff der Algolagnie eingeführt.[102] Dabei geht es nicht nur um Unterwerfung, sondern um eine spezifische Steigerung des Lusterlebnisses durch Schmerz:

MARIA: Es kommt drauf an, ob man sich gegen den Schmerz wehrt oder ob man sich reinfallen läßt. Es gibt also die Momente, wo man Wut verspürt über diese Schmerzen. Die Wut, im Endeffekt hilflos zu sein, zu sagen, was mache ich eigentlich hier? Ich bin hier gefesselt, lasse mich schlagen. Dann tut es auch weh. Wenn man sich dann aber wieder fallenläßt in den Schmerz und in seinen Körper reinhorcht, merkt man, daß dieser Schmerz einfach guttut. Man wird eben feucht oder erregt, wenn man sich da reinfallen läßt. Dieser Schmerz ist dann einfach aufgeilend. (25, M, HETEROSEXUELL)

VANESSA: Bei mir ist es eher so, daß es das Schmerzerlebnis an sich ist, um das es mir geht. Großen Schmerz zu empfinden, während du die Möglichkeit hast, dich reinfallen zu lassen, erzeugt erst mal Adrenalin im Blut und hinterläßt – wenn du durch bist – ein sehr, sehr angenehmes, gutes Gefühl... Da ist tatsächlich eine ganz eigene Schmerzgeilheit, die Schläge machen mich geil. Nach jedem Schlag ist die Geilheit da. Und dann will ich noch mal und noch mal genau diesen Kick haben. (30, SM, HETEROSEXUELL)

JONATHAN: Schmerz ist ein unerläßlicher Bestandteil der SM-Begegnung, ja der eigentliche Antrieb dafür. Bondage allein fände ich fad. Der Schmerz ist etwas, wovor ich mich fürchte, doch zugleich sehne ich ihn herbei. Natürlich ist er luststeigernd, denn ich will ihn ja dann immer noch etwas stärker spüren: noch mehr kräftigere Peitschenhiebe, gesteigerte Stromstärke und/oder Impulsfolge, schärfer zubeißende Brustklammern, wiewohl das zum Allerunangenehmsten gehört, dann lieber drei Kilo Gewicht an den Hoden. Im Laufe der Zeit tritt sicherlich eine gewisse Verminderung der Schmerzempfindlichkeit, eine Anhebung der Reizschwelle ein, die mich nach der Steigerung des Schmerzes rufen läßt. Das gilt aber, glaube ich, nicht für alle Körperteile gleichermaßen. An meinen Genitalien halte ich viel mehr aus als vor einigen Jahren, an den Brustwarzen hingegen beinahe weniger – und trotzdem will ich auch hier den stärkeren Reiz. Man läßt sich immer weiter hineingleiten in das Schattenreich der Tortur, wünscht sich immer noch ein bißchen mehr, riskiert auch immer noch ein weniges mehr. (62, M, HETEROSEXUELL)

MANFRED: Die ersten 30 bis 50 Rohrstockhiebe tun mir immer noch genauso weh wie jedem anderen normalen Menschen auch. Bloß dann setzt so eine Art, wie soll man sagen, Schmerzwollust ein, und dann nehmen auch die Schmerzen ab. Ich empfinde das nicht mehr als richtig körperlichen Schmerz… In jedem Fall macht es geil. (25, M, SCHWUL)

INGE: Die Schmerzen empfindest du nach einer gewissen Zeit nicht mehr so sehr, du bist dann einfach nur angeturnt und genießt die Situation. Wenn ich nicht geschlagen werde und den Schmerz nicht spüre, sind meine Empfindungen viel geringer beim Sex. (26, SM, LESBISCH)

Hier stellt sich die Frage, wie die Schmerzen überhaupt ertragen werden können und wie diese Schmerzen mit dem Lusterlebnis zusammenhängen. Zunächst einmal ist festzuhalten, daß die Schmerztoleranzschwelle individuell unterschiedlich ist. Was dem einen weh tut, kann der andere noch gut verkraften. Möglicherweise liegt also bei einigen Sadomasochisten die Toleranzgrenze ohnehin schon höher als bei anderen Menschen.[103] Zudem sind normale Reaktionen auf schmerzhafte Reize nicht angeboren, sondern müssen, wenn die Ergebnisse aus Tierversuchen übertragbar sind, in einer frühen Entwicklungsphase erlernt werden: «Bleiben diese frühkindlichen Erfahrungen aus, so lassen sie sich später nur schwer erlernen: Junge Hunde, die in den ersten 8 Lebensmonaten vor allen schädigenden Reizen bewahrt wurden, waren unfähig, auf Schmerzen angemessen zu reagieren, und lernten dies nur langsam und unvollkommen. Sie schnupperten immer wieder an offenen Flammen und ließen sich Nadeln tief in die Haut stechen, ohne mehr als lokale reflektorische Zuckungen zu zeigen. Vergleichbare Beobachtungen wurden auch an jungen Rhesusaffen erhoben.»[104] Entsprechend ließen sich vielleicht auch bestimmte Entwicklungsstörungen für eine drastische Desensibilisierung von Nociceptoren verantwortlich machen, so daß bei manchen Sadomasochisten die Noxen erst auf einem recht hohen Niveau Schmerzempfindungen auslösen. Jedoch liegen entsprechende experimentelle Untersuchungen nicht vor.

Wichtiger sind vielleicht auch die endogenen Kontrollsysteme, die das Schmerzerlebnis blockieren können. Eines von ihnen wirkt in der Verbindung von Opiatrezeptoren und ihnen zugehörigen körpereigenen Liganden (Endorphine, Enkephaline und Dynorphine). Aufgrund spezifischer Rezeptoren an den Neuronen des nociceptiven Systems können diese körpereigenen Opiate sehr gezielt wirken.

Schmerzempfindungen können dadurch – analog zur Wirkungsweise körperfremder Schmerzmittel – reduziert oder ganz unterdrückt werden.

Eine andere Form endogener Schmerzkontrolle ist möglicherweise im Zusammenhang mit bestimmten elektrophysiologischen Prozessen im Gehirn zu sehen. So ist etwa bei Fakiren oder Feuerläufern ein Zustand kortiko-subkortikaler Dissoziationen (Hirnschlaf bei gleichzeitiger körperlicher Aktivität) zu beobachten, der mit erhöhten Thetaaktivitäten verbunden ist.[105] Vergleichbare Zustände sind bei der sexuellen Erregung, insbesondere beim Orgasmus nachzuweisen, wie W. Larbig u. a. ausführen: «Während des sexuellen Höhepunktes ist die Umgebungs- und Schmerzwahrnehmung reduziert bzw. ausgeschaltet. Simultane EEG-Befunde zu diesem Zeitpunkt zeigen erhöhte Thetaaktivität (4Hz) über der rechten Hemisphäre.»[106] Bestimmte chemische und elektrophysiologische Prozesse können – wenngleich hier noch weitere Forschungsergebnisse abzuwarten sind – in einen Zusammenhang mit dem Schmerzempfinden gebracht werden.

Zudem könnten situationale Variablen eine Rolle spielen. Nicht Schmerz an sich, sondern erotisch interpretierbarer Schmerz wird genossen. Viele Befragte berichten, daß sie Schmerz in anderen Situationen nach wie vor als unangenehm erleben und mit Angst reagieren.

LISA: Also, wenn ich mir den Fuß breche, dann ist das etwas anderes, oder wenn der Zahnarzt mit der Spritze kommt. Da kriege ich Angst, da kriege ich feuchte Hände. Oder ich habe mir jetzt eine Rippe angeknackst; ich war drei Tage kein Mensch mehr, weil ich Schmerzen hatte. Ich hatte aber keine sexuelle Lust, das sind körperliche Schmerzen, die mir weh tun. Die Schmerzen, die ich lustvoll empfinde, gehen nur in Verbindung mit dem Sexuellen. Also normale Schmerzen empfinde ich genauso als Schmerz wie andere. (38, M, HETEROSEXUELL)

KONRAD: Der Schmerz, den man empfindet, bereitet gleichzeitig Lust, aber nur weil diese Situation so ist. Ich kann mir vorstellen, wenn ich genau die gleiche Handlung, ohne eine Erektion zu haben, an mir vollziehe, dann empfinde ich nur den Schmerz, dann habe ich

eigentlich gar nicht den Gedanken dabei, daß mir genau dieses guttut.
(38, S, HETEROSEXUELL)

Der Zusammenhang zwischen den jeweiligen Situationsbedingungen
und neurophysiologischen Vorgängen wird in neueren Forschungsarbeiten immer wieder herausgestellt: «So ist gut bekannt, daß bei
Kriegsverwundungen der Bedarf an schmerzstillenden Mitteln weitaus geringer ist als bei vergleichbaren Verletzungen im Zivilleben.
Anscheinend vermindert die Aussicht auf die baldige Heimreise und
das Glücksgefühl, die Schlacht überlebt zu haben, Schmerzwahrnehmung und -bewertung in einem erheblichen Ausmaß.»[107] Bestimmte
imaginative Techniken können als situationale Variablen die
Schmerzhaftigkeit noxischer Reize reduzieren. Neben Tagträumen
und Phantasien erweisen sich auch «die Umdefinition des Schmerz-
reizes als willkommene Erfahrung (z. B. als angenehm erlebter Kälte-
reiz bei der Vorstellung, sich in der Wüste zu befinden) oder die imaginative Transformation des Kontextes (z. B. sich in einer vorgestellten Szene befinden, in der der Schmerz eine andere Bedeutung gewinnt)»[108] als effektive Schmerzreduktionsstrategien.

Die Aufladung des SM-Rituals durch sexuelle Reize könnte ein
vergleichbarer Mechanismus sein. Schmerz würde dadurch nicht nur
erträglich, sondern bekäme möglicherweise eine andere subjektive
Bedeutung, nämlich die des Lustgefühls, oder würde zu einer gänzlich
anderen Gefühlsqualität, wie E. Pöppel es formuliert: «Vielleicht ist
die Ekstase, wie sie durch extreme Situationen ausgelöst wird, jener
Zustand, in dem größte Lust und tiefster Schmerz sich vereinen und
durch ihre Integration eine neue Erlebnisqualität entstehen lassen.»[109]

Die vielfältigen Ergebnisse aus der neueren Biophysiologie und
-psychologie können bei der Erklärung von Schmerz-Lust-Verbin-
dungen eine zentrale Rolle spielen. Allerdings sind die Hypothesen
noch nicht hinreichend empirisch abgestützt. Vor allem ist der Zusammenhang von Schmerzreizung und sexuellem Lustgefühl kaum
thematisiert worden.

▼

▼ Der Ekel

▼ Ganz allgemein formuliert ist der Ekel ein unlustbetontes Gefühl des Widerwillens, das gegenüber bestimmten Reizen aufgebaut wird. Ekel kann sich auf Objekte wie z. B. Speisen, Getränke oder Ausscheidungen oder aber auf Menschen bzw. bestimmte menschliche Verhaltensformen beziehen. Hinter Ekel steht die extreme Ablehnung eines Gegenstands oder einer Verhaltensweise, die als schädlich oder giftig eingeschätzt wird. Schon die bloße mentale Vorstellung des Ekelreizes kann ausreichen, um das Gefühl auszulösen.

Ohne darauf einzugehen, woher die einzelnen Aversionen stammen und welche Ursachen verantwortlich zu machen sind, berichten unsere Gesprächs- und Interviewpartner von ganz unterschiedlichen Ekelformen. Heterosexuelle Männer hatten Ekelgefühle, wenn sie sich sexuelle Kontakte mit einem anderen Mann vorstellten. Sie gaben an, solche Handlungen nur unter dem entschiedensten Druck einer dominanten Frau ausüben zu können. Aber selbst dann üben sie den «Befehl», einen anderen Mann zu stimulieren, nur mit Widerwillen oder überhaupt nicht aus:

STEPHAN: Ich könnte mich schütteln vor Ekel, wenn ich mir vorstelle, es mit einem Mann machen zu müssen. Also ein Mann ist für mich absolut tabu. Ich kenne einige Homosexuelle und komme mit ihnen sehr gut aus. Wenn ich mir aber vorstelle, ich müßte einen Schwanz in den Mund nehmen oder jemandem die Eier ablecken oder einen Mann in den Arsch ficken, dann bin ich schon dicht am Kotzen... Eine Domina hat das einmal von mir verlangt, und da habe ich alle Kontakte zu ihr abgebrochen. Das ist noch nicht einmal für eine ansonsten verehrungswürdige Frau möglich. (42, M, HETEROSEXUELL)

Einige Männer und Frauen vermeiden jegliche orale oder anale Praktiken, manche Frauen haben einen unüberwindbaren Ekel vor Sperma. Gemeinsam ist diesen Aversionen, daß sie – sofern dem dominanten Partner bekannt – als Anknüpfungspunkt für Unterwerfungsrituale genutzt werden. Die Reaktionen der Betroffenen auf diese Reize werden übereinstimmend als körperlicher Widerwille – unter Umständen mit Brechreiz verbunden – beschrieben, also ein Verhalten, wie es universell bei Ekelsituationen vorkommt.[110]

Ekelreaktionen zeigten sich bei den Befragten insgesamt am deutlichsten in bezug auf Exkremente. Ihre Thematisierung löste zumeist Ausweichreaktionen aus. Während die Interviewpartner offen über ihre übrigen SM-Erfahrungen sprechen konnten, ließ die Gesprächsbereitschaft bei dieser Frage merklich nach. Die wenigen Antworten hierzu erreichten uns zumeist auf schriftlichem Weg. Diese Form des Ekelerlebens ist vornehmlich auf die passive Rolle beschränkt. Zwar haben von uns befragte S-Personen auch vom Ekel gegenüber bestimmten Praktiken gesprochen, sie sind aber den entsprechenden Situationen nicht so direkt ausgesetzt, weil sie aufgrund ihres Status größere Entscheidungsfreiheiten haben. Sicherlich können auch die Masochisten Praktiken mit Exkrementen aus ihrem SM-Spektrum ausklammern, manche von ihnen suchen aber – entsprechend einem radikalen Rollenverständnis – die Überschreitung dieser Grenzen, die als drastischster Beleg für eine devote Haltung erbracht wird:

EGMONT: In der Phantasie werde ich gerne zu bestimmten Praktiken gezwungen. In der Wirklichkeit ist es aber die Hölle für mich. Natursekt, Kaviar und homosexuelle Handlungen sind mir zutiefst zuwider. Was an diesen Praktiken so abstoßend ist, kann ich nicht sagen, aber es ist eben abstoßend... Genauso finde ich orale Praktiken ekelhaft. Ich würde einer Frau niemals freiwillig orale Dienste tun. (52, M, HETEROSEXUELL)

NIKOLAUS: Dann verlangte sie von mir, in eine unausgewaschene Urinflasche zu urinieren, um dann mein eigenes Zeug zu trinken. Aber ich war kurz zuvor auf der Toilette gewesen, und außerdem verwehrte die Aussicht auf das Kommende schon rein psychisch den Harnstrahl. «Dann werde ich es dir halt mit dem Katheter holen!» brüllte sie mich an. Da ich aber soeben eine Prostataoperation hinter mir hatte, bat ich sie, flehte ich sie an, zu hören, daß der Arzt gesagt hatte: «Katheter nur im Krankenhaus setzen lassen.» Sie akzeptierte diese wahrheitsgemäße Ausrede und brüllte mich an: «Ich habe auch noch andere Mittel, du Schwein.» Und ich mußte hinter ihr herkriechen durch den Flur, zu einem Raum, dessen Tür sie öffnete. Es war die Toilette. «Sauf sie aus, du Sau!» Was sollte ich tun? Ich war verängstigt, ich fürchtete mich vor weiterer Strafe, nachdem ich schon zwei Befehle nicht ausgeführt hatte... Ich soff. Es war wohl das

Schlimmste meines Lebens... Praktiken wie Kaviar, erzwungene homosexuelle Kontakte (anal und oral) sind fürchterlich, aber es macht devot, demütigt unter die Macht der Herrin. Erregend daran ist, daß ich ihnen unterworfen bin, nicht weiß, was sie heute für mich ausgedacht hat, welcher Laune ich unterworfen bin. Erregend ist, darum zu bitten, sie möge doch diese oder jene Praktik nicht an mir ausüben, was dann brüsk abgelehnt wird, und ich muß es dulden. Ja, ich würde sagen, das geilt auf... Es fällt mir keine einzige Situation ein, die ich positiv empfinden würde. Alles ist negativ: von Schmerz, Ekel, Demut und Angst geprägt. Zumindest körperlich spielen sich nur negative Gefühle und Erlebnisse ab. **(64, M, HETEROSEXUELL)**

Das Beschmieren mit und das Essen bzw. Trinken von Fäkalien stellt ein Demutsritual dar. Die zivilisatorisch entstandene «Ächtung der menschlichen Exkremente»[111] wird auf die eigene Rolle übertragen. Die «Selbstentweihung» durch Fäkalien ist eine Grenzerfahrung, die sich jenseits der geltenden sozialen und kulturellen Regeln abspielt. Ob neben diesen soziogenetischen Ausformungen auch biogenetische Faktoren eine Rolle spielen, kann gegenwärtig nicht beurteilt werden. Über die physiologische Basis des Ekels ist so gut wie nichts bekannt, was aber auch für andere Gefühlsqualitäten wie Trauer, Furcht oder Freude gilt: «Alle Versuche, die verschiedenen Gefühlsqualitäten anhand der Aktivität bestimmter Hirnareale oder anhand von Reaktionen des autonomen oder hormonellen Systems zu unterscheiden, sind aber bisher gescheitert.»[112]

Im Bereich des homosexuellen Sadomasochismus ist noch auf andere Gesichtspunkte hinzuweisen. Auf die Möglichkeit, *(Natur-)Sekt* und *Kaviar* in eine lesbische SM-Beziehung zu integrieren, weist z. B. P. Califia hin: «Da Pisse und Scheiße mit Dreck gleichgesetzt werden, können sie auch symbolisch zur Erniedrigung eingesetzt werden. Die Intimität, die in der Kontrolle über jemands Ausscheidung liegt, kann bewirken, daß sich deine Partnerin hilflos, akzeptiert und geborgen fühlt.»[113] SM-Lesben haben sich zu diesen Formen sexuellen Verhaltens allerdings nicht geäußert. Das Fehlen solcher Praktiken in ihren Schilderungen könnte aber Resultat der bei ihnen zu beobachtenden Unsicherheit im Umgang mit ihren Neigungen sein und verriete dann nichts über die Existenz fäkaler Handlungen in ihren Arrangements.

Bei Schwulen kommen fäkale Praktiken vergleichsweise häufig vor.[114] In seinem Interview mit H. Fichte unterstreicht H. Eppendorfer die Bedeutung von Fäkalpraktiken in der schwulen Lederszene: «Natürlich spielt Kot eine Rolle. Natürlich sind Leute dabei, die Kot fressen, die sich mit dem Kot beschmieren lassen, die einen kotigen Hintern auslecken, wie Leute dreckige Stiefel ablecken... Auch Kotorgien hat es gegeben, es hat im Park also mehrmals sehr heftig nach Scheiße gestunken. Daß man sich dann mit dieser kotigen Faust, diesem kotigen Arm, dieser kotigen Hand wieder den Körper, die Brustwarzen beschmieren ließ. Daß sie sich den Lederoverall aufmachten und sich den Körper einseifen ließen.»[115] Auch die folgenden Äußerungen verweisen auf die Rolle von fäkalen Praktiken:

BERND: Für mich ist einfach die Faszination an Dirty Sex, sich gehen zu lassen. Eben die gesellschaftlichen Konventionen völlig außer acht zu lassen. Es ist vielleicht so dieses derbere, männlichere, was damit als Wunsch ein Stückchen näher kommt... Wenn man mit dem Motorrad rausfährt, kann man sich draußen auch anpissen und dann halt weiterfahren. Es ist die Faszination, die Sau rauszulassen. Sich so geben zu dürfen, wie man es im Alltag nicht darf, wie man es zu Hause in der Wohnung nicht kann, wie man es in der Kindheit nicht gedurft hat. Ich finde es auch geil, sich anzuscheißen. Daran ist faszinierend, total Schwein sein zu können. Das ist, glaube ich, so die extremste Form, die möglich ist. Weil gerade der ganze Bereich Scheiße sehr mit Tabus belegt ist. Und so ein Tabu zu durchbrechen ist faszinierend. Es ist die extremste Form von Sex. Da ist man einfach nur Tier. (37, M, SCHWUL)

Das vorstehende Beispiel macht deutlich, daß mit der Verunreinigung durch Exkremente nicht unbedingt Ekel verbunden sein muß. Manche Personen sind von diesen Fäkalpraktiken fasziniert und finden es erregend, sich beschmutzen zu lassen oder jemanden zu beschmutzen bzw. Exkremente zu essen oder zu trinken. Ähnliche Fälle von Koprophilie (Koprophagie) und Urolagnie hat auch M. Boss beschrieben.[116] Möglicherweise verweisen sie darauf, daß in ihnen die Destruktion der Reinlichkeitserziehung in der Kindheit genußvoll erlebt wird.

Sadomasochismus als Außeralltäglichkeit und Grenzerfahrung

Im Sadomasochismus werden sexuelle Empfindungen mit Elementen aus anderen Emotionen (z. B. Angst, Ekel, Aggression, Furcht) amalgamiert. Dabei streben die Befragten Intensitätsstufen an, die sie beim normalen Sex nicht erreichen. Gleichwohl ist auch der normale Sex ein Spiel, in dem solche Elemente in Ansätzen mitschwingen: «Die mit Schmerzen befundene Reizung des Sexualpartners durch Beißen, Kratzen oder Kneifen bei der Aufnahme und/oder Durchführung sexueller Beziehungen ist unter den verschiedensten ethnischen Gruppen außerordentlich verbreitet. Auch bei fast allen Tierarten, insbesondere den Säugerwildformen, wurden bisher ähnliche Erscheinungen beobachtet. Diese auffällige Parallelität zwischen ähnlichen Verhaltensweisen des Menschen und der unter ihm stehenden Säuger und die Häufigkeit des Auftretens auch in dem außerhalb des sadomasochistischen Formkreises sich abspielenden Sexualverhalten von menschlichen Individuen aller Gruppen legt den begründeten Schluß nahe, daß im Zufügen und Erdulden von Schmerzen geringerer Intensitätsgrade für viele Lebewesen ein zusätzlicher sexueller Reiz liegen muß. Auch in der menschlichen Geschlechtsliebe außerhalb jeglicher perverser Fixierungen bewegt sich vieles, was zum Liebesspiel und koitalen Vollzug gehört, auf jenem schmalen Grat zwischen Lust und Qual... Die Perversionsform des Sadomasochismus besteht wenigstens zum Teil lediglich in einer quantitativen Verzerrung von wahrscheinlich in den meisten Menschen angelegten Möglichkeiten, auf leichten Schmerz sexuell zu reagieren. Ein Großteil der häufigsten sadomasochistischen Reaktionsweisen stellt also lediglich eine Verstärkung und Vergröberung (dieser) Tendenzen dar...»[117] Was L. Keupp hier speziell für den Schmerz vermutet, gilt ähnlich für die anderen Elemente sadomasochistischen Verhaltens:

GILDA: SM ist ein viel intensiveres Beschäftigen mit dem Körper. Ich habe bei normaler Sexualität das Problem, zu sanft gestreichelt zu werden, es ist mir unangenehm. Ich habe ein sehr schönes Gefühl, wenn ich eben feste angepackt werde, wenn ich Kraft spüre. Dann ist es dieses Wandern, diese Gratwanderung auf der Schwelle zwischen

Lust und Schmerz… Es ist bei mir der Wunsch, einmal ohnmächtig zu werden. Ich bin es noch nie gewesen. Ich treibe eigentlich meine Partner dahin. Ich möchte es einmal erleben, einfach ganz willenlos und hilflos zu sein. Ich glaube, es ist eine Art Todessehnsucht, diesen kleinen Tod einmal zu erleben. (35, M, HETEROSEXUELL)

FERDINAND: Beide Partner durchbrechen Barrieren, die Konvention und Angst errichtet haben. Sie durchbrechen Grenzen und werden damit zu Grenzgängern die auch Risiken eingehen. Meine Gefühle zu beschreiben gelingt mir nur ansatzweise und über «Bilder»: Abstreifen von Sicherheit, Panzerung und Schwere – dafür Durchblutung, Atem, Unruhe. Es erhebt sich ein Widerstreit zwischen Gedanken und Gefühlen. So kann ich absolut darüber entscheiden, was «wir» als nächstes tun. Gefühle oszillieren zwischen uns, meine Freiheit und Verantwortung berühren Angst und Auflösung meines Partners. Der normale Koitus bietet in seiner einförmigen Wiederholung zwar Selbstvergewisserung, Heimat, Stabilität, kann sich aber auch in Routine ermüden. Es steht fast alles fest, die einfach definierten Rollen sind verteilt, und Überraschung bleibt aus. (43, SM, BISEXUELL)

THEODOR: Das Haupterlebnis ist eine schwer beschreibbare Steigerung des Lebensgefühls, die Befriedigung des Existenzhungers. Die gleiche Antwort würde ich auf die Frage geben: Warum fahren Sie überschnell Auto, warum gehen Sie klettern? Über den Körper breitet sich erst Spannung und dann tiefe Wärme aus. Es sind Orgasmen anderer Art möglich, das ist schwer zu beschreiben; es ist, wie wenn man in weiches, warmes Gold getaucht würde. (58, SM, HETEROSEXUELL)

MIRIAM: SM ist für mich… eine orgiastische Feier, in der Schmerz zugefügt oder empfangen wird, in der hygienische Überlegungen vorübergehend aussetzen, in der «gekleckert» wird. Hier wird verschwendet, nicht nur Materielles, sondern auch Energie als sexuelle und – Gefühl. Anders als beispielsweise de Sade ergötze ich mich nicht an tatsächlichem Unwohlsein meiner Partnerin…, sondern an der Ekstase, die mein oft schmerzvolles Vorgehen auslöst… Mit Hilfe von SM-Praktiken habe ich, sofern sie gewollt waren, jedenfalls eine Intensität des Erlebens erreicht, die mir in «normalen» Beziehungen selten möglich war. (27, S, LESBISCH)

SEBASTIAN: Ich liebe den Vorgang, allmählich in Fesseln gelegt zu werden, meine Freiheit aufzugeben und zugleich eine neue zu gewinnen: die Ekstase, das Außer-mir-Sein..., ein wenig die Kontrolle über mich zu verlieren, sie abzugeben an den anderen, verantwortungs-los im wörtlichen Sinne. Ich erlebe mich als Körper, Gefühl und Kopf, und dabei nicht allein zu sein, auch die Erschütterungen des anderen mitzuspüren, sich durch Berührungen mitzuteilen. Die körperlichen Reize bringen meinen Körper zum Zucken, zum Schwitzen, Aufbäumen. Ich erlebe mich sehr elementar. (47, M, SCHWUL)

Die Sehnsucht nach Außeralltäglichkeit ist möglicherweise eine Reaktion auf die Verhaltensnormen des Alltags, die ein beständiges, vernunft- und zweckorientiertes Handeln fordern. Die Vergegenwärtigung der zivilisatorischen Transformationen seit dem Beginn der Neuzeit, wie N. Elias sie untersucht hat, verdeutlicht dies. Waren unmittelbare und spontane Affekte in vormoderner Zeit durchaus übliche und akzeptierte Verhaltensformen, so sind es heute vor allem das rationale Kalkül und die Selbstkontrolle, die im Umgang mit anderen Menschen erwartet werden.[118] Für diese Veränderungen macht Elias grundlegende gesellschaftliche Umwälzungen verantwortlich. Gesellschaften auf einem höheren Komplexitäts- und Interdependenzniveau sind ohne ein stabiles Gewaltmonopol nicht denkbar. Die individuelle Gewalthandlung wird zu einer Bedrohung der allgemeinen Befriedung. Deswegen sind Gewalt und Aggression durch ein strenges Normkorsett begrenzt, und nur derjenige, der seine Affekte unter Kontrolle hat, braucht keine negativen Sanktionen zu befürchten. Dem unkontrollierten und unberechenbaren Individuum droht hingegen Bestrafung und Kasernierung.

Aber nicht nur hinsichtlich aggressiver Affektäußerungen wird dem einzelnen Menschen ein bestimmtes Verhalten abverlangt, sondern auch in bezug auf sein ganzes Verhalten. Es entsteht – um mit M. Foucault zu sprechen – eine «Mikro-Justiz der Zeit (Verspätungen, Abwesenheiten, Unterbrechungen), des Körpers (falsche Körperhaltungen und Gesten, Unsauberkeit), der Sexualität (Unanständigkeit, Schamlosigkeit).»[119] Das zunächst äußere Zwangssystem verändert sich evolutionär mehr und mehr in einen Selbstzwang und funktioniert gleichsam als internalisierter Automatismus: So kann das zivilisierte, «triebgedämpfte» Verhalten als natürlich erscheinen.

N. Elias folgert weiter, daß sich das Erleben von Affekten abschwächt und neutralisiert: «Wie die Monopolisierung der physischen Gewalt die Angst und den Schrecken verringert, die der Mensch vor dem Menschen haben muß, aber zugleich auch die Möglichkeit, anderen Schrecken, Angst oder Qual zu bereiten, also die Möglichkeit zu bestimmten Lust- und Affektentladungen, so sucht auch die stetige Selbstkontrolle, an die nun der einzelne mehr und mehr gewöhnt wird, die Kontraste und plötzlichen Umschwünge im Verhalten, die Affektgeladenheit aller Äußerungen gleichermaßen zu verringern. Wozu der einzelne nun gedrängt wird, ist eine Umformung des ganzen Seelenhaushalts im Sinne einer kontinuierlichen, gleichmäßigen Regelung seines Trieblebens und seines Verhaltens nach allen Seiten hin... Aber wie er nun stärker als früher durch seine funktionelle Abhängigkeit von der Tätigkeit einer immer größeren Anzahl Menschen gebunden ist, so ist er auch in seinem Verhalten, in der Chance zur unmittelbaren Befriedigung seiner Neigungen und Triebe unvergleichlich viel beschränkter als früher. Das Leben wird in gewissem Sinne gefahrloser, aber auch affekt- und lustloser, mindestens was die unmittelbare Äußerung des Lustverlangens angeht.» [120] Die Nivellierung der äußerlich sichtbaren Emotionsregungen bedeutet aber nicht, daß der Mensch auch innerlich befriedet ist. Zwar kann er seinen Gefühlen nicht mehr freien Lauf lassen, gleichwohl sind sie noch vorhanden.

Besonders deutlich zeigt sich diese Feststellung im Bereich der Sexualität. Sie steht als Inbegriff des «Fleisches» der Rationalität der Selbstkontrolle gegenüber. Ausgelebte Sexualität ist die Aufhebung der alltäglichen Kontrolle, eine Form des «Außer-sich-Geratens». G. Bataille beschreibt dies sehr anschaulich: «Der Liebesakt und das Opfer decken beide dasselbe auf: das Fleisch. Das Opfer läßt an die Stelle der geordneten Funktionen des Lebewesens das blinde Zucken der Organe treten. Dasselbe gilt für die erotische Konvulsion: sie befreit die blutgefüllten Organe, deren blindes Spiel sich über das überlegte Wollen der Liebenden hinaus fortsetzt. Auf das überlegte Wollen folgen die tierischen Bewegungen der vom Blut geschwellten Organe. Eine Gewalttätigkeit, die von der Vernunft nicht mehr kontrolliert wird, beherrscht diese Organe, spannt sie bis zum Platzen, und plötzlich wird es zu einer Freude der Herzen, dem Überschwang dieses Sturmes nachzugeben. Die Bewegung des Fleisches überschreitet, während der Wille abwesend ist, eine Grenze. Das Fleisch ist in uns jener Exzeß, der sich dem Gesetz des Anstands widersetzt. Das Fleisch ist der angeborene Feind jener, die das christliche Verbot quält; wenn es aber, wie ich glaube, ein vages und umfassendes Verbot gibt, das sich in verschiedenen, von Zeit und Ort abhängigen Formen der sexuellen Freiheit entgegenstellt, so ist das Fleisch Ausdruck für die Rückkehr dieser bedrohlichen Freiheit.» [121] Jeder Mensch lebt in dem Spannungsverhältnis von zivilisatorischen Selbstkontrollzwängen und dem inneren Aufbegehren gegen diese Restriktionen, was sich in temporären Befreiungsversuchen von diesen Verhaltensstandards äußert.

Gleichwohl muß das Individuum im Alltag das Verhalten zeigen, das von ihm erwartet wird, muß den inneren Konflikt zugunsten der Selbstkontrolle lösen. Eine Vielzahl von ritualisierten Verhaltensschablonen, wie Goffman sie beschrieben hat, sichert dabei die Stabilität und Zuverlässigkeit der Handlungen des Individuums und gewährt auch in bestimmtem Umfang Kontrollentlastungen, weil sie mehr oder weniger automatisch realisiert werden.

Unmittelbar mit den Anforderungen des Alltags ist der Wunsch nach Außeralltäglichkeit verbunden, die als temporärer Ausstieg aus den allgemein geltenden Verhaltenskonventionen zu verstehen ist. Sie manifestiert sich im SM-Rahmen durch die Chance des exzessiven Auslebens von Emotionen. Gleichzeitig wird in dieser Situation all das, was der Alltag im Umgang mit anderen Menschen erfordert, hyperritualisiert, karnevalisiert oder ins Gegenteil verkehrt. Die alltäglichen Ordnungen lösen sich in der außeralltäglichen Erfahrung des Sich-gehen-Lassens und der Sicherheit vor negativen Konsequenzen auf. Außeralltäglichkeit konstituiert sich also in der Ablösung des Verhaltens von den Alltagserwartungen und der Befreiung dieser Ablösung von negativen Konsequenzen. Damit wird auch deutlich, daß Außeralltäglichkeit ein Phänomen ist, das es schon immer – wenn auch in verschiedenen Erscheinungsformen – gegeben hat. Jede Epoche und jede Kultur prägen eigene Formen der Außeralltäglichkeit.[122]

Im Sadomasochismus kann sich aber auch die Suche nach Ekstase und Grenzerfahrungen äußern, wie sie in allen Gesellschaften bei religiösen oder kultischen Riten möglich waren resp. sind: Initiationsriten, Hinrichtungs- und Marterfeste, Martyrien und extreme Askesen sind Beispiele hierfür.[123] Gemeinsam ist diesen «künstlichen Paradiesen», daß sie die Zustände ekstatischen Erlebens absichtsvoll herbeiführen und an bestimmte Anlässe gebunden sind. In der säkularisierten Welt fallen sie zunächst dem Diktat der Rationalität zum Opfer und verschwinden ganz aus dem Alltag des zivilisierten Individuums oder werden in die Bereiche subversiver Enklaven abgedrängt.

Heute haben sich für diese Erlebnisformen regelrechte Emotionsmärkte herausgebildet, die in ganz unterschiedlichen Bereichen (z. B. Sport, Meditation, Drogen, Sexualität, Sekten, Selbstfindungsgruppen oder mediale Extremsituationen) ähnliche Gefühls- und Körpererfahrungen ermöglichen. Durch sie sollen die «animalischen Leidenschaften» aus der alltäglichen Mäßigung herausgehoben und extreme Gefühls- und Ich-Erfahrungen durchlebt werden. Ekstasen oder andere Extrem-Emotionen sind heute frei verfügbar. Jeder kann – sofern er will – seine Grenzen suchen und überschreiten. Gerade der Sport bietet hierfür zahlreiche Möglichkeiten. So sind vermutlich beim Marathonlauf – ausgelöst durch komplexe neurochemisch-elektrophysiologische Reaktionen – rauschähnliche Zustände denkbar.

Ein anderes Beispiel ist das Bungee-Jumping. Schon vor dem Sprung führt die Erwartung des Erlebnisses zu spezifischen physiologischen Prozessen, die mit einer veränderten Selbstwahrnehmung verbunden sind und nach überstandenem freien Fall in ein euphorisches Gefühl münden. Ganz ähnlich lesen sich die Bekenntnisse eines fanatischen Bergsteigers: «Dort oben werde ich ganz einfach herrlich stark und entfesselt, tief aus dem Körper heraus. Ich lebe ein Leben der ungewohnten Fülle... Ja, durch und durch wild sein, danach bin ich süchtig. Das Saft- und Machtgefühl spüren, das aus dem vollen Körpererleben kommt. Worte sind da so schwach, dieses Daseinsgefühl zu beschreiben. Es ist ein Lebensgefühl der vollen Pulse, ein Raubtiergefühl. Die Käfige sind offen, die Dompteure sind fort, das Raubtier ist los. Da kriegt das Dasein eine ganz andere Fülle und Selbstverständlichkeit. Eine neue Lebensgewißheit ist da, die nicht erst durch Gedanken gedacht sein muß... Dafür handele ich mir Stärke und Wildheit ein, ein großes Lebensgefühl, das von unten, aus den Knochen, aus den Muskeln und Eingeweiden kommt. Klare und gewaltige Rhythmen teilen das Leben ein, Spannung und Erlösung, Zweifel und Triumph, Hunger und Sättigung.»[124]

Auch der Sadomasochismus kann bis in diese ekstatischen Bereiche entwickelt werden. Im Unterschied zur Alltagsbezogenheit der Außeralltäglichkeit transzendiert die Ekstase den Alltag in die «Hypertrophie des Präsens»[125] und die Referenzlosigkeit des Erlebens. M. Csikszentmihalyi beschreibt diesen Zustand als *flow* und bemerkt dazu: «Im *flow*-Zustand folgt Handlung auf Handlung, und zwar nach einer inneren Logik, welche kein bewußtes Eingreifen von Seiten des Handelnden zu erfordern scheint. Er erlebt den Prozeß als ein einheitliches ‹Fließen› von einem Augenblick zum nächsten, wobei er Meister seines Handelns ist und kaum eine Trennung zwischen sich und der Umwelt, zwischen Stimulus und Reaktion, oder zwischen Vergangenheit, Gegenwart und Zukunft verspürt.»[126] Die Differenz von Außeralltäglichkeit und Grenzerfahrung markiert deshalb – bezogen auf den Sadomasochismus – auch unterschiedliche Grade der Partizipation, denn nicht jeder will Grenzen überschreiten, manchen genügt schon die Außeralltäglichkeit.

Das Problem der Gewalt

Sadomasochistisches Verhalten vermittelt Erfahrungen, die auch in anderen Extrembereichen gemacht werden. Seine «Einzigartigkeit» aber gewinnt der Sadomasochismus durch die Synthetisierung von Sexualität und Gewalt – eine Verbindung, die zum Problem werden kann, wenn bestimmte psychische oder physiologische Grenzen nicht respektiert werden. Die Verletzungsgefahr einerseits, moralische Bedenken und strafrechtliche Verfolgung andererseits bedrohen die Akteure und den Fortbestand ihrer Beziehungen. Es ist deshalb zu vermuten, daß sie für diese besondere Arena eigene Strategien des Risikomanagements entwickeln.

▼

▼ Der Umgang mit der Gewalt

▼   Die Teilnahme an einer SM-Handlung ist in der von uns erforsch-ten Szene, darauf haben wir mehrfach hingewiesen, freiwillig. Nie-mand wird gezwungen, bei einem solchen Arrangement mitzuma-chen, aber niemand kann Gefährdungen grundsätzlich ausschließen. Risiken sind wie beispielsweise beim Boxen oder Bungee-Jumping einzukalkulieren. Sie sind sogar notwendig, denn aus der Gefahr re-sultiert ein maßgeblicher Teil der Faszinationskraft extremer Verhal-tensbereiche. Auch die Sexualität enthält solche *thrills*: «Risiko und Gefahr, Kampf, Konfliktlösung – dies ist die Dramaturgie besonders intensiven Begehrens und Erlebens; ohne Risiko, ohne Angst, ohne Feindseligkeit, ohne Rache, ohne Triumph – zumindest in Spuren – resultiert sexuelle Gleichgültigkeit und Langeweile im Sexuellen. Dieses Bild von Erotik ist schockierend und zeigt zugleich, daß die Vorstellung einer nur zärtlichen, friedfertig-lustvollen Sexualität ir-real, ja, beinahe antisexuell ist.» [127] Selbst wenn man in bezug auf all-tägliche Sexualität nicht so weit gehen mag wie G. Schmidt in dieser Äußerung, so gilt dies auf jeden Fall für SM.

Die Balance bei der Gratwanderung zwischen Angst- und Risiko-lust auf der einen und den möglichen, irreversiblen Verletzungsfolgen auf der anderen Seite wird zum entscheidenden Aspekt in extremen Erfahrungsbereichen, sei es beim Sport oder beim Sadomasochismus. Für gefährliche Sportarten haben sich deshalb Regeln etabliert, die die Risikowahrscheinlichkeit minimieren sollen. Diese Statuten sind nor-malerweise schriftlich festgelegt (z. B. die Regeln für den Boxsport oder Karate), und ihre Einhaltung wird von Schiedsrichtern und Ver-bänden überwacht. Wer sie übertritt, wird von dieser Sportart ausge-schlossen. Ähnliches finden wir im Bereich der sadomasochistischen Spezialkulturen. Auch hier existiert ein Regelwerk, das im «Spiel mit dem Feuer» dafür sorgen soll, daß sich niemand «verbrennt». Im Un-terschied zu den Bestimmungen der meisten sportlichen Disziplinen und ihren institutionalisierten Kontrollorganen aber sind die sadoma-sochistischen Normen in keiner Satzung schriftlich fixiert. [128] Auch gibt es keine formellen Kontroll- und Sanktionsinstitutionen.

Die einzelnen Regeln lassen sich an dieser Stelle aufgrund ihrer Vielfalt nicht aufzählen. Einige wollen wir aber der Anschaulichkeit halber erwähnen. So ist z. B. das Schlagen auf besonders verletzungs-trächtige Körperteile (z. B. Nieren, Hoden) genauso «untersagt» wie zu eng gebundene Stricke bei Bondage-Praktiken. In fast allen Arrangements wird zudem ein sogenannter *Stop-Code* vereinbart. Er ist gleichsam das Sicherungsnetz der «Akrobaten». Es kann sich dabei um ein bestimmtes Wort handeln, das meistens aus nicht-sadomaso-chistischen Kontexten stammt. Dadurch soll eine versehentliche Verwendung ausgeschlossen werden.

In Situationen, in denen sich die passive Person, etwa wegen einer Maske, nicht artikulieren kann, dient ein nonverbales Zeichen als *Stop-Code*. Animieren die *Flehrufe, Bitten und Klagen* des Masochi-sten den dominierenden Partner höchstens dazu, mehr zu wagen, be-deutet die Verwendung des Stop-Codes das Ende der Handlung: Die Grenzen des passiven Teils sind erreicht. Die Respektierung der Stopzeichen ist neben dem Freiwilligkeitsgebot eine der wichtigsten Szene-Regeln. Einige wenige Sadomasochisten verzichten jedoch auf den *Stop-Code*. Für sie wäre seine Verwendung eine Beschneidung der Erlebnismöglichkeiten von SM, denn eine gewisse Risikolust «bringt noch mehr Kicks». Allerdings treffen solche Arrangements ohne Netz in der Regel nur sehr vertraute Personen.

HUBERTUS: Regeln, die vorher aufgestellt wurden, sollten für alle Be-teiligten absolut verbindlich sein. Natürlich ist das Theorie. Wenn ein Part das Gefühl hat, sein Gegenüber gibt zu erkennen, daß die vorher aufgestellten Regeln hinfällig sein sollen – why not? Jedenfalls halte ich es für angebracht und vernünftig, vorher halbwegs zu klären, in-nerhalb welches Rahmens sich Aktionen bewegen können und was definitiv nicht geht, ohne daß vorher noch einmal definitiv nachge-fragt wird. (33, S, HETEROSEXUELL)

DIANA: Wenn ich nicht das Gefühl habe, mit ihm machen zu können, was ich will, ist das für mich keine akzeptable SM-Beziehung. Wenn mir gegenüber aber jemand zum Ausdruck bringt, daß er es nicht mehr akzeptiert, kann ich deswegen nicht ausrasten, sondern muß aufhören. Die Regeln bestimmt halt der passive Part, und sie sind verbindlich. Als aktiver Part habe ich dafür die Entscheidung, ob ich mit dem Typ überhaupt was anfangen will, wenn er mir zu viele Re-geln auftischt. (24, S, HETEROSEXUELL)

DIETMAR: Ich kenne das nur so, daß man vorher ein Codewort vereinbart, damit man als Aktiver weiß, wann Schluß ist. Also wenn der
Sadist weitergehen würde, als der Masochist im tiefsten Seelengrunde
will, wäre die SM-Nummer zu Ende. In dem Moment, wo du weitergehen würdest, würde die Geilheit aufhören. Dann würde die Lust zu
Schmerz. (37, S, SCHWUL)

LINA: Ich verabrede mit meinen Freundinnen immer vorher, wann
Schluß ist. Das ist ganz wichtig. Und das Stopwort mußt du kennen
und sofort drauf reagieren. Oder du kennst dich so gut und weißt:
«Aha, wenn sie jetzt das Stopwort sagt, dann möchte sie gern noch
eine Sekunde mehr», aber dann mußt du dich wahnsinnig gut kennen.
(33, SM, LESBISCH)

Wer solche Regeln nicht befolgt und das Stopzeichen oder gar das
Freiwilligkeitsgebot verletzt, kann, sofern es bekannt wird, in der
Szene geächtet werden: Wer einmal die Kontrolle verloren hat, dem
wird es vielleicht nachgesehen, wer immer die Kontrolle verliert, wird
aus Treffen, Parties und anderen Veranstaltungen ausgeschlossen.
Deshalb ist eine der wichtigsten Regeln für die aktive Person, immer
ein recht hohes Selbstkontrollniveau zu haben und sich auch in ekstatischen Zuständen nie völlig gehen zu lassen. Die Einhaltung dieser
Regeln ist aber nur ansatzweise zu kontrollieren. Vergleichsweise einfach ist die Kontrolle auf Parties. Dort gibt es fast immer eine Person, die «die Augen aufhält, sich ein bißchen umschaut und darauf
achtet, daß nichts Ernstes passiert». Wird eine Aktion zu drastisch, so
schreiten die anderen ein. In Zweierbeziehungen bestehen diese Kon-
trollmöglichkeiten nicht. Hier muß das Vertrauen darüber entscheiden, wie weit sich der einzelne auf das Risiko einläßt. Findet die
Begegnung mit einer fremden Person statt, ist es durchaus nicht unüb-
lich, bei Freunden Adresse und Telefonnummer zu hinterlegen. Erfolgt nach einem bestimmten Zeitraum keine Rückmeldung, wird
Alarm geschlagen: Die Bekannten rufen unter der entsprechenden
Nummer an oder fahren auch zu der Adresse, um zu kontrollieren, ob
alles in Ordnung ist.

Dieses Regel- und Kontrollsystem im SM-Bereich ist unerläßlich.
Eine völlig anomische Situation wäre gefährlich, weil nicht selten körperliche und psychische Grenzen berührt werden. Deshalb beziehen

sich viele Regeln im weitesten Sinne auf die Unversehrtheit des Masochisten. Wie in anderen von uns untersuchten – scheinbar regellosen – sozialen Subsystemen bilden sich auch hier eigene Normen heraus.[129] In Verhaltensbereichen, in denen gesellschaftliche Konventionen oder Regeln nur eingeschränkte Bedeutung haben, entsteht keineswegs ein Norm-Vakuum. Vielmehr etablieren sich an die jeweilige Wirklichkeit angepaßte Regelsysteme, die unter anderem auch der Gewalt eine spezifische Bedeutung zuweisen:

MANFRED: Ich meine, früher ist Christoph Columbus losgezogen, und alle hatten Angst, daß die Erde platt ist und sie irgendwann runterfallen. Heute die Segler, die hören vorher den Wetterbericht, haben ihre Seekarte dabei und sagen: «Die und die Runde machen wir. Und wenn eine Flaute kommt, dann haben wir noch unseren Außenbordmotor dabei.» Ja, in der Relation sehe ich das. Christoph Columbus und seine Mannschaft, die haben halt noch was riskiert. Die hätten von der platten Scheibe stürzen können, in – die Hölle vielleicht. Und die Segler heute, die riskieren eigentlich nichts mehr.
FRAGE: Und was bedeutet das für SM?
MANFRED: Na ja, bei einer Folterung, da ist es eben auch brutal hart, und du weißt nicht, ob du da noch lebend rauskommst. Bei SM-Sachen schon. Da guckst du vorher, wie die Stimmung so ist – das Analoge zum Wetterbericht –, ob denn heute überhaupt ein günstiger Tag ist, und suchst dir die Route aus, eben anhand deiner Kondition, stimmst dich eben mit einem Partner ab. (32, S, HETEROSEXUELL)

DIANA: Was ist SM, wenn nicht Gewalt? Aber es ist eine andere Gewalt. Wenn ich jemandem etwas antue, und dieser das akzeptiert, ist das dann Gewalt? Ich verstehe Gewalt anders. Das ist für mich jedenfalls von grundlegender Bedeutung, ob es freiwillig ist oder nicht. (24, S, HETEROSEXUELL)

NIKOLAUS: Gewalt gibt es in meinen Verhältnissen nicht. Abgesehen davon, daß die Herrin mich mit Gewalt gar nicht bezwingen könnte, braucht sie nur mit dem Finger zu schnippen, und ich tue alles, was verlangt wird. Sie braucht mich nicht mit Gewalt in den Käfig zu sperren, ihr Befehl genügt; und ich krieche in den engsten Käfig. (64, M, HETEROSEXUELL)

NATALIE: Ich sehe SM als Spiel und nicht als so ernst, wie das manche vermuten; auch nicht als Ausdruck von Gewalt an der anderen Person. Wenn Schmerz mit Lust verbunden ist, dann ist das ein Spiel und nicht Gewalt. Gewalt wäre für mich, jemandem etwas anzutun, was er nicht will. (34, S, LESBISCH)

Wenngleich sadomasochistische Praktiken vordergründig das Zufügen bzw. Erleiden von Gewalt bedeuten, bleiben sie letztlich doch Elemente eines fiktionalen Spiels. In ihm ist der einzelne Extremreizen ausgesetzt, die er freiwillig erleben will und von denen er weiß, daß er sie jederzeit beenden kann. Ähnlich wie moderne elektronische Medien zukünftig im Cyberspace unmittelbare und «echte» Erlebnisse bieten sollen, ist auch der SM-Rahmen eine Simulation, die – verbunden mit gewissen Risiken – außeralltägliche Erlebnisse und Grenzerfahrungen ermöglicht. Durch ein umfassendes Regelsystem und das letztendliche Bewußtsein des «So tun als ob» bietet das SM-Arrangement virtuelle Erlebnisse.

Gleichzeitig ist der Charakter dieser fiktiven Gewalt von anderen Gewaltformen grundsätzlich verschieden. Während die Schlägerei im Wirtshaus, die Vergewaltigung oder ein Mord immer auch Gegengewalt provozieren, sei es nun durch das Opfer oder staatliche Einrichtungen, handelt es sich im SM-Szenario um eine Gewalt, die folgenlos bleibt. Das vorgängig eingeholte Einverständnis des Opfers beinhaltet den Verzicht auf Rache und Vergeltung; einer möglichen Eskalation wird auf diese Weise vorgebeugt. R. Girard weist in seinem Buch *Das Heilige und die Gewalt* darauf hin, daß das Opferritual in primitiven Gesellschaften die Funktion hat, die Ausbreitung von Gewalt in der Gemeinschaft zu verhindern, indem es die Gewalt auf ein Objekt lenkt, das sich nicht wehren kann. Die dem Opfer angetane Gewalt bleibt folgenlos. Girard verwendet die Metapher des unreinen Blutes, um diese Ambivalenz sichtbar zu machen: «Wir haben bereits von versehentlich oder böswillig vergossenem Blut gesprochen; es ist dieses Blut, das noch am Opfer trocknet, seine Klarheit verliert, trüb und schmutzig wird, Krusten bildet und sich schichtenweise ablöst; das Blut, das an Ort und Stelle alt wird, und das unreine Blut von Gewalt, Krankheit und Tod sind eins. Diesem bösen, schnell verdorbenen Blut stellt sich das frische Blut der eben dargebrachten Opfer entgegen, das immer flüssig und rot bleibt, weil es im Ritual erst im Augenblick des Vergießens gebraucht wird und gleich wieder weggewischt wird...»[130]

Im Opferritual stellt sich kein Vergeltungswunsch ein. Es soll befrieden und symbolisiert dies durch eine finite Gewalthandlung, die keine Anschlüsse zuläßt. Eine ähnliche Qualität hat die sadomasochistische Gewalt. Der Peitschenhieb im Dominastudio zieht nicht den «Gegenschlag» des Sklaven nach sich. Die gleiche Aktion außerhalb der rituellen Situation provoziert dagegen gewalttätige Reaktionen. Dies macht die Besonderheit des sadomasochistischen Rituals aus: Es überführt Gewalt, die in anderen Kontexten Eskalationsprozesse hervorruft, in den Zustand der Folgenlosigkeit.

▼

▼ **Die Überschreitung der Grenzen**

▼ Im «Idealfall» einer SM-Beziehung kommt es nicht zu negativen Erlebnissen. Erst wenn Grenzen verletzt werden, wird aus dem Spiel eine gefährliche Wirklichkeit. Durch bestimmte Reglementierungen und die Antizipation einer funktionierenden Affektkontrolle versucht jeder für sich Kontrollverluste auszuschließen, die zu psychischen oder körperlichen Schäden führen können. Der Alltag des Sadomasochismus weicht aber gelegentlich von diesem Ideal ab. Durch enthemmtes Verhalten auf der passiven wie auf der aktiven Seite kann das Gefühl für die Grenzen schwinden. Geht eine solche Übertretung gut aus, können die beteiligten Personen eine neue positive Grenzerfahrung für sich verbuchen. Ist der einzelne aber durch das Arrangement überfordert, kann er Schaden davontragen.

Dabei sind neben körperlichen auch psychische Schädigungen festzustellen. Sie äußern sich z. B. in Angstgefühlen oder dem Verlust des Vertrauens gegenüber anderen Personen. So kommen manche der Betroffenen nach einem solchen Ereignis nicht mehr mit ihrer sadomasochistischen Orientierung zurecht. Auch die Furcht bei der aktiven Person vor einem erneuten Kontrollverlust kann etwa die Beziehungsaufnahme zu anderen Personen erheblich erschweren oder gar unmöglich machen:

BRIGITTE: Ich habe immer gesagt, daß mir so eine totale Versklavung nicht passieren würde, und gerade mir ist es doch passiert. Das war eine ganz subtile Angelegenheit, wie versucht wurde, meine Psyche zu brechen, zu zerstören; und zu dem Zeitpunkt, als es passierte, hätte ich mich mit Händen und Füßen dagegen gewehrt, wenn einer gesagt hätte, daß ich mich selbst aufgebe. Es war absolut totaler Psychoterror und doch freiwillig und mit meinem vollkommenen persönlichen Einverständnis, weil es geschickt eingefädelt wurde – eigentlich die reinste Gehirnwäsche. Das hat mit Lust nichts mehr zu tun. Aber zum damaligen Zeitpunkt hat man es geschafft mir einzureden, daß es für mich das beste und die vollkommene Selbstverwirklichung ist, und ich habe diese Argumentation bis in die letzte Faser meiner Person aufgenommen und selbst daran geglaubt. Das hat destruktive Formen angenommen. (38, M, HETEROSEXUELL)

SVEN: Mein Freund hat mal eine sehr negative Erfahrung gemacht, und zwar bei Leuten, mit denen er schon sehr lange in Kontakt gestanden hat, zu denen er also ganz regelmäßig hingegangen ist. Immer wenn die angerufen haben, hatte er da anzutanzen, und die nahmen ihn dazwischen, und beim letztenmal hatten die etwas zuviel getrunken und haben die Grenzen nicht mehr gekannt, und da ist er, so wie er war, geflohen – mitten in der Nacht. Und seitdem hat er unwahrscheinliche Angst. (50, M, HETEROSEXUELL)

Nicht selten ist für die «Opfer» therapeutische Hilfe notwendig, um derartige negative Erfahrungen zu verarbeiten. Gerade weil Vertrauen für sadomasochistische Inszenierungen unerläßlich ist, müssen manche der Betroffenen nach solchen Erlebnissen das Grundvertrauen im Umgang mit anderen Sadomasochisten wieder lernen. Um die Verarbeitung dieser Vorfälle zu erleichtern, haben sich mittlerweile Selbsthilfegruppen in der Szene gebildet. Sie versuchen, nicht selten in Zusammenarbeit mit ausgebildeten Therapeuten und Psychologen, die «Traumata» aufzuarbeiten.

Therapiebedürftig ist aber unter Umständen nicht nur das Opfer, sondern vor allem der Täter, wie das folgende Beispiel einer Mißhandlung zeigt:

BIANCA: Ich weiß es von einem Freund... Irgendwann ist er nach Hause gekommen, da hat er keine Fingernägel mehr gehabt. Da ist er einem richtigen Sadisten in die Hände gefallen, der nicht danach gefragt hat, ob er mit diesem oder jenem einverstanden ist. Der hat ihn ans Andreaskreuz gebunden und ihm die Fingernägel ausgezogen. Was sollte er denn da machen?... Der hat sich die Fingernägel nicht absichtlich rausziehen lassen. Das war ein richtiger Sadist. Als der das gemacht hat, da konnte er nicht mehr loskommen. Da nutzte ihm sogar sein Karate nichts. Und hinterher: Was sollte er da ohne Fingernägel machen? Das war wahrscheinlich ein irrer Schmerz. (40, S, HETEROSEXUELL)

Eine solche Folterung verweist auf sadistische Impulse des Täters, die durch entsprechende therapeutische Maßnahmen behandelt werden müssen. Die Erfolgschancen einer Therapie können recht hoch sein, wenn man die Angaben über Sexualstraftäter zum Vergleich heranzieht. Dazu schreibt E. Schorsch: «Zusammenfassend lassen unsere Ergebnisse die Schlußfolgerung zu, daß es, auch wenn man die Therapieerfolge kritisch bewertet, möglich ist, bei über der Hälfte der Sexualstraftäter eine erfolgreiche ambulante Psychotherapie durchzuführen. Dieses Ergebnis ist ermutigend, bedenkt man die große Skepsis, die nicht nur seitens der Justiz gegenüber Psychotherapie überhaupt, sondern auch und vor allem seitens der Psychotherapeuten hinsichtlich der Therapierbarkeit von Straftätern, speziell wenn sie eine Perversionssymptomatik haben, geäußert wird.» [131]

Erzwungene sadomasochistische Dienste oder Körperverletzungen haben auch strafrechtliche Bedeutung. Aus dieser Sicht liegt in solchen Fällen Körperverletzung gemäß Paragraph 223 (Körperverletzung) oder Paragraph 224 (schwere Körperverletzung) vor. Doch nicht nur «entgleiste» Aktionen, sondern generell jede sadomasochistische Handlung gilt als Körperverletzung. Die Befragten halten dagegen, daß es sich bei den *ausgerasteten* Fällen um Ausnahmen handele und die Regel eher die *eingewilligte* Körperverletzung sei, ähnlich wie der ärztliche Eingriff und Verletzungen im Rahmen von Sportveranstaltungen, die nicht als Körperverletzung geahndet werden sollten. Der Gesetzgeber ist hier aber anderer Auffassung: «Wer eine Körperverletzung mit Einwilligung des Verletzten vornimmt, handelt nur dann rechtswidrig, wenn die Tat trotz der Einwilligung gegen die guten Sitten verstößt» (Paragraph 226a, STGB). Die Sittenwidrigkeit nach Paragraph 226a wird beim Sadomasochismus angenommen; demzufolge wäre jede sadomasochistische Körperverletzung strafbar, denn die Einwilligung der passiven Person ist unter rechtlichen Gesichtspunkten hinfällig.[132]

Problematisch ist die genaue Definition des unbestimmten Rechtsbegriffs «Sittenwidrigkeit». Er erweist sich bei der Findung einer klaren Rechtslage als das entscheidende Hindernis. Dementsprechend wird der Paragraph 226 unterschiedlich gehandhabt: «Hinsichtlich der Strafbarkeit sado-masochistischer Körperverletzungen ist zu differenzieren: nicht jede, namentlich nicht die lediglich von Paragraph 223 und Paragraph 223a erfaßte Tat ist bei vorliegender Einwilligung des Masochisten strafbar. Dem Verdikt der Sittenwidrigkeit unterfallen daher nur die Körperverletzungen nach Paragraph 224ff. Zur Begründung dient ein gewandeltes Verständnis vom Inhalt des Begriffs ‹sittenwidrig›. Auf bloße Moralwidrigkeit kommt es nicht (mehr) an, entscheidend kann nur sein, inwieweit das Verhalten in seinen Ursachen und Konsequenzen sozialwidrig ist. Der seinen Partner zu einer schweren Körperverletzung bestimmende Masochist ist nicht wegen Anstiftung zu schwerer Körperverletzung strafbar, da seine körperliche Integrität ihm selbst gegenüber – außer bei Verstümmelung zu deliktischen Zwecken – strafrechtlich ungeschützt ist.»[133] Die Verwendung des Begriffes der Sittenwidrigkeit läßt sich immer nur vor dem Hintergrund der Annahme eines einheitlichen Sittlichkeits- und Moralempfindens in der Bevölkerung formulieren, angesichts fortschreitender Differenzierungs- und Pluralisierungseffekte in der Gesellschaft ist dies jedoch nicht mehr möglich, ohne die Ansprüche von Minoritäten zu beschneiden.

Indessen ist aus strafrechtlicher Sicht noch eine andere Frage interessant. Bevor geklärt werden kann, ob gemäß Paragraph 226a der Einwilligung die rechtfertigende Wirkung zu versagen ist, muß die Reichweite der Einwilligung geklärt sein. Sie bezieht sich nur auf den Bereich, mit dem die passive Person vorab in einer Absprache einverstanden war. Gleichzeitig ist festzuhalten, daß bleibende Schädigungen (z. B. Kastration, Amputation), wie sie gelegentlich vorkommen sollen, generell von der Einwilligung ausgenommen sind.

Es spielen aber auch andere Delikte in der SM-Szene eine Rolle, z. B. Erpressungen. In manchen Briefen und Telefonaten wurde uns mitgeteilt, daß diese Kriminalitätsformen insbesondere – wenn auch nicht ausschließlich – im professionellen und semi-professionellen Bereich vorzufinden seien. Bedenkt man, daß sich angeblich viele «hochgestellte Persönlichkeiten» in dieser Szene bewegen, und berücksichtigt zusätzlich, wie negativ der Sadomasochismus in der Öffentlichkeit bewertet wird, dann sind Erpressungen durchaus vorstellbar. Es ist zu vermuten, daß es hier eine hohe Dunkelziffer gibt; offizielle Schätzungen liegen uns nicht vor. Ein anderes Delikt ist die bereits erwähnte Freiheitsberaubung in Verbindung mit «erzwungener Sklaverei». Da wir hierzu kein Datenmaterial erhoben haben, müssen wir uns an dieser Stelle auf die bloße Feststellung beschränken.

Die Trennung von Alltag und Sadomasochismus

Maßgeblich dafür, ob Sadomasochisten mit ihrer Neigung zurechtkommen, sind nach Auffassung der Befragten die Chancen, diese in einer persönlichen Beziehung – sei es in der Gruppe oder einer Partnerschaft – zu leben. Aber auch die Trennung zwischen Alltag und SM ist wichtig für die Integrierbarkeit dieser Neigung. Wie wird die Abkoppelung des «Triebes» von den restlichen Lebensbereichen in der Szene gehandhabt?

Zunächst einmal ist festzuhalten, daß manche Sadomasochisten ihre Inszenierungen in den Alltag einfließen lassen. Sie können unbeteiligte Dritte als nichtsahnende Zeugen («Besonders lustig ist es, wenn ich mit meiner Freundin im Café sitze und ihr den Dildo, den wir ihr vorher eingeführt haben, aufpumpe, ohne daß es jemand merkt») oder als unfreiwillige Teilnehmer («Die Leute schauen schon ganz merkwürdig, wenn ich meinen Macker – und er ist immerhin 1,90 Meter groß, also eine imposante Erscheinung – an einer Kette durch die Fußgängerzone zerre») in das SM-Spiel miteinbeziehen. Bei diesen Fällen handelt es sich allerdings keineswegs um Personen, die nicht mehr zwischen der Freiheit der sexuellen Privatsphäre und den Kontrollanforderungen des restlichen Alltags unterscheiden können. Vielmehr liegt solchen Inszenierungen ein spielerisches Agreement zugrunde. Die Erweiterung des Außeralltäglichen in die Alltäglichkeit schafft eine zusätzliche Reizquelle, etwa durch die Einbeziehung von Unbeteiligten. Solche Inszenierungen können allerdings auch eine Anzeige wegen Erregung öffentlichen Ärgernisses nach sich ziehen.

Bei anderen beschränken sich dominante oder passive Verhaltensformen explizit nur auf die dafür vorgesehenen Sondersituationen. Aus dem Alltag werden sie ferngehalten. Dazu entwickeln die Akteure regelrechte Ein- und Austrittssymboliken. Eine Vereinbarung, ein bestimmtes Zeichen oder einfach nur die Kleidung deuten an, daß die alltäglichen Regeln nicht mehr gelten und das *Spiel* beginnt. In anderen Fällen ist die räumliche Auslagerung, etwa im Falle des häuslichen *Folterkellers* oder des Domina-Studios, Zeichen für den Austritt aus dem Alltag.

VERONIKA: Man kann es nur so abgrenzen, indem man sagt, das eine ist ein Spiel, und das andere ist die Realität. In dem Moment, wo man das Spiel beginnt, hebt sich das ab, vielleicht durch Kleidung oder durch Situationswechsel, durch Signale, durch Raumwechsel, durch Utensilien, wie auch immer. Es gibt ja verschiedene Möglichkeiten. Das ist ja wie eine Rolle, in die man hineinschlüpft... Wenn ich also jetzt sage: «Game over», wie man das so schön beim Computer sagt, würde ich mich umziehen oder mich optisch verändern. (35, S, HETE-ROSEXUELL)

MARION: Ich habe da für mich einen Kunstgriff. Mein normaler Name ist Marion, und ich habe mir einen zweiten Namen gegeben, Liesel, und das ist sozusagen mein Theatername; der Gebrauch dieser Namen kann gleichzeitig die Zäsur bedeuten. Da kann es nach dem Essen z. B. passieren, daß wir noch reden, und er sagt: «Marion, willst du noch einen Wein?» und dann aber: «Liesel, ich denke, es ist Zeit, daß du dich umziehen gehst!» Und in dem Moment wäre die andere Welt da. (36, M, HETEROSEXUELL)

JÜRGEN: Manchmal denke ich, wenn du mit anderen herrschend umgehen kannst, dann kannst du es im Büro auch mal tun. Einen herrschenden Ton vielleicht, aber in Handlungen nicht... Mein Freund und ich, wir haben im allgemeinen nicht so ein Verhältnis. Wir haben kein Master-Sklave-Verhältnis... Unser SM-Verhältnis beschränkt sich auf sexuelle Taten. Das geht nicht in den Alltag rein. (35, S, SCHWUL)

BRIGITTE: SM ist reiner Showeffekt und In-Szene-Setzen von irgendwelchen Dingen, ein gegenseitiges Verhandeln über die Dinge und Sich-klar-Sein, was da nun abläuft. Das hat jetzt nichts mit irgendwelchen Torturen oder Rollenverhalten im übrigen Alltag zu tun. (27, SM, LESBISCH)

Auf die geschilderten Trennregeln können wir wieder den Begriff der «Modulation» anwenden, den wir schon zur Beschreibung des SM-Rahmens gebraucht hatten. Die Modulationen erlauben nicht nur spezifische Transformationen von Sinn, sondern trennen durch spezifische Regeln verschiedene Rahmen. Goffman zufolge wissen die Beteiligten, «daß eine systematische Umwandlung erfolgt, die das, was in ihren Augen vor sich geht, grundlegend neubestimmt». Gleichzeitig sind bei diesen Transformationen Hinweise gegeben, wann sie beginnen und wann sie enden, «nämlich zeitliche ‹Klammern›, auf deren Wirkungsbereich die Transformation beschränkt sein soll» [134]. Diese spezifischen Klammern sind für den SM-Rahmen typisch.

Nicht immer gelingt das Trennregelmanagement. Die Verhaltensmuster, die aus zurückliegenden Erfahrungen oder Phantasiesequenzen stammen können, tauchen unbewußt im Alltag auf:

KARL: Ich hatte z. B. eine Autopanne und habe den ADAC rufen müssen, auf der Autobahn. Dann kam dieser ADAC-Mann. Das war ein unglaublich viriler Mensch, mit Tätowierungen. Da bin ich vor ihm auf die Knie gegangen und habe angefangen, seine Stiefel zu lecken. Dafür konnte er ja gar nichts. Da war der so furchtbar erschrocken, daß er in sein Auto gegangen ist und sich verbarrikadiert hat. Dann hat er das Knöpfchen heruntergedrückt und ist nicht mehr rausgekommen. Ich mußte dem dann sagen, daß ich nicht richtig ticke. Nicht nur mein Motor, sondern ich ticke auch nicht ganz richtig. Der Mann hat dann zwar mit Distanz meinen Motor repariert, aber... Das ist mir ein paarmal passiert. Bauarbeiter, die haben ja auch gar keine Antenne für so was: Ich habe jemanden gesehen, der hat sich gerade umgezogen, der stand in der Unterhose in dieser Baubaracke. Plötzlich habe ich weder Weg noch Steg gesehen und bin dann mitten in die Baustelle gefahren. Die Bauarbeiter haben furchtbar geflucht. Aber so was, das kann man ja gar nicht erklären. Diese Betriebsstörungen möchte ich natürlich tunlichst vermeiden. (38, M, HETERO-SEXUELL)

Neben solchen kurzen Kontrollverlusten und Aussetzern findet sich gelegentlich auch die bewußte und zielgerichtete Verlängerung sadomasochistischer Verhaltensformen in den Alltag. Eine umfassend hierarchisierte Lebensführung wird in den Phantasien als besonders faszinierend herbeigesehnt. So ist z. B. die Vorstellung, irgendwo in «Stellung gehen zu können» und «schwere körperliche Arbeit für wenig Geld und viele Schläge» unter der «Aufsicht einer strengen Herrin» leisten zu dürfen, ein Wunschtraum mancher Masochisten. Gelegentlich gehen diese Extremausprägungen sadomasochistischen Verhaltens mit erzwungener Versklavung und *Beschlagnahmung* des Eigentums einher. Solche Fälle dringen fast nie an die Öffentlichkeit, sind aber vermutlich auch sehr selten.

Autoritäres und submissives Verhalten, Machtansprüche und Devotheit gehören zu einem Spiel, das im Alltag keinen Platz hat. Aufgrund der Thematisierung von sadistischen und masochistischen Impulsen in der politischen Psychologie haben wir uns auch dafür interessiert, ob sich mit SM-Neigungen spezifische politische Präferenzen verbinden:

JOCHEN: Wenn ich mich umgucke in unserer politischen Landschaft, dann sehe ich nur Trümmer. Das ist mit ein Grund, warum ich keine öffentliche Parteiarbeit leiste. Könnte ich niemals machen, weil keine Partei das alles umfaßt, was mich interessiert. Aber ökologisch und wirtschaftlich würde ich schon sagen, daß ich da gemäßigte linke Positionen einnehme. Sagen wir mal Realos. (27, S, HETEROSEXUELL)

DIANA: Also politisch würde ich sagen, daß ich links bin... Ich engagiere mich in der Friedensbewegung und würde nie Parteien wählen, die für Gewalt sind. Das sind doch zwei ganz verschiedene Sachen, SM und Politik. (24, SM, LESBISCH)

MANFRED: Ich bin Zivildienstleistender und habe meine sehr eigene und sehr fundierte Meinung über staatliche Gewaltstrukturen, die nicht zu vergleichen sind mit irgendwelchen spielerischen Sexformen.

Letzteres baut auf Gegenseitigkeit, auf Wohlwollen und auch auf Einverständnis auf. Überhaupt nicht zu vergleichen mit Aggressionen, wo der eine der Leidende ist und das nicht will und der andere das durchsetzen will… Bevor es mit manchen Leuten zur Sache geht, politisiere ich manchmal erst eine Viertelstunde, meistens über Anarchismus und Gewaltfreiheit und über Basisdemokratie. (25, M, SCHWUL)

Die Vorstellung, daß für Sadisten generell ein autoritärer und für Masochisten ein obrigkeitshöriger Habitus typisch ist, der sich auch in den politischen Auffassungen und Meinungen niederschlägt, ist also sicherlich nicht zutreffend. Es mag durchaus sein, daß die eine oder andere Person nicht nur in ihrer Sexualität, sondern auch in anderen Bereichen dominant agiert. Aber dies ist keine symptomatische SM-Erscheinung. Genauso wie sich autoritäre politische Einstellungen in anderen Bevölkerungssegmenten finden, gibt es linksalternativ, liberal oder konservativ eingestellte Sadomasochisten. Auch gelegentlich zu beobachtende Symbole wie Hakenkreuze, Uniformen, Lederstiefel oder die entsprechenden Mützen können für sich noch nicht als Ausdruck einer faschistischen Weltanschauung gewertet werden. Sie sind Teil einer spezialkulturellen Emblematik und Bricolage-Improvisation, die durch spezifische Aneignungen und Umdeutungen mit einer Szene-typischen Semantik belegt sind.

In diesen Ergebnissen wird deutlich, daß es sich bei der SM-Neigung nur um «eine» Facette einer Person handelt. Sie ist keineswegs generell «masochistisch» oder «sadistisch», sondern nur bezogen auf ihre spezifischen sexuellen Interessen. Damit die Abtrennung des *dunklen Triebes* auch gelingt, haben sich spezifische Trennregeln etabliert, die zusätzliche Verhaltenssicherheit gewähren sollen.

Exkurs: Aids und SM

Wir haben Sadomasochisten auch nach der Bedeutung der Aids-Krankheit für ihr Sexualverhalten befragt. Die Antworten bezogen sich vor allem auf das Partnerverhalten und die Praktiken.

▼

▼ **Das Partnerverhalten**

▼ Unabhängig davon, in welchem Umfang die einzelnen Personen von der Aids-Seuche betroffen sind, ist zu konstatieren, daß das Bekanntwerden und die Verbreitung der Krankheit für nahezu alle Befragten eine Zäsur im Lebenslauf markiert. Sie unterscheiden die unbefangene Zeit vor und die Angst seit *Aids*. Die meisten Befragten geben an, daß sich ihr Sexualverhalten geändert hat. Diese Einstellungsbekundungen lassen aber nicht unbedingt auf das tatsächliche Verhalten schließen.

Für eine Gruppe von Personen ist typisch, daß sie sich seit dem Auftauchen dieser Krankheit in die, ihrer Meinung nach, sichere «Bastion» der Monogamie zurückgezogen hat. Präventions- und Gesundheitserwägungen überlagern eventuelle sexuelle Interessen im Hinblick auf andere Partner. Diese Verhaltensform ist aber keineswegs typisch. Einige Sadomasochisten registrieren das Risiko, ändern ihr promiskes Verhalten aber nicht, weil SM mit verschiedenen Partnern ungefährlich sei. Die meisten Praktiken werden ohne den Koitus realisiert, und sollte es dennoch dazu kommen, bleibt immer noch die Benutzung von Kondomen:

JOSEPH: Wenn ich zur Domina gehe, dann ist das mit Aids kein Problem. Die führt ja den Akt nicht direkt aus. Die zieht den Gummi höchstens über, wenn sie sagt: «Los, wichs' dich!» Aber das macht sie oft noch nicht mal selber. Meistens sagt sie: «Jetzt will ich es mal sehen! Stell dich hier vor den Spiegel, ich will das jetzt mal sehen.» Und dann macht man sich das selber und hat seinen Spaß gehabt. Daher hat sich mein Verhalten hier auch nicht geändert. (55, M, HETEROSEXUELL)

In dieser Textpassage äußert sich die Auffassung, daß die Wahrscheinlichkeit einer Infektion sehr gering ist. Die Bedrohung wird als Teil des Sexuallebens akzeptiert.

Auch im Bereich der schwulen *Cruising Areas* sind Veränderungen feststellbar. Sie betreffen eher die Zeit unmittelbar nach dem Bekanntwerden der Krankheit. Damals führten die Gerüchte und Spekulationen über HIV-Infektionen zu Verhaltensmustern, die durch eine deutliche Limitierung der Sexualkontakte bestimmt waren. Seit aber das Schlagwort des *Safer Sex* kursiert und in der Szene ein gewisser Gewöhnungseffekt stattgefunden hat, ist dieser Trend wieder rückläufig, soweit es sich jedenfalls aus den Äußerungen der Interviewpartner schließen läßt.

▼

▼ Die Praktiken

▼ Bei SM gehört der Geschlechtsverkehr – wie bereits erwähnt – nicht zwingend dazu. Dementsprechend entfällt in vielen Fällen die Gefahr der Ansteckung durch Sperma. Es kommen aber andere Risikoquellen hinzu. So bringen einige Methoden blutige Verletzungen mit sich. Wenn Klammern, Nadeln, Skalpelle und Spritzen benutzt werden, ist die Ansteckungsgefahr vergleichsweise hoch. Vor diesem Hintergrund ist zu fragen, ob das Aids-Virus vielleicht Auswirkungen auf den Realisierungsgrad und die Vielfalt der angewendeten Praktiken hat.

BORIS: Blutige Praktiken, die hat man mal machen können, bevor das mit Aids aufgekommen ist. Jetzt mache ich das nicht mehr. Da ist mir das Risiko zu groß. (32, S, HETEROSEXUELL)

SVEN: Wir schützen uns nur noch dann vor Aids, wenn wir beide Kontakte mit anderen Paaren haben. Wobei wir aber ganz sorgfältig darauf achten, daß da nichts läuft, was in irgendeiner Form gesundheitsgefährdend ist, also in Richtung Aids. Für mich ist alles tabu, was in Richtung anal geht. Da kann man sich leichter infizieren. (50, M, HETEROSEXUELL)

ANJA: Bestimmte Sachen, wie z. B. Praktiken, bei denen Blut fließt oder wo es kleinere Verletzungen geben könnte, die mache ich nur mit meinem momentan festen Partner. Mit anderen Männern würde ich das nicht machen. Ja, und mit Frauen, da würde ich sagen, ist die Infektionsgefahr nicht so hoch. Da würde ich mir jetzt beim Lecken auch keinen Gummi dazwischenlegen. (34, SM, BISEXUELL)

THOMAS: Also ich blase nicht mehr ohne Gummi. Ich nehme keine Eichel mehr in den Mund, ohne daß da ein Gummi drüber ist. Sonst: Eier kauen, den Schwanzschaft lutschen, kauen, kein Problem. Aber Eichel in den Mund, ohne Gummi mache ich nicht, weder aktiv noch passiv. Ficken tue ich auch mit Gummi. Ich achte auch darauf, daß es keine offen blutenden Wunden gibt, oder wenn es sie gibt, sofort eine Session abzubrechen ... Man überlegt sich eben, wie hart packe ich zu oder wie hart schlage ich. Viele SM-Praktiken sind in dem Falle auch sicher, weil man Leder oder Gummi trägt und damit durchaus auch eine Distanz zwischen Personen schafft. (29, SM, SCHWUL)

In bezug auf die Praktiken zeichnen also sich Veränderungen ab. Gerade wenn Blut eine Rolle spielt, ist eine Sensibilisierung festzustellen. Solche Praktiken werden oft nur noch mit dem festen Partner umgesetzt. Sind auch andere Personen beteiligt, werden die Geräte sterilisiert. So ist z. B. in Domina-Studios die Verwendung von Sterilisationsgeräten üblich. Deutlich wird in den Interviews zudem, daß der engere private Bereich, also in der Regel die Paarbeziehung oder vielleicht ein erweiterter Kreis von Intimbekannten, als Raum betrachtet wird, wo Vorsichtsmaßnahmen nicht so genau genommen werden müssen. Der vertraute Rahmen wird mit Ungefährlichkeit und Unbedenklichkeit assoziiert. Vielleicht spielt hier auch das Denken, wonach die Wahrscheinlichkeit, daß es «einen selbst trifft», als besonders gering eingeschätzt wird, eine wichtige Rolle.

(Heterosexuelle) Frauen und Sadomasochismus

Das Themenfeld Frauen und Sadomasochismus ist in der theoretischen Literatur schon seit Beginn unseres Jahrhunderts berücksichtigt worden. Wie die anderen «Perversionen» war der «Masochismus der Frau», und um ihn geht es fast ausschließlich in diesen Schriften, Gegenstand sexualwissenschaftlicher und medizinisch-psychiatrischer Arbeiten. Bevor wir unsere Ergebnisse aus den Interviews mit SM-praktizierenden Frauen dokumentieren, stellen wir die wichtigsten Ansichten der frühen Sexualwissenschaft und Psychoanalyse zum weiblichen Masochismus und die Fortführung der Debatte in der Frauenbewegung dar.

Weiblicher Sadomasochismus im Spiegel der Forschung

R. v. Krafft-Ebing zufolge stellt der Masochismus eine «krankhafte Ausartung spezifisch weiblicher psychischer Eigentümlichkeit» [135] dar. Das «Dienen» sei der weiblichen Natur gleichsam inhärent. Daher resultiere der weibliche Masochismus aus den ohnehin bestehenden natürlichen Verhaltensdispositionen sowie den kulturellen und sozialen Prägungen, die dieses Verhalten noch verstärken. Krafft-Ebing räumt zwar ein, daß sich masochistisches Sexualverhalten auch bei Männern zeige (und hat in diesem Zusammenhang fast nur männliche Fallbeispiele zusammengetragen), kann dafür aber keine schlüssige Erklärung angeben.

Auch S. Freud geht von bestimmten geschlechtsspezifischen Eigenschaften aus, berücksichtigt allerdings das prägende soziale Bedingungsgefüge: «Die dem Weib konstitutionell vorgeschriebene und sozial auferlegte Unterdrückung seiner Aggression begünstigt die Ausbildung starker masochistischer Regungen, denen es ja gelingt, die nach innen gewendeten destruktiven Tendenzen erotisch zu binden. Der Masochismus ist also, wie man sagt, echt weiblich.» [136] Auch wenn Freud hier soziale Determinanten des Verhaltens einräumt, so sind Masochismus und Passivität für ihn typisch weibliche, invariante Verhaltensmerkmale. Ähnlich wie sein Zeitgenosse Krafft-Ebing aber leitet er seine Vorstellungen vom femininen Masochismus ausschließlich aus männlichen Fallbeispielen ab: «Wir kennen diese Art des Masochismus beim Manne (auf den ich mich aus Gründen des Materials beschränke) in zureichender Weise aus den Phantasien masochistischer (häufig darum impotenter) Personen, die entweder in den onanistischen Akt auslaufen oder für sich allein die Sexualbefriedigung darstellen.» Er fährt fort: «Hat man aber die Gelegenheit Fälle zu studieren, in denen die masochistischen Phantasien eine besonders reiche Verarbeitung erfahren, so macht man leicht die Entdeckung, daß sie die Person in eine für die Weiblichkeit charakteristische Situation versetzen, also Kastriertwerden, Koitiertwerden oder Gebären bedeuten. Ich habe darum diese Erscheinungsform des Masochismus den femininen... genannt.» [137]

Insbesondere in den Arbeiten der Psychoanalytikerinnen H. Deutsch und M. Bonaparte werden diese Thesen fortgeführt. In der Einleitung zu ihrem ersten Band über die Psychologie der Frau beschreibt H. Deutsch «Narzismus, Passivität und Masochismus» als die «drei wesentlichen Züge der Weiblichkeit.» [138] Aktivität sieht sie dagegen als Domäne des Mannes: «Die Anschauung..., dass für den psychologischen Begriff ‹Weiblichkeit› zwei Eigenschaften charakteristisch sind, nämlich: Passivität und Masochismus, hat sich durch jahrelange klinische Erfahrungen sowie durch direkte Beobachtungen an Tieren weiter befestigt... Wenn ich also auch ohne weiteres die Bedeutung äusserer Einflüsse auf die Stellung des Weibes anerkenne, so halte ich doch daran fest, dass in quantitativ wechselnder Verteilung und in verschiedenen Äußerungsformen die Grundeinheit: Weiblich-passiv, Männlich-aktiv in allen unserer Beobachtung zugänglichen

Kulturen, Nationen und Rassen als individuelle Eigenschaft der Geschlechter erhalten ist.»[139] Wenn Deutsch auch ausdrücklich darauf hinweist, daß der «weibliche Masochismus» nicht mit der bewußten sexuellen Perversion des Masochisten verwechselt werden darf[140], so sind ihrer Meinung nach die Erfahrungen der Frau beim Geschlechtsverkehr, bei der Geburt und sogar in der Mutter-Kind-Beziehung mit masochistischer Lust verbunden. Ähnlich argumentiert M. Bonaparte, wenn sie behauptet, der Masochismus sei eigentlich feminin. Für sie ist «die Frau bezüglich der eigentlichen Fortpflanzungsfunktionen – Menstruation, Defloration, Schwangerschaft und Entbindung – schon biologisch dem Schmerz geweiht. Die Natur scheint ohne Bedenken dem Weibe Schmerz – und zwar in hohen Dosen – aufzuerlegen, da es nur passiv den vorgeschriebenen Ablauf zu erdulden hat.»[141]

Die Annahme einer primär passiven Verhaltensdisposition bei Frauen als anthropologisches Merkmal ist für Krafft-Ebing und die frühe Sexualwissenschaft wie auch Freud und die Psychoanalyse charakteristisch. Darum wohl wird die Möglichkeit eines weiblichen Sadismus von vornherein ausgeklammert.

Andere Vertreter der Psychoanalyse kritisieren diese Auffassungen und betonen den kulturellen Aspekt. So revidiert K. Horney als eine der ersten die Annahmen über die natürliche Passivität und den Masochismus der Frau: «Weibliche Züge sind, obwohl an und für sich nicht masochistischer Natur, geeignet zum Ausdruck masochistischer Züge; diese hingegen kommen von Quellen, die mit Feminität nichts zu tun haben. Die Bereitwilligkeit, mit der der Masochismus sich mit weiblichen Zügen verknüpft, ist zwei Faktoren zuzuschreiben, deren jeder ein eigenes Studium erfordern würde: es sind dies der kulturelle und der biologische Faktor.»[142] Ähnlich argumentieren C. Thompson und R. C. Robertiello, wenn sie darauf hinweisen, daß häufig kulturspezifische Besonderheiten verallgemeinert wurden, um den Masochismus als normales Verhalten der Frau zu beschreiben.[143]

Zusammenfassend zeigt sich, daß weder Krafft-Ebing noch die verschiedenen Vertreter der Psychoanalyse den Masochismus als biopsychologisches Schicksal von Frauen haben nachweisen können. Deshalb ist H. P. Blum zuzustimmen, wenn er schreibt: «Es gibt keinen Beweis dafür, daß der weibliche Mensch mehr dazu begabt ist, aus Schmerz Lust zu gewinnen..., es gibt mannigfaltige, wenn nicht zwangsläufig gleiche sadomasochistische Tendenzen bei beiden Geschlechtern.»[144] So ist es nicht verwunderlich, daß auch die Hauptströmung psychoanalytischen Denkens heute die Vorstellung eines spezifisch weiblichen Masochismus ablehnt.[145] Kritik an der Auffassung, wonach Weiblichkeit, Passivität und Masochismus notwendigerweise zusammengehören, kommt vor allem aus feministischen Denkrichtungen. So schreibt N. Chodorow: «Freud beschrieb nur selten die Entwicklung von Frauen in einer patriarchalen Gesellschaft. Oft stellte er nur unbegründete Behauptungen auf... Die meisten davon sind klinisch absolut unberechtigt... Vielmehr entstanden sie aus unhinterfragten Annahmen einer patriarchalen Kultur, aus Freuds persönlicher Blindheit, seiner Frauenverachtung und seinem Weiberhaß, aus biologischen Ableitungen, die durch seine Arbeit nicht gerechtfertigt waren, aus einem patriarchalen Wertsystem und einer Evolutionstheorie, die diese Werte rationalisierte.»[146]

Die SM-Debatte in der Frauenbewegung

Frauen und SM – Ein Thema boomt

In jüngster Zeit wird Sadomasochismus von Frauen über Publikumszeitschriften wie z. B. *Der Spiegel* oder *Stern*, Zeitgeistgazetten wie *Wiener* und *Tempo* und Frauenmagazine wie *Petra*, *Cosmopolitan*, *Elle*, *Viva* oder *Marie Claire* sowie nicht zuletzt auch über Talkshows verstärkt in der Öffentlichkeit thematisiert. Häufig handelt es sich um Reportagen über professionelle Dominas, die ihr Gewerbe vorstellen. Neben Berichten über den käuflichen Sadomasochismus erscheinen auch zahlreiche Selbstbekenntnisse privater Passionen. Frauen berichten, wie sie Lust durch sadomasochistische Sexualpraktiken erfahren und mit der Lust am Leiden leben wollen. Die Flut von Zeitschriftenartikeln zu diesem Thema wird durch eine Reihe von Buchpublikationen vergrößert. Zudem entwickeln sich Frauen auf dem SM-Markt zu einer immer wichtigeren Konsumentengruppe. B. Ehrenreich u. a. beschreiben dies am Beispiel der USA: «Heimpartys, wie sie in diesem kleinen Industriegewerbe harmlos genannt werden, sind eine beliebte Methode bei Frauen, erotische Ausrüstungsgegenstände zu erwerben und zugleich eine Sexpertin ins Wohnzimmer zu laden. ‹Tupperware›-Partys, bei denen Sexhilfen statt Plastikbehälter verkauft werden, sind heute keine Seltenheit mehr.» [147]

Daß auf solchen Veranstaltungen für Frauen nicht nur etablierte Erotikartikel (wie z. B. der Vibrator), sondern auch SM-Accessoires angeboten und verkauft werden, ist mittlerweile schon beinahe selbstverständlich: «So waren es auch die entsprechenden Gegenstände, die SM für die bei Jane Cooper versammelten Frauen in den Bereich des Möglichen treten ließen. Eingeführt in Form von Waren, mit Preis und sogar in verschiedenen Größen, war SM nicht mehr bizarr oder abstoßend, sondern einfach etwas, das die neugierige Kundin ausprobieren konnte.» [148] Sadomasochistische Frauen sind also zumindest hinsichtlich der Aufmerksamkeit, die ihnen in Öffentlichkeit und Medien geschenkt wird, kein Randphänomen.

Auch wenn Feministinnen die Verbindung Weiblichkeit-Passivität-Masochismus beinahe einhellig ablehnen, wird Sadomasochismus in der Frauenbewegung keineswegs einheitlich diskutiert. «Schmetterlingszarte Berührungen» gehörten zum Weiblichkeitsideal der siebziger Jahre. Erst zu Beginn der Achtziger wurde auch innerhalb der Frauenbewegung eine neue Sinnlichkeit entdeckt, die die Verbindung von Sexualität und Gewalt miteinbezog. Dieser Trend stößt keineswegs bei allen Frauen auf Verständnis und Akzeptanz. Die Befürworterinnen des Sadomasochismus verstehen sich als Protagonistinnen einer Gegenkultur zum *Schmusesex* (radikal)feministischer Positionen. Die andere Seite sieht darin die Untergrabung ihres langjährigen Kampfes gegen Gewalt und Unterdrückung durch das Patriarchat. Sie befürchten, das Bekenntnis von Frauen, sadistische, aber vor allem masochistische Sexualpraktiken und -phantasien zu genießen, führe zur Legitimierung von Männergewalt und zu Problemen für die Öffentlichkeitsarbeit im Zusammenhang mit Gewalt gegen oder Mißhandlung von Frauen.

Weibliche Sexualphantasien

Die Diskussion um das Thema «Frauen und Sadomasochismus» wurde 1977 durch zwei Artikel zu masochistischen Sexualphantasien in der Zeitschrift *Emma* entfacht. Es kam zu unerwarteten Reaktionen verbunden mit einer Flut von Leserbriefen, in denen Frauen ihre masochistischen Phantasien beschrieben. Kurz darauf veröffentlichte N. Friday eine Sammlung sexueller Phantasien, um deren Schilderung sie Frauen in den USA über Zeitschriften und Annoncen gebeten hatte.[149] Obwohl sie keine thematischen Einschränkungen vorgegeben hatte, stellte sich heraus, daß die meisten weiblichen Sexualphantasien masochistische Inhalte aufwiesen. Die Veröffentlichung weiblicher Masochismusphantasien hat im Zuge der allgemeinen Geschlechterrollendiskussion [150] zu heftigen Kontroversen innerhalb der Frauenbewegung geführt.

Ein Teil der Feministinnen bezweifelt, daß in weiblichen Sexualphantasien Gewalt vorkommt, und verweist solche Vorstellungen in das Reich patriarchaler Fabeln und Erfindungskunst. Andere interpretieren weibliche Unterdrückungsphantasien als Folge spezifischer Sozialisationserfahrung und Ohnmacht. Sie gestehen zwar ein, daß Sex und Gewalt heute in den Phantasien vieler Frauen miteinander verbunden sind; dies sei jedoch anerzogen und angeprügelt. C. Lawrenz und P. Orzegowski z. B. machen vor allem sozio-kulturelle Bedingungen für die Existenz masochistischer Sexualphantasien von Frauen verantwortlich. Sie versuchen, «die Verknüpfungen zwischen sexuellen Phantasien, individueller Lebensgeschichte und gesellschaftlichen Weiblichkeitsbildern aufzudecken» [151] und sprechen in diesem Zusammenhang von der «Gewordenheit» und «Mehrdeutigkeit» solcher Phantasien. Frauen seien aufgrund spezifischer Sozialisationserfahrungen nicht in der Lage, selbstbezogen zu entscheiden und zu handeln. Der weibliche Charakter werde in unserer Kultur seit jeher mit Aufopferungsbereitschaft und Verzicht auf den eigenen Willen gleichgesetzt.

Die Autorinnen gehen sogar noch einen Schritt weiter und behaupten, Frauen fehle vor diesem Hintergrund die Kenntnis des eigenen Willens. Was sie als eigenen Willen empfänden, sei die Verinnerlichung der äußeren Unterdrückung, sie seien «schließlich tatsäch-

lich, was die Gesellschaft [*ihnen, d. A.*] vorschreibt zu sein.»[152] Dies
gelte auch für die Sexualität. Daher dürften der Vorgang der Erniedrigung nicht ignoriert und masochistische Sexualphantasien nicht glo-
rifiziert werden. Das bei Frauen häufige Auftreten masochistischer
Phantasieinhalte sei vor dem Hintergrund der spezifisch weiblichen
Sozialisationserfahrungen nur Folge ihrer realen Machtlosigkeit. So
ließen sich die Phantasiebilder als Versuch des Umgangs mit Unter-
drückungsverhältnissen verstehen. Aus Unlust werde Lust, wenn
passiv erlittene Unterdrückung auf initiative Weise in kontrollierbare
Situationen verkehrt werde.[153]

Der Widerstand von Feministinnen gegen die Unterstellung ge-
nuiner, nicht aus dem Patriarchat resultierender Masochismusphantasien machte auch vor literarisch-fiktiven Frauengestalten nicht halt.
Sie protestierten gegen die Schilderung der freiwilligen Unterwerfung
einer Frau in P. Réages *Geschichte der O*. Auch die weibliche Auto-
renschaft dieses Romans wurde häufig angezweifelt, obwohl sie seit
langem bekannt ist: «Die *Geschichte der O* wurde zum ersten Mal
1954 unter dem Pseudonym Pauline Réage in Paris veröffentlicht.
Lange Zeit wurde darüber spekuliert, wer diesen Roman geschrieben
hat. Heute gilt als gesichert, daß die am 23. September 1907 geborene
französische Kritikerin und Übersetzerin Dominique Aury, die wiederum eigentlich Anne Declos heißt, die Autorin ist.»[154]

Diese Sicht ist in der Frauenbewegung nicht unumstritten. Für
J. Benjamin z. B. ist es «aus psychoanalytischer Sicht... unbefriedigend, die Allgegenwart von Unterwerfungsphantasien im Liebesle-
ben auf eine kulturelle Etikettierung oder auf die allgemeine Gering-
schätzung der Frau zurückzuführen. Wenn wir schon andere als biologische Erklärungen für den weiblichen Masochismus suchen, so
finden wir diese nicht nur in der Kultur, sondern vor allem im Zusam-
menwirken von kulturellen und psychischen Prozessen.»[155] Sie wendet sich damit gegen die Unterstellung, wonach Frauen, die masochistische Sexualphantasien zeigen oder gar sexuellen Masochismus
praktizieren, einem auf «Gehirnwäsche zurückgeführten Bewußtsein» verhaftet seien. Ihr Argument ist, daß sich hinter der Faszination von Macht und Unterwerfung die Sehnsucht nach Anerkennung
verstecke und an zentraler Stelle erotische Wünsche zu masochistischen Sexualphantasien oder gar Beziehungen führten: «In der Phan-

tasie von der erotischen Unterwerfung drückt sich der Wunsch nach Unabhängigkeit und gleichzeitiger Anerkennung durch den anderen aus. Die Impulse, die hinter erotischer Gewalt und Unterwerfung stehen, erwachsen, in wie entfremdeter, beängstigender oder pervertierter Form sie sich auch äußern mögen, aus tief verwurzelten Wünschen nach Eigenständigkeit und gleichzeitiger Überwindung der eigenen Grenzen ... Das ursprüngliche erotische Moment, der Wunsch nach Anerkennung ... tritt heute offenbar im Sadomasochismus zutage»[156] und, so ließe sich ihr Argument fortsetzen, gilt für Frauen und Männer gleichermaßen.

Während einige Feministinnen noch über die Ursachen und die Frage der Zulässigkeit masochistischer Phantasien stritten, organisierten sich andere Frauen, um ihre sadomasochistischen Phantasien auszuleben.

Praktizierter Sadomasochismus

1978 gründete die Feministin P. Califia zusammen mit G. Rubin *Samois*, eine Organisation sadomasochistischer Lesbierinnen in den USA, und löste mit ihrem 1980 zum erstenmal erschienenen Buch *Sapphistrie* in feministischen und lesbischen Kreisen eine heftige Diskussion über praktizierten Sadomasochismus aus. Sadomasochismus ist ihrer Meinung nach nichts anderes als eine sexuelle Variante, die völlig zu Unrecht tabuisiert und verfolgt wird. Keinesfalls sei sie als Gewaltakt zwischen Täter und Opfer zu verstehen. Vielmehr handele es sich um eine freiwillige Handlung, ein erotisches Ritual zum Ausleben von Phantasien, in denen eine Partnerin sexuell dominiert und die andere sich sexuell unterwirft. Aus diesem Grund hält es Califia nicht für erstrebenswert, spielerische Aktivitäten gesetzlich zu reglementieren. Das gleiche gelte auch für heterosexuellen Sadomasochismus.

Ebenso wie Califia betont J. Benjamin den Unterschied zwischen rituellen Akten von Macht und Unterwerfung, die subjektiv als lustvoll erlebt werden, und Akten physischer Gewalt oder Vergewaltigung, die unfreiwillig geschehen und keineswegs provoziert worden sind, sowie Gewalt und Herrschaft in der Politik oder in sozialen Lebenszusammenhängen.[157] Mittlerweile gibt es auch in Europa ähnliche Zusammenschlüsse von lesbischen und/oder heterosexuellen Frauen (und Männern). Beispiele sind *Slechte Meiden* und *Wild Side* aus den Niederlanden, die von Maria Marcus mitgegründete dänische Gruppe *Smil* oder die deutsche Gruppe *Schlagseite*.

Vor diesem Hintergrund werfen SM-Anhängerinnen manchen Vertreterinnen feministischer Fraktionen vor, Verhaltensnormen aufzustellen, sexuelle Minderheiten zu unterdrücken und zu diskriminieren. Auch B. Sichtermann wirft der Frauenbewegung vor, an der Domestizierung von Sexualität mitzuarbeiten, «indem sie etwa glauben macht, es bräche ein sexueller Frieden aus, sobald nur die Männer das Feld räumen oder wenigstens dessen von Frauen zu formulierende friedlich-eindeutige Gesetzmäßigkeit respektieren», und wendet sich damit gegen die «Fiktion von Eierkuchensexualität, in der zwei lächelnde Gesichter und vier offene Arme zufrieden ineinandersinken.»[158] Dem Bild weiblich-friedlicher Sexualität stellt Sichtermann das der «Schmerz-Lust» oder der «Militanz des sexuellen Friedens» gegenüber.

Seit der Veröffentlichung masochistischer Phantasien von Frauen und Califias Streitschrift zum praktizierten Sadomasochismus kreisen die Überlegungen immer wieder um die Frage, wie sich die Tatsache, daß weibliche Unterwerfung auch für Frauen zum erotischen Reiz werden kann, mit den emanzipatorischen Vorstellungen und Forderungen der Frauenbewegung in Einklang bringen läßt. Die Gegnerinnen sagen: «Überhaupt nicht!» Sie verurteilen Sadomasochismus als die Verkörperung sexistischen Denkens und die Verinnerlichung patriarchalischer Strukturen, die nicht nur in heterosexuellen, sondern auch in homosexuellen SM-Beziehungen zum Ausdruck kämen. Frauen, die die Position von *Samois* vertreten, wird vorgeworfen, sich nicht am Feminismus zu orientieren, sondern unkritisch die Philosophie des *sexual liberation movement* übernommen zu haben, wonach alles, was sich gut anfühlt, auch gut ist.[159] Gleichsam als Antwort auf die Gründung von *Samois* und die Veröffentlichung von *Sapphistrie* erschien 1982 *Against Sadomasochism*.[160] Hier setzen sich unterschiedliche Autorinnen mit der Frage der Vereinbarkeit emanzipatorischer Ziele und sadomasochistischer Sexualphantasien und -praktiken auseinander und stellen die Freiwilligkeit des Verhaltens in

Frage. Auch andere Frauen wie etwa U. Heider üben immer wieder harte Kritik an der Befürwortung des Sadomasochismus, den sie als Derivat chauvinistisch-pornographischer Inszenierungen der Sexualität begreifen, und wenden sich gegen das «avantgardistische Kokettieren links-alternativer Libertins mit sexistischen Botschaften der kommerziellen Pornoindustrie.»[161] Wenn Heider auch nicht dafür plädiert, den Sadomasochisten «das Handwerk zu legen», so kritisiert sie die Verherrlichung von Macht, Gewalt und Unterwerfung in der Sexualität, die sie damit belegt, daß die Verlegerin des Konkursbuch-Verlages das Foto eines nackt gefesselten Kindes im Dienst an der «spielerischen Freiheit der Lust» veröffentlicht. Sie wendet sich damit gegen die Behauptung, Sexualität oder Liebe seien grundsätzlich gewalttätig und leidvoll. Hinzu kommt als wesentlicher Kritikpunkt, daß die Aufmachung des SM-Rituals und der -Akteure oftmals an faschistische Folterszenarien erinnere und nicht selten Ausdruck einer ebensolchen Gesinnung sei. Gerade die «militant» gestylten Ledermänner und Stiefellesben sind hier angesprochen.

Die Auseinandersetzung zwischen diesen beiden Positionen wird mit den verschiedensten Mitteln geführt. Zur Propagierung ihrer Art von Sexualität organisieren z. B. SM-Lesben in den USA Demonstrationen und sonstige Veranstaltungen. Feministinnen verteilen Flugblätter, in denen sie den Sadomasochistinnen die Glorifizierung von Herrschaft und Unterwerfung vorwerfen. In den amerikanischen Buchläden finden Diskussionen statt, ob man die Bücher boykottieren soll, in den Frauenzentren Diskussionen, ob die SM-Gruppe sich dort treffen darf. In der Bundesrepublik finden trotz heftiger Proteste immer mehr Frauen- oder Lesbenveranstaltungen statt, auf denen SM-Filme gezeigt werden. Die Fronten haben sich so verhärtet, daß eine Diskussion innerhalb der Frauenbewegung um das Für und Wider sadomasochistischer Sexualpraktiken kaum mehr möglich zu sein scheint: «Für viele Frauen ist schon die Kombination von Feminismus und Sadomasochismus (SM) eine ungeheure Provokation... und ruft wütende Empörung hervor.»[162] Diese Erfahrung konnten wir auch im Rahmen unserer Datenerhebung machen, als uns von einer Frauen- und Lesbengruppe die Unterstützung mit dem Hinweis verweigert wurde: «Wer behauptet, Frauen hätten auch noch Spaß daran, SM zu praktizieren, hat bei uns nichts zu suchen.»

Typisch für die SM-Debatte in der Frauenbewegung ist, daß sie sich fast ausschließlich auf weiblichen Masochismus beschränkt. Die (mögliche) Existenz von Sadistinnen ist kein Thema. Gleichzeitig wird ein großes Spektrum von weiblichen Verhaltensweisen als masochistisch bezeichnet. Hierauf verweist auch P. J. Caplan: «Wie wir bereits festgestellt haben, hatte der Begriff ‹masochistisch› ursprünglich eine sehr spezifische Bedeutung, nämlich Schmerz zu genießen. Inzwischen wird dieser äußerst spezielle Begriff jedoch auf eine Reihe von anderen – meistens weiblichen – Verhaltensformen angewandt, und dennoch hat er seinen Beigeschmack von Krankhaftigkeit und Abnormität beibehalten... Selbst zu Freuds Lebzeiten (war es) ‹überraschend›, daß sich der Begriff ‹Masochismus› in kurzer Zeit derart verbreitet hatte und daß er auf die verschiedensten Phänomene angewandt wurde, von denen man früher nicht gedacht hätte, sie hätten mit Masochismus, so, wie man ihn ursprünglich verstand, etwas zu tun» [163].

Die einen sprechen vom sexuellen Masochismus, der Erregung, Stimulans und Orgasmus bedeutet. Daneben wird eine Art autoritärer (moralischer oder kultureller) Masochismus diskutiert – widerstandslose Unterordnung unter Autoritäten aller Art – und nicht zuletzt der weibliche Masochismus, die Frauenrolle an sich, «die von einem Sklavenleben mit Befehlen, Verboten und raffinierten Strafen handelt, die verinnerlichte Polizei, das schlechte Gewissen, das sofort in Aktion tritt, sobald wir keine guten Mütter, Geliebten, Hausfrauen usw. mehr sind.» [164]

Bereits Freud beschrieb unterschiedliche Formen des Masochismus: a) Masochismus als Lebenseinstellung (moralischer Masochismus), b) Masochismus in seiner femininen Gestalt, als Ausdruck des weiblichen Wesens (femininer Masochismus) und c) Masochismus in «Reinkultur» als eine Besonderheit sexueller Erregung (der erogene Masochismus) [165]. Und auch T. Reik unterschied zwischen Masochismus als sexueller Perversion und einer Lebenseinstellung, die dem Ich ein unterwürfiges und leidendes Verhalten vorschreibt. Im Gegensatz zu den Annahmen der Feministinnen beruht nach Meinung Freuds und Reiks aber nicht der sexuelle Masochismus auf dem sozialen, sondern umgekehrt der soziale Masochismus auf dem sexuellen: «Jene Form des Allround-Masochismus, die wir hier als soziale beschreiben, hat sich aus der sexuellen Triebneigung entwickelt.» [166]

▼

▼ Zusammenfassung und Thesen

▼ In der feministischen Debatte über den Sadomasochismus werden sehr unterschiedliche und z. T. gegensätzliche Standpunkte vertreten, die wir zu These und Antithese verdichtet und in der Befragung überprüft haben:

These: Weiblicher Masochismus ist der Ausdruck geschlechtsspezifischer Sozialisationsverläufe und patriarchaler Machtfigurationen. Masochistische Verhaltensweisen sind der Versuch, die Erfahrung von Hilflosigkeit, Ohnmacht und Unterordnung durch entsprechende Transformationsleistungen in Lusterlebnisse umzufunktionieren und aus diesen Gefühlen Befriedigung zu gewinnen. Die Prädisposition für diese Verhaltensform ist die Folge spezifischer Sozialisationsbedingungen von Frauen und der damit einhergehenden gesellschaftlichen Machtlosigkeit. Dementsprechend ziehen Frauen aus ihrer «Lust am Leid» keine sexuelle Erfüllung oder Befriedigung. Ihr Masochismus ist vielmehr eine Art opiatisches Surrogat, das die Last des Frauseins unter den Bedingungen patriarchaler Machtfigurationen erträglicher machen soll. Mit dem Masochismus der Frau ist also ein sozialer Masochismus gemeint, der sich allerdings auch im sexuellen Verhalten manifestieren kann.

Gegenthese: Der Sadomasochismus von Frauen ist eine freiwillige sexuelle Erfahrung. Auch wenn der Sadomasochismus bei (Männern und) Frauen gelegentlich einen zwanghaften Charakter annehmen kann, ist die Umsetzung in ein entsprechendes Verhalten zumeist ein willentlicher Wahlakt. Das tatsächliche Verhalten wird in verschiedenen Soziotopen kultiviert. Frauen leben dabei keineswegs nur passive Sehnsüchte aus, sondern haben – genau wie Männer auch – Lust an der Dominanz und am Herrschen. Die «grausame Frau» ist demnach nicht nur eine literarische Fiktion, sondern sie personalisiert sich auch in der sozialen Wirklichkeit. Submissive und dominante Verhaltensformen führen zu sexueller Lust und/oder psychischer und physischer Außeralltäglichkeits- und Ekstaseerfahrung.

Frauen in der SM-Szene

Um zu prüfen, welche der beiden Thesen am ehesten empirisch zutrifft, haben wir uns für Fallanalysen entschieden. Wir mußten diese
Methode wählen, weil hier die Komplexität eines Falles erhalten
bleibt und sich Zusammenhänge von Funktions- und Lebensbereichen in der Ganzheit der Person sowie ihrem lebensgeschichtlichen
Hintergrund erfassen lassen. Somit war es am ehesten möglich, die in
der feministischen Kontroverse angesprochenen, vielleicht prägenden traditionellen weiblichen Erziehungsinhalte zu untersuchen.

Die biographischen Porträts von Frauen mit sadomasochistischen
Interessen haben wir nach verschiedenen Aspekten strukturiert, die
den Schlüssel zum Phänomen des weiblichen Sadomasochismus liefern sollen:

Biographischer Hintergrund	Erziehung
	Kindheit
	Jugend
Zugang und Erfahrungen	Realisierung
	Partizipation
	Partner
SM-Identität und Alltagsrolle	Selbstbild
	Bewertung
	Emanzipation

Struktur der Fallanalysen

Durch die Einbeziehung des «biographischen Hintergrunds» lassen
sich die spezifischen Sozialisationsverläufe nachzeichnen. Wenn wir
auch keine singulären Ursachen identifizieren können, so ist mit diesen Daten doch die Frage beantwortbar, ob tatsächlich – wie viele
Autorinnen und Autoren vermuten – traditionelle weibliche Erziehungsinhalte eine prägende Funktion übernehmen. In der Kategorie
«Zugang und Erfahrungen» werden die SM-spezifischen Realisie-
rungs- und Partizipationsformen sowie die Beziehungen zu den ent-

sprechenden Partnern dargestellt. Dadurch wollen wir feststellen, ob überhaupt genuin weibliche Teilnahmeformen am Sadomasochismus existieren. Unter «SM-Identität und Alltagsrolle» verstehen wir die Art und Weise, wie die Neigungen in bezug auf das Rollenverständnis als Frau einzuordnen und welche Formen der Integration in alltägliche Lebenszusammenhänge beobachtbar sind. Gleichzeitig ist zu fragen, wie die Frauen ihre Erfahrungen mit sadomasochistischen Sexualpraktiken bewerten. Aber auch die Reflexion feministischer Auffassungen durch die Sadomasochistinnen gibt Hinweise auf ihr Selbstbild. Die dargestellten Fallbeispiele beziehen sich ausschließlich auf heterosexuelle Frauen, die entweder passiv oder aktiv sind. In einem Fall wechselt die Rollenpräferenz. Finanzielle Interessen spielen für keine der befragten Frauen eine Rolle.

Fallbeispiele masochistischer und sadistischer Frauen

FALL 1: VANESSA

«Ich suche einen Typen, der mich prügelt»

Den Kontakt zu Vanessa konnten wir über eine SM-Gruppe knüpfen. Wir besuchten sie in ihrer Wohnung, in der wir auch noch andere SM-Interessierte interviewten. Ihr äußeres Erscheinungsbild erlaubt keine Rückschlüsse auf sadomasochistische Neigungen. Vanessa hat ein ruhiges, freundliches und selbstsicheres Auftreten. Im Rahmen ihrer sadomasochistischen Neigungen nimmt sie partnerspezifisch sowohl die aktive als auch die passive Rolle ein.

Allgemeine Lebensumstände

Zum Zeitpunkt des Interviews ist Vanessa 30 Jahre alt und lebt in einer Großstadt. Sie hat eine feste Beziehung zu einem Mann, mit dem sie aber nicht zusammen wohnt, weil sie sich sonst in ihrem Freiraum beschnitten fühlen würde. Ihre Schul- und Berufsausbildung erlaubt es ihr, eine berufliche Position zu bekleiden, die nicht nur finanzielle Unabhängigkeit, sondern auch gesellschaftliche Macht bietet: Sie ist Akademikerin und arbeitet für eine Computerfirma. Ihr Aufgabenprofil ist auf Selbständigkeit und Entscheidungsbefugnis angelegt.

Biographischer Hintergrund

Vanessa wuchs mit ihren Geschwistern auf dem Land auf. Sie hatte einen sehr strengen Adoptivvater, den ihre Mutter heiratete, als sie fünf Jahre alt war. Daß dieser sehr viel Wert auf gute schulische Leistungen legte, war für Vanessa kein Problem, da sie diesem Anspruch gerecht werden konnte. Dennoch hatte sie als Kind Angst vor ihrem Adoptivvater, weshalb sie, ihrer Meinung nach, als erwachsene Frau eine Zeitlang an Depressionen litt: «Also wenn mein Vater nach Hause kam, ist von da ab jeder von uns auf Zehenspitzen getreten, hat die Türen vorsichtig zugemacht, sonst gab es wieder Geschrei.» Vanessas Mutter war ebenfalls berufstätig und hatte wenig Zeit, sich um ihre Kinder zu kümmern: «Sie konnte keinen ausgleichenden Pol zur strengen Erziehung meines Vaters darstellen... Entweder gab es Streß mit meiner Alten oder mit meinem Vater. Mit irgendeinem hattest du immer Theater.» Um dieser Situation auszuweichen, zog Vanessa mit 18 Jahren von zuhause aus. In unserem Gespräch erwähnt sie noch, daß sie als Kind mit sechs oder sieben Jahren sexuell mißbraucht worden sei, kann jedoch keine fundierten Zusammenhänge mit ihrer SM-Neigung erkennen: «Dieses extreme Unter-Druck-Gesetztsein» von seiten ihres Adoptivvaters in der Kindheit sieht sie hingegen eindeutig im Zusammenhang mit ihren masochistischen Neigungen.

Zugang und Erfahrungen

Vanessa datiert ihre ersten sadomasochistischen Phantasien auf die Zeit vor der Pubertät. Obwohl sie diese Phantasien auch gezielt zur Masturbation einsetzte, empfand sie ihre Vorstellungen als sehr befremdlich und wollte sie deshalb zunächst nicht zulassen: «Ich dachte, das ist irgendwie pervers, krank. Es ist eine Geschichte, die ganz klar in der Phantasie bleiben muß, weil es keine Leute gibt, die so etwas machen.» Die Annahme, nicht normal zu sein und die eigenen sexuellen Phantasien deshalb niemals realisieren zu können, wurde durch die Rezeption verschiedener pornographischer Medien verstärkt. Als Jugendliche stieß Vanessa auf ein SM-Magazin, in dem Erziehungsspiele dargestellt wurden: «Es ging um physische Erniedrigung, die mich natürlich tierisch angemacht hat. Aber das ganze Drumherum kam mir einfach so lächerlich vor, daß ich mir nie im

Leben vorstellen konnte, das mal zu praktizieren. Und ich dachte mir auch: ‹Ich bin ganz schön neben der Kappe. Es ist ganz faul, was ich mir an Phantasien vorstelle.›» Aus diesem Grunde erzählte Vanessa zunächst niemandem davon, und in ihren frühen Partnerbeziehungen spielten sadomasochistische Sexualpraktiken keine Rolle.

Ihren ersten sadomasochistischen Kontakt knüpfte Vanessa als junge Frau über eine Annonce. Ihre praktischen Erfahrungen, die sie dabei machte, waren negativ. Sie geriet an einen Mann, der sie gegen ihren Willen prügelte und demütigte: «Der Typ ist weitgehend ausgerastet, und ich habe halt die dollsten Prügel meines Lebens kassiert. Auf den Typen bin ich über eine Anzeige reingefallen. Ich war ganz frisch in der ganzen Szene und bin halt blöde und dumm zu ihm in die Wohnung gegangen, ohne mich telefonisch zu covern oder sonst irgendwas. Alles Sachen, die ich jetzt nicht mehr tun würde.» Dennoch ließ sich Vanessa nicht davon abhalten, auf eine weitere Kontaktanzeige zu antworten und sich mit einem fremden Mann zu treffen, denn die Mißhandlungssituation war trotz aller Gefahr aufregend für sie: «Ich habe festgestellt, daß die Sachen, die in der Scheißsituation am extremsten waren, mich vom Kopf her am meisten gekickt haben. Nämlich die Situationen, wo ich ausgeliefert war, wo ich keinen Einfluß mehr hatte. Und dann habe ich gedacht: ‹Wenn es dich so anmacht, obwohl es so eine Scheißsituation war, dann schau dir doch noch ein paar Leute an. Vielleicht ist ja doch jemand dabei, der halbwegs so drauf ist wie du.›» Bei ihrem nächsten Kontakt stellte sie fest, daß Masochismus ihren Vorstellungen entsprechend praktikabel ist.

Nachdem Vanessa sich ungefähr ein Jahr lang über Kontaktanzeigen mit verschiedenen Männern getroffen hatte, um ihre passiven Neigungen zu realisieren, fand sie über Feten-Kontakte entsprechende Partner für ihre dominanten Interessen. Heute realisiert Vanessa ihre masochistischen Neigungen ausschließlich in der Beziehung zu ihrem festen Lebenspartner, wohingegen sie ihre dominanten Neigungen mit verschiedenen anderen Männern auslebt. Aufgrund ihrer offenen Beziehung ist das für beide problemlos möglich.

In der Stadt, in der Vanessa lebt, gibt es eine gut organisierte Szene, die regelmäßig verschiedene Veranstaltungen durchführt. Vanessa ist in diese Szene integriert und engagiert sich für die Interessen der Sadomasochisten beiderlei Geschlechts: «Ich bin in zwei Gesprächsgruppen, in einem Arbeitskreis; ich gehe zum Stammtisch; ich bin dabei, die Feten zu organisieren usw. Das heißt, ich bin in meinen Gruppenaktivitäten sowieso sehr weit in die Szene eingebunden... Wir wollen auch eine Frauengruppe ins Leben rufen. Wir haben uns bis jetzt ein paarmal getroffen, um über frauenspezifische Themen und Probleme zu diskutieren. Es ist aber noch nichts Festes.»

SM-Identität und Alltagsrolle

Vanessa hat heute keine Probleme mehr damit, sich offen zu ihren sadomasochistischen Neigungen zu bekennen. Hierauf verweisen auch die in ihrer Wohnung für jeden sichtbaren SM-Utensilien (Rohrstock, Krokodilklammern, Reitgerte etc.) sowie ihre Mitwirkung an einem Fernsehbeitrag zum Thema Sadomasochismus. Wie bereits angedeutet, war das nicht immer so. Vanessa bewegte sich lange Zeit in feministischen Kreisen, und ihr Sexualverhalten stand im krassen Gegensatz zu den Anliegen feministischer Positionen: «Ich hatte Probleme, gerade als Frau, die grundsätzlich gegen jegliche Gewalt und Unterdrückung von Frauen ist, hinzugehen und zu sagen: ‹Ich suche einen Typen, der mich prügelt› – anstatt allen Typen abzugewöhnen, daß sie Frauen prügeln. An der Geschichte wäre ich fast zerrissen. Darunter habe ich gelitten.» Der feministische Frauenanspruch und das Selbstverständnis, das Vanessa als Frau hatte, waren zunächst also nur sehr schwer mit der Tatsache zu vereinbaren, sich einem Mann – wenn auch nur sexuell – zu unterwerfen. Erst der Einstieg und die Integration in eine organisierte Szene befreite sie von ihrem selbstauferlegten Stigma der Außenseiterin: «Als ich Leute aus der Szene traf, habe ich festgestellt, daß andere auch auf SM stehen und trotzdem herzerfrischend normal sind. Das war wirklich eine richtige Befreiung, Leute zu treffen, die meiner sonstigen Szene entsprechen, also etwa in meinem Alter sind und politisch halbwegs ähnlich denken wie ich. Das hat mir total gutgetan. Da hatte ich nicht mehr das Gefühl, daß irgend etwas an mir anders ist als an anderen Leuten.»

Die Frage: «Dürfen Frauen, die sich im Alltag feministischen Idealen verpflichtet fühlen, in ihrer Sexualität masochistisch sein?», war für Vanessa ein großes Problem. Es brachte sie aber nicht nur in ständigen Konflikt mit sich selbst, sondern vor allem mit ihrem sozialen Umfeld. Am ehesten wurde dieser Umstand, so Vanessas Einschätzung, von Frauen, die nicht in die *Frauenszene* integriert waren, – wenn auch mit Unbehagen – akzeptiert. Anders verhielt es sich mit Feministinnen. Insbesondere durch ihr Eingeständnis, sich einem Mann sexuell zu unterwerfen, stieß sie in diesen Reihen als Verräterin feministischer Ideale auf Ablehnung und Verachtung, wohingegen ihre sadistischen Interessen akzeptiert wurden: «Ich habe darüber meine zeitlebens beste Freundin verloren. Der besondere Clou ist, daß die eine SM-Lesbe ist, die selbst SM macht. Aber ich mache es mit Typen und bin deshalb nicht mehr diskutabel... SM-Lesben hatten nie ein Problem, wenn ich Typen vermacht habe, das hat denen überhaupt nichts ausgemacht. Das fanden sie total okay. Aber als sie hörten, daß ich jetzt einen Typen habe, der mich vermacht, da war es vorbei.»

Vanessa hat versucht, diesen Konflikt zum einen dadurch zu lösen, daß sie sich von der feministischen Szene, mit der sie ursprünglich assoziiert war, zurückgezogen hat: «Ich bin es einfach leid, permanent diese Auseinandersetzungen zu führen. Die Toleranz, die ich gewähre, ist von ihrer Seite nicht da. Sie sagen, daß ich mich in die patriarchalische Struktur stelle, die wir eigentlich alle überwinden wollen. Ich sehe es aber nicht so... Deswegen habe ich mich von der einen Welt auch völlig verabschiedet. Ich habe dieses Hin- und Hergerissensein nicht mehr ausgehalten.» Zum anderen lassen sich für Vanessa Feminismus und Sadomasochismus im allgemeinen und Masochismus im besonderen insofern miteinander vereinbaren, daß sie ihre SM-Rollen eindeutig von ihrer alltäglichen Rolle abgrenzt. In ihre beruflichen und sonstigen sozialen Zusammenhänge möchte Vanessa Macht und Unterwerfung unter keinen Umständen miteinbeziehen: «In meinem Alltag will ich das ganz klar nicht. Ich will in meinen alltäglichen Situationen mit allen Leuten, die ich treffe, gleichberechtigt umgehen. Also ich stehe nicht auf Konkurrenzkisten. Ich habe eine Weile im Computervertrieb gearbeitet, was ein relativ hartes Ellenbogen-Busineß ist, und habe genau deswegen aufgehört, weil ich keine Lust hatte, mich permanent in Konkurrenzsituationen zu stellen und permanent schmutzige Wäsche zu waschen, um meine Position zu behaupten. Ich suche Umgebungen, wo ich mit jemandem zusammenarbeiten kann. Im Alltag interessieren mich solche Machtsituationen nicht. Innerhalb meiner SM- und Privatkisten um so mehr.» Diese Einstellung ist nicht als Bestätigung für die Weiterführung ihres sexuellen Masochismus im Alltag zu verstehen, denn auch ihre sexuell passive Rolle steht in keinem Zusammenhang mit ihren sonstigen Verhaltensmustern. Vanessa beschreibt sich als Frau, für die Gleichberechtigung und Zusammenarbeit zwar einen sehr hohen Stellenwert einnehmen, die aber dennoch eher dominant als devot auftritt. Sie gibt an, ihre Interessen durchzusetzen und sich beispielsweise ihrem Partner im Alltag niemals unterzuordnen: «Ich weiß sehr genau, was mein Freund und ich leben, ist eine völlig gleichberechtigte Partnerschaft, auch wenn er im sexuellen Bereich wirklich dominant ist. Es ist für uns beide völlig klar, daß ich mich bewußt unterwerfen will. Trotzdem würde mich mein Freund nie im Leben schicken, seinen Kram abzuspülen oder irgendwelche Sachen für ihn zu erledigen.» Vanessa hat ein positives Männerbild und legt in bezug auf ihre dominante Rolle im SM-Spiel besonderen Wert darauf, daß deren Ausübung nicht als Männerhaß interpretiert wird: «Ich würde meine dominante Rolle nicht als Männerhaß bezeichnen. Das ist bei mir halt ganz klar nicht so. Wie ich mich auch nicht von Typen vermachen lassen würde, die das letztlich aus Angst vor Frauen oder Frauenhaß machen würden. Und das ist der Unterschied zwischen destruktiven Leuten und anderen SMlern, da mache ich einfach eine Trennung.»

Sie differenziert also eindeutig zwischen sexuellem Sadomasochismus und sozialen, kulturellen oder gesellschaftlichen Formen des Machtgebrauchs. Dominanz und Unterwerfung kommen für sie nur dann in Frage, wenn sie spielerisch inszeniert und ausschließlich auf einen solchen Rahmen beschränkt sind. Unter dieser Prämisse praktiziert sie ihre sadomasochistischen Neigungen. Sie glaubt, daß sie heute zwar in der Lage ist, diese unterschiedlichen Bereiche einwandfrei voneinander abzugrenzen, räumt aber ein, daß es zu früheren Zeitpunkten Schnittmengen gegeben hat: «Ich denke, daß ich mir die Sachen vorher im Alltag abgeholt habe, die ich jetzt in meinem Privatbereich auslebe. Deswegen lasse ich mich jetzt im Alltag nicht mehr in solche Spiele reinziehen... Es gab so Verwischungen. Früher war es so, daß ich mich beruflich für andere aufgeopfert habe.» Erst nachdem Vanessa diese Situation durchschaut hatte, begann sie, ihren Masochismus im sexuellen Bereich auszuleben. Hierdurch, so ihre Meinung, ist sie im Alltag gelassener und selbstsicherer geworden: «Seit ich dieses Coming Out hatte, habe ich auch an persönlicher Sicherheit gewonnen. Ich bin auch beruflich erfolgreicher, seit ich mich selbst nicht mehr so leicht in Frage stelle.»

Vanessa möchte ihre bisherigen SM-Erfahrungen nicht missen und auch in Zukunft unter gar keinen Umständen darauf verzichten. Sie beansprucht für sich das Recht, entgegen der Meinung anderer zu handeln, wenn es für sie persönlich mit größtmöglichem Wohlbefinden verbunden ist und niemand unter ihrem Verhalten zu leiden hat. Geschlagen zu werden empfindet sie nicht als Gewalt gegen Frauen generell, und daß ihr Masochismus mit gesellschaftlichen Strukturen verflochten sein könnte, ist für sie von geringer Bedeutung. Entscheidend ist ihrer Meinung nach nur eines: «Die Gewaltsituationen, die ich inszeniere, tun meiner Psyche gut. Das Gefühl habe ich ganz eindeutig. Ich will mich nicht vom Sadomasochismus heilen lassen, dafür erlebe ich ihn als zu genußvoll und als zu selbstverständlich... Ich lasse es mir nicht mehr ausreden. Daß ich persönlich auf Gewaltsituationen stehe, hat nichts mit mißhandelten Frauen zu tun. Es ist mein Ding, und daß ich mir Leute dazu suche, die auch darauf stehen, ist auch mein Ding... Ich kann nur sagen, wenn ich es mache, fühle ich mich insgesamt besser, als wenn ich es nicht mache. Also kann es für mich nicht verkehrt sein, es zu machen.»

Trotz dieser positiven Einstellung hat sie sich gegenüber der SM-Szene eine kritische Distanz bewahren können. Gleichberechtigungsansprüche von Masochistinnen, die sie für sich selbst realisiert glaubt, sieht sie innerhalb der SM-Szene nicht immer gewahrt. Auch kommen verschiedene Praktiken und *extreme* Grade der Unterwerfung für sie nicht in Frage. Dennoch sieht Vanessa sich nicht dazu berufen, andere zu maßregeln, und stellt die persönlichen Interessen, den persönlichen Geschmack des einzelnen über gesellschaftliche Werte. Für sich definiert sie einen klar abgegrenzten Rahmen: Sich selbst vollkommen «aufzugeben im Sinne eines Sklavinnendaseins» oder andere zu versklaven lehnt sie ab.

FALL 2: CARMEN

«Ich fühle mich als Amazone des 20. Jahrhunderts»

Der Kontakt zu Carmen wurde über eine professionelle Domina vermittelt, die wir kurz zuvor in ihrem Studio besucht hatten. Aus terminlichen Gründen zog sie ein Telefoninterview vor, weshalb wir an dieser Stelle nichts über ihr Auftreten und äußeres Erscheinungsbild sagen können. Im sadomasochistischen Arrangement nimmt Carmen ausschließlich die dominante Rolle ein.

Allgemeine Lebensumstände
Carmen ist zur Zeit des Interviews 28 Jahre alt und lebt mit ihrem Partner in einer Großstadt. Sie hat ein fünfjähriges Studium in darstellender Kunst absolviert. Aus gesundheitlichen Gründen mußte sie diese Ausbildung jedoch unterbrechen. Mit ihrer beruflichen Situation ist sie zufrieden. Sie beschreibt sich als erfolgreiche Geschäftsfrau, die selbständig in leitender Position Verantwortung zu tragen hat.

Biographischer Hintergrund
Carmen gibt an, daß ihr Verhalten im allgemeinen und speziell im sexuellen Bereich schon immer dominant war. Diese Dominanz interpretiert sie im Zusammenhang mit Mißständen und Fehlentwicklungen in der Kindheit. Sie berichtet von prägenden Erlebnissen: «So mußte ich als Kind miterleben, wie ein Elternteil das andere betrog, und zwar mehrfach, mit wechselnden Partnern. Zweimal war ich ungewollt direkte Zeugin dieser ‹Vergehen› am Ehepartner. Eventuell liegt da ein Teil dieser Neigung begraben. Ich verspürte eine Eifersucht und einen gewissen Haß gegenüber diesen ‹Fremden›, die das Familienleben und die Zeit meiner Eltern für mich noch mehr kürzten. Ich wußte es von beiden Elternteilen; sie aber wiederum nicht von dem anderen, der sie ebenso betrog. Diese Mitwisserschaft lastete allein auf meinen damals achtjährigen Schultern.» Carmen betont, daß sie sehr offen erzogen wurde. Neben den Problemen in ihrer Kindheit versteht sie ihre sadomasochistischen Interessen auch als Konsequenz einer sexualfreundlichen Erziehung: «Ich bin von zu

Hause her so aufgewachsen, daß man im Bereich der Sexualität alles machen kann, wenn beide es wollen. Auch Dinge, die im allgemeinen abgelehnt werden. Sexualität war nie etwas Schmutziges oder etwas, worüber man überhaupt nicht spricht. Vielleicht bin ich in Sachen Sexualität deshalb so frei erzogen, weil meine Eltern zu diesem Zeitpunkt selbst so lebten.»

Zugang und Erfahrungen
Carmen beschreibt sich als aufgeschlossenen, experimentierfreudigen Menschen. Bereits im Alter von 16 Jahren hat sie *Natursektspiele* – eine ihrer bevorzugten Praktiken – ausprobiert: «Ich fand es unheimlich geil. Es hat mich unheimlich angemacht, und ich war immer froh, wenn ich jemanden hatte, der das auch mochte.» Ihr Interesse an sadomasochistischen Sexualpraktiken wurde durch die Lektüre spezieller Medien stimuliert: «Das war so, daß ich mit meinem jetzigen Partner Magazine und Fotografien in die Hände bekam... Es ist aber nicht so, daß ich nur durch den Partner dazu gekommen bin. Er hat eigentlich bei mir was gefördert und etwas ins Rollen gebracht, was schon vorhanden war.» Bis zu diesem Zeitpunkt hatte Carmen keine praktischen Erfahrungen mit sadomasochistischen Sexualpraktiken. Da nun ihr Interesse durch Magazine und Fotos geweckt war, wollte sie diese «spezielle Art der Erotik» auch in der Praxis kennenlernen. Vor dem Hintergrund der Informationen aus den SM-Magazinen war für Carmen klar, daß eine Szene existierte. In der Kontaktaufnahme zu Insidern sah sie die einzige Möglichkeit, ihre Neugier zu befriedigen.

Als Frau lag es für sie nahe, den Einstieg zunächst über eine andere Frau zu suchen, die bereits Erfahrungen auf diesem Gebiet hatte. Die Tür in diese fremde Welt öffnete ihr schließlich die Anzeige einer professionellen Domina, die in einem Szene-Magazin einen privaten Damenzirkel vorstellte, der um eine Dame erweitert werden sollte: «Ich habe den Entschluß gefaßt, die Phantasie in die Realität umzusetzen, und habe die Katrin [Inhaberin eines bekannten Studios, d. A.] angerufen.» Carmen hatte keine Vorstellungen, in welches Milieu sie sich durch die Anzeige begab, und war um so mehr überrascht, daß sich die Gesprächsebene auf einem für sie unvermutet «hohen Niveau» befand. Sie ging davon aus, daß «die meisten

Frauen, die in diesen Studios sind, etwas Lasterhaftes umgibt. Ich war
also am Anfang sehr überrascht, auf welchem Niveau ich mich mit ihr
unterhalten konnte, weil das für mich eine sehr wichtige Sache ist...
Sie kennen ja die Katrin, dann wissen Sie, daß sie eine Frau ist, die
Format hat, die Niveau hat. Das ist eigentlich der Punkt gewesen, wo
ich gesagt habe: ‹Okay, ich probiere das mal.›» Sie faßte den Entschluß, Katrin unverbindlich in ihrem Studio aufzusuchen, um sich
die Idee des Damenzirkels erläutern zu lassen und für sich persönlich
weiterzuentwickeln: «Ich wurde von Katrin zu einem Damenzirkel
eingeladen, um in professioneller erotischer Atmosphäre erstmalig
SM zu praktizieren. Selbstverständlich wurde ich an diesem Abend
mit Riten und Praktiken konfrontiert, die ich selbst noch nicht
kannte, geschweige denn ausprobiert hatte. Ich war in einem Zirkel
dominanter Frauen und habe eigentlich das erste Mal SM richtigge-
hend praktiziert, weil ich alle Gerätschaften hier vorfinden konnte,
die ich zu Hause natürlich nicht habe. Das war eine sehr interessante
Erfahrung.»

Obwohl Carmens Wohnort und das Studio von Katrin sehr weit
auseinander liegen, fährt Carmen seit diesem Zeitpunkt regelmäßig
dorthin. Nicht nur die von Katrin organisierten Damenzirkel sind
aber für sie von Interesse, sondern auch Party-Abende, die unter verschiedenen Themen (Gummi, Fetisch etc.) im Studio stattfinden. In
Katrins Studio besteht für Carmen stets die Gelegenheit, ihre sadistischen Neigungen auszuleben. Durch eine Ankündigung auf dem An-
rufbeantworter erfahren die Gäste des Studios, wann sie als sogenannte Gastherrin anwesend ist: «Also ich habe immer die Möglichkeit hierherzukommen; und wenn ich Lust habe, mache ich das
auch. Ich muß es lediglich mit geschäftlichen Anliegen koordinieren.»

Wenn Carmen das Studio besucht, um ihre dominanten Neigungen auszuleben, kommt ihr Partner hin und wieder mit. Er nimmt
aber nicht an den Veranstaltungen teil. Ihr Verhältnis und damit verbundene Praktiken sind für beide eine ausschließlich intime Angelegenheit, die keiner in die Studioatmosphäre übertragen möchte.
Manchmal reist Carmen auch auf Wunsch von Katrin an, mit der sie
mittlerweile befreundet ist. Verdienstausfall und Fahrtkosten über-
nimmt dann Katrin. Carmen betont aber, daß sie das Studio nicht aus
finanziellen Gründen aufsucht, und möchte unter keinen Umständen

mit einer professionellen Domina verglichen werden: «Das hieße, daß ich durch SM meinen Lebensunterhalt bestreite, und das entspricht nicht den Tatsachen. Professionell im Sinne von Gewandtheit und Erfahrung auf dem SM-Sektor, das kommt meinem jetzigen Entwicklungsstand nahe. Wichtig für mich ist, daß meine ausgelebte Neigung eine Lebensart im Sinne von Verwirklichung und Ehrlichkeit ist.»

SM-Identität und Alltagsrolle

Carmen beschreibt sich als einen Menschen, der immer schon ein ausgeprägtes Geltungsbedürfnis hatte. Die Bestätigung ihres äußeren Erscheinungsbildes als Frau und ihre Anerkennung als sexuell begehrenswertes Wesen ist für sie die Schlüsselmotivation, Sadomasochismus zu praktizieren: «Ich bin eine Gummifetischistin. Meine ganze Ausstattung ist in Latex, schwarz glänzendes, enganliegendes Latex. Der Körper wird in diesen Sachen idealisiert, gibt äußerlich ein perfektes Bild von der Frau ab, das meiner Meinung nach auch dazugehört, um jemanden bestechen zu wollen... Ich habe eigentlich immer versucht und es verstanden, mich irgendwo in den Mittelpunkt zu drängen. Ich habe das einfach genossen, bewundert zu werden. Ich will, daß man mich beachtet, begehrt, ja geradezu vergöttert. Und diese Bewunderung und Faszination, die verarbeite ich in mir zu einer Bestätigung, auf die ich theoretisch verzichten kann, es praktisch aber nicht möchte. Das Äußerliche, gepaart mit meinem Wesen, meiner Wirkung und Ausstrahlung auf die Männer, läßt mich jede Aktion als einen Auftritt empfinden. Hätte ich mein abgebrochenes Studium vollendet, würde ich den gleichen Effekt bei einem meiner Auftritte empfinden. Sicher ist das auch als eine Ersatzbefriedigung zu sehen... Ich tauche bewußt und mit meiner ganzen Überzeugung in eine Welt der Phantasie ein. Und mit mir meine männlichen Untergebenen.»

Carmens Vorliebe für Urinpraktiken wurde bereits angedeutet. Abgesehen davon, daß sie diese «besondere Art der Erotik» sexuell als sehr stimulierend empfindet, bedeutet die Bereitschaft der Männer, diese Praktik zuzulassen, eine besondere Form der Ehrerbietung: «Die Verabreichung von NS [Natursekt, d. A.] auf die verschiedensten Arten und Weisen geht oft weit über die Phantasien meiner

Opfer hinaus. NS ist ein menschliches Exkrement, das von der Kindheit an tabuisiert wird. Das Kind wird zur Sauberkeit angehalten, und außer auf der Toilette ist NS kein Thema. Und plötzlich wird daraus eine Angelegenheit, die unglaublich erregend werden kann. Für viele Männer bin ich die erste Frau, die überhaupt je NS mit ihnen praktiziert hat. Es gibt einige, die das mit keiner anderen Frau machen, nur mit mir. Nicht einmal mit der Ehepartnerin.»

Das sexuelle Erlebnis spielt für Carmen in der Studioatmosphäre überhaupt keine Rolle. Für sie selbst ist die Befriedigung ausschließlich mentaler Natur: «Und es ist auch nicht so, daß ich hier einen sexuellen Höhepunkt erlebe, wenn ich irgend jemanden im Intimbereich beispielsweise unter Strom setze. Das ist für mich eine rein mentale Befriedigung, keine körperliche. Das hat für mich eigentlich wenig mit Sexualität zu tun; es ist lediglich ein Gefühl der Bestätigung, das ich hier bekomme. Es ist ein Spiel mit meinem Körper, ja, aber mehr nicht. Das erwarte ich auch nicht.» Ob ein Partner sexuelle Befriedigung erfährt oder gar bis zum Orgasmus gelangt, ist ihr vollkommen gleichgültig: «Von Anfang an stelle ich klar, daß ich bei einem Abend die gesamte Gestaltung übernehme. Begehrt die Gegenseite irgendwelche Einschränkungen, auf die ich Rücksicht nehmen soll, verliert diese Person mein Interesse. Ich spare mir meine Energie lieber für jemanden auf, der mir das Gefühl gibt, sich mir ganz auszuliefern. Dann werden Praktiken ausgelebt, die auch über einen normalen Studioalltag hinausgehen. Die müssen. Die können schreien, bis sie schwarz werden, dann kriegen sie einen Knebel in den Mund. Da gibt es kein Pardon und auch kein Entgehen... Also wenn ich auf so einem Damenzirkel bin, dann interessiert mich das nicht, ob da jemand zum Höhepunkt gekommen ist oder nicht, sondern mir geht es nur um die Sachen, die ich mache... Weiter ausgeführt sehe ich das Ganze als eine Verschmelzung eines grausamen Märchens an, in dem die Anmut und die Nähe einer vollkommenen Märchenfigur nur dann genossen werden kann, wenn man bereit ist, alles nur Erdenkliche dafür hinzugeben. Nur daß aus diesem Märchen plötzlich Realität wird und echte Opfer abverlangt werden... Im übrigen habe ich diese Dominanz und die Art des Auslebens nicht erfunden. Von dieser weiblichen (Ab-)Art berichtet uns schon die Geschichte mit Überlieferungen aus den Völkern der Amazonen. Ich fühle mich, um die

Sache auf einen Punkt zu bringen, als eine Amazone des 20. Jahrhunderts, deren Waffen nicht kriegerisch und mordend, sondern Weiblichkeit und Überlegenheit sind.»

Anders verhält es sich in der (sexuellen) Beziehung zu ihrem Lebenspartner, die Carmen als offen und vielfältig beschreibt. Hier können sadomasochistische Elemente miteinbezogen werden und sind dann eng mit Carmens Sexualität verflochten. Auf die Erfahrungen im Studio möchte Carmen dennoch nicht verzichten: «Ich differenziere zwischen meinem mentalen Höhepunkt und meinem körperlichen Höhepunkt, da ich der Ansicht bin, daß Sex in Form von Geschlechtsverkehr in einem SM-Studio nicht praktikabel ist. Dieses Ausleben von Gefühlen geistiger und körperlicher Art, was meine Person betrifft, ist meinem Partner und mir vorbehalten. Geschlechtsverkehr mache ich nur mit meinem Partner, der hat in diesen Räumen nichts zu suchen.» Trotz ihrer dominanten Neigungen im allgemeinen sowie im SM-Bereich versteht Carmen sich nicht als durch und durch dominante Persönlichkeit. Sie beschreibt auch eine «sehr sensible und feinfühlige Seite» ihres Wesens, die sie lediglich nach außen hin nicht so gerne zeigen möchte: «Ich bin keine Frau, die ausschließlich dominant ist. Das möchte ich an dieser Stelle nicht unerwähnt lassen. Ich bin auch der Überzeugung, daß es keine Frau gibt, die wirklich nur dominant ist. Dominante Frauen haben nur den Mut, eine weitere Seite von sich auszuleben und sich voll damit zu identifizieren. Ich bin viel zu sehr Frau, um nicht die andere, sehr weiche, weibliche Seite ausleben zu wollen.» Sadomasochismus gehört ebenso zu ihrem Leben wie normale Sexualität. Auch ist es für Carmen selbstverständlich, die sadomasochistischen Spiele von ihrem Alltag zu trennen. Eine ständige Dominanz wäre ihr zu anstrengend: «Ich habe auch einen ganz normalen Liebesalltag. Der ist zwar sehr intensiv und sehr farbenreich, weil mein Partner und ich sehr offen sind für alles. Es ist aber nicht so, daß ich meinen Partner ständig dominiere, ganz im Gegenteil. Unsere Beziehung basiert auf einer vollkommenen Rücksichtnahme, sowohl von ihm als auch von mir. Da würde ich also nie wagen, über bestimmte Dinge hinauszugehen.»

Carmen beschreibt sich als überaus selbstbewußte Frau, die um ihre Qualitäten weiß. Diesen Eindruck bekamen wir auch im Interview mit ihr. Aus ihrer dominanten Neigung macht sie keinen Hehl: «Trotz meiner beruflichen Stellung und der Intoleranz der Gesellschaft wage ich es, in extravagantem Outfit auf die Straße zu gehen, sei es zum Einkaufen, sei es zu Festivitäten, sei es zu privaten Treffen.» Mit dem Ausleben ihrer sadomasochistischen Neigungen, ihrer «dominanten Ader», hat Carmen keine Schwierigkeiten. Ihr Selbstbild gerät hierdurch keineswegs ins Wanken, und bei den unterschiedlichsten Gelegenheiten vertritt sie ihre Meinung: «Ich vertrete meine Position leidenschaftlich. Im Rahmen von Modenschauen oder in Geschäften mache ich Frauen Mut, eine vielleicht im verborgenen liegende Leidenschaft ausfindig zu machen und zu fördern. Es liegt mir auch viel daran, den Leuten klarzumachen, daß es etwas Normales, etwas Legales ist. Es kommt immer darauf an, wer etwas in welcher Weise praktiziert. Dann ist es nämlich eine ganz niveauvolle Art der Erotik, eine bizarre Erotik auf höchstem Niveau.»

Begriffe wie «Gewalt» und «Feminismus» spielen für Carmen im Zusammenhang mit Sadomasochismus keine Rolle, da es sich ihrer Meinung nach hier um völlig unterschiedliche Phänomene handelt: «Als Sadistin, Domina und Frau kann ich nur sagen, daß zwischen dem Begriff Gewalt im Sinne von Vergewaltigung und Brutalität zu unterscheiden ist, da sich alle praktizierenden SMler dieser Gewalt ja freiwillig unterwerfen. Es würde mir nie in den Sinn kommen, jemanden zu überwältigen, der kein Interesse an SM hat. Somit bringe ich Sexualität und Gewalt in ihrem ursprünglichen Sinne nicht in Verbindung und habe auch keine Probleme mit der Thematik ‹Frauen und SM›.»

Carmen ist nicht bereit, ihre sadistischen Neigungen zu verdrängen oder zu verheimlichen. Der Verzicht wäre für sie mit dem Verlust von Lebensqualität verbunden, und ihre Zufriedenheit hätte darunter zu leiden. Sie beschreibt ihre Erfahrungen im SM-Bereich als Gewinn für ihren Alltag: «Ich kann mich in verantwortlicher Position für die Belange der Firma, z. B. bei Vertragsverhandlungen, besser durchsetzen. Ich fühle mich durchaus auch Situationen gewachsen, die ich vor meiner Konfrontation mit meinen SM-Neigungen lieber jemand anderen habe ausführen lassen. Das mag daran liegen, daß ein Großteil der Gäste, die mit mir gemeinsam das Studio aufgesucht haben, Männer in Positionen waren, die mir bei Verhandlungen als gleichberechtigte Partner gegenübersaßen. Ich übertrug in solchen Momenten meine Strategien in einer anderen Form auf ein anderes Gebiet. Zusehends mit mehr Erfolg. Meine Kompromißbereitschaft, die oftmals der Gegenpartei den Vorzug ließ, wurde abgebaut, und ich baute mich – und damit auch mehr Achtung vor mir selbst – auf.»

FALL 3: MARIA
«Ich möchte mir ständig bewußt sein, daß ich eine Sklavin bin»

Das Interview mit Maria fand im Rahmen eines regelmäßigen Treffens von SM-Interessierten in der Privatwohnung eines Gruppenmitglieds statt. In ihrem Auftreten wirkt Maria selbstsicher und freundlich. Kleidung und Schmuck an diesem Abend lassen auf ihre Neigungen schließen: im Rahmen von SM nimmt sie ausschließlich die passive Rolle ein.

Allgemeine Lebensumstände
Als wir Maria zum Interview treffen, ist sie 25 Jahre alt und lebt in einer Großstadt, wo sie zusammen mit einer Freundin eine eigene Wohnung hat. Ihre Tätigkeit als Kauffrau in der Fremdenverkehrsbranche gewährt ihr finanzielle Unabhängigkeit.

Biographischer Hintergrund
Maria wendet sich entschieden gegen die These, ihr Masochismus entspringe geschlechtsspezifischen Sozialisationserfahrungen. Ihre Eltern legten sehr viel Wert darauf, sie zur Selbständigkeit zu erziehen. Entsprechend diesem Anspruch gestaltete sich auch das Familien- und Berufsleben von Vater und Mutter: «Ich bin genau nicht passiv erzogen und in meiner Kindheit nicht von meinen Eltern oder in der Schule unterdrückt worden. Mir wurde genau das Gegenteil anerzogen. Ich habe 20 Jahre lang gehört: ‹Heirate nicht, kriege keine Kinder, mach deine Karriere, binde dich nicht an einen Mann.› Meine Eltern führten eigentlich eine tolle Ehe. Beide waren berufstätig. Der eine hat gearbeitet, der andere hat auf die Kinder aufgepaßt, und zwar zu gleichen Teilen. Auch die Arbeit im Haushalt wurde zu gleichen Teilen von meinem Vater und von meiner Mutter erledigt. Ich

bin also in der Hinsicht völlig anti-gesellschaftlich aufgewachsen. Also bei mir trifft die These vom anerzogenen Masochismus wirklich absolut nicht zu.»

Die Erfahrungen, die Maria im Laufe ihrer Biographie machte, erlauben demnach keine Rückschlüsse auf eine typisch weibliche Erziehung. Die elterliche Ehe galt Maria als Vorbild für eine auf Gleichberechtigung basierende Beziehung, und die Eltern legten sehr viel Wert darauf, sie als selbständige, finanziell unabhängige Frau zu erziehen, die Karriere machen soll. Ihre masochistischen Neigungen sieht Maria vielmehr als Veranlagung, und sie datiert ihre ersten Phantasien und Erlebnisse ins frühe Kindesalter: «Phantasien hatte ich, seit ich denken kann. Also noch vor der pubertären Phase. Mit elf habe ich die erste SM-Geschichte geschrieben... Und ich habe auch noch in Erinnerung, daß ich das sehr genossen habe, damals... Auch wenn ich jetzt nicht sagen würde, daß ich da schon Masochistin war, waren das die ersten Erlebnisse.»

Zugang und Erfahrungen

Ihre ersten bewußt sadomasochistischen Erfahrungen machte Maria als junge Frau und kam dabei in eine Situation, die für sie zu einem tragischen Ereignis wurde. Im Alter von 19 Jahren geriet sie an einen dominanten Partner. Sie beschreibt nur andeutungsweise, was geschah: «Ich hatte damals ohne Code-Wort angefangen und hatte eben jemanden, der gesagt hat, es gibt kein Code-Wort. Und ich sagte: ‹Klar, kein Code-Wort›. Und da gab es eben Punkte, die ich aber lieber nicht erzählen möchte, mehrere verschiedene, später dann einen, der mich total erschreckt hat, als es einfach zu weit ging. Ich hatte kein Code-Wort, ich mußte da durch. Und das Vertrauen war einfach weg. Das war futsch. Und damit war auch die Trennung da.» Diese Erfahrung hatte zur Konsequenz, daß sich Maria für mehrere Jahre von sadomasochistischen Sexualpraktiken distanzierte, der Wunsch nach Unterwerfung aber weiterhin ihre Phantasien und Vorstellungen von Sexualität dominierte. In dieser Zeit litt sie unter ständigem Druck, «anders zu sein als die anderen», was schließlich zu dem Versuch führte, diese «Krankheit» zu therapieren: «Wenn man das entdeckt, vor allem am Anfang, dann weiß man schon, daß man nicht normal ist. Wenn man zum erstenmal direkt sagt: ‹Ich bin Masochist›, dann würde man es schon am liebsten jedem erzählen, es rausschreien, und möchte auch so akzeptiert werden. Aber die Angst ist zu groß, weil man sich fragt: ‹Was halten die Leute von einem?› Ich hatte Probleme damit, deshalb bin ich zum Psychiater gegangen. Ich habe versucht, das zu verdrängen... Aber im Endeffekt habe ich die Phantasie eben doch immer noch gehabt.»

Deshalb lebte Maria ihre Bedürfnisse über Pornohefte und -filme und über Zeitungsberichte von Vergewaltigungen aus. Irgendwann war der Punkt erreicht, daß ihr die mediale Befriedigung nicht mehr genügte: «Und da habe ich gesagt: ‹Es muß wieder sein.› Nach fünf Jahren Pause bin ich wieder eingestiegen. Da war es mit den Dingern vorbei. Seit ich das wieder auslebe, liegen die Heftchen rum.» Ihr Negativerlebnis hat sie mittlerweile verarbeitet. Sie interpretiert es dahingehend, daß sie damals «einfach an den Falschen» geraten ist. Im zweiten Anlauf hat sie es geschafft, sich in einer bestehenden SM-Szene zu etablieren, wo sie auch regelmäßig an Veranstaltungen (z. B. Gruppentreffen und Feten) teilnimmt.

Maria versteht ihre passive Rolle eindeutig als die einer Sklavin. Sie verwendet diesen Begriff, um zu unterstreichen, daß sie ihren Wunsch nach Unterwerfung nicht nur zeitlich begrenzt, innerhalb eines bestimmten Rahmens realisieren möchte: «Für mich ist es ernst... Früher war es so, daß ich dachte, das ist eine Art Spiel. Man geht ins Schlafzimmer, macht die Tür zu, und dann ist man die Sklavin. Aber ich habe inzwischen so viel erlebt, daß ich merke, daß ich nur im ganzen Sklavin sein kann, daß ich eben nicht einfach die Tür zumachen will, um dann eine Sklavin zu sein, und wieder rausgehen, um eine Frau zu sein. Das bringt mir nicht viel... Ich meine, ein Schwuler ist auch nicht auf einmal hetero, wenn er über die Straße geht. Ich möchte mir eben ständig bewußt sein, daß ich eine Sklavin bin. Ich brauche eine feste Führung.» Vor diesem Hintergrund gestaltet sich die Beziehung zu einem Partner, dem sie sich unterwirft, was z. B. bedeutet, daß sie auch in seiner Abwesenheit seinen Befehlen Folge leistet.

Zum Zeitpunkt des Interviews hat Maria einen *Herrn*, der sie dominiert. Da dieser wiederum eine feste Freundin hat, kann Maria nur seine *Zweitsklavin* sein. Dieser Zustand ist für sie zwar nicht sehr befriedigend, aber eine ausreichende Zwischenlösung, bis sie jemanden

manden gefunden hat, den sie nicht mit einer anderen Frau teilen muß: «Ich strebe zwar etwas Festes an, aber im Endeffekt hilft mir das jetzt, über meine Phantasien hinwegzukommen und nicht unbedingt jeden verbissen anzuspringen, wo es geht. Also ich strebe schon eine dauerhafte Beziehung an.» Das Verhältnis von Dominanz und Unterwerfung haben Maria und ihr Herr über einen Vertrag geregelt, in dem sie ihm die Verfügungsgewalt über ihren Körper übertragen hat: «Wir haben einen richtigen schriftlichen Vertrag, mit Blut unterzeichnet, der besagt, daß er volle Verfügungsgewalt über meinen Körper hat... Wir haben diesen Vertrag jetzt erst mal vorläufig für ein halbes Jahr, aber eben verlängerungsfähig gemacht.»

SM-Identität und Alltagsrolle

Maria hat keine Probleme mit sich und ihrem sozialen Umfeld ob dieser Sklavinnenrolle. Abgesehen von ihrem Beruf, wo sie ihre Neigung verbergen muß, wissen Verwandte und Freunde von ihrer Leidenschaft, sich einem Mann zu unterwerfen: «Ich lebe zum Beispiel mit einer Freundin zusammen, die normal ist. Sie weiß es. Meine andere Freundin, die ist auch normal, und die weiß das auch. Meine Mutter weiß es. Es ist also so, daß die Leute, die mir wichtig sind, es wissen. Und die Leute, die mir nichts bedeuten, oder Arbeitskollegen: Warum soll ich denen das erzählen? Wenn die mich so sehen würden wie jetzt, und ich würde auch noch sagen: ‹Ja, ich bin Masochistin›, die würden doch meinen, sie könnten mich dann in jeder Pause flachlegen. Um Gottes willen.» Nicht nur an Gruppenabenden, sondern auch sonst weist ihr alltägliches Outfit auf ihre Neigungen und die Zugehörigkeit zur SM-Szene hin; Maria ist in der Regel ganz schwarz und sehr feminin gekleidet. Als wir sie kennenlernten, trug sie ein Kleid mit sehr vielen Schlitzen, ein Hundehalsband aus schwarzem Leder, mit Nieten beschlagen, und hohe Schuhe. Wenn ihr Herr es verlangt, ist sie auch bereit, sich an der Leine mit ihm in der Öffentlichkeit zu zeigen. Wir beobachteten dies nach unserem Interview, als er sie abholte und an der Leine aus der Wohnung auf die Straße führte. Von all dem ausgenommen sind jedoch berufliche Situationen. Wir trafen Maria zu einem späteren Zeitpunkt zufällig an ihrem Arbeitsplatz, wo sie sich bieder und brav präsentierte, so daß sie fast nicht wiederzuerkennen war.

Sklavin zu sein ist für Maria nicht gleichbedeutend mit dem Abtreten ihrer Rechte auf Selbstverwirklichung und Entfaltung der persönlichen Freiheit. Dies wird zum einen aus ihrem Verhalten in anderen sozialen Lebenszusammenhängen deutlich: «Natürlich kann ich als Sklavin trotzdem eigene Bereiche haben, eigene Interessen. Ich kann meine Arbeit haben und auch meine Freunde. Das alles bedeutet nicht, meinen Willen zu brechen, aber ihn zu biegen. In der Beziehung, die ich jetzt habe, führe ich durchaus mein eigenes Leben... Ich trage zum Beispiel das Halsband auf der Arbeit nicht, ansonsten immer. Es ist mir eben ständig bewußt, daß ich eine Sklavin bin; aber ich bin trotzdem selbständig, kann trotzdem mit Leuten verhandeln und meinen Willen durchsetzen.» Auch Marias *Herr* als derjenige, der eigentlich bestimmt, wann sie sich treffen und was sie dann unternehmen, muß sich an bestimmte Regeln halten und z. B. ihre beruflichen Verpflichtungen berücksichtigen. Hinzu kommt, daß der Vertrag ein fiktives Konstrukt darstellt und jeder der Unterzeichneten weiß, daß es keine gültigen Rechtsgrundlagen dafür gibt: «Wenn eben Verleih-Aktionen sind, dann wird mein Dienstplan genommen, und dann wird halt geguckt, wann ich Zeit habe, und dann wird das eben abgesprochen. Das ist zum Beispiel auch so, daß bei Verleih gewisse Tabus bestehen, wo ich gesagt habe, daß ich das auf keinen Fall will. Das sind Pinkel- und Scheißespiele oder Sachen mit viel Blut... Wir akzeptieren uns eben dennoch. Ich kann mit meinem Herrn diskutieren, und ich kann ihm klarmachen, wer ich bin. Ich bin für ihn trotzdem ein Mensch. Außerdem ist der Vertrag im Endeffekt null und nichtig. Wenn man das jetzt ganz kraß als normaler Mensch sieht, kann ich jederzeit sagen: ‹Du kannst dir deinen Vertrag sonstwohin stecken, du kannst ihn zerknüllen und wegschmeißen.› Aber für mich ist es eben ein Vertrag, der von der Ehre her bindet und der eben im Endeffekt beidseitig oder einseitig auflösbar ist.»

Maria begreift sich nicht als bemitleidenswerte Frau, die unterworfen wurde, sondern betont, daß sie sich bewußt und freiwillig einem Mann unterwirft, den sie sich zudem vorher genau ausgesucht hat: «Der Unterschied besteht in einer gewissen Freiwilligkeit. Ich meine, wenn jahrelang Frauen unterdrückt worden sind, gezwungen wurden, am Herd und in der Küche zu stehen und in die Kirche zu gehen, dann ist das aus Zwang heraus geschehen. Das ist für mich dann ungeil. Was natürlich nicht heißen soll, daß eine Hausfrau grundsätzlich unemanzipiert ist. Es gibt Hausfrauen, die sind genauso emanzipiert wie eine Karrierefrau.» So sieht sich Maria als emanzipierte und selbständige Frau, die keineswegs in das Bild des passiven *Hausmütterchens* paßt, das seine Erfüllung und Pflicht darin sieht, die Wünsche des Mannes zu befriedigen. Sie ist durchaus in der Lage, die eigenen Bedürfnisse zu artikulieren und durchzusetzen: «Also ich muß ehrlich sagen, ich bezeichne mich selber schon als emanzipiert. Nicht als Emanze, aber als emanzipiert. Ich bin zum Beispiel haushaltstechnisch eine absolute Niete. Ich kann nicht kochen, und ich sehe eigentlich auch nicht meinen Sinn des Lebens darin, irgend jemandem hinterherzuräumen. Ich habe so eine Beziehung hinter mir, also eine normale Beziehung, wo ich mit einem Pascha zusammen war... Es gibt einen Unterschied zwischen Pascha und Herrn, und die meisten Sadisten, die ich kenne, die kochen selber, die waschen selber ab, die kochen ihren Kaffee selber, die staubsaugen selber. Wenn irgendwas ist, dann eher in der Art einer Inszenierung, daß der Herr der nackten Sklavin ein Schürzchen umbindet und sagt: ‹Jetzt mach den Abwasch! Wenn du nicht in so und so lange fertig bist, dann...› Aber das würde nicht jeden Tag gehen, da wäre dann der Kick raus. Und ich bin auch nicht der Typ, dem man so leicht über den Mund fährt. Ich kann mich schon durchsetzen. Im Gegenteil, ich glaube, ich bin in der normalen Welt eher eine starke Frau. Also wenn ich jemanden in einer Diskothek kennenlerne, dann sind das fast nur Männer, die eine starke Frau suchen, die einen Halt suchen. Was anderes lerne ich gar nicht kennen. Durchweg keine Sadisten, eher Mamajungs.»

Das Ausleben ihrer masochistischen Neigungen als Sklavin stellt Marias Meinung nach selbst einen emanzipatorischen Akt dar. Gerade in der heutigen Zeit, in der Gleichberechtigung einen wichtigen Stellenwert einnimmt, erfordere das Eingeständnis und die Umsetzung sadomasochistischen und darum abweichenden Verhaltens Ich-Stärke und Sicherheit: «Ich sehe meinen Masochismus als Emanzipation. Weil ich mich wirklich insofern emanzipiere, daß ich das mache, wozu ich Lust habe, auch wenn es den Feministinnen überhaupt nicht gefällt. Daß ich also Reizwäsche trage, wenn ich ‹will›, oder daß ich eben angekettet auf die Straße gehe, wenn ich ‹will›. Und das ist auch eine Freiheit, meine Freiheit. Für die hat keine Feministin gekämpft.

Ich kämpfe nicht, um in Latzhosen rumzurennen und Männerhasser zu sein. Ich mag Männer, und ich akzeptiere sie. Ich lasse mir von ihnen nicht alles sagen, es sei denn, mein Herr ist es, der etwas verlangt... Ich glaube, Frauen oder Männer, die nicht selbstbewußt sind, können sich auch gar nicht in die Situation hineinbegeben.»

Rassismus, Vergewaltigung, Kindesmißhandlung und reale Sklaverei sind für Maria tabu. Die Möglichkeit, auf ihre Sklavinnenrolle zu verzichten, erscheint ihr jedoch im Hinblick auf ihre bisherigen positiven und negativen Erfahrungen ausgeschlossen und eine Sexualität, in der beide Partner gleichberechtigt sind, nicht wünschenswert: «Ich mache meine Sachen ‹freiwillig›. Ich habe es mir ja ausgesucht. Ich bin nicht unterdrückt worden, sondern ich habe gesagt: ‹Ich will unterdrückt werden›... Ich habe ja fünf Jahre, nachdem ich schon SM-Erfahrungen gemacht hatte, ‹normale› Partnerschaften gehabt. Und ich habe einfach gemerkt, daß mir irgendwas fehlt... Also darauf möchte und kann ich auf keinen Fall verzichten.»

FALL 4: EVA

«Ich bin eine stinknormale Frau von nebenan»

Durch einen gleichgesinnten Freund erfuhr Eva von unserem Forschungsprojekt, woraufhin sie uns in einem ausführlichen Brief ihre Unterstützung anbot. Zum Interview lud sie uns in ihre Wohnung ein. Ihre Kleidung ist vollkommen unauffällig: weder Schmuck noch spezifische Kleidungsstücke verraten etwas über ihre sadomasochistischen Neigungen. Eva macht einen sehr selbstsicheren, freundlichen Eindruck. In bezug auf SM nimmt sie ausschließlich die aktive Rolle ein.

Lebensumstände
Zum Zeitpunkt der Kontaktaufnahme ist Eva 52 Jahre alt und lebt mit ihrem Mann, mit dem sie seit 30 Jahren verheiratet ist und Kinder hat, in einer Großstadt. Eva sollte Abitur machen, hat aber gegen den Willen ihrer Eltern mit mittlerer Reife eine Ausbildung an einer Fachschule als Erzieherin absolviert und ist seit ihrer Heirat Hausfrau.

Biographischer Hintergrund

Während des Krieges und in den ersten Nachkriegsjahren wuchs Eva mit ihrer Schwester zusammen auf dem Land auf. Außer den besonderen Bedingungen dieser Zeit weiß sie nichts Außergewöhnliches zu berichten. Sie sieht keine Verknüpfung zwischen sadomasochistischen Neigungen und spezifischen Kindheitserfahrungen oder Erziehungsstilen. Sie versucht auch nicht, ihre dominanten Aktivitäten über eine mögliche Veranlagung zu erklären: «Früher war da absolut nichts. Wenn irgendwelche Leute sagen, es läge an der Kindheit, dann sehe ich das nicht so... Ich habe eine sehr autoritäre Erziehung hinter mir, wie viele in meiner Generation. Aber meine Güte, das ist für mich kein Kriterium. Wir hatten, was wir brauchten, und unsere Eltern taten verantwortlich ihre Pflicht an uns Kindern. Ich habe keinen prügelnden Vater gehabt und keine Mutter, die um sich geschlagen hat. Die waren streng, aber das war damals ja jeder.» Auch bezüglich ihrer schulischen Erfahrungen schildert Eva keine nennenswerten Ereignisse: «Ich kann mich an nichts Spektakuläres erinnern. Ich habe die Schule nie geliebt, war immer eine mittlere bis gute Schülerin, nie herausragend, nie schlecht... Um es aber nochmals zu sagen: Es ist schon möglich, daß Frauen vielleicht eher durch die Erziehung zum lieben, gehorsamen Mädchen und einer ebensolchen Frau zum Masochismus kommen. Aber genauso ist es doch auch vorstellbar, daß sie gerade deswegen nicht masochistisch werden, weil sie sich eben wehren wollen. Ich hätte aufgrund meiner Erziehung ebenso masochistisch werden können. Es war durchaus drin. Ich war ja nicht schon immer dominierend. Ich glaube nicht, daß masochistische Frauen dazu gemacht werden.»

Zugang und Erfahrungen

Eva gehört zu den Frauen, die über ihren (Lebens-)Partner mit sadomasochistischen Praktiken konfrontiert wurden. Bis zu diesem Zeitpunkt hatte sie keinerlei Phantasien und Interessen in diesem Bereich: «Das ist wie in vielen stinknormalen Ehen durch meinen Mann gewesen, der Ambitionen hatte, von denen er zunächst selber nichts wußte. Ich bin also eigentlich kein Typ, der schon immer dominant war, im Gegenteil. Ich sagte ja bereits, ich wäre sicherlich eine total brave, vielleicht sogar masochistische Frau gewesen, wenn ich einen

anderen Mann gehabt hätte. Da hätte ich wahrscheinlich auch mitgemacht. Ich weiß allerdings nicht, ob ich Gefallen daran gefunden
hätte. Ich bin also wirklich erst durch meine Ehe dazugekommen.»
Eva hat ihren Mann gegen den Willen ihrer Eltern geheiratet und
betont ausdrücklich, daß es eine Liebesheirat war. Gleich zu Beginn
ihrer Ehe stellte sich heraus, daß ihr Mann sadomasochistische Interessen hatte. Obwohl es ihr «anfangs schwergefallen ist, überhaupt
Verständnis dafür zu haben», ging sie zunächst lediglich aus Zunei-
gung auf dessen Bedürfnisse ein, ohne jedoch besonderen Gefallen
daran zu finden: «Wir haben eben sehr gut zusammen harmoniert,
und ich war bereit mitzumachen. Und mehr war das am Anfang nicht.
Ich habe dann erst einmal versucht, nur tolerant zu sein, zumal die
Beziehung geklappt hat. Und dann habe ich mitzumachen versucht.
Anfangs natürlich mit sehr, sehr viel Zurückhaltung und Vorbehalten; ich bin stockkonservativ erzogen, und Sie können sich vorstellen,
was das heißt, wenn man dann mit SM konfrontiert wird; auch wenn
es ganz, ganz soft war... Es ist erstaunlich, wie lernfähig man ist,
wenn man nur will und sich ein bißchen Mühe gibt, wenn auch zuerst
nur aus Liebe zu einem anderen Menschen und nicht aus eigenem
Wunsch und Bedürfnis.»

Aus einer anfänglichen Toleranz und dem bloßen Mitmachen dem
Partner zuliebe entwickelte sich bei Eva ein eigenständiges Interesse
an der aktiven Rolle: «Und irgendwann habe ich die Neigungen und
Wünsche akzeptiert und festgestellt, daß ich selbst Spaß daran
habe... Ich habe dann auch sehr schnell gemerkt, welche Möglichkeiten sich mir als aktiver Frau erschlossen haben, und sie immer mehr
ausgelebt: Macht zu haben über den Mann, über seine Sexualität,
über seinen Körper, ja über sein gesamtes Wohlbefinden. Seitdem
habe ich auf vielfältige Weise größten Genuß aus solchen Begegnungen gezogen und habe inzwischen ein ziemlich großes Selbstbewußt-
sein erlangt.»

Dominanz und Unterwerfung praktizierte Eva zunächst nur mit
ihrem Ehemann, wobei sich die Aktivitäten in Richtung *Erziehung*
und Flagellantismus entwickelten, weshalb sie auch nicht als Domina,
sondern eher als *Erzieherin* bezeichnet werden möchte. Die Verselb-
ständigung und Vertiefung des Interesses führte aber dazu, daß
sie sich über Anzeigen auch andere Kontakte suchte. So kann Eva

mittlerweile auf eine Vielzahl unterschiedlicher Erfahrungen zurück-blicken: «Durch viele Umstände und Ereignisse in meinem Leben bin ich zu dem geworden, was ich heute bin: eine Erzieherin, Herrin und Gebieterin aus Leidenschaft und mit Spaß und Freude daran, entsprechend veranlagte Männer in meine Dienste treten zu lassen. Auch auf viele Briefe solcher Männer, die mir schrieben, habe ich geantwortet. Mit vielen habe ich lange Gespräche geführt und einigen allein damit vieles geben können. Entsprechende Anzeigen führen mich häufig in Versuchung, wieder einmal zu reagieren.» Eva betont, daß ihre erzieherischen Aktivitäten niemals mit einer professionellen, also finanziellen Absicht verbunden waren, sondern immer nur mit Leidenschaft und eigenem Spaß an der Sache. Aus diesem Interesse heraus trifft sie sich nach ausführlichem Briefwechsel hin und wieder mit anderen Männern, um ihre dominanten Neigungen auszuleben. Seit fünf Jahren hat sie – neben ihrer Ehe – eine «reine SM-Beziehung» zu einem Mann, den sie regelmäßig für einen Tag besucht, um ihn zu dominieren: «Ich fahre morgens hin und am späten Nachmittag zurück. Das zieht sich aber dann den ganzen Tag durch.»

Auch über ihre persönlichen Beziehungen hinaus ist Eva im SM-Bereich engagiert. Sie schreibt sehr viel und hält auch verschiedene SM-Erlebnisse schriftlich fest, «um daraus zu lernen und möglicherweise auch mal so was weiterzugeben». Außerdem war Eva für verschiedene kommerzielle SM-Magazine und -Zeitschriften als Schriftstellerin tätig, wobei sie jedoch schlechte Erfahrungen machen mußte und ihre Texte deshalb nur noch für ein sehr ausgewähltes Publikum verfaßt: «Ich habe eine besonders große Phantasie und eine enorme Vorstellungsgabe, die ich schon mehrfach dazu genutzt habe, überaus reizvolle und sicherlich auch interessante Geschichten zu schreiben. Allerdings sind sie nur für SM-Menschen interessant, und es gibt keine Möglichkeit, sie einem größeren Kreis zugänglich zu machen; denn einschlägige Magazine reißen sie mir zwar aus der Hand und drucken sie auch, aber sie tun es für nicht einmal ein ‹Danke›, geschweige denn ein Belegexemplar oder gar ein Honorar. Sie wollen nur daran verdienen. Nur, ausbeuten lasse ich mich denn doch nicht. So schreibe ich zwar, aber es gibt nur wenige Menschen, die es lesen und die ich sehr damit erfreuen kann. Die meisten Texte und Geschichten etc. habe ich für meinen Mann geschrieben, aber auch schon beispielsweise für meinen Sklaven zum Geburtstag eine Geschichte. Ich schreibe sehr viel auf meinen Bahnfahrten, und es ist durchaus repräsentativ, was ich schreibe: Gedanken, Leserbriefe und eben Geschichten. Für meinen Mann habe ich dann noch vor zwei Jahren eine Zeitschrift begonnen, ‹Utopie 2000›, an der er viel Spaß hat; aber sie ist sehr auf ihn zugeschnitten. Ich habe auch Gedichte, Geschichten und Briefe als Dank von Sklaven bekommen, auch von solchen, die auf meine Veröffentlichungen reagierten.» Daneben hat Eva auch schon Fotos von sich zur Veröffentlichung zur Verfügung gestellt. So zeigte sie uns ein Magazin, in dem sie in schwarzen Lederstiefeln und Lederrock mit einer Peitsche in der Hand zu sehen war. Auf weitere Szene-Kontakte wie z. B. den Besuch von Clubabenden, Vorführungen etc. möchte sie jedoch verzichten, da ihr solche Veranstaltungen nicht authentisch genug erscheinen: «Ich habe da hineingerochen, wie man sagt. Das Zurschaustellen in Clubs beispielsweise habe ich ein einziges Mal erlebt, und es war zwar sehr unterhaltsam, aber eigentlich ziemlich aufgesetzt... Ich habe eben ‹nur› ganz private Erfahrungen, geboren aus der eigenen Lust und Leidenschaft, der eigenen Freude und dem eigenen Spaß an diesem Metier.»

SM-Identität und Alltagsrolle

Eva ist eine Frau, die sehr vielseitig interessiert ist und ihre Freizeit aktiv gestaltet. Sie schreibt nicht nur im SM-Bereich, sondern z. B. auch «seit vierzig Jahren Tagebuch, seit über dreißig Jahren Familienchronik, Reiseberichte etc. Über Freunde, Probleme, Schwierigkeiten tobe ich mich auch schriftlich aus und bewältige damit fast alle Schwierigkeiten. Schreiben ist meine große Leidenschaft.» Darüber hinaus ist sie engagierte Umweltschützerin, Hobbyschneiderin und -fotografin und nimmt in diesem Zusammenhang aktiv am Vereinsleben teil. Sie hat ein positives Selbstbild und beschreibt sich als eine Frau, die mit sich und ihrem Leben rundum zufrieden ist. In ihrer Beziehung zu ihrem Mann war und ist immer genügend Freiraum für eigenständige Interessen und Unternehmungen, was von seiner Seite aus intensiv unterstützt wird. In ihrer Rolle als Hausfrau und Mutter fühlt sie sich wohl. Sie glaubt, ihre Kinder «liebevoll, unter großem Einsatz und mit viel Zuwendung» erzogen zu haben. Auch in bezug auf ihre sadomasochistischen Aktivitäten hat Eva keine Probleme. Sie wendet sich entschieden gegen die These, SM-Interessierte seien krank oder pervers, und begreift sich selbst als eine Frau wie jede andere: «Wissen Sie, es ist mir wichtig, wenn Sie unser Interview veröffentlichen sollten, daß es rüberkommt, daß ich eine ganz normale Frau bin, die mit beiden Beinen voll im Leben steht, eine stinknormale Frau von nebenan. Auch wenn sich SM manchmal durch unseren ganzen Ehealltag zieht, so sind es immer nur Momente oder Phasen. Es ist für mich ein Prickeln, ein Flirren, das auch nach dreißig Jahren noch interessant ist.»

Weil sie aber mit Sicherheit zu wissen glaubt, daß ihre Freunde sich von ihr und ihrem Mann distanzieren würden, wenn sie von ihrer Vorliebe für sadomasochistische Sexualpraktiken wüßten, schweigt sie sich ihnen gegenüber lieber aus: «Ich habe keine Negativerfahrungen mit Nicht-SM-Bekannten. Die wenigen, die wir haben, würden aber sofort weg sein, wenn sie es wüßten.» Für Eva sind sadomasochistische Sexualpraktiken nicht mit Gewalt zu verwechseln, ein Grund, weshalb sie die Argumentation der Feministinnen nicht verstehen kann: «Ich halte mich durchaus für emanzipiert, allerdings anders, als es Feministinnen meinen . . . Ich kann auch nicht verstehen, warum sich Feministinnen über SM aufregen. Das ist doch keine Gewalt, das ist doch etwas ganz anderes. Hier treffen sich Menschen, die miteinander auf ganz bestimmten Wellenlängen harmonieren. Der Masochist will doch die Gewalt. Sie ist für ihn Lust. Sadismus scheint hier auch völlig falsch verstanden zu werden. Beide wollen doch, was sie tun. Ein wahrer Sadist würde hierauf keine Rücksicht nehmen . . . Ich habe selbst schon eine masochistische Frau erlebt und bin der Meinung, daß diese Frau den demütigenden, quälenden, sexuell ausbeutenden Mann genauso genossen hat, wie ich es eben von masochistischen Männern her kenne. Das heißt aber doch noch lange nicht, daß ich der Meinung bin, daß Männer recht haben, wenn sie denn pauschal meinen, Frauen müßte man es besorgen, die wollten es nicht anders. Das ist etwas ganz anderes, als wenn junge Frauen beispielsweise bei Männern bleiben, die gewalttätig sind. Mein Mann hätte mich ein einziges Mal in unserer Ehe vergewaltigt, wenn ich es so empfunden hätte. Ich wäre sofort weg gewesen. SM ist etwas ganz anderes.»

Ihre dominante Rolle im sadomasochistischen Arrangement

möchte Eva nicht als Rache oder gar Männerhaß verstanden wissen, im Gegenteil; sie hat ein positives Männerbild: «Als eine besonders wichtige Aussage möchte ich eine Feststellung an den Anfang stellen: Ich mag Männer im allgemeinen und dienende Männer im besonderen... Ich bin nicht bereit, alle Männer als in irgendeiner Art gewalttätig anzusehen, wie ich auch nicht bereit bin, Frauen als in jedem Fall friedliebender anzusehen.»

Toleranz gegenüber denjenigen, die von den gesellschaftlichen Normen und Werten abweichen, fordert sie für sich und für alle, die davon betroffen sind. Dies war auch ihr Motiv, uns bei unserer Studie zu unterstützen: «Ich habe im Laufe von Gesprächen schon viel Negatives erfahren. Vor allen Dingen auch viel Schlimmes in der Weise, daß die Leute nichts ausleben können. Nicht mal die kleinste Kleinigkeit. Und dann sind sie permanent frustriert... Es müßte zumindest möglich sein, dazu stehen zu können, ohne gleich abzufallen oder als krank oder unnormal zu gelten. Auch Kontakte, wenigstens zu Gleichgesinnten, müßten leichter herzustellen sein, offener. Ich bin aber nicht bereit, mich von intoleranten Menschen diskriminieren zu lassen, die mich gar nicht verstehen wollen. Ich behandele Menschen, die meine Neigung nicht teilen können, doch auch nicht als unnormal. Wer maßt sich denn an zu bestimmen, was eigentlich normal ist?»

Obwohl auch Eva als dominante Frau schon negative Erfahrungen machen mußte (z. B. in einem Fall, als sich ein sadistischer Mann als passiv ausgegeben hat, um auf diese Weise eine Frau zu finden, die wirklich nicht dominiert werden will), steht sie sadomasochistischen Sexualpraktiken insgesamt sehr positiv gegenüber. Ihr Resümee: «Wenn ich auf meine Eltern gehört hätte und eine brave Tochter gewesen wäre, hätte ich meinen Mann niemals geheiratet. Welch ein Verlust wäre das in meinem Leben gewesen. Ich habe alles so gemacht, wie ich es mir wünschte – und nichts bereut. Seit ich SM mache, hat sich vieles geändert. Ich bin selbstbewußter, sicherer im Umgang mit Menschen geworden, ganz allgemein und insbesondere mit Männern, mit allen Männern!... Mann spürt, ich lasse mich nicht in die Ecke drücken... Mein Denken ist wesentlich großzügiger geworden, wenn es um menschliche ‹Schwächen› geht, die ich bei anderen tolerieren will. Letzteres habe ich auch früher schon versucht, aber heute gelingt es mir besser. Ich kann Sätze, die so anfangen: die Les-

ben, die Schwulen, die Studenten, die Hausfrauen, die Männer, die
Ausländer, die Frauen, die Perversen, die Beamten, die Penner usw.,
einfach nicht ausstehen. Wir vergessen, daß wir alle Menschen sind,
mit Schwächen, mit Fehlern, die wir bei anderen nur allzuschnell ver-
dammen. Vielleicht sogar, weil wir neidisch sind, daß andere auch
glücklich leben, zufrieden sind, guterzogene Kinder haben usw., auch
wenn sie ja alles so anders machen als wir selbst. Wir meinen, nur was
wir selbst machen, ist immer richtig. Das ist eben der große Irrtum.»
Auch sollten ihrer Meinung nach insbesondere Frauen für die Bedürfnisse ihrer Partner offener sein, was aber nicht bedeuten soll, daß sie
Sadomasochismus gegen ihren Willen praktizierten, «rein aus der
Angst, ihre Männer an die Konkurrenz oder an professionelle Frauen
zu verlieren».

Aufgrund der Erfahrung, die Eva mit ihrem Mann gemacht hat,
aber auch vor dem Hintergrund ihrer sonstigen Aktivitäten als Domina hält sie es für durchaus möglich, sadomasochistische Neigungen
in einer guten Beziehung anzusprechen und zu prüfen, inwieweit es
sich innerhalb der Partnerschaft realisieren läßt: «Es gibt viele, zu
viele Frauen, die doch gar nicht bereit sind, auf ihre Männer einzugehen. Es gibt Frauen, die meinen, ihr Mann sei pervers – sie sagen
wirklich pervers –, weil es ihn erregt, wenn sie ihm z. B. in schwarzen
Strümpfen kommen. Sie sind der Meinung, der Mann solle dann zu
einer Nutte gehen, mit solchen Gelüsten. Um was bringen sich diese
Frauen? Sie könnten die Sexualität ihres Mannes beherrschen, wenn
sie es nur wollten, und meinen dennoch, der Mann beherrsche sie.
Wer ist denn derjenige, der auf Visuelles reagiert? Das sind doch die
Männer. Warum sollte man diese Schwäche nicht nutzen, für sich? . . .
Ich konnte SM-veranlagte Männer überzeugen, Mut zu haben und mit
ihren Frauen zu sprechen. In diesen Fällen war es positiv. Die Frauen
haben voll mitgemacht und sogar ‹harten› SM nicht nur toleriert. Auf
solche Erfolge bin ich dann besonders stolz.»

Eva möchte nicht auf SM verzichten, selbst wenn sie betont, im
Gegensatz zu vielen masochistischen Männern nicht abhängig von
dieser Art der Sexualität zu sein. Auch ist es ihr mittlerweile nicht
mehr ganz so wichtig, ihre «Neigungen um jeden Preis zu verstecken
und zu verschweigen. Ich lasse es heute durchaus schon mal raus.
Auch um die Toleranz meiner Mitmenschen zu prüfen. Bei Männern

habe ich da wesentlich bessere Karten... In jedem Fall werde ich nicht davon ablassen, sondern eher noch mutiger dazu stehen!»

FALL 5: DOROTHEA

«Konflikte habe ich nie gehabt»

Um den umständehalber verlorengegangenen Kontakt zu Gleichgesinnten wieder aufnehmen zu können, annoncierte Dorothea in einem einschlägigen Szene-Magazin, so daß diese alten Bekannten sich nach ihrem Umzug unter einer neuen Telefonnummer wieder bei ihr melden konnten. Auf diese Weise konnten auch wir in Kontakt zu ihr treten. Nach anfänglichem Zögern bestellte sie uns schließlich in ein Appartement, von dem sie sagte, daß es einem Freund gehöre. Das Appartement ist mit Balken und Haken für SM-Spiele ausgestattet. Ganz im Gegensatz zur Einrichtung des Appartements ist Dorothea bei unserem Treffen völlig unauffällig gekleidet. Sie macht auf uns einen ruhigen und selbstsicheren Eindruck. Ihre sadomasochistische Rolle definiert sie als ausschließlich dominant.

Lebensumstände
Zum Zeitpunkt des Interviews ist Dorothea 50 Jahre alt. Sie hat studiert und bisher unterschiedliche Berufe ausgeübt: Elektro-Ingenieurin, Dolmetscherin, Chefsekretärin, Lektorin und Nachhilfelehrerin. Sie lebt alleine in ihrem Haus in einer mittleren Stadt. Dorothea ist heterosexuell und seit mehr als 25 Jahren als dominante Frau in der SM-Szene aktiv.

Biographischer Hintergrund
Dorothea hatte keine angenehme Kindheit und Jugend. Ihre Mutter war sehr religiös und hat versucht, sie entsprechend zu erziehen. Alles *Weltliche*, angenehme und unterhaltsame Tätigkeiten waren für Dorothea verboten: «Zum Beispiel das Spielen mit gleichaltrigen oder älteren Kindern, das Lesen von Unterhaltungsliteratur, der Besuch von Veranstaltungen, eingeschlossen Kino, Theater, Jugendtreffen usw.» Dorotheas Vater teilte die Auffassung der Mutter nicht. Dementsprechend gestaltete sich das Zusammenleben der Eheleute

nicht sehr harmonisch, und die Spannungen übertrugen sich auf Dorothea, bis die Eltern sich scheiden ließen: «Und ich war natürlich als Kind von all dem betroffen... Ich bin sehr viel hin- und hergeschoben, ausgenutzt und ausgespielt worden, und mein Vater hat mich oft geschlagen; Nicht, weil ich es vielleicht verdient gehabt hätte, sondern eigentlich nur, um meiner Mutter damit etwas zuzufügen.» Um sich der repressiven Erziehung der Mutter zu entziehen, hat Dorothea ihr Zuhause nach der Pubertät verlassen. Sie war jedoch nicht in der Lage, sich selbst zu unterhalten, und ging «aus wirtschaftlichen Gründen eine Ehe ein; ohne Überzeugung, bloß um nicht mehr zu Hause leben zu müssen.» Zwischen den Mißständen in ihrer Kindheit und Jugend, die sich auch durch Schwierigkeiten in der Schule (Leistung, Sozialverhalten) bemerkbar machten, und ihren sadomasochistischen Aktivitäten sieht sie einen konkreten Zusammenhang: «Kinder aus solchen Familien stehen ganz schlecht da; die sind unselbständig.» Dorothea wollte nicht in eine solche Situation der Unselbständigkeit geraten, sondern «eigentlich schon im Leben stehen, so daß ich mir gesagt habe: ‹Jetzt will ich aber was sein! Jetzt will ich die Sachen in die Hand nehmen, und jetzt will ich das dirigieren! Und ich will selber sehen, wie ich zurechtkomme.› Und das hat wahrscheinlich dann meine dominante Neigung unterstützt und gefördert. Sehr wahrscheinlich.»

Zugang und Erfahrungen
Ihre ersten praktischen Erfahrungen mit SM machte Dorothea als junge Frau. Sie las in einer allgemeinen Tageszeitung die Anzeige eines passiven Mannes, mit dem sie sich dann traf. Seit diesem Zeitpunkt hat Dorothea ihr Interesse an SM intensiviert und kultiviert. Sie realisiert ihre dominanten Neigungen mit unterschiedlichen Partnern, die sie über Kontaktanzeigen oder auch Clubabende und ähnliches kennenlernt. Dorothea betont, daß sie keine finanziellen Interessen mit Sadomasochismus verbindet und sich auch nicht als Handlangerin masochistischer Männer versteht: «Vorausschicken möchte ich vor allen Dingen, daß ich eine Privatperson bin. Daß ich also nichts mit dieser Profi-Szene zu tun habe, die ja allerorten auftaucht. In jeder größeren Stadt gibt es ja sogenannte ‹Studios›, die von Profi-Frauen betrieben werden und eigentlich nur einen Zweck

verfolgen, nämlich Geld zu kassieren. Und zu diesen Personen zähle ich mich überhaupt nicht. Ich habe kein professionelles Studio, sondern befasse mich hobbymäßig damit. Ich habe eine Passion. Ich tue das gerne... Das ergreift mich.»

Mittlerweile hat Dorothea eine Vielzahl von Kontakten. Um ihre Person hat sich ein Zirkel von SM-Interessierten aus dem In- und Ausland gebildet, mit denen sie teilweise intime, freundschaftliche Beziehungen verbindet: «Im Laufe der Zeit habe ich einen netten Kreis um mich geschart. Das hat lange gedauert, denn ich habe eigentlich nie annonciert. Das ist ein kleiner Kreis, der sehr exklusiv ist, was die Neigungen der betreffenden Personen angeht... Ich habe da sehr viel erlebt, sehr viele Leute studiert... Und in meinem Kreis haben alle großes Vertrauen zu mir, und sie berichten mir auch alles. Nicht nur, was in ihrem SM-Leben vorgeht, auch vieles darüber hinaus. Ich nehme an vielem Anteil: Sie rufen mich oft an und fragen mich um Rat.»

Dorothea legt sehr viel Wert auf Bildung im traditionell bürgerlichen Sinne, und die Fähigkeit, *guten SM* zu praktizieren, ist ihrer Meinung nach eng an den Bildungsstand der beteiligten Personen geknüpft: «Also ich kann mir nicht vorstellen, daß eine Frau, die keine Ausbildung in ihrem Leben genossen hat, die keine Möglichkeit gehabt hat, sich auch lebensmäßig zu entwickeln, eine dominante Frau sein könnte. Ja gut, ein Fabrikmädchen kann auch eine Peitsche in die Hand nehmen und kann auch irgend jemanden schlagen. Und vielleicht kann sie das sogar mit einiger Brutalität machen. Aber ob das dann das Gegebene ist, das ist die andere Frage... Sie wissen doch, je gebildeter ein Mensch ist, desto aufgeschlossener ist er; je mehr Hintergrund er hat, je mehr er studiert hat, desto mehr kann er aufnehmen, erfassen, übersehen. Der steht doch auf einem ganz anderen Podest... Also jemand, der bloß in der Hilfsschule war, der kann bestimmt nicht mit Integralrechnung umgehen. Und da fängt ja die Mathematik erst an, interessant zu werden. Und so ist das in diesem Bereich auch... Deswegen sagte ich ja, es kann auch ein Fabrikmädchen dominant sein, und die kann auch einen Partner finden, der zu ihr paßt. Aber sie hat natürlich nicht diesen Facettenreichtum.» Deshalb finden sich in Dorotheas Zirkel Männer und Frauen im Alter zwischen 20 und 80 Jahren, die vorwiegend aus der Oberschicht kommen. Sie achtet sehr darauf, daß diese Zusammensetzung auch so bleibt, und trifft ihre Entscheidung, jemanden aufzunehmen oder nicht, vor dem Hintergrund dieses Anspruchs: «Es sind auch keine Leute aus irgendwelchen unteren Schichten. Das Niveau in meinem Kreis ist durchweg ein gehobenes, und zwar in jeder Beziehung: geistig, kulturell und wirtschaftlich. Viele sind Akademiker, Ärzte, Anwälte, Wissenschaftler, Manager, Geistliche, beruflich gutgestellt, selbständig oder in guten Positionen in der Wirtschaft oder beim Staat. Jüngere Leute studieren noch oder absolvieren langjährige Ausbildungen. Ich könnte natürlich einen Fabrikarbeiter in meinen Kreis aufnehmen oder einen Bauhilfsarbeiter. Mit dem würde ich aber nicht sehr glücklich werden.»

Dorothea hat eine Vielzahl von SM-Beziehungen zu verheirateten, passiven Männern, von denen einige eigens zu SM-Arrangements aus dem Ausland nach Deutschland geflogen kommen. In den meisten Fällen verbergen die ihr bekannten Sadomasochisten ihre Neigungen vor ihren Frauen und ihrer Familie. Deshalb ist «die Kontaktaufnahme ja eine Einbahnstraße. Da gibt es vielleicht, wenn ich das über den Daumen peile, 20, 30 Prozent – eher 20 –, bei denen ich anrufen kann. Sonst findet der Kontakt immer von außen zu mir statt... Aber zu Weihnachten oder sonstigen Gelegenheiten kriege ich dann Karten und Briefe; da steht dann drauf: ‹Liebe Domina, ich bin Dir so dankbar, daß Du mich verstehst, daß ich mit Dir alles erleben kann, was ich erleben möchte, daß Du mich nicht auslachst, daß Du mich nicht von Dir weist.› Das freut mich dann auch.» Einige ihrer älteren Freunde, «Männer der ersten Stunde», sind mittlerweile schon verstorben. Nicht immer erfährt Dorothea davon. Einige haben aber beim Notar eine Nachricht hinterlassen, da ihre Familie von der SM-Beziehung schließlich nichts weiß.

Im Laufe der Jahre hat Dorothea die verschiedensten Werkzeuge und Hilfsmittel gesammelt, die sie für ihr Hobby hat anfertigen lassen oder auch selbst angefertigt hat. Mit diesen Utensilien und Möbeln hat sie einen Hobbyraum für private SM-Spiele eingerichtet, den sie auch anderen zur Verfügung stellt: «Der Raum ist natürlich komplett eingerichtet. Ich habe schon vor langer Zeit angefangen, mir alles mögliche auszudenken. Und das hat man damals ja alles nicht kaufen können. Da hat man Heimarbeit leisten müssen... Wenn man eine

Partnerin hat und möchte mit ihr allein sein, kann man diesen Raum benutzen. Ohne mich. Viele haben ja keine Gelegenheit, ihre Handlungen durchzuführen, weil die Familie im Weg steht, weil die Kinder da sind, die Schwiegermutter da ist, weil die Räumlichkeiten nicht passen, weil die Nachbarn aufpassen, und, und, und. Und da habe ich gedacht: ‹Na ja, warum soll man den Leuten nicht entgegenkommen?› Da gibt es also sehr nette Paare, die mich besuchen und dann ihre Handlungen miteinander vornehmen... Auch hier schaue ich mir schon genau an, wer reinkommt und wer nicht. Die Auswahlkriterien sind vor allen Dingen Zuverlässigkeit, Diskretion und Korrektheit. Das ist überhaupt oberstes Gebot, abgesehen vom Niveau.» Darüber hinaus hat sie sich im SM-Bereich im Laufe der Zeit umfangreiches medizinisches Hobbywissen angeeignet: «Ich habe immer Privatstudien getrieben und kenne auch einige Ärzte, mit denen ich viel diskutiert habe, so daß ich auf diesem Gebiet sehr viel weiß. Ich wollte mal Medizin studieren, habe aber dann damals ein technisches Studium gewählt.»

SM-Identität und Alltagsrolle
Dorothea beschreibt sich als selbstbewußte Frau, die vielseitig interessiert ist, vor allem «sehr kunstbegeistert und -verständig. Musik, Literatur und Malerei sind für mich alles.» Wegen ihrer dominanten Neigungen hatte Dorothea mit sich selbst niemals Probleme. Es gab für sie auch keine Konflikte mit anderen, da sie ihre Leidenschaft immer geheimgehalten hat. Über die Jahre hinweg hat sie in unterschiedlichen sozialen Bereichen unterschiedliche Rollenmuster ausgebildet. In ihrem alltäglichen Umfeld, Nachbarn oder Freunden gegenüber, ist sie die bürgerliche Frau; im SM-Bereich hingegen die erfahrene Domina: «Nein. Ich habe keine Konflikte gehabt. Das ist mein inneres Wesen, und so bin ich... Aber Sadomasochismus ist gesellschaftlich stark stigmatisiert. Wenn man das nach außen tragen würde, würde man nicht akzeptiert werden... Ganz klar. Ich könnte nicht bei meinen Nachbarn den Eindruck erwecken, daß mir diese Dinge Freude machen. Ich führe also zwei, drei Leben, wenn Sie so wollen, und manchmal vier. Ich habe ein gesellschaftliches Leben, in dem ich mich bewege. Ich habe einen Freundeskreis, auch auf gesellschaftlicher Ebene natürlich. Einen sehr ausgeprägten Freundes-

kreis. Und ich habe einen Freundeskreis auf der SM-Ebene. Die über-
schneiden sich fast nicht. Und auf gesellschaftlicher Ebene muß auch
ich mich entsprechend verhalten. Wie alle anderen.»

FALL 6: MARION

«SM ist für mich die aktivste Seite des Sex»

Wir trafen Marion in einer Großstadt, wo sie gerade eine Woche Urlaub machte, um Gleichgesinnte treffen zu können. Das Interview
wurde in der Wohnung eines ihrer Freunde durchgeführt. Sie ist
entsprechend ihrer sadomasochistischen Interessen ganz schwarz gekleidet, trägt hohe Stöckelschuhe, ist dezent geschminkt, hat aber
grellrote Fingernägel. Marion hat ein ruhiges, freundliches und
selbstsicheres Auftreten. Im sadomasochistischen Arrangement
nimmt sie vorzugsweise die masochistische Rolle ein. Ihre dominanten Phantasien lebt sie nur sehr selten aus.

Lebensumstände
Zum Zeitpunkt des Interviews ist Marion 36 Jahre alt und lebt ohne
festen Partner in einer Großstadt. Sie arbeitet als Freiberuflerin mit
akademischem Abschluß.

Biographischer Hintergrund
Nach ihrer Erziehung, Kindheit und Jugend befragt, weiß Marion
nichts zu berichten, was ihrer Meinung nach im Zusammenhang mit
SM stehen könnte: «Meine Eltern hatten nicht viel Zeit, waren ganz
freundlich zu mir. Ich hatte ein kühleres Verhältnis zu meiner Mutter.
Zwischen mir und meinem Vater gab es eine ziemlich heiße Liebe.»
Marion gibt an, daß sadomasochistische Phantasien und Vorstellungen bei ihr schon sehr früh vorhanden gewesen seien: «In meiner
Kindheit war das so lange ich denken kann da. Es war Sexualität,
hatte damals aber noch keinen Namen. Es war etwas, das immer viel
mit Macht zu tun hatte … Ich weiß nicht, ob mir jemand meine Neigungen eingeredet hat. Wenn es mir jemand eingeredet hat, dann war
das wohl schon im dritten Lebensjahr.»

Zugang und Erfahrungen

Obwohl Marion mit 15 Jahren eigentlich schon bewußt war, wo ihre sexuellen Interessen liegen, hat sie bis zum Erwachsenenalter keine Anstrengungen unternommen, diese zu realisieren. In den Hochschul- und Studentenkreisen, in denen sie sich lange Zeit bewegte, war es nicht üblich, diese Art der Sexualität zu diskutieren, geschweige denn zu praktizieren. Erst im Alter von 25 Jahren machte sie ihre ersten praktischen Erfahrungen. Sie begegnete einem Mann, der sie dominierte: «Ich bin vor knapp zehn Jahren, da war ich 25, einem Mann begegnet, der sowieso eine sehr starke erotische Ausstrahlung auf mich hatte. Der hat mich dominiert, also in einer eher soften Art und Weise. Er hat mir die Hände gefesselt und dann einfach sein Spiel gespielt. Und ich habe gemerkt, indem er sein Spiel spielt, war das für mich ein phantastisches Erlebnis... Ich hatte Spuren an den Handgelenken, und ich war ungeheuer stolz darauf, weil ich dachte: ‹Ich habe meins gefunden.›»

Der vorsichtige Versuch, mit anderen über ihre Erfahrung zu sprechen, schlug jedoch fehl, woraufhin sie lange Zeit keine Anstrengungen unternahm, diese Erfahrung zu wiederholen: «Das war die Zeit, Ende der siebziger, in die achtziger Jahre rein, wo ich auch in Zusammenhängen gelebt habe, die man als Alternativbereich bezeichnen kann. So in der Frauenbewegung und alles, was da so dranhing. Und da war so ziemlich das letzte, was angesagt war zu thematisieren, daß Macht in der Sexualität Lust machen kann... Es waren nur tastende Versuche, Ansprechpartner zu finden, und ich habe sie nicht gefunden.» So ergab es sich, daß sadomasochistische Sexualität für Marion wieder einige Jahre tabu war. Ausschlaggebend hierfür war auch die Schwierigkeit, einen entsprechenden Partner zu finden: «Ich bin nie auf jemanden getroffen, der mir da entsprochen hätte, und ich habe auch keinen Weg gesehen, aktiv zu suchen, weil man einander nicht erkennt, man sieht es sich nicht an... Ich wußte aber die ganzen Jahre: ‹Das ist mein Ding, und das bin ich eigentlich.› Ich kann Sexualität ansonsten auch genießen, aber je softer, desto langweiliger ist es eigentlich, und im Grunde suche ich was anderes.»

Geändert hat sich diese Situation für Marion im Alter von 33 Jahren, als sie zum erstenmal auf eine codierte Kontaktanzeige in einer allgemeinen deutschen Tageszeitung antwortete, in der zwei

Männer eine Geliebte suchten. Hieraus entwickelte sich eine Dreier-
beziehung, die drei Monate dauerte. Zu einem der beiden Männer
hatte Marion darüber hinaus eine längere Beziehung, in der sie ihre
sadomasochistischen Neigungen ausleben konnte: «Und dieser eine
Mann, der sozusagen übrigblieb, mit dem ich lange noch Kontakt
hatte, der hat eine ausgeprägt sadomasochistische Ader. Er liebt Fes-
selspiele, er liebt es auch zu schlagen, und er hat auch die andere Seite
in sich, daß er unterworfen werden will. Und mit dem hatte ich die
letzten zweieinhalb Jahre eine ganz lockere Beziehung. Wir haben
uns alle vier, sechs oder acht Wochen getroffen. Das war ein ganz
lockeres Verhältnis. Damit war für mich der Weg offen, das zu leben,
was ich will.»

Seitdem lebt Marion ihre Neigungen regelmäßig aus und hat ihre
Interessen und Aktivitäten in diesem Bereich ständig weiterentwik-
kelt. Abgesehen von ihrer Szene-typischen Kleidung hat sie sich spezielle Kleidungsstücke und Werkzeuge zugelegt: «Ich habe eine
schwarze Ledercorsage und auch noch Geschirr, so ein Konstrukt aus
Lederriemen mit Nieten, was dann z. B. nur so um die Brüste rumgeht
mit einer leichten Kettenkonstruktion... Und was für mich ein sehr
erotisches Objekt ist, das sind lange Lederhandschuhe... Ich habe für
den einen Mann ein Halsband gekauft. Dann habe ich mir ein Teil
machen lassen, das ist etwas ganz Besonderes: eine Art Gürtel mit
zwei Kunstgliedern. Ich kann mir eines reintun und damit gleichzeitig
jemand anders vögeln. Das ist ein sehr reizvolles Instrument.»

Darüber hinaus manifestiert sich Marions Interesse an sadomasochistischen Sexualpraktiken auch im literarischen Bereich. Sie liest
sehr gerne und viel. Zeitschriften spielen für sie ebenso eine Rolle wie
Bücher: «Ich lese die ‹Schlagzeilen› und so ziemlich alles, was mit SM
zu tun hat und was ich nicht sofort als größten Blödsinn in die Ecke
stelle. Größter Blödsinn ist für mich die ganz dümmliche Sorte von
Pornos; halt dumm geschriebene, platte Geschichten. Meistens von
Männern mit wenig Einfühlungsvermögen in einer nur pur pornographischen Art und Weise. Ich will jetzt nicht die ganze Pornokritik der
Frauenbewegung runterleiern, aber das ist es im wesentlichen: alles,
in dem man nicht die Feinheit und das Spielerische und die Lust finden kann, tu ich weg. Ansonsten lese ich alles, was mir dazu in die
Finger kommt. Ich mag auch Pornos, wenn sie gut sind. SM-Pornos,

aber auch andere.» Marion hat zu zwei organisierten SM-Gruppen Kontakt aufgenommen; einen Zirkel gibt es in der Stadt, in der sie lebt, eine andere Gruppe ca. 500 Kilometer von ihrem Wohnsitz entfernt, was aber insofern für Marion unproblematisch ist, als sie dort bei einer Freundin wohnen kann.

SM-Identität und Alltagsrolle

Der Kontakt zu Gleichgesinnten war für Marion von zentraler Bedeutung, erfuhr sie hier doch zum erstenmal die positive Bewertung eines von der Gesellschaft als «deviant» definierten Bereiches und damit die Entlastung von Schuldgefühlen und Konflikten: «Ich fand und finde es immer noch sehr, sehr schwer, es zu leben. Worunter ich einfach sehr gelitten habe war, daß ich mit meiner Art von Sexualität alleine bin. Ich konnte mit diesem Mann zu tun haben, und ich konnte versuchen, sonst über Anzeigen Kontakt zu Männern zu finden. Aber all das, was ich dabei erlebt habe – es waren wunderschöne Sachen und auch beschissene Geschichten –, mußte in mir drin bleiben, weil ich keinen Weg gesehen habe, es meinen Freundinnen oder Bekannten zu erzählen. Weil ich gemerkt habe, daß das auf sehr viel Unverständnis stößt und ich auch nicht sehr exhibitionistisch bin, so daß ich das an jedem Tisch ausbreiten müßte, habe ich mich sehr verkapselt... Und vor gut vier Wochen habe ich dann meinen ganzen Mut zusammengenommen. Ich wußte, daß es die Szene-Zeitschrift gibt, habe sie gelesen und wußte, die machen ein Fest. Ich wußte auch, daß es einen Stammtisch gibt, und bin für eine knappe Woche nach [Stadt] gefahren. Und es ist sehr, sehr schön für mich, die Leute hier kennengelernt zu haben. Weil es das erste Mal in meinem Leben einfach normal gesehen wurde... Es hat mich sehr frei gemacht zu wissen, daß ich mit den Leuten hier, die ich sehr mag, über alles reden kann, wie es gute Freunde tun oder gute Bekannte. Also, es fiel mir ein Stein vom Herzen.»

Für Marion sind sadomasochistische Sexualpraktiken unweigerlich Akte von Gewaltausübung, die aber, und das ist für sie entscheidend, freiwillig und mit dem Bewußtsein von Dominanz und Unterwerfung geschehen: «SM ist Gewalt, selbstverständlich. Für mich ist es aber eine immer einverständliche und spielerische Gewalt, die zwei Leuten Lust macht... Diese Entscheidung ist immer freiwillig... Da sollte mir mal einer unterkommen, der mich zwingt, nein, das geht nicht. Das ist ein Geschenk, das ich jemandem mache.»

Sie wendet sich entschieden gegen feministische Thesen, wonach Sadisten brutal und Masochistinnen bedauernswerte Geschöpfe seien, und formuliert ein ausgesprochen positives Männerbild: «Daß die Sadisten potentielle Vergewaltiger sind, kann ich nicht bestätigen. Meine einfühlsamsten Liebhaber habe ich unter diesen Menschen gefunden, die sehr viel feiner und sensibler mit meinem Körper umgehen und sehr viel besser rauskriegen, was gut ist für mich, und die sich mehr Zeit lassen und viel weniger auf sich gucken als viele andere Männer, mit denen ich zu tun hatte. Potentielle Vergewaltigungssituationen, wo es wirklich gegen meinen Willen ging, die habe ich im Bereich des sogenannten normalen Sex erlebt. Und der Behauptung von den armen Kreaturen widerspreche ich auch.» Gerade in ihrer passiven Rolle innerhalb eines sadomasochistischen Spiels sieht sie die aktive Seite ihrer Sexualität: «SM ist für mich – auch wenn ich in der masochistischen Rolle bin – die aktivste Seite von Sex, die es überhaupt gibt. Mich in halb zugesoffenem Kopf mit irgend jemandem in der Wohnung aufs Bett zu legen, dazu gehört nicht viel Verantwortung. Aber mir zu sagen und zu spüren, wenn ich jemandem begegne, daß ich diesem Menschen vertraue, daß ich mir von ihm die Augen verbinden lasse, daß ich mich von diesem Menschen in einen Raum führen lasse, den ich nicht kenne: das ist etwas anderes. Diese Art von Ausliefern, das ist eine so bewußte Entscheidung, da muß ich ‹Ja› sagen. Das ist die bewußteste Entscheidung überhaupt. Das ist etwas Doppelseitiges: Auf der einen Seite sieht es so aus, als ob ich die Verantwortung völlig abgebe; aber wenn eine Frau sagt: ‹Ich könnte es mir jetzt toll vorstellen, wenn du mich fesselst›, dann mag dieses Fesseln ganz furchtbar passiv aussehen und irgendwo auch sein. Aber das zu sagen heißt ja: ‹Ich bin hier, und ich will was. Ich will das jetzt kriegen.› Und das ist das Aktive und das Offensive... Ich bin gar nicht in der machtlosen Position. Es ist nämlich ganz genau umgekehrt. Ich fühle eine große Macht, gerade durch die passive Rolle. Es ist im Endeffekt immer mein Spiel, und er hat zu tun, was ich ihm befehle. Wenn es ihm dabei auch gutgeht, dann ist das ja sehr schön... Ich habe gelegentlich festgestellt, daß manche Männer von meiner Sexualität erschrocken waren, daß ich offenbar für viele zu offensiv bin. Damit scheinen manche Männer Probleme zu haben.»

Marions passive Rolle im sadomasochistischen Arrangement ist ausschließlich auf den spielerischen Rahmen beschränkt. Masochismus, Passivität und Willenlosigkeit haben für sie nichts im Alltag von Beziehungen zu suchen. Dementsprechend gestaltet sich ihr Verhalten: «Selbstverständlich halte ich jemandem, der zwei Tüten trägt, gerne die Tür auf. Selbstverständlich stehe ich auch gerne in einer Runde auf, um das Salzfäßchen zu holen... Ich habe in meinen Beziehungen aber niemals die Hausarbeiten alleine gemacht. Das mag es durchaus geben. Ich habe auch schon solche Frauen kennengelernt. Aber das ist nicht mein SM. Ich höre auch von Frauen, die sich von ihrem Typen befehlen lassen, wann sie das Haus verlassen dürfen und wann nicht, und solche Geschichten. Das übersteigt mein Vorstellungsvermögen. Das hat mit meiner SM-Geschichte nichts zu tun, und ich könnte mir auch nicht vorstellen, daß es irgendwann so sein würde. Das wäre ja langweilig... Um mich von einem Mann dominieren zu lassen, grenze ich für die Situation einen Anfang und ein Ende ab. Ganz klar. Es gibt immer mal Situationen, wo man mal beim Kaffeetrinken kleine Anspielungen macht oder ansatzweise ein Spiel macht, daß z. B. jemand Kaffee verschüttet, und der andere sagt im Scherz: ‹20 Stockschläge.› Das ist dann auf der einen Seite ein Insider Joke, auf der anderen Seite aber auch wie Flirten. Und das sind die einzigen Punkte, wo sich Grenzen verwischen können.»

Im alltäglichen Leben definiert sich Marion als selbstbewußte Frau, die sich für eine Sache engagieren kann. Ihre bisherigen politischen Aktivitäten mögen als Beleg gelten: «Ich komme aus der Gewerkschaftsjugendbewegung, war jahrelang in kommunistisch-dogmatischen Gruppen und auch in der Frauenbewegung.» Auch wenn sie im Bereich der Politik mittlerweile nicht mehr so aktiv ist, weiß sie dennoch ihre Meinung «im Bereich des links-alternativen Spektrums zu vertreten und persönliche Interessen im allgemeinen durchzusetzen.»

Marion empfindet es als besonders unangenehm, geheim agieren zu müssen, um überhaupt einen Partner finden zu können, und wünscht sich für die Zukunft einen offeneren Umgang mit sadomasochistischen Sexualpraktiken: «Ich kann also nur noch mal sagen, daß es mit äußersten Schwierigkeiten verbunden ist, einen Partner zu finden. Die Anzeigengeschichte ist komisch. Sie ist zeitraubend, und das einzige Gemeinsame ist ja zunächst einmal, daß man die gleichen sexuellen Vorlieben hat, sonst nichts. Es ist sehr wahrscheinlich, daß ich auf jemanden treffe, der mich nicht reizt, der mir nicht schmeckt, der mir nicht gefällt. Es wäre mir lieber, ich könnte jemanden anders kennenlernen, viel lockerer, ungezwungener. Bisher blieb mir aber nichts anderes übrig. Ich hoffe, es wird sich in Zukunft ändern.»

Für Marion spielt es überhaupt keine Rolle, wo ihre sadomasochistischen, insbesondere ihre masochistischen Neigungen herrühren. Das einzige, was ihrer Meinung nach zählt, ist, ob es für die betreffende Person ein positives oder negatives Erlebnis bedeutet. In diesem Zusammenhang wendet sie sich gegen jedweden (feministischen) Dogmatismus, der Frauen das Recht auf sexuelle Selbstverwirklichung abspricht: «Wenn Feministinnen sagen, Masochismus wäre der Frau anerzogen, und es sei gar nicht ihr eigener Wunsch, da muß ich doch erst einmal fragen, was das Kriterium für den eigenen Wunsch ist. Es ist mir im Moment auch ziemlich egal, wo das herkommt: ob es was Angeborenes ist, ob in meiner Kindheit etwas gelaufen ist, was dazu geführt hat, ob es mir jemand eingeredet hat. Ich weiß, was ich will und daß es mir guttut. Und ich spreche jedem das Recht ab, im Bereich der Sexualität Ideologie zu verbreiten. Für manche Frauen mag das ja schlecht sein. Für andere Frauen sind Ehen schlecht, oder sie haben keinen Typen. Der einzige Maßstab ist doch, ob es mir gutgeht. Ich bin erwachsen genug und habe lange genug Sexualität gelebt, um zu wissen, was mir guttut.»

Frauen zwischen Dominanz und Submission

Die dargestellten Fälle zeigen, daß sich für Frauen mit sadomasochistischen Neigungen keine ähnlichen oder gar einheitlichen Muster in Kindheit und Jugend nachzeichnen lassen. Insbesondere die Erziehungserfahrungen sind divergent. So finden sich sowohl bei sexuell dominanten als auch bei passiven Frauen autoritäre und liberale Erziehungsstile. Das gleiche gilt für die Erziehungsinhalte, die sich im Spektrum zwischen der Vermittlung tradierter und emanzipierter Weiblichkeitskonzepte bewegen. Vanessa, eine in ihrer Sexualität sowohl masochistische als auch sadistische Frau, war in ihrer Kindheit der autoritären Erziehung ihres Adoptivvaters ausgesetzt. Im schulischen Bereich erwartete man von ihr – wie von ihren Brüdern – gute Leistungen. Carmen, eine Domina, wurde von ihren Eltern sehr offen erzogen, berichtet aber von prägenden Erlebnissen (dem Ehebruch ihrer Eltern), die sie im Zusammenhang mit ihrer dominanten Neigung sieht. Für Eva, ebenfalls eine Domina, wäre es aufgrund ihrer autoritären Erziehung in der Nachkriegszeit denkbar gewesen, Masochistin zu werden. Dorothea, auch sadistisch orientiert, wurde von ihrer Mutter sehr religiös erzogen und litt unter den Spannungen in der elterlichen Ehe. Bei Maria, einer Sklavin, lassen sich keine autoritären Familienstrukturen nachzeichnen. Sie wurde bewußt und konsequent zur Selbständigkeit und materiellen Unabhängigkeit von einem Mann erzogen, und Marion, masochistisch orientiert, kann nichts Spektakuläres aus ihrer Kindheit berichten, wurde von ihren Eltern normal und ohne besondere Auffälligkeiten erzogen.

Sicherlich ist mit den Eltern nur ein Teil der möglichen Sozialisationsagenten angesprochen – auch Schule, Beruf, Freizeit und Medien kommen im Entwicklungsprozeß maßgebliche Bedeutung zu –, aber es wird deutlich, daß eine lineare Kausalität zwischen den Erfahrungen aus der Sozialisation und der sadomasochistischen Orientierung nicht besteht. Hinzu kommt: Wenn geschlechtsspezifische Sozialisationserfahrungen für weiblichen Masochismus verantwortlich wären, müßten entsprechend Männer, die in einer patriarchalen Gesellschaft genau die gegenteiligen Erfahrungen machen, eher sadistisch orientiert sein. Daß dem nicht so ist, beschreibt bereits T. Reik. Er sieht den Masochismus als die häufigste Perversion bei Männern, wohingegen er seiner Meinung nach bei Frauen äußerst selten ist.[167] Neuere Untersuchungen weisen ebenfalls darauf hin, daß vor allem Männer die Lust am Schmerz suchen.

Auch ist der Sadomasochismus von Frauen nur ein Teilaspekt des jeweiligen Identitätsentwurfs. Wenn eine Frau in ihrer Sexualität gerne *devot* sein möchte, bedeutet das nicht zwangsläufig, daß dies auch in anderen Bereichen gilt, etwa im Beruf. Vanessa ist eine selbständige, beruflich erfolgreiche und finanziell unabhängige Frau und nimmt im sexuellen Bereich dennoch gerne die passive Rolle ein. Maria ist ebenfalls finanziell unabhängig und kann trotz ihrer Sklavinnenrolle in der Freizeit «noch eigene Bereiche haben». Auch Marion, die Masochistin, beruflich und finanziell unabhängig, betrachtet ihre passive Sexualität nur als einen, ihre restliche Identität nicht betreffenden Bereich. Umgekehrt sind sexuell dominante Frauen im Alltag nicht unbedingt ebenfalls dominant. Carmen und Dorothea, die Dominas, führen «mehrere Leben» und möchten dominante Verhaltensweisen im Alltag vermeiden. Eva ist mit ihrer Rolle als Mutter und Hausfrau zufrieden, aber dennoch finanziell abhängig von ihrem Mann. Masochistische oder sadistische Frauen sind weder notwendigerweise Heimchen am Herd noch Karrierefrau. Ihre Familien- und Berufsrollen werden weder in die Sexualität verlängert noch dort kompensiert.

Auch wenn sadomasochistische Sexualpraktiken nicht selten durch einen Mann angeregt werden, machen sich die Frauen häufig von der Fremdinitiation frei und entwickeln einen eigenen Stil im Umgang mit der «schwarzen Sexualität». Für den weiblichen Sadomasochismus lassen sich, genau wie beim männlichen Pendant, bestimmte Habitusformen und spezialkulturelle Integrationen aufzeigen. Vanessa ist in eine organisierte Szene eingebunden. Sie engagiert sich in einem Arbeitskreis für Sadomasochismus und nimmt regelmäßig an verschiedenen Veranstaltungen wie Feten und Gesprächsabenden im Rahmen von SM teil. Als wir sie interviewten, war sie gerade dabei, eine Frauengruppe zu organisieren, um frauenspezifische Probleme zu diskutieren. Unabhängig von den Interessen ihres Partners suchte Carmen den Kontakt zu einem professionellen Domina-Studio, wo sie ihre Neigungen heute realisiert. Trotz schlechter Erfahrungen und der zeitweisen Distanzierung vom Sadomasochismus hat Maria zum Masochismus «zurückgefunden» und nimmt, ebenso wie Vanessa, an verschiedenen Gruppenveranstaltungen teil. Nachdem Eva den Zugang zu SM über ihren Ehepartner gefunden hatte, verselbständigte sich auch ihr Interesse. Neben ihrer Verbindung zu verschiedenen Sklaven betätigt sie sich innerhalb der SM-Szene als Schriftstellerin für Magazine und Zeitschriften oder stellt Fotos zur Veröffentlichung zur Verfügung. Dorothea hat ihr Interesse an SM unabhängig von einem Partner intensiviert und kultiviert, was sich im Umbau ihres Hobbyraums zu einem SM-Studio ausdrückt. Marion hat sich diverse Werkzeuge und Kleidungsstücke zugelegt, was als Ausdruck ihres eigenen Wunsches zu werten ist.

Das *American Psychiatric Association's 1980 Diagnostic Manual of Mental Disorders (DSM-III)* kommt zu der Auffassung, daß «härtere» Formen des Sadismus bei Frauen praktisch nie beobachtet wurden.[168] Aber die Tatsache, daß solche Verhaltensweisen bislang nicht beobachtet wurden, bedeutet noch nicht, daß es sie nicht gibt. Wir konnten bezüglich der Härte der präferierten Praktiken keine Unterschiede zwischen sadistischen Männern und Frauen feststellen. Die Möglichkeiten, solche Interessen auszuleben, sind für dominante Frauen wesentlich günstiger als für Männer. Dominas – ob mit oder ohne finanzielle Interessen – sind die Königinnen in der SM-Szene, die häufig ihren eigenen Hofstaat an masochistischen Männern und Sklaven haben. Carmen, die «Freizeitdomina», besucht regelmäßig sogenannte Damenzirkel in einem Studio, in denen sich masochistische Männer dominanten Frauen bedingungslos und ohne *Limits* ausliefern müssen. Eva hat neben ihrem festen Lebenspartner Sklaven, die sie regelmäßig für einen Tag besucht, um ihre sadistischen Bedürfnisse zu befriedigen; ähnlich Vanessa, der ebenfalls mehrere *Sklaven* zur Verfügung stehen; und Dorothea hat seit über 30 Jahren einen festen Zirkel von passiven Männern um sich geschart, die sie entsprechend ihren Vorstellungen dominiert. Die hier genannten Frauen sind keine Einzelfälle, sondern durchaus typisch für Sadistinnen, die sich in der Szene bewegen.

Zusammengefaßt haben unsere Untersuchungen also keinen Hinweis darauf geliefert, daß sich die Logik patriarchaler Unterdrückung – zumindest was die von uns untersuchte SM-Szene angeht – in den sexuellen Bereich verlängert. Unsere Fallbeispiele zeigen, daß weiblicher Masochismus nicht unbedingt Ausdruck geschlechtsspezifischer Sozialisationsverläufe ist. Daneben wurde deutlich, daß sich im Sadomasochismus von Frauen nicht nur masochistische, sondern auch sadistische Verhaltensmuster manifestieren. Somit läßt sich das Phänomen des weiblichen Sadomasochismus nicht einfach durch Kontinuitäts- oder Kompensationsthesen erklären.

Kontur gewinnt das Problem jedoch vor dem Hintergrund fortschreitender gesellschaftlicher Differenzierung und Individualisierung.[169] Die Wahlmöglichkeiten jedes Individuums werden zunehmend vielfältiger. Dies gilt sowohl für Frauen als auch für Männer. Auch (geschlechtsspezifische) Rollenmuster können – je nach Bedarf

– gewählt oder abgewählt werden.[170] Frauen «gebrauchen» jeweils
traditionell typisch weibliche (den Haushalt der Familie führend, eher
passiv, devot) oder typisch männliche (auf eine berufliche Karriere
orientiert, eher aktiv, dominant) Verhaltensweisen variabel in ihren
unterschiedlichen Lebensbereichen (Sexualität, Beruf, Familie etc.).
I. Ostner beschreibt dies vor dem Hintergrund der fortschreitenden
«Integration von Frauen in die Erwerbsarbeit», wodurch «sich die
Grenzen zwischen den bislang gegeneinander eher abgeschotteten
weiblichen und männlichen Welten auf(lösen).»[171] Frauen entscheiden sich für spezialisierte Sexualpraktiken, sie entscheiden sich für die
aktive (hier: sadistische) bzw. passive (hier: masochistische) Rolle.
Demnach ist ihr Sadomasochismus – ebenso wie bei Männern – eine
erotische Spezialisierung und selbstverständlicher Teil individuali-
sierter Lebensführung.

Der homosexuelle Sadomasochismus

Homosexualität im Spiegel der Forschung

A. Kinsey und seine Mitarbeiter kamen in ihren Untersuchungen zu dem Ergebnis, daß Homosexualität viel weiter in der Gesellschaft verbreitet ist, als ursprünglich angenommen, wenn auch nicht alle homosexuellen Erfahrungen zu einer dauerhaften Homosexualität gehören. Das Phänomen der männlichen und weiblichen Homosexualität ist aus dem Blickwinkel der verschiedensten Disziplinen untersucht worden, wobei häufig ätiologische Fragestellungen im Vordergrund stehen. So gibt es zur Entstehung der Homosexualität eine Vielzahl unterschiedlicher Theorien. Diese reichen von der Vorstellung des «Angeborenseins» über psychoanalytische hin zu endokrinologischen Erklärungsansätzen. Gesellschaftswissenschaftliche Perspektiven betonen dagegen die kulturellen Bedingungen homosexueller Lebensformen.

▼

▼ **Naturwissenschaftlich-medizinische Ansätze**

▼ C. H. Ulrichs führte die Homosexualität auf die folgenden Ursachen zurück: «Es gibt eine eigene Klasse geborener Urninge, eine eigene Klasse von Individuen, denen neben männlichem Körperbau weiblicher Geschlechtstrieb angeboren ist, eine eigene Unterart von Männern, denen mann-männliche Liebe angeboren ist... Unter angeboren ist zu verstehen: geschlechtlich angeboren, organisch angeboren, dem geistigen Geschlechtsorganismus nach angeboren, nicht: krankhaft angeboren, auch nicht ein Angeboren sein, wie dem Brandstifter, dem Dieb, dem Trunkenbold ein Hang etwa angeboren sein mag, Brand zu legen, zu stehlen, zu trinken; sondern ein Angeboren sein in demselben Maße, wie dem Dioning Geschlechtsliebe zu Weibern und dem Weibe Geschlechtsliebe zu Männern angeboren ist.»[172]

In neueren Studien konkurrieren unterschiedliche Ansätze. G. Dörner glaubt bei Homosexuellen eine Art Pseudohermaphroditismus festgestellt zu haben.[173] J. Money bringt endokrinologische Faktoren im pränatalen wie auch im postnatalen Zustand mit bestehender Homosexualität in Verbindung.[174] Einige Untersuchungen basieren auf Versuchen im Humanbereich. So hat S. Le Vay die Gehirne schwuler Aids-Toter untersucht und mit denen heterosexueller Männer verglichen.[175] Die tödliche Krankheit hat es somit der Forschung makabererweise leicht gemacht, Gehirne homosexueller Männer für Studien zu verwenden. Sie zeigen, daß es Unterschiede zwischen homosexuellen und heterosexuellen Männern im Bereich des vorderen Hypothalamus gibt, was zuvor auch schon in der Tierwelt beobachtet wurde. Bei homosexuellen Männern hat der Hypothalamus ein kleineres Volumen, das eher dem weiblichen entspricht. Le Vay bezeichnet diesen Teil des Gehirns als determinierend für das Sexualverhalten. Die Ergebnisse seiner Untersuchungen sind aber sehr umstritten, und auch Le Vay selbst räumt ein, daß eingehende empirische Überprüfungen noch ausstehen.

Trotz der empirisch ungesicherten Position naturwissenschaftlicher Ansätze ist zu vermuten, daß es biologische Mitauslöser für die Ausprägung und Entwicklung von Homo- und Heterosexualität gibt, wenngleich der Streit darüber, um welche Faktoren es sich handeln könnte, noch nicht entschieden ist.

▼

▼ **Die psychoanalytische Erklärung der Homosexualität**

▼ S. Freud wehrte sich gegen die Vorstellung einer «naturbedingten» Andersartigkeit der Homosexuellen. Nach ihm sind zunächst alle Menschen der gleichgeschlechtlichen Objektwahl fähig. Homosexualität gehöre seiner Meinung nach zur allgemeinen Anlage des Geschlechtstriebes, der in verschiedene Partialtriebe zerfalle und sich erst im Laufe eines Reifungsprozesses entwickele. Heterosexualität ist demnach als reife Form der Sexualität zu verstehen, wohingegen sich Homosexualität als eine Fixierung der Libido auf ein bestimmtes

Reifungsstadium manifestiert. Verantwortlich hierfür können früh-
kindliche Familienkonstellationen sein, die dem Kind die Ablösung
von der Mutter nicht erlauben.[176]

▾

▾ **Soziologische Forschungsschwerpunkte**

▾ Im Mittelpunkt soziologischer Untersuchungen steht z. B. die
Frage, wie sich Vorurteile über die Homosexualität entwickelt haben
und Homosexuelle zu Außenseitern erklärt wurden.[177] Nach einer
Jahrhunderte andauernden Ächtung können Homosexuelle heute ein
relativ normales Leben führen. Dies ist u. a. darauf zurückzuführen,
daß sie sich besonders seit Ende der sechziger Jahre organisiert und
gemeinsam gegen die Diskriminierung ihrer sexuellen Orientierung
gewehrt haben. Dies schlug sich auch in der Änderung des Paragraphen 175 StGB nieder. Freiwillige homosexuelle Beziehungen werden nur noch unter Strafe gestellt, wenn einer der Partner unter ach-
zehn Jahren alt ist.

Unter dem Eindruck der gesetzlichen Liberalisierung konnte sich
eine homosexuelle Subkultur etablieren. Bars, Diskotheken, Buchhandlungen, Verlage, Zeitschriften (für Schwule sind hier noch Klappen, Parks und Saunen zu erwähnen) sind wichtige Einrichtungen in
der Szene. In Großstädten gibt es weitere subkulturelle Angebote.
Homosexuelle können dort – sofern sie das anstreben – ein nur auf
ihre sexuelle Orientierung ausgerichtetes Leben führen. Dazu gehört
das Einkaufen beim homosexuellen Bäcker genauso wie der Gang
zum homosexuellen Friseur und der Besuch beim homosexuellen
Arzt.[178] Gerade in jüngster Zeit ist aber festzustellen, daß diese Welt
nicht überall akzeptiert wird. Sowohl in den USA wie auch in einigen
europäischen Ländern ist es zu gewaltsamen Übergriffen auf Homosexuelle gekommen. Dies ist als Zeichen dafür zu werten, daß recht-
liche Gleichstellung nicht zwangsläufig Toleranz und Akzeptanz
gegenüber dem Andersartigen impliziert.[179]

Die Szenen sind ein wichtiger Gegenstand soziologischen Forscher-
interesses geworden. In diesem Zusammenhang wird Homosexualität
unter dem Gesichtspunkt der individuellen Wahl und des Lebensstils
diskutiert. In der Bundesrepublik haben insbesondere M. Dannecker
und R. Reiche sowie R. Pingel und W. Trautvetter über Schwule[180]
und I. Kokula über Lesben[181] entsprechende Studien durchgeführt.

Sie alle zeigen, daß Homosexuelle sich nicht nur durch ihre sexuelle Präferenz von Heterosexuellen unterscheiden, sondern auch ein eigenes Wertesystem geschaffen haben, das nur in ihrer Welt Gültigkeit hat. Somit pendeln Homosexuelle zwischen zwei Welten. Einerseits zwingt das Erwerbsleben sie, an der heterosexuellen Gesellschaft teilzunehmen und die dort herrschenden Regeln und Normen zu akzeptieren; in der Subkultur messen sie sich andererseits an einem völlig unterschiedlichen Werte-Kodex. Die *Sub* stellt einen Fluchtraum dar, in dem Homosexuelle ihre eigene Normalität verwirklichen können. Hier ist alles auf ihre Bedürfnisse zugeschnitten.

Insgesamt muß festgehalten werden – dies hat die soziologische Forschung deutlich gemacht –, daß Homosexualität sich durch viele Aspekte definiert. Daher wäre es falsch anzunehmen, der einzige Unterschied zu Heterosexuellen bestünde lediglich in einer sexuellen Komponente. Besonders die subkulturelle Sozialisation prägt die Persönlichkeit ihrer Teilnehmer in einem hohen Maß und führt zur Ausdifferenzierung von Lebensstilen, die ohne diesen Hintergrund nicht denkbar wären.

Schwuler Sadomasochismus

In der homosexuellen Spezialkultur haben sich unterschiedliche Lebensformen und -stile herauskristallisiert. E. J. Haeberle sieht «innerhalb der amerikanischen Subkultur... eine Reihe ‹Unter-Subkulturen›, wie die der ‹Leder-Männer›, der ‹Motorrad-Männer›, der homosexuellen Transvestiten, der Strichjungen usw.», von denen «jede ihre spezifischen sozialen und sexuellen Verhaltensweisen» hat.[182] Der von uns untersuchte homosexuelle Sadomasochismus ist ebenfalls ein wichtiges Szene-Segment. Schwule Sadomasochisten haben, auch wenn es noch Bezugspunkte zur «Mutter»-Szene gibt, eine eigene Sinnwelt etabliert. In ihr findet sich ein typisches Partnerverhalten, das nicht nur im privaten Bereich, sondern auch an spezifischen Kristallisationspunkten kultiviert wird. Eine eigenständige sadomasochistische Ästhetik transportiert Distinktionen gegenüber der schwulen Mehrheit. Diese verschiedenen Besonderheiten in der Spezialkultur schwuler Sadomasochisten sind Thema der folgenden Überlegungen.

Die Inszenierung der Attraktivität

Das Bild vom Homosexuellen in der Gesellschaft ist noch immer stereotyp. Der Schwule wird in der Regel als ein androgyner Mann beschrieben, dessen Affinität zum Weiblichen oftmals Gegenstand von Karikaturen und Ironie ist. Die *Tunte* oder die *Trine* mögen als Beleg gelten. Schwule dadurch zu charakterisieren wäre jedoch lückenhaft. Die Identitätsstile sind vielfältiger und reichen von der *Schwuchtel* bis zum *harten Macker*. Letzterer ist der super-männliche Mann mit muskulösem Körper, Bart und kurzem Haar. Gerade in der schwulen SM-Szene findet sich fast nur der Macho-Mann. Der feminine Typus scheint hier keine Rolle zu spielen. Die Attraktivität dieser Identifikationsfigur läßt sich an folgenden Kriterien festmachen.

▼

▼ **Der Körperkult**

▼ Ich blickte aufs Meer und erstarrte regelrecht, als ich zum erstenmal diesen Riesen von Mann sah. Bestimmt 1,90 lang und mindestens 90 kg schwer. Ein wahrer Muskelberg. Ein echter Body-Typ, mit schweren Schenkeln, schmaler Hüfte und überbreiten Schultern, stand noch bis zu den Knien im Wasser und strahlte mich an. Sämtliche 32 Zähne schienen mich anzugrinsen, so breit war der Mund gezogen. Auf dem kantigen Schädel kurze blonde Haare, die er durch eine hochgeschobene Taucherbrille leicht verdeckt hatte. In der muskelbepackten Linken hielt er eine Harpune geschultert. Der Typ wollte mich anscheinend provozieren, denn er drehte und wendete sich mehrmals und ließ sich von mir bewundern (Ausschnitt aus einer Szene-Zeitschrift). ▲

Ähnliche Schilderungen finden sich in fast jeder Erzählung oder pornographischen Geschichte über schwule Sadomasochisten. Auch die Abbildungen in Pornoheften und Clubzeitschriften zeigen nur Bilder von muskulösen, großen Männern. Der Traummann hat stets sehr kurz geschnittenes Haar. Er darf einen Bart tragen, wobei ein kräftiger Schnauzer am beliebtesten ist. Auch die behaarte und muskulöse Brust gehört zum idealen Mann.

MARK: Die meisten können es sich nicht vorstellen, mit jemandem ins Bett zu gehen, selbst wenn er seit längerem SM-Sex machen würde, der lange Haare hat... Man hat kurze Haare, nach Möglichkeit einen ganz kleinen Dreitagebart oder Schnauzer und natürlich einen gut gebauten Körper. Das ist das amerikanische Traumbild, was auch hierher gekommen ist. (29, M, SCHWUL)

Attraktivität wird aber nicht allein durch Körperbilder, sondern auch durch Jugendlichkeit definiert. Wie generell in der Schwulen-Szene, spielt das Alter der Sadomasochisten eine sehr wichtige Rolle: Der begehrenswerte Mann ist in der Regel jung. Hat er die Altersgrenze von fünfunddreißig Jahren überschritten, sinkt sein Wert auf dem Partnermarkt:

MANFRED: Ich bin momentan in der glücklichen Lage der frühen Geburt; einfach, weil ich relativ jung bin und mir die Sados hinterherlaufen. Das wird sich im Laufe des Alters ändern, dann wird es schwieriger, Sados zu finden. Je jünger man ist, desto mehr Chancen hat man. (25, M, SCHWUL)

Ein perfekter, muskulöser Körper erfordert gezieltes Training. Hierfür ist Zeit und Arbeit zu investieren. Fitneßprogramme und Bodybuilding spielen deshalb eine wichtige Rolle:

KLAUS: Ich mache zwar schon andere Sportarten, aber jetzt will ich noch mit Bodybuilding anfangen. So ganz ohne Muskeln, das ist ja nicht sehr schön. Wenn man was für seinen Körper tut, dann fühlt man sich auch gleich viel wohler. (27, M, SCHWUL)

Die Muskelmänner aus modernen Actionfilmen (A. Schwarzenegger, D. Lindgren, S. Stallone) sind die Vorbilder und Idole, denen, was das Äußere anbelangt, nachgeeifert wird. Auch die Comics der Schwulen (z. B. *Tom of Finland*) sind von diesen Typen bevölkert. Auffallend ist, daß nicht nur der Sadist, sondern auch der Masochist als Diener oder Sklave immer noch ein gestandener Kerl sein muß. Wer sich der Norm des herrischen Auftretens nicht unterwirft, rangiert in der Attraktivitätsskala sehr weit unten. Begehrenswerte Männer dürfen, wenn sie auf Partnersuche sind, keine Schwäche zeigen.

Sadomasochisten, die Erziehungsspiele bevorzugen, kann der

jugendliche Habitus dagegen hinderlich sein. Sie ziehen den reiferen Partner, der Autorität und Stärke ausstrahlt, vor.

▼

▼ **Der Kleidungskult**

▼ Neben dem trainierten und muskulösen Körper ist das richtige Outfit zentraler Bestandteil sadomasochistischer Ästhetik. Der schwule Mann ist generell sehr modebewußt, wie auch M. Dannecker und R. Reiche herausstellen: «Um sich gegen die allseitige Konkurrenz des doch Gleichen durchzusetzen, muß einer verlockender und vielversprechender als der andere erscheinen... Die Differenz setzt die reizvoll-verführerische Verpackung. All diese Mühen werden durch Lässigkeit überspielt, doch hinter ihr wird die Sorgfalt offenbar, die Homosexuelle auf ihr Erscheinungsbild verwenden.»[183] Allerdings haben schwule Sadomasochisten einen Kleidungsstil, der sie von anderen Schwulen unterscheidet. Er wird überwiegend von drei Materialien bestimmt: Leder, Denim und Gummi. Am beliebtesten ist Leder. Innerhalb der Lederszene gibt es Abstufungen und Differenzierungen, die sich z. B. in der Wahl der Accessoires ausdrücken. Auch die Beschaffenheit des Leders symbolisiert unterschiedliche Grade der Männlichkeit.

HERBERT: Für mich ist wichtig, daß ich in Leder gekleidet bin, in Lederuniform. Ich habe meistens Uniform an, Stiefel, Lederkappe, Lederhemd, Lederjacke, wenn es draußen kälter ist. Oder eine Lederweste auf nacktem Oberkörper. Auch mein hochgezwirbelter Schnäuzer spielt eine sehr wichtige Rolle. (33, SM, SCHWUL)

JÜRGEN: Ich liebe Mützen, obwohl es viele gibt, die sagen: «Das ist ja nun wirklich Spielkram.» Ja, und dann gehören Lederhose und Lederjacke, auch Chaps dazu – das sind Beinlinge, hinten und vorne frei. Zu Hause trage ich auch Harness und Lederbänder, Stiefel und was sonst dazugehört. Für mich ist Leder das A und O. (35, S, SCHWUL)

THOMAS: Ich finde Uniformen geil. Ob das jetzt BW-Uniform ist, möglichst originalgetreu, ob das eine Army-Uniform ist, vielleicht eine Fliegerkombi, das ist egal. Stiefel sind auch ganz wichtig: Springerstiefel, Schaftstiefel, Reitstiefel, mit Zierketten, das gehört dazu. Wie gesagt: Lederjacke, Motorradjacke – nicht so diese Schicki-

Micki-Jacken, sondern halt eine schwere Lederjacke mit Nieten, natürlich die Lederhose, Lederjacke, Lederstiefel. Armyschlafsack, Armyklamotten. Also eine komplette Uniform mit Barett, Abzeichen, Aufnähern, mit allem Drum und Dran. (29, SM, SCHWUL)

Die Kleidungsstile transportieren das Bild des coolen, harten Mannes. Vorbilder sind militärische oder paramilitärische Berufsgruppen, Bauarbeiter, Holzfäller und auch motorradbegeisterte Rocker. Das Outfit gilt als wichtiger Identitätsausdruck:

JÜRGEN: Das Outfit ist einfach wichtig für mich. Wenn ich so angezogen bin, fühle ich mich größer, stärker, beeindruckender, aufregender. Das empfinde ich auch bei anderen, wenn ich sie so gekleidet sehe. (35, S, SCHWUL)

HERBERT: Also ich finde Uniformen geil. Uniform hat was Militärisches und eine bestimmte Art von Sex, wie Drill. Es hat so was Herrenmäßiges. Besonders wenn ich aktiv bin, stehe ich auf so was Soldatisches. (33, SM, SCHWUL)

BERND: Wir ziehen uns oft wie Bauarbeiter an... Auch das Holzfällerhemd trägt man, um zu zeigen: Ich habe zwölf Stunden gearbeitet. Das ist ja alles eine große Illusion. (37, M, SCHWUL)

Diese Art, sich zu kleiden, hat eine spezifische Bedeutung, wie in dem Artikel *Faszination & Fetisch. Gay-Sex in Uniform* von T. A. Armin herausgestellt wird: «Uniformen symbolisieren Machtstrukturen, eine Art Über-Männlichkeit. Gerade das Militär- und Söldnerwesen ist daher für Schwule, die diesem Männlichkeitskult erliegen und huldigen, immer ein faszinierendes Feld gewesen. Die Uniform als Hülle für Virilität, Potenz und Power. Die Befehlsstruktur, die Hierarchie, die Exclusivität des Männlichen, die etwa dem Militär zugrunde liegt, werden zweifellos auf weite Teile der SM-Szene übertragen.»[184] Aber es wäre falsch zu glauben, das Outfit transportiere bestimmte ideologische Inhalte.

HERBERT: Ich lehne... Militär und alles, was damit im gesellschaftlichen Kontext zu tun hat, ab. Aber Uniformen finde ich absolut geil. Es ist die Schizophrenie in mir selbst. (33, SM, SCHWUL)

Die Kleidungsstile dienen nicht der Verherrlichung militaristischer Regimes oder gar des Nationalsozialismus. Sie sind letztlich «überoptimale Attrappen» zur Signalisierung von «harter» Männlichkeit. Denkbar ist freilich umgekehrt, daß Militarismus bewußt oder unbewußt die erotische Konnotation der Kleidung nutzt.

Die Codes bei der Partnerwahl

Untersuchungen über das Partnerverhalten schwuler Männer haben gezeigt, daß es sich von dem sexuell anders Orientierter unterscheidet.[185] Während das heterosexuelle Beziehungsideal eher Dauerhaftigkeit verlangt, sind bei schwulen Partnerschaften flüchtige und instabile Beziehungen keine Ausnahme. Nur 6 Prozent der von M. Dannecker und R. Reiche befragten Personen hatten bereits seit mehr als fünf Jahren denselben Partner. Sexuelle Treue und stabile Partnerbeziehungen zählen also nicht unbedingt zu den zentralen Werten in der Szene. Im Gegenteil, die *One Night Stands*, zufällige und spontane Sexualkontakte, gehören zum Alltag.

In dieser Hinsicht sind schwule Sadomasochisten keine Ausnahme. Worin sie sich allerdings von der übrigen Subkultur unterscheiden, ist die Art, wie sie ihre Partner suchen und finden. Wer beispielsweise in die Szene geht, um jemanden kennenzulernen, erleichtert allen Anwesenden und sich selbst die Wahl, indem er seine sexuellen Präferenzen mit kodierten, Insidern aber verständlichen Signalen zu erkennen gibt. Bei Sadomasochisten sind z. B. Handschellen oder Schlüssel solche Zeichen. Sie sagen aber nur etwas über die generelle SM-Orientierung des Trägers aus. Links bzw. rechts getragen, stehen sie für die Bevorzugung der aktiven bzw. passiven Rolle. Anders die verschiedenfarbigen Taschentücher: Ihre Farbe symbolisiert eine bestimmte Praktik. Die wichtigsten *Hanky-Codes* sind:[186]

▼ Rot: ist/sucht Faustficker
   Senffarben: hat/sucht mehr als 20 Zentimeter
   Hellblau: 69er
   Dunkelblau: ist/sucht Ficker
   Orange: alle Praktiken
   Gelb: will/läßt pinkeln

Nato-Olive:	ist/sucht Uniform-Träger
Grün:	ist/sucht Stricher
Braun:	Dirty-Sex
Weiß:	masturbiert alleine
Grau:	will fesseln/gefesselt werden
Schwarz:	ist/sucht Schläger ▲

Dieses differenzierte Code-System gilt aber nur innerhalb von SM-Kreisen. Schon in der übrigen Schwulenszene ist es nicht mehr eindeutig.

STEFFEN: Wenn ich jemanden mit einem gelben Tuch sehe, dann weiß ich, der steht auf pissen. Das ist schon recht eindeutig... In der normalen schwulen Subkultur aber hat das weniger zu sagen als in Lederkneipen. Wenn ich in eine normale Schwulenkneipe gehe, könnte ich mir gar nicht sicher sein, ob jetzt jemand ein Signal gibt oder nicht. Aber wenn ich ins *[Lederkneipe]* fahre, und da läuft jemand mit einem Tuch herum, dann ist das eindeutig. (32, S, SCHWUL)

Der Taschentuch-Code ist ein Beispiel dafür, wie innerhalb von spezialkulturellen Formationen Kommunikationswege entstehen, die nur in diesen Bezugssystemen Gültigkeit haben.[187] Wie die bereits beschriebenen Kontaktanzeigen im heterosexuellen Bereich sollen sie die Kommunikation vor der weiteren Öffentlichkeit verbergen, denn sie werden nicht nur an Szene-Treffpunkten getragen. Durch die Codes läßt sich die *Anmache* gezielt auf Personen ausrichten, die ähnliche Präferenzen haben. Die Codes sind somit ein wichtiges Selektionsinstrument bei der Herstellung sexueller Kontakte. Weil SM-Schwule oft «in die Szene gehen», um einen Sexpartner zu finden, reduzieren sie die Wahrscheinlichkeit eines Mißerfolgs schon auf diese Weise. Denn wer den ganzen Abend damit verbringt, den «Falschen» zu umflirten, hat zumeist nicht mehr genügend Zeit, um einen anderen, passenderen Partner zu finden. Dabei ist es nicht wichtig, den Sexpartner zu kennen. Im Gegenteil, gerade die Anonymität übt einen beträchtlichen Reiz aus:

KLAUS: Letztens war ich in *[Lokal]*. Da stand einer, den ich ziemlich scharf fand, der aber auf meine Anmache überhaupt nicht reagierte. Dann habe ich mich irgendwann neben ihn gestellt und ihm an die

Eier gefaßt, da ist er dann direkt drauf angesprungen. Dann haben wir erst mal auf offener Bühne rumgemacht... Hinterher haben wir uns auf das Klo zurückgezogen. Da ist es ruhiger als im Darkroom. Der Typ war dann der erste, den ich angepißt habe. (27, M, SCHWUL)

Das Kennenlernen über den Sexualkontakt hinaus wird mitunter auch deshalb vermieden, weil sich die Akteure noch in anderen Beziehungen bewegen.

Kristallisationspunkte der schwulen SM-Szene

Bei schwulen Sadomasochisten haben einige Treffpunkte für die Konstitution und Aufrechterhaltung von persönlichen Beziehungen besondere Bedeutung erlangt. Hier verbringen sie einen großen Teil der Freizeit und knüpfen sexuelle Kontakte. Es lassen sich Kneipen, Darkrooms, Parties einerseits und SM-Clubs andererseits unterscheiden.
▼

▼ Kneipen, Darkrooms, Parties

▼ In Großstädten sind Kneipen und Lederbars eine Selbstverständlichkeit und gehören zum unverzichtbaren Angebot der Schwulen-Szene. Nicht nur schwule Lederfetischisten, sondern auch Sadomasochisten besuchen diese Lokale. Sofern er die jeweils geltenden Kleidungsregeln einhält, hat jedermann Zugang. Hier kann man sich ganz unverfänglich umsehen und weiß zugleich, daß alle Anwesenden ähnliche Vorlieben haben. Lokale und Bars eröffnen gerade für Neulinge den Zugang in die Szene und zu Partnern:

BERND: Also der erste Kontakt, den man in die *[Stadt]* Lederszene kriegt, ist über Lokale. Es gibt dort drei große Lederkneipen. Das sind Anlaufpunkte, wo man Leute treffen kann. (37, M, SCHWUL)

MARK: Ich habe also nur in den drei Lokalen der Lederszene verkehrt. Und dadurch ergab sich automatisch der Kontakt zu den Lederclubs. Da kamen halt dann auch Bekanntschaften zustande. (40, M, SCHWUL)

Neben ihrer überaus wichtigen Funktion als Ort des Kennenlernens und der Kontaktanbahnung bieten die Lederbars der SM-Schwulen auch Gelegenheit, schwul-sadomasochistische Sexualität auszuleben. Neben der eigentlichen Kneipe gibt es dafür spezielle Räume: Zunächst ist, wie generell bei Schwulen, die Toilette ein Ort für Sex.[188] Eine typische Einrichtung der Sadomasochisten dagegen sind die Darkrooms. Hierbei handelt es sich um abgetrennte Räumlichkeiten, häufig im Kellergeschoß der Lokale, die mit diversen Gegenständen, wie Andreaskreuzen, Böcken, Peitschen, Handschellen, Fesseln und anderen Werkzeugen ausgerüstet sind. Die Darkrooms sind auch ein wichtiger Ort für Gruppensexualität. So wie andere Personen ein Lokal aufsuchen, um mit Freunden zu kegeln, geht der schwule Sadomasochist in den Darkroom, um Sex zu machen:

STEFFEN: Wir waren auch ab und zu schon mal zusammen im Darkroom gewesen. Das war mal in [Stadt], in zwei Kneipen. Die hatten diese Andreaskreuze, und in einer Kneipe gab es auch Fesseln. Wir haben dann in den Darkrooms ein bißchen rumgemacht. Zuerst habe ich ihn gefesselt, und später hat er mich dann gefesselt. Da kamen dann auch viele Typen an und haben uns zugeguckt. Es kam eine richtig erotisierte Stimmung auf, und die meisten haben sich einen runtergeholt. Die haben uns regelrecht als Wichsvorlagen benutzt.
FRAGE: Läuft das öfter so ab, daß mehrere Leute dazukommen?
STEFFEN: Ja, das passiert öfter. Bei uns wollten die Leute dann auch mitmachen, aber das wollte ich nicht. Ich wollte es ja mit ihm treiben.
KLAUS: Das war für uns eindeutig der Reiz dabei, daß andere zuschauen.
STEFFEN: Es hat für mich auch stark erotische Momente gehabt zu sagen: «Ich bin der Macker» oder: «Ich bin die Sklavensau.»
KLAUS: Ich finde es auch erotisch, andere Leute dabei zu beobachten. Ich habe auch schon einmal gesehen, als im Darkroom einer ausgepeitscht wurde. Da fand ich es scharf, danebenzustehen und zuzuschauen. Das Voyeuristische war geil. (STEFFEN, 32, S; KLAUS, 27, M, BEIDE SCHWUL)

Parties sind eine andere wichtige Einrichtung in der schwulen SM-Szene. An ihnen kann man nur als Insider teilnehmen. Organisiert werden diese Veranstaltungen von Privatpersonen, Diskotheken- und Kneipenbesitzern wie auch von Clubs. Typisch für diese Parties ist, daß sie unter einem bestimmten Thema, also nur für eine bestimmte sadomasochistische Spezialisierung, veranstaltet werden. Sie werden auch als *Mottoabende* bezeichnet:

PETER: Im Moment ist es so, daß wir von einer Schwulenkneipe zwei Seitenräume zur Verfügung gestellt bekommen, in denen sich diverse Spezialistengruppen treffen können, z. B. die Faustficker, die Flagellanten oder die Anfänger. (30, S, SCHWUL)

CARLO: Es gibt in der Lederszene Feten, wo dann an einem Abend gesagt wird: Jetzt sind hauptsächlich mal Flagellantengeschichten oder Fist Fucking angesagt, oder Fesseln oder Dirty oder Pissen. Das sind Abende oder Zusammenkünfte, die ein Thema haben... Wir machen alles querbeet durcheinander. Aber die Feten stehen meistens unter einem Motto. (40, M, SCHWUL)

Die Mottoabende sind vor allem auch als Versuch zu werten, divergierende sexuelle Interessen und vielleicht sogar Unverträglichkeiten bei Gruppenveranstaltungen auszuschließen. Eine ganz andere Intention haben die sogenannten Jack-Off-Parties[189], auf denen orale und genital-anale Praktiken untersagt sind. Damit sollen die Übertragungsmöglichkeiten für Aids und andere Krankheiten ausgeschlossen werden. Jack-Off-Parties waren zunächst auf die normale homosexuelle Szene beschränkt und haben sich erst in jüngster Zeit auch im sadomasochistischen Bereich etabliert. Die Regeln sind aber in etwa gleich geblieben:

HERBERT: Dabei darf nicht gebumst und nicht geblasen werden. Aber alles andere ist möglich. Man kann alles machen, von zart bis hart. (33, SM, SCHWUL)

Was diese Parties noch weiter von den Mottoabenden unterscheidet, ist eine Reihe zusätzlicher Reglements. Die Besucher müssen sich bis zu einer bestimmten Uhrzeit eingefunden haben. Später Kommenden wird kein Einlaß mehr gewährt. Auch Gäste, die sich entschließen sollten, die Räumlichkeiten zu verlassen, erhalten zu einem späteren Zeitpunkt keinen Zugang mehr. Durch diese Handhabung sollen sich die Anwesenden auf den vorhandenen Personenkreis konzentrieren. Wer keinen Sexualpartner findet, kann die Veranstaltung jederzeit verlassen. Eine weitere Regel besagt, daß vor dem Betreten des Raumes alle Personen ihre Kleidung, bis auf Slip und Schuhe, an der Garderobe abgeben. Lediglich diejenigen Accessoires, die aktive oder passive Rollenpräferenzen signalisieren, sind erlaubt. Wegen der hohen Besucherzahlen sind großzügige Räumlichkeiten für Jack-Off-Parties notwendig; sie werden deshalb häufig von Diskothekenbesitzern organisiert.

Lederkneipen, -bars und Parties im Bereich des schwulen Sadomasochismus sind wichtige Angebote, um Sexualität auszuleben. Hier ist ein halböffentlicher Raum entstanden, in dem Intimität organisiert und ausgelebt wird.

▼

▼ Schwule SM-Clubs

▼ Die oben beschriebenen Treffs für schwule Sadomasochisten sind Orte, an denen «Instant-Beziehungen» ausgelebt werden. Es gibt aber auch Organisationsformen, bei denen dauerhafte persönliche Beziehungen im Mittelpunkt stehen: insbesondere Vereine und Clubs. Die *Motorsportclubs (MSCs)* spielen in dieser Hinsicht seit mehr als zwanzig Jahren eine wichtige Rolle. Besonders in den sechziger und siebziger Jahren diente der Name *MSC* als Deckmantel für sadomasochistische und lederfetischistische Vorlieben. In der Öffentlichkeit wurde so der Anschein erweckt, hier träfen sich Männer, um ihre Begeisterung für das Motorrad zu teilen. Dies rechtfertigte einerseits die rein männliche Beteiligung und bot andererseits einen Schutzraum, in dem man sich ungehindert treffen konnte, ohne Verdacht zu erregen. So ist beispielsweise einer Vereinssatzung zu entnehmen: «Der [*Clubname*] ist eine Vereinigung motorsportbegeisterter Personen... Der [*Clubname*] betreibt die Pflege des Motorsports und den Austausch von Informationen der Mitglieder untereinander und zu gleichartig interessierten Vereinigungen und Personen.» Auch heute haben diese Clubs zum Teil noch eine Tarnfunktion.

HERMANN: Ich habe z. B. einen Aufkleber auf meinem Auto: MSC *[Stadt]*. Und wenn mich jemand danach fragt, antworte ich: «Das ist ein Motorsportclub.» Ein Insider würde nicht fragen, der weiß, was es bedeutet. (66, SM, SCHWUL)

Neuerdings gehen mehr und mehr Clubs dazu über, den Zweck ihrer Vereinigung offenzulegen. Bereits durch den Namen wird deutlich, welchen Interessen die Mitglieder nachgehen, so etwa die *Leder und SM Aktivisten (LSMA)* oder die *Fist Fucking Association (FFA)*. Solche Zusammenkünfte in Vereinen gibt es keineswegs nur in der Bundesrepublik. Sie finden europaweit statt. Seit 1974 gibt es die *European Confederation of Motorcycle Clubs (ECMC);* daneben gibt es einen *Europäischen Uniform Club (EUC)*. Aufgabe dieser Organisationen ist die Koordination der einzelnen Clubaktivitäten. Dazu gibt es eine eigens herausgegebene internationale Zeitschrift, die u. a. auf die wichtigsten Veranstaltungen hinweist. Auch die einzelnen Vereine haben in der Regel ihre eigenen Zeitschriften, die die Mitglieder über wichtige Themen und Veranstaltungen informieren. Dadurch sind die geplanten Feten oder sonstige Aktivitäten in der Regel allen bekannt und entsprechend gut besucht.

Die SM-Clubs der Schwulen unterscheiden sich in mehrfacher Hinsicht von den Angeboten in Kneipen und Darkrooms. Schon die Aufnahmesituation ist gänzlich anders.

▼

▼ **Die Aufnahme in einen SM-Club**

▼ Die Aufnahme in die Clubs ist von Reglementierungen geprägt. Nicht jeder, der aufgenommen werden möchte, wird sofort gleichberechtigtes Mitglied. Zuerst einmal muß er eine Probezeit absolvieren, und danach entscheidet ein Plenum, ob die Person den Zielen des Clubs dienlich sein und aufgenommen werden kann: «Die Mitglieder sind verpflichtet, durch Höflichkeit und Hilfsbereitschaft gegenüber außenstehenden Personen den guten Ruf des *[Clubname]* zu wahren und nach Kräften zu mehren. Weiter sind die Mitglieder verpflichtet, sich kameradschaftlich für die Aufgaben und Ziele des *[Clubname]* einzusetzen und seine Organe nach besten Kräften zu unterstützen. Über die endgültige Aufnahme eines Mitglieds auf entsprechenden Antrag hin entscheidet die Mitgliederversammlung frühestens 5 Monate nach vorläufiger Aufnahme durch den Vorstand. Jeder Antragsteller muß vor seiner Aufnahme zwei Bürgen aus dem Verein benennen. Erst nach endgültiger Aufnahme erhält das Mitglied Stimmrecht» (Auszug aus einer Vereinssatzung).

Den Weg in einen Club beschreibt ein Insider:

MARK: Wenn man sich Mühe gibt, und man meint, man paßt dahin, dann ist es nicht schwer, in einem Club aufgenommen zu werden. Bloß ob du meinst, du paßt dahin, und ob die anderen das gleiche meinen, das ist die Frage. Wir nehmen also niemanden auf, der unbekannt ist; erst müssen alle mal mit ihm gesprochen haben, und das kann vier bis sechs Wochen oder ein halbes Jahr dauern. Denn wir wollen nicht, daß wir nur reine Mitläufer haben, die sagen: «Ich bin hier im Club», und damit haben sie eine Freikarte für alle Ledertreffen, bekommen da ein Privatquartier und, und, und... Wir brauchen niemanden, der nur einmal im Jahr seinen Beitrag bezahlt und den du dann nur bei der Mitgliederversammlung siehst. Denn wir wollen eine Gemeinschaft sein. (40, M, SCHWUL)

▼

▼ **Die Funktion des Clubs**

▼ Die wichtigste Funktion eines Clubs besteht in der Ermöglichung von Gemeinschaftserfahrung. Während die Bar oder der Darkroom dem Ausleben sexueller Bedürfnisse dient, geht es im Club um «Kameradschaft» und «Zusammengehörigkeit». Entsprechend dieser Zielsetzung sind auch die Aktivitäten im Club anders gewichtet. Sie müssen nicht unmittelbar einen Bezug zur sadomasochistischen Neigung haben, wie die folgenden Auszüge aus einer Szene-Zeitschrift zeigen:

▼ Bartmänner Kultur: Die Bartmänner treffen sich beim *[Lokalname]*, um sich den «Grand Prix de la Eurovision» anzusehen. Den genauen Termin der Übertragung entnehmt bitte eurer Programmzeitschrift. Außerdem wollen wir uns Ende April den Zirkus *[Name]* gemeinsam ansehen.

Kaffeeklatsch und Kuchenschlacht ab 15 Uhr bei *[Name]*. Natürlich darf auch Selbstgebackenes oder Gekauftes mitgebracht werden. Damit *[Name]* aber nicht unter Kuchenbergen begraben wird, bitte Kalorienbomben telefonisch bei ihm anmelden.

Von November bis März treffen wir uns wieder jeden ersten Sonntag des Monats ab 15 Uhr in der *[Ort]* zum traditionellen Kegelschub. Nicht nur *[Clubname]*-Mitglieder, sondern auch ihre Gäste sind willkommen. Wir konnten für diese Saison alle Bahnen reservieren – wir sind also ganz unter uns (und dürfen demzufolge auch ganz ungeniert kreischen). ▲

Freizeit im Club ist für die meisten der Befragten ein wichtiger Bestandteil ihres Alltags. Die Angebote sind so breit gefächert, daß jeder irgend etwas finden kann, was seinen Interessen entspricht. Der Club wird aufgrund dieser Funktionen zu einer Art «Ersatzfamilie» und bietet emotionalen Rückhalt in relativ stabilen persönlichen Beziehungen. Gerade deswegen sind die Aufnahmebedingungen von Clubs deutlich strenger, als dies bei anderen Gesellungsformen der Fall ist. Dadurch soll verhindert werden, daß Fremde in den Club kommen, die dort nicht hinpassen oder das Clubleben stören würden.

Insgesamt ist festzuhalten, daß die Szene – zumindest in Großstädten – so weit etabliert ist, daß auch Fremde relativ leicht Zugang zu ihr finden. Schwule Sadomasochisten gehen selbstsicher mit ihrer sexuellen Vorliebe um. Dies resultiert u. a. auch daraus, daß die Szene dem einzelnen das Gefühl gibt, nicht allein zu sein, und eventuelle Schwierigkeiten und Probleme auffangen kann. Von dieser Situation ausgehend können die Sadomasochisten auch unbefangen mit ihren bevorzugten Symbolen erotischer Attraktivität umgehen. Ob und inwieweit dies auch für weibliche Homosexuelle zutrifft, stellen wir im folgenden dar.

Lesbischer Sadomasochismus

Analog zur Schwulenszene hat sich auch für Lesben in den siebziger Jahren eine Subkultur etabliert. Auch hier entstand ein spezifischer Normen- und Regelkatalog. Gewalt- und Machtlosigkeit, Zärtlichkeit und *Blümchensex* entwickelten sich zu Eckpfeilern des lesbischen Selbstverständnisses. Die bewußte Unterscheidung der lesbisch-feministischen von einer männlichen Lebensweise wurde zu einem zentralen Thema. Die Separatistinnen praktizieren die Ausgrenzung «systematisch und wahrscheinlich umfassender und konsequenter als andere – für sie ist die generelle Abgrenzung in einem ‹breiten Spektrum› Teil einer bewußten Strategie der Befreiung.»[190] Je radikaler die Forderungen der Lesben in diese Richtung wurden, um so offener traten Differenzen innerhalb der Bewegung zutage. Nicht alle Lesben sahen ihre Standpunkte in der politisch-feministischen Szene repräsentiert. Dies führte zu einer Frontenbildung und -verhärtung innerhalb dieser Spezialkultur. Einerseits gibt es Lesben, die zusammen mit anderen Feministinnen und sogar konservativen Frauengruppen für die Erhaltung der traditionellen feministischen Werte (wie Gewaltlosigkeit etc.) plädieren; andererseits gibt es Lesben, die individuelle Entfaltung auch dann durchsetzen, wenn sie den kollektiven Normen widerspricht. Diese Heterogenisierung verdeutlicht sich in verschiedenen Gruppen: Neben den Separatistinnen gibt es die Polit-Lesben, Spiri-Lesben, Öko-Lesben, Lifestyle-Lesben, schwarzen Lesben, SM-Lesben und viele weitere «Bindestrich-Lesben». Von der Lesbe schlechthin kann also nicht gesprochen werden, immer gilt es unterschiedliche Identitäten und Interessen der einzelnen Frauen zu berücksichtigen.

Dies betrifft auch die SM-Lesben. So gibt es z. B. Sadomasochistinnen, die sich nicht organisieren. Sie leben unerkannt von der Öffentlichkeit in einem weitestgehend heterosexuellen Umfeld. Dort führen sie ein normales bürgerliches Leben. Wieder andere arbeiten in Domina-Studios oder an anderen Orten der Sexindustrie. Auch der Grad der Einbindung in subkulturelle Strukturen stellt ein wichtiges Unterscheidungsmerkmal dar. Es gilt auch für SM-Lesben, was I. Kokula für die Gesamtheit homosexueller Frauen festgehalten hat: «Nur eine geringe Zahl von Frauen hat überhaupt Zugang zur lesbischen Gemeinschaft, wie sie sich in den Frauenbars und Emanzipationsgruppen zeigt. Die Mehrheit lebt einsam oder als lesbische Frau isoliert in einem heterosexuellen Bekannten-, Freundes- oder Kollegenkreis.»[191] Zu diesem nicht-organisierten Teil der SM-Lesben konnten wir keinen hinreichenden Zugang finden. Hierfür ist vermutlich der Umstand entscheidend, daß die spezialkulturellen Kommunikationskanäle diese Frauen nicht erreichen. Im Mittelpunkt der folgenden Beschreibung stehen deshalb Lesben, die sich in der SM-Szene bewegen.

Von SM- und anderen Lesben

Die SM-Lesben haben – im Gegensatz zu den Schwulen – keine Einrichtungen, die nur ihnen vorbehalten sind. Die Einbindung in die
gesamte lesbische Szene prägt das Selbstverständnis dieser Frauen.
Daher ist es unerläßlich, das Verhältnis zwischen SM-Lesben und
Lesben aufzuzeigen, bevor wir auf die Charakteristika sadomasochi-
stisch-lesbischer Identität eingehen können.

▼

▼ Pendlerinnen zwischen den Welten

▼ Für die meisten SM-Lesben ist die lesbische Subkultur insgesamt
ein wichtiger Bestandteil ihres Lebens. Auch wenn andere Lesben oft
wenig Verständnis für die Sadomasochistinnen zeigen, fühlen sich die
SM-Lesben dieser Szene doch verbunden. Für viele ist die *Sub* ein
Raum, in dem sie ihr Anderssein ausleben möchten. Das ist aber mit
Problemen verbunden. Aufgrund ihrer sexuellen Präferenz ist es für
SM-Lesben nicht immer möglich, die dort herrschenden Normen und
Regelsysteme zu akzeptieren. Dies ist eine maßgebliche Ursache für
Konflikte:

BRIGITTE: SM wird in der Lesben-Szene regelrecht negativ beurteilt.
Was ich da bisher an Feedback gekriegt habe während der Lesbenwo-
che, das war negativ. Da gingen Leute her und sagten: «Wir fühlen
uns massiv bedroht.» Und das nur, weil irgendwelche SM-Lesben
zwei, drei Stände mit Sex-Spielzeugen hatten und in Leder rumlie-
fen... D. h., ich treffe auf eine negative Resonanz in meinem eigentlichen Umfeld... Das ist sehr schwierig. (27, SM, LESBISCH)

Noch deutlicher wird dieser Gegensatz von einer anderen Frau formuliert:

CARMEN: Wir haben uns von der Heterozwangssexualität befreit,
kommen in Lesbenkreise rein und kriegen da genau wieder ein Kor-
sett verpaßt. (27, SM, LESBISCH)

Die Auseinandersetzung darüber, ob SM-Lesben an der gesamten
lesbischen Subkultur teilnehmen können, prägt in starkem Maße das
Selbstbild der von uns befragten Frauen. Geichzeitig hat das Aufkommen von SM in lesbischen Kreisen dazu geführt, daß in der Szene

begonnen wurde, sich verstärkt mit gleichgeschlechtlicher SM-Sexualität auseinanderzusetzen. In mehreren deutschen Großstädten haben Frauen- und Lesbengruppen Veranstaltungen zu diesem Thema angeboten. Der Verlauf dieser Diskussionen war durch heftige Auseinandersetzungen gekennzeichnet:

CARMEN: Also in der Femi-Szene hat es sechsundachtzig bei uns in der Stadt zwei große Events gegeben. Da gab es einmal im Frauenzentrum: «SM – eine Einführung und Vorführung», das war so der Vorläufer, und dann im Juni den «Erotik-Lesben-Treff», wo Frauen aus allen Teilen der BRD kamen... Und die Debatte war halt die, daß die eine Hälfte sagte: SM ist per se männliche Machtstruktur, weil es Ausübung von Macht ist, und Macht als solche wäre eben männlich... Das war die Blümchensex-Fraktion. Und die anderen meinten, SM heiße für sie nicht unbedingt, daß jemand ans Bett gefesselt und gnadenlos durchgepeitscht wird, sondern einfach, daß man Lust anders ausleben kann, also nicht nur unter dem Zwang der Zärtlichkeit. (27, SM, LESBISCH)

Nicht nur in den öffentlichen Debatten kommt es zu Konfrontationen zwischen beiden Welten. Auch in alltäglichen Begegnungen werden SM-Lesben in der *Sub* von anderen Frauen auf ihre sexuellen Vorlieben angesprochen. Dabei geht es zumeist darum, was lesbische Sexualität beinhalten darf und was als Nachleben heterosexueller Sexualität definiert wird. In den meisten Gesprächen rechtfertigen sich SM-Lesben in der Hoffnung auf Anerkennung durch die Subkultur. Ein ruhiger, informativer Austausch ist eher die Ausnahme.

Die Gründe, weshalb SM-Lesben von der lesbischen Subkultur ausgegrenzt werden, sind verschieden. Sie betreffen nicht die sexuelle Interaktion allein, sondern auch Bereiche, die nur indirekt mit Sexualität zu tun haben. Die lesbische Szene ist heute weithin Teil der Frauenbewegung. Der Feminismus will neue gesellschaftliche Verhältnisse etablieren. In erster Linie geht es dabei – so C. Weedon – um die Abschaffung des Patriarchats: «Feminismus ist Politik, aber auch Theorie, genauer gesagt eine ganze Reihe von Theorien. Jede Form feministischer Politik, und es gibt deren viele, beinhaltet zugleich ein bestimmtes Verständnis des Patriarchats und der Möglichkeit zu seiner Veränderung.»[192] Die Art und Weise, wie dies er-

reicht werden soll, ist gelegentlich durch Reglements bis in die kleinsten Lebensbereiche gekennzeichnet. Der aufgestellte Verhaltenskodex soll kollektive Sicherheit geben. Da die sadomasochistische
Lesbe oft nicht in den vorgegebenen Rahmen hineinpaßt, wird sie als
Bedrohung erlebt und zur Randfigur abgestempelt. Der am häufigsten erhobene Vorwurf besagt, daß SM-Lesben patriarchalische
Herrschaftsverhältnisse nachlebten. Der Streit um diese imitierte
«Mann-Frau-Beziehung» ging sogar so weit, daß – wie uns mehrfach
berichtet wurde – Lesben sich mit SM-Lesben auf einer Veranstaltung
prügelten. Sie wollten die SM-Lesben mit Gewalt von ihrer machi-
stisch-patriarchalen Sexualität abbringen oder sie aus ihren Kreisen
verstoßen. Doch nicht immer sind die ablehnenden Reaktionen so
massiv:

CHRISTINE: Also es gibt die militante Kuschelsexfront, und unter der
haben wir immer zu leiden. SM gilt dort weithin als Übertragung patriarchalischer Strukturen. Die SM-Lesben sind halt die, die das noch
nicht erkannt haben. Wir sind die, die immer nur sexuelle Gewalt
praktizieren und geradezu verherrlichen.

VANNA: Es ist auch nach wie vor so, daß die SM-Gruppe im allgemeinen auf den Lesben-Pfingsttreffen keinen eigenen Raum kriegt,
höchstens dann im nachhinein, wenn irgendwo zufällig was frei wird.

CHRISTINE: Da muß man sich ja ausgegrenzt fühlen. Ich weiß nichts
von der Allgemeinheit aller Lesben, aber es bilden sich unter ihnen
immer besonders lautstarke Stimmen heraus, die auf dieser Ausgrenzung bestehen. Wobei mir die Motive, die dahinterstecken, ziemlich
klar sind: Das sind meistens Frauen, die sich mit ihrer eigenen Gewalttätigkeit nicht auseinandersetzen können. Schon die Art, wie die
einen äußerst unfriedlich angreifen, deutet für mich darauf hin, daß es
auch nicht gerade die friedlichsten sind. (CHRISTINE, 26, SM; VANNA,
22, SM, BEIDE LESBISCH)

Die Aussagen der SM-Lesben zeigen ihre schwierige Position innerhalb der Subkultur. Wie überall sonst werden Außenseiter im Reich
der Etablierten abgelehnt oder im Höchstfall geduldet. Dies ist für die
Betroffenen um so schwerer zu verarbeiten, als die Probleme, die
beim lesbischen Coming Out mit der heterosexuellen Gesellschaft
entstehen, sich hier wiederholen. Da es sich um einen sehr kleinen

Kreis von SM-Frauen handelt, ist es für die einzelne schwer, den nötigen Rückhalt zu finden. Widersprüche zwischen subkultureller feministischer Sozialisation und einer vom lesbischen Mainstream abweichenden Sexualität kommen aber auch im Verhältnis der Sadomasochistinnen untereinander zum Ausdruck. Ein typisches Beispiel dafür ist die Rollenverteilung.

▼

▼   Die Rollen der SM-Lesben

▼   Die Rollenverteilung von *Top* und *Bottom* ist in lesbischen SM-Kreisen ein zentrales Problem. Das Thema hat eine in der feministischen Theorie begründete Tradition. Während sich die Lesben der fünfziger Jahre noch als *kesse Väter (KVs)* oder *Femmes* bezeichneten, wurde diese Trennung zwischen einem maskulineren und einem weiblicheren Part mit dem Aufkommen des Feminismus in den siebziger Jahren weitgehend aufgehoben. Gerade an der fehlenden Rollenverteilung hatten feministisch orientierte Lesben qualitative Unterschiede zwischen homosexuellen und heterosexuellen Beziehungen festgemacht. Während in heterosexuellen Partnerschaften die Rollen bereits durch das Geschlecht festgelegt seien, könne die homosexuelle Beziehung ein auf Gleichheit beruhendes Ideal verwirklichen. So argumentieren auch einige der von uns befragten Sadomasochistinnen:

BRIGITTE: Für mich stellt die Rollenfrage kein Problem dar, weil ich ja diesen Machtbegriff anders definiere... Ich habe nicht nur in der sadomasochistischen, sondern auch in der lesbischen Beziehung die Chance, viele Dinge auszuprobieren, die mir gefallen, und viel zu machen, was heterosexuelle Frauen nicht machen würden... Es ist eben per se mit einer Frau ein ganz anderes Verhältnis. Da ist dann viel mehr Vertrautheit, und man kennt sich besser, weil es halt zwei Frauen sind... Wir Lesben haben die Möglichkeit, unsere Rollen so zu wählen, wie wir es für uns persönlich richtig finden, und diese Rollen dann auch nicht einfahren zu lassen. Wenn ich SM mache, dann sage ich nicht: «Ich bin S und mache nur S» oder «Ich bin M und mache nur M», sondern ich lebe wirklich das ganze Spektrum durch.
(27, SM, LESBISCH)

VANNA: Der Unterschied von Lesben *[zu Heteras, d. A.]* ist, daß sie nicht von vornherein auf eine Rolle festgelegt sind... Da ist nicht diese Mann-Frau-Geschichte, mit allem, was gesellschaftlich dazugehört. **(22, SM, LESBISCH)**

VERONIKA: Du hast bei lesbischem SM nicht von vornherein diese gedachte Rollenfestschreibung. Die Männer- und Frauenrolle kann ziemlich leicht zu einer Rolle in einer SM-Inszenierung werden. Damit komme ich relativ schlecht klar. Beim SM-Sex, wenn beides Frauen sind, kannst du diese Rollen erst mal selber ausprobieren, sie sind nicht von vornherein festgelegt. **(26, SM, LESBISCH)**

Dieser Gleichheitsanspruch in den Partnerschaftsrollen geht über den alltäglichen Umgang miteinander hinaus und bezieht, ganz selbstverständlich, die Sexualität mit ein. Beide Rollen, sowohl die aktive wie die passive, sind mit – aus dem heterosexuellen Umfeld kommenden – Klischees behaftet. Sich der einen oder anderen Rolle hinzugeben bedeutet, sich auf eine Auseinandersetzung mit den ihr zugewiesenen Attributen einzulassen. Die passive Rolle ist im Feminismus verpönt, weil Frauen nicht passiv sein sollen. Damit werden Unterordnung und Gehorsam verbunden. Beide Begriffe haben in der feministisch orientierten Lebenswelt keinen Platz. Die aktive Seite wird dagegen mit männlicher Aggressivität und Gewalt assoziiert und ebenfalls abgelehnt. Die SM-Lesbe muß hier mit ambivalenten Gefühlen leben, weil ihre sexuellen Bedürfnisse nicht mit feministischen Normen vereinbar scheinen:

LINA: Als ich das erste Mal eine Frau getopt habe, ging es mir hinterher ganz komisch. Ich habe meinen Körper nicht mehr gefühlt, überhaupt keine Gefühle gehabt, nichts. Ich kam mir vor wie ein Zombie oder wie von einem anderen Planeten. Und es kam einfach Zeug hoch wie: «Ich darf nicht schlagen, ich darf nicht zornig sein, ich darf keine Macht haben.» Als Kind wurde mir immer gesagt: «Du bist so brutal und jähzornig wie dein Vater.» Und das durfte ich nicht sein, das wollte ich auf keinen Fall, weil ich gesehen habe, was er damit anrichtet. Ich mußte eine Trennwand zwischen das schieben, was ich gemacht hatte. Dabei habe ich dann natürlich nichts empfunden. Mit der Zeit hat sich das aber aufgelöst. Ich habe dann nachher mit den

Frauen darüber gesprochen, mit denen ich es gemacht hatte. Jetzt habe ich mit der S-Rolle keine Probleme mehr... Ich habe mir eingestanden: «Du hast Lust sadistisch zu sein, du hast Lust zu schlagen, es macht dir Spaß. Du hast Lust diese Machtposition zu haben.» Okay, dann stehe ich dazu. Ich habe das jetzt integriert. (33, SM, LESBISCH)

BARBARA: Also ich glaube, daß Lesben einfach auch deshalb Schwierigkeiten mit der M-Rolle haben, weil sie ein vorgefertigtes Frauenbild im Kopf haben, so nach dem Motto: Ich Lesbe muß eben meine Frau stehen.

SIGRID: Genau das meine ich auch. Als Lesbe gehst du ständig gegen Männer, Macker, bestehende Strukturen an. Du bewegst dich außerhalb dessen, was normal ist. Du hast ständig an dich selbst und vor deiner lesbischen Umwelt den Anspruch, du mußt nun extra stark, extra gut sein, so eine Art Profilneurose. Und insofern fällt es schon schwer zu sagen: Ich bin passiv, ich will nehmen. Wobei sich das Ganze wiederum sprichwörtlich in den Schwanz beißt, weil die Frauen, die passiv sind, eh die Macht haben... Auch bei mir hat es lange gedauert, bis ich mich getraut habe, eine andere Rolle als die aktive zu übernehmen. (BARBARA, 31, SM; SIGRID, 29, SM, BEIDE LESBISCH)

Das beschriebene Spannungsverhältnis könnte der Grund dafür sein, daß die interviewten SM-Lesben sich nicht auf eine Rolle festlegen möchten. Sie übernehmen abwechselnd die aktive und die passive Rolle. Der Wechsel kann sowohl innerhalb der sexuellen Interaktion wie auch nach jeder Zusammenkunft stattfinden oder von Partnerin zu Partnerin variieren. Wir konnten nur zwei Frauen befragen, die sich ausschließlich für die S-Rolle entschieden hatten. In Gesprächen wurden wir zwar mehrmals darauf hingewiesen, daß es auch Masochistinnen unter Lesben gibt, aber keine der Befragten bekannte sich im Interview ausschließlich zu dieser Rolle. Dieses Phänomen ist typisch für die gesamte lesbische Subkultur. Von den in einer amerikanischen Studie befragten Frauen gaben 91 Prozent an, die aktive Rolle, und 96 Prozent, die passive Rolle zu übernehmen, was auf eine hohe Rate an *Duals* schließen läßt.[193] SM-Lesben verhalten sich hier in gewisser Weise konform zur lesbischen Subkultur insgesamt.

Abschließend ist zu konstatieren, daß SM-Lesben ihre Position in der Mutterszene als problematisch und schwierig beurteilen. Einerseits erwarten sie Akzeptanz und Aufnahme, andererseits können sie sich nicht mit allen dort herrschenden Normen identifizieren. Dadurch hat sich ein Abspaltungsprozeß in Gang gesetzt. Die Suche nach neuen, unabhängigen Interaktionsformen manifestiert sich z. B. in der Art, wie Sadomasochistinnen Kontakte untereinander herstellen oder ihre Sexualität und Erotik leben.

SM-Lesben lernen sich kennen

Personen, die sich subkulturell organisieren, haben bestimmte Treffpunkte. Dazu können, wie wir für Heterosexuelle und Schwule gezeigt haben, Bars, Clubs, Organisationen, aber auch Parks und Straßenecken gehören. Dieses soziale Netz entfällt fast komplett für sadomasochistische Lesben. In der Bundesrepublik Deutschland gibt es nur wenige Lokale, in denen sie sich treffen können. Es gibt auch keine Kommunikationsmedien, die zur Herstellung eines stabilen sozialen Netzes benötigt werden. Ein deutsches SM-Lesben-Magazin, welches neben literarischen Texten und z. B. Dildo-Bastelkursen auch eine Kontaktseite beinhaltete, hat sein Erscheinen nach einigen Ausgaben wieder eingestellt. Die wenigen SM-Lesben, die versuchten über andere Hefte wie z. B. Stadtmagazine zu inserieren, haben damit eher negative Erfahrungen gemacht. Wenn alle für eine Subkultur typischen Zugangsformen und Kommunikationsmittel nicht genutzt werden oder nicht existent sind, stellt sich die Frage, wie SM-Lesben sich überhaupt kennenlernen können. Die meisten der Frauen bezeichnen es folglich als sehr schwierig, Gleichgesinnte zu finden. Für Fremde, die sich der Szene annähern wollen, bedeutet dies, sich zunächst einmal durchfragen zu müssen, um zu erfahren, wo SM-Lesben sich aufhalten und begegnen:

BRIGITTE: Es ist schwierig, SM-Partnerinnen kennenzulernen, weil es hier keinen Treffpunkt gibt, von dem ich weiß: Da kann ich hingehen, da treffe ich auch andere SM-Frauen . . . Es gibt hier nur die allgemeinen Treffpunkte für Lesben. Da ist es natürlich schon Zufall, wenn ich eine finde, die die gleichen Interessen hat . . . Es wäre sicherlich besser, einen Raum zu haben, wo SM-Frauen sich treffen könnten, und auch eine SM-Gruppe oder irgendwelche Lokalitäten, wo frau hingehen kann. Bis jetzt bin ich erst mal auf meine privaten Kontakte angewiesen. (27, SM, LESBISCH)

CHRISTINE: Treffen tust du die SM-Lesben schon vereinzelt. In der Lesbenszene ist ziemlich bekannt, welche Lesben SM-Lesben sind. Wenn du dich da mal ein bißchen durchgefragt hast, ist es kein Problem, die SM-Frauen kennenzulernen. (26, SM, LESBISCH)

Wenn die erste Begegnung mit einer anderen SM-Lesbe stattgefunden hat, ist der Einstieg in die Szene kein Problem mehr. Dies ist darauf zurückzuführen, daß SM-Lesben vor allem über private Kontakte organisiert sind. Sie reichen ihre Adressen untereinander weiter. In der Regel ist es so, daß Szene-Insiderinnen von Novizinnen angerufen werden, die Informationen einholen und erste Begegnungen vereinbaren wollen. Auf diese Weise erweitert sich der Bekanntenkreis kontinuierlich und bleibt nicht auf regionale Räume beschränkt. Dies ist – wie bereits erwähnt – vor allem deswegen wichtig, weil die Zahl organisierter lesbischer Sadomasochistinnen relativ klein ist und sie über das Bundesgebiet verstreut leben.

Diese Art der privaten Kontaktanbahnung wurde in einigen Großstädten bereits als festes Angebot eingerichtet. Hier gibt es Verteilerzentralen, die Adressen von SM-Lesben sammeln. Anläßlich eines SM-Lesben-Treffens im Oktober 1991 wurde beschlossen, solche Zentralen in weiteren Städten einzurichten. Wer andere SM-Lesben kennenlernen möchte, kann über die Kontaktstellen Adressen erhalten. Die Listen umfassen die Namen von Frauen aus verschiedenen Städten. Die Verteilerstellen haben neben der Kontaktstiftung auch die Aufgabe, Nachrichten und Informationen weiterzuleiten. Wer ein Fest feiern will oder sonstige Veranstaltungen organisiert, läßt die Meldung über die Verteiler-Frauen verbreiten und kann somit sicher sein, möglichst viele Sadomasochistinnen zu erreichen. Diese Form der Informationsvermittlung wirft die Frage des Datenschutzes auf. Das Thema wird bei SM-Lesben kontrovers diskutiert. Einige haben Angst, ihre Adressen könnten in falsche Hände geraten, und lassen sich aus diesem Grund wieder aus den Listen streichen. Andere hingegen sind froh, dadurch mit vielen Gleichgesinnten kommunizieren

zu können. Demgegenüber spielt für sie die Angst vor Datenmiß-
brauch eine untergeordnete Rolle.

SM-Lesben leben nicht überall so zurückgezogen wie in der Bundesrepublik. In anderen Ländern wird weniger Wert auf Anonymität
gelegt. Daher gestaltet sich dort die Kontaktaufnahme und -pflege
wesentlich einfacher. Für manche Sadomasochistinnen ist dies ein Be-
weggrund, einen Ausflug ins benachbarte Ausland zu machen oder
den Urlaubsort so zu wählen, daß er sich mit sexuellen Interessen
verbinden läßt:

NATALIE: Ich war auch schon in Amerika; da ist das schon wieder
völlig anders. Dort gibt es unheimlich viele Organisationen für SM-
Lesben, eigene Zeitungen, eigene Videos, eigene Örtlichkeiten,
eigene Striptease-Lokale. Da lernt man sich auch viel einfacher kennen. (34, S, LESBISCH)

LINA: In [ausländ. Stadt] z. B., da habe ich eine Frau gesehen und
gedacht, der will ich die Schuhe lecken. Und die war natürlich auch
gerade in den Kreisen drin. Und dann ging das weiter. Durch sie habe
ich viele andere Frauen kennengelernt. Die haben dann wieder Kontakte in andere Länder gehabt... Und so geht das dann immer weiter.
Wir Lesben kennen uns so oder so international. Du lernst eine kennen und dann noch eine, und so geht das. Auch die SM-Lesben kennen sich. Zumindest so, daß du immer einen Ausgangspunkt hast, von
dem aus du andere Frauen kennenlernen kannst. (33, SM, LESBISCH)

In Ländern wie z. B. den USA, England oder den Niederlanden ist die
SM-Lesben-Szene bereits etabliert und hat ihre eigenen Lokale. Da-
durch ergeben sich dort für die Subkultur-Teilnehmerinnen viele
Möglichkeiten des Kennenlernens.

Sexualität und Erotik

Bereits durch äußere Merkmale zeigen SM-Lesben, daß ihre Vorstellungen von Erotik von denen anderer Lesben abweichen, schon durch
ihr Erscheinen passen sie nicht in die klassische Lesben-Norm. Mit dem
von ihnen gewählten Kleidungsstil (dazu gehören auch kurze Röcke,

High-Heels und Strapse) sind sie nicht mehr auf den ersten Blick als Teilnehmerinnen der normalen lesbischen Subkultur erkennbar, in der Frauen solche Kleidung nicht tragen. E. Klapheck und S. Ulrich beschreiben die allgemein verbreitete Kleiderordnung am Beispiel der Berliner Lesbenszene: «Das überwiegend gleiche Erscheinungsbild der Frauen, die an einem Samstag abend in die Schöneberger Cafébar ‹Dinelo› oder in die Charlottenburger Diskothek ‹Lipstick› ausgehen, ist verblüffend. Vorherrschend ist der bekannte burschikose Kurzhaarschnitt – sowohl bei den 30- bis 50jährigen, die im ‹Dinelo› sitzen, als auch bei den Jüngeren, die um die leere Tanzfläche herum im ‹Lipstick› stehen. Die Bekleidung ist allgemein dunkel – gerade geschnittene Hosen, hoch zugeknöpfte Hemden, einige schultergepolsterte Jacken, flache Schuhe. Außer ein paar Brillen und vielleicht einem Ohrring – kaum Schmuck. Nirgends betont ein Dekolleté einen Busen oder ein Gürtel die Taille.»[194] Dieser bewußt «asexuell» gehaltene Kleidungsstil findet sich in der Welt von SM-Lesben seltener. Das hat zur Folge, daß SM-Lesben öfters mit *Heteras* verwechselt und daher mit ablehnenden oder gar feindlichen Reaktionen konfrontiert werden:

BARBARA: In der Frauenszene ist es wesentlich anstrengender, in Strapsen auszugehen als in Leder… Das kann bis zu Anfeindungen gehen, nach dem Motto: «Scheiß Hetero-Tusse, raus hier.»

SIGRID: Ja, das ist Unsicherheit bei den Lesben. Unsicherheit, wie sie mit diesem Frauenbild umgehen sollen.

BARBARA: Das ist einfach ein Ausdruck von Weiblichkeit, wenn du einen Rock trägst. Und dieser Ausdruck von Weiblichkeit wird erst mal abgelehnt und gleichzeitig natürlich auch erotisierend gefunden. Das ist schon zweischneidig… Femininere Frauen werden in der Szene immer etwas diskriminiert.

ALEXANDRA: Oder auch Frauen mit langen Haaren. Manchmal wirst du aufgrund deines Aussehens oder deines Auftretens angemacht.

(BARBARA, 31, SM; SIGRID, 29, SM; ALEXANDRA, 26, SM, ALLE LESBISCH)

HEIDI: Auf bestimmte Klamotten fahre ich unheimlich ab. Ich stehe auf Schwarz. Und auch Uniformen haben eine seltsame Faszination auf mich. Ich weiß gar nicht so genau warum. Ich habe mir ein Paar

hohe Stiefel gekauft, russische Armeestiefel. Und dann habe ich auch
noch so eine Reiterhose. Ich ziehe das manchmal ganz gerne an. (26,
SM, LESBISCH)

NATALIE: Mich sprechen Klamotten unheimlich an. Die Erotik und
die Anziehung beginnen für mich mit der Kleidung. Leder, Gummi,
körperbetonte Sachen. Schuhe – so High-Heels – können auch eine
Rolle spielen... Ich sage auch manchmal zu meiner Partnerin: «Ich
fände es schön, wenn du mal Strapse anziehst oder höhere Schuhe und
ein Mieder.» Das gehört für mich dann mit zum Spiel. (34, S, LES-
BISCH)

Sadomasochistische Lesben bevorzugen ein auffälliges und aufwendi-
ges Outfit. Dabei wird nicht nur Wert auf bestimmte Materialien gelegt, auch die Accessoires müssen passen. Leder, Lack und Uniform
sind selbstverständlich, um erotische Situationen auszukleiden.
Strapse, Mieder und andere Dessous avancieren zum Beiwerk. Beobachtungen auf einem SM-Lesben-Treffen haben diesen Trend bestätigt. Das Bild, das sich bot, war sehr bunt. Frauen in Jeans neben
solchen in Leder oder Uniform, und auch der Latex-Rock war mit im
Gepäck. Einige schmückten sich mit Halsketten, Finger-, Nasen- und
Ohrringen. Dazu durften natürlich auch der rote Mund, die Wimpern-
tusche und die schwarzlackierten Fingernägel nicht fehlen. Die sadomasochistische Erotik lebt von diesen äußeren Merkmalen. Das Outfit
wird zum Signal, mit dem auch SM-Lesben sich in Szene setzen und ihre
Attraktivität auf dem Partnerinnenmarkt steigern. Nicht nur äußere
Merkmale unterscheiden lesbische Sadomasochistinnen von anderen
Lesben, sondern auch der Gebrauch von sexuellen Hilfsmitteln:

NATALIE: Dildos benutzen fast alle, die ich kenne. Ich finde, wenn es
Spaß macht, solche Gegenstände einzuführen, also gutgemachte Dildos zum Beispiel, dann ist das in Ordnung... Ein Dildo muß ja nicht
gleich wie ein Pimmel aussehen... Ich finde es einfach geil, einen
Dildo zu benutzen. Ich kann aber genauso meine Hand zum Vögeln
benutzen... Nur mit dem Dildo, das ist eben ein anderes Gefühl.
(34, S, LESBISCH)

CARMEN: Ich habe am Anfang solche Probleme gehabt, mit dem
Dildo umzugehen. Erst mal greift das Heten-Vorurteil: Frauen brau-

chen natürlich einen Kunstpimmel, sonst geht das natürlich nicht. Das fand ich so ekelhaft.

BARBARA: Ich will sexuell nicht an einen Mann gebunden sein. Aber dieses Stück Männlichkeit will ich mir irgendwo nehmen können.

CARMEN: Das sollte auch nicht als ein Stück Männlichkeit gesehen werden, sondern als was anderes. **(CARMEN, 27, SM; BARBARA, 31, SM, BEIDE LESBISCH)**

Die Benutzung von Penetrationsgegenständen geht bei vielen Sadomasochistinnen mit der Suche nach neuen Namen oder Formen einher. Auf keinen Fall soll der Eindruck entstehen, es handele sich um ein *männliches Werkzeug*, oder der heterosexuelle Koitus werde imitiert. Neben Dildos finden auch sonstige Gegenstände Eingang in die lesbische SM-Sexualität. Im Gegensatz zu vielen anderen Lesben gehören Sadomasochistinnen dadurch auch zur Klientel kommerzieller Sexshops, die von einem Großteil der normalen Subkultur mit der Begründung boykottiert werden, das Warenangebot diene eher zur Degradierung der Frau als zu ihrer sexuellen Befriedigung. SM-Lesben sehen dies in einigen Aspekten anders:

NATALIE: Zu SM zu stehen und es erst mal zu praktizieren ist gar nicht so einfach. Die Neugier ist sicherlich bei vielen da, würde ich sagen. Aber sich das dann auch selbst zuzugestehen und zu sagen: «Also okay, ich gehe jetzt mal in einen Sexladen und kaufe mir eine Peitsche», dazu mußt du schon Mut haben. Da gehst du besser nicht alleine, da muß dann jemand mitkommen. Das war für mich auch schwierig, in einen Laden zu gehen und zu sagen: «Ich will einen Dildo.» **(34, S, LESBISCH)**

CARMEN: Teils mache ich meine Dildos selber, teils kaufe ich sie; wenn irgend möglich, in frauenbezogenen Sexshops. Wenn alle Stricke reißen, gehe ich auch in normale Sexshops. Nur ist das Angebot da so stark auf Männer ausgerichtet, daß ich das als SM-Lesbe nicht sehr anmachend finde. **(27, SM, LESBISCH)**

Ein weiteres wichtiges Thema für SM-Lesben ist anonymer Sex. Die Meinungen hierzu reichen von «unheimlich aufregend» bis zu «kommt für mich nicht in Frage». Bei den interviewten Frauen wird jedoch deutlich, daß anonymer Sex nicht denselben Stellenwert hat, wie z. B. in der schwulen Subkultur:[195]

VERONIKA: Dieser anonyme Sex ist was, was ich sehr spannend finde, aber ich bin derzeit dazu nicht in der Lage. Ich denke: «Du mußt irgendwann mal damit anfangen», aber das ist so ein Sprung über den Schatten, der in Lesbenkreisen sehr, sehr schwer ist. Andererseits ist es reizvoll. Es wäre toll, wenn es unter Lesben auch so ginge, daß man sich irgendwo trifft und rummacht. Und hinterher gehst du deiner Wege, alles ist vergessen, und alle hatten einen schönen Abend. **(26, SM, LESBISCH)**

BARBARA: Ich finde die Idee, mit einer Unbekannten Sex zu haben, sehr spannend. Ich denke, daß es so selten passiert, hat viel damit zu tun, daß frau sich nicht traut. Ich glaube schon, daß Phantasien da sind. **(31, SM, LESBISCH)**

Innerhalb der Szene wird die Gelegenheit zu einer schnellen anonymen Nummer nur in Ausnahmefällen genutzt. Zwar zeigen sich die Frauen generell interessiert daran, die Orte für anonymen Sex aufzusuchen, aber die Motivation ist eher Neugier als das Auslebenwollen von Sexualität. Frauen wollen wissen, was dort passiert. Aber nicht immer haben sie den Mut, aktiv zu werden. So endete das erste SM-Lesben-Treffen in einer Großstadt damit, daß ein «phantasievoll eingerichteter Darkroom gähnend leer» blieb. Als dasselbe Fest ein Jahr später wiederholt wurde, waren sich die Frauen schon nähergekommen und nutzten den Raum für Sexspiele in der Gruppe. Allerdings ist für die befragten SM-Lesben ein Vertrauensverhältnis unerläßlich, um an solchen Orten «zur Sache zu kommen». Hier geht es folglich weniger um Anonymität als um die Öffentlichmachung und Zurschaustellung sexueller Handlungen für einen bekannten und begrenzten Personenkreis. Dieser voyeuristische Aspekt spielt eine wichtige Rolle.

Im Fazit zeigt sich, daß SM-Lesben in ihrer Sexualität neue Wege suchen. Die Ablösung von der lesbischen Szene fällt nicht leicht und ist oft mit hitzigen Diskussionen und Rechtfertigungen verbunden. Dabei ist der Rückhalt, den sich die Sadomasochistinnen geben, wichtig, um innerhalb und auch außerhalb der Szene sicher auftreten zu können. Selbstsicherheit ist jedoch nicht von Anfang an gegeben, sie muß erworben werden. Wie sie sich bei lesbischen und schwulen Sadomasochisten entwickelt, ist Thema des nächsten Abschnitts.

Coming Out als konfliktreicher Prozeß der Selbstfindung

Die Erkenntnis der eigenen Homosexualität ist mitunter ein langwieriger Selbstfindungsprozeß.[196] Homosexuelle Wünsche treten zuerst nur in der Phantasie auf. Das Ausleben entsprechender Kontakte erfolgt erst zu einem späteren Zeitpunkt. Im Anschluß wird in der Regel die eigene sexuelle Neigung akzeptiert. Erst wenn diese Phasen durchlebt sind, können Homosexuelle sich gegenüber anderen offenbaren. Dieser Prozeß wird üblicherweise als Coming Out bezeichnet.

Die homosexuellen Sadomasochisten sind von diesem Prozeß in zweifacher Weise betroffen. Zum einen erleben sie ihn, wenn die homosexuelle Neigung erkannt wird, zum anderen bei der sadomasochistischen Spezialisierung. Die Reihenfolgen sind unterschiedlich. Manche erleben zuerst das homosexuelle und dann das sadomasochistische Coming Out, bei anderen läuft es umgekehrt, und wiederum bei anderen finden beide Prozesse gleichzeitig statt.

Coming Out ist eine Entwicklung, die häufig mit Konflikten verbunden ist. Einerseits gibt es intraindividuelle Konflikte, in denen die Person sich selbst gegenüber eingestehen muß, eine andere Sexualität als die Mehrheit zu haben. Andererseits erleben es Personen mit abweichender Sexualität immer wieder, daß besonders das Heraustreten in eine wie auch immer geartete Öffentlichkeit zu Konflikten und Diskriminierungen führt.

▼
▼ Intraindividuelle Konflikte

▼ Jeder einzelne erlebt die Coming Out-Phase anders. Einige beschreiben dies als eine sehr schwierige Zeit. Trotz unterschiedlicher Intensität ist die Art der Konflikte, die die einzelnen Personen durchleben – so M. Siems –, ähnlich: «Die erste Stufe des Comingout ist für viele Menschen ein schwieriger und schmerzhafter Prozeß, weil sie an sich selber Eigenschaften wahrnehmen und zulassen lernen, die mit ihrem idealen Selbstbild nicht übereinstimmen. Sie müssen Schattenseiten ihres Selbst integrieren und dann auch noch die Kraft aufbringen, in sozialen Situationen zu den eigenen Gefühlen zu stehen, auch wenn diese nicht anerkannt oder auch nur toleriert werden.»[197]

Wir wollen an einem exemplarischen Beispiel aufzeigen, welchen intraindividuellen Konflikten sich eine Person ausgesetzt sieht, wenn sie feststellt, daß ihre Sexualität in doppelter Hinsicht von der Mehrheit abweicht: Die Entwicklung von den ersten Anzeichen, die auf eine homosexuelle und/oder sadomasochistische Identität schließen lassen, bis zum Ausleben dieser Sexualitäten geht mit Selbstzweifeln und Identitätskrisen einher. Beispielhaft dafür stehen die anschließenden Ausschnitte aus den Briefen eines homosexuellen Sadomasochisten (Maximilian):

▼ 1. Lieber Volker!
…Seit Wochen wollte ich Dich nach Deiner Adresse fragen, habe mich aber nie getraut, da Du «der Volker» bist, engagiert, selbstsicher, selbstbewußt und erst an letzter Stelle schwul. Diese Kategorisierung meinerseits hat so eine Art Hemmschwelle aufgebaut, die ich nie zu durchbrechen wagte. Warum ich es jetzt tue? Weil ich mit einem «Schicksal» zu leben habe, mit dem ich nicht zurechtkomme. Um die Katze mal aus dem Sack zu lassen: Ich bin Masochist; für Dich wahrscheinlich nichts Schlimmes, ist es vielleicht auch nicht, aber für einen, der aus ländlicher Umgebung kommt, ist es recht schwierig. Man kann mit keinem darüber reden, genausowenig wie über meine Homosexualität… Mit 18 habe ich dann ein Domina-Magazin gekauft, wo Männer gequält wurden, das reizte mich aber auch nur bis zu einem bestimmten Punkt. Meine Homosexualität war da wohl ein Hindernis. Als ich diese endlich voriges Jahr akzeptierte, kaufte ich mir in *[Stadt] Mr. SM.* Als ich mir daraufhin «einen runtergeholt» hatte, kam ich mir dreckig und fies vor. Trotzdem wußte ich, daß ich mich davon nie mehr lösen konnte. Diese Tatsache macht mich fertig.

2. Lieber Volker!
Der erste Eindruck von Dir hat auch eine erste Scheu genommen. Die zweite Scheu war die, über Masochismus zu reden, weil es einfach ein Tabu für mich war (in der Öffentlichkeit). Dieses Gespräch hat die zweite Scheu genommen und vor allem die Tatsache, daß Du sehr ehrlich und offen mit mir gequatscht hast. Die dritte Scheu war: Wie ist Volker so als Mensch, das heißt, wie ist

er, wenn er mal ganz privat mit einem zusammen ist?... Als ich Dich zum allerersten Mal gesehen habe, wirktest Du sehr anziehend und sympathisch auf mich, vielleicht am sympathischsten von allen Jungen in der Gruppe. Nun, dieser Eindruck hat sich tatsächlich bestätigt. Ich finde Dich wahnsinnig nett. Das Ganze klingt sehr wie eine Liebeserklärung, und ich weiß gar nicht, ob ich das überhaupt wollte...

3. Lieber Volker!
Betrachte dies als Abschiedsbrief! Ich kann und will nicht, daß ich an einem Doppelleben kaputtgehe. Ich habe mich für *[Dorf]* entschieden, da dies ein Umfeld darstellt, aus dem ich nicht raus kann. Sex ist nicht das entscheidende. Ich habe Dich sehr lieb, aber in erster Linie liebe ich mich, und selbst wenn ich noch nicht mit mir zufrieden bin, so bin ich doch irgendwo glücklich. Vielleicht komme ich noch mal nach *[Stadt]* ins Zentrum, aber vorerst muß ich hier zurechtkommen. Ich habe Dir viel zu verdanken, aber es kam alles zu früh.

4. Lieber Volker!
Mein letzter Brief war kurz gefaßt und eine Kurzschlußhandlung in vielerlei Hinsicht... Ich bin auf einen Zug gesprungen, den ich nie kontrollieren konnte, weil ich nicht wußte, wohin er geht. Ich habe mich gefragt: Maximilian, was machst du da eigentlich? Und ich bin auf viele Antworten gestoßen. Die Frage nach dem Sinn des Lebens spielte immer eine Rolle. Ist Leben nur Sex, nur Vergnügen, nur ein Trachten nach Befriedigungen? Wie sieht ein Leben aus, in dem das «Abnormale» «normal» wird? Was geschieht mit all den Werten, die ich irgendwo mal aufgebaut habe und die ich als richtig empfinde? Alles muß ich umschmeißen, damit ich nicht untergehe... Schwulsein ist so schwer, verdammt schwer für einen, der nicht viel über sich weiß, außer seinen sexuellen Betrachtungsweisen. ▲

Hier wird deutlich, welche psychischen Konflikte mit der sexuellen Orientierung verbunden sein können. Die erste Phase der Annäherung an den gleichgeschlechtlichen Sadomasochismus erfolgt bei vielen Homosexuellen – so auch bei Maximilian – oftmals über die Suche nach Informationen zu dem Thema. Szene-Zeitschriften, wissenschaftliche Literatur oder manchmal auch pornographische Materialien werden zu wichtigen Quellen. In der Regel geschieht dies heimlich. Eine öffentliche Thematisierung erfolgt nicht. Die Empfindungen dabei werden noch als unbewußt und diffus erlebt. Zu dem Zeitpunkt können die betroffenen Personen meist noch nicht erklären, wieso sie auf der Suche nach jeglicher Art von Informationen über eine andere Sexualität sind.

Erst in einem zweiten Schritt erfolgt die Bewußtwerdung und Benennung der sexuellen Vorlieben. An diesem Punkt kann aber noch nicht von einer Akzeptanz der Homosexualität und/oder des Sadomasochismus gesprochen werden, im Gegenteil, es bestehen kognitive Dissonanzen. So schwankt auch Maximilian ständig zwischen einem zaghaften Zulassen seiner sexuellen Präferenzen und ihrer Ablehnung. Einen etwas sichereren Umgang mit seiner Sexualität findet er zunächst nur, wenn er auf andere Personen mit gleichen Vorlieben trifft. Daher auch zu Beginn sein Hilferuf an Volker, der in seinen Augen zu einem Vorbild wird. In der Begegnung mit ihm versucht Maximilian seine Ängste zu überwinden. Dies gelingt jedoch nur für die kurzen Momente des Zusammentreffens. Anschließend, allein mit sich, kommen Zweifel an dieser Art zu leben auf. Diese verdoppeln sich dadurch, daß Maximilian sein Schwulsein zu diesem Zeitpunkt nicht offen und selbstbewußt lebt (nur bei Besuchen in der Subkultur der benachbarten Großstadt) und sich gleichzeitig bereits mit einer zweiten *Perversion* konfrontiert sieht. Daher auch zunächst der Rückzug von Volker, der die Coming Out-Probleme längst hinter sich gelassen hat und es normal findet, ein «schwuler Maso» zu sein. Maximilian befindet sich noch in der Phase, in der er Schwierigkeiten hat, sich selbst einzugestehen, was und wie er ist, obwohl er bereits ganz bewußt die Nähe zu Gleichgesinnten sucht. Bis zu diesem Zeitpunkt ist er gezwungen, ein Doppelleben zu führen, das von Selbstzweifeln und Selbstverleugnungen geprägt ist.

▼
▼ **Interindividuelle Konflikte**
▼ Ist die Phase der Selbstthematisierung in bezug auf die sexuelle Identität überwunden, finden die meisten Sadomasochisten den Mut, ihre sexuellen Präferenzen auch in der Szene oder gar in der Öffentlichkeit zu zeigen. Daraus resultiert die nächste Konfliktebene. Au-

ßenstehende nehmen die Homosexualität oft als Abweichung wahr, die nicht immer ihre Zustimmung findet. Für die Betroffenen bestehen daher Unsicherheiten darüber, bei wem sie zugeben können, homosexuell und/oder sadomasochistisch zu sein. Daher muß zwischen verschiedenen Graden der Öffentlichmachung, die je nach Person variieren, unterschieden werden.

Die meisten Menschen mit abweichendem Sexualverhalten suchen zuerst den Kontakt zu Gleichgesinnten, zur Subkultur, wobei auch der Zugang zur Szene ein Schritt ist, bei dem Hemmungen überwunden werden müssen. Die Szene dient zunächst als Zufluchtsort. Hier lassen sich erste Informationen austauschen und Erfahrungen sammeln, ohne diskriminiert zu werden. Eine Ausnahme bilden die SM-Lesben. Sie müssen sich, wie bereits erwähnt, auch innerhalb der lesbischen Subkultur gegen Anfeindungen wehren und finden nur wenig Rückhalt:

ALEXANDRA: Ich trage keinen rosa Winkel um den Hals, aber ich mache keinen Hehl daraus, daß ich lesbisch bin. Und daß ich zur SM-Szene gehöre, das sieht, wer es sehen will, an meiner Kleidung. (26, M, LESBISCH)

HERMANN: Dadurch, daß ich mich immer nur in der Szene bewegt habe und nicht an die Öffentlichkeit gegangen bin, hatte ich keine Schwierigkeiten mit anderen Leuten. (66, SM, SCHWUL)

OLIVER: Ich trete in der Öffentlichkeit nicht schwul auf, werde es auch nie tun. Im Tuntenladen, Schwulenladen ja. Da gebe ich mich so, wie ich bin. (29, SM, SCHWUL)

Wie aus den Interviews hervorgeht, begrenzen einige der Befragten den Personenkreis, dem sie sich offenbaren, auf die homosexuell-sadomasochistische Szene. Hierbei ist allerdings zwischen dem homosexuellen und dem sadomasochistischen Coming Out zu unterscheiden. Vielen fällt es leichter, ihre homoerotischen Neigungen in ihrer Bekanntschaft zu thematisieren, als ihre sadomasochistischen. Neben Gleichgesinnten offenbaren sich die meisten in einem nächsten Schritt engeren Bekannten oder der Familie. Da sie diese Menschen schon länger kennen, hoffen sie bei ihnen auf Verständnis zu stoßen.

THOMAS: Normalerweise erzähle ich das niemandem, weil das keinen etwas angeht. Nur meinen intimsten Freunden. Ich behaupte, daß viele Leute das nicht einschätzen können oder mich dann in eine Ecke stellen, in die ich nicht gehöre. Ich habe kein Bedürfnis irgendwelche größeren Erklärungen abzugeben, warum ich nun darauf stehe, irgend jemanden zu schlagen. Ich möchte das nicht erklären müssen. (29, SM, SCHWUL)

NATALIE: Natürlich gab es auch Probleme und Diskussionen mit meiner Mutter oder mit meinen Verwandten. Die haben mich ständig gefragt: «Hast du noch keinen Freund?» Ich habe mit meiner Mutter immer nur andeutungsweise, aber nie richtig darüber geredet. Die weiß das zwar, aber sie will nichts davon wissen. Als ich dann offiziell mit der Frau zusammengezogen bin, hat meine Mutter mich einmal besucht und gefragt: «Ja, wo schläft denn Maria, und wo schläfst du?» Und dann habe ich ihr ein Schlafzimmer gezeigt. Danach ist sie nie mehr in diese WG gekommen... Das hat damals zwischen uns einen ziemlichen Bruch gegeben. (34, S, LESBISCH)

Die ersten Schritte über die Subkultur hinaus erfolgen in der Regel sehr vorsichtig. Es wird genau abgewogen, mit wem man sich austauscht, wobei sich Auseinandersetzungen nicht immer vermeiden lassen. Besonders dort, wo keine direkten persönlichen Beziehungen herrschen, sind Sadomasochisten mißtrauisch. In öffentlichen Situationen, wo eher äußere Merkmale und Rollen als emotionale Bindungen im Vordergrund stehen, ist das Heraustreten aus der Isolation möglicherweise mit Sanktionen verbunden, die besonders den beruflichen oder schulischen Werdegang beeinträchtigen können. Daher erfolgt hier ein erneutes Abwägen, jedoch nicht bei allen Befragten.

Ähnlich wie bei Heterosexuellen geht nur eine kleine Gruppe von homosexuellen Sadomasochisten das Risiko ein, sich offen und umfassend zu ihrer Sexualität zu bekennen. In Situationen, in denen es sich ergibt, wird mit Fremden darüber gesprochen.

Fazit: Es gibt sowohl unterschiedliche Zugangsformen zum homosexuellen Sadomasochismus wie auch unterschiedliche Arten der mit dem Coming Out einhergehenden Konfliktbewältigung. Gerade homosexuelle Sadomasochisten haben viele Schwierigkeiten zu überwinden, da sie mit diesen auf zwei verschiedenen Ebenen konfrontiert werden. Auch wenn homosexuelles und sadomasochistisches Coming Out zu unterschiedlichen Zeitpunkten stattfinden, führen die im ersten Prozeß gelernten Konfliktbewältigungsstrategien nicht notwendigerweise zu einem besseren Umgang mit Problemen im zweiten Prozeß. Das Beispiel Maximilian zeigt, daß eine weitere Abweichung mitunter sogar noch als schlimmer empfunden wird.

Diskriminierung endet nicht am Tor der *Sub*. Insbesondere SM-Lesben werden massiv von den Frauen diskriminiert, die ihre sexuellen Vorlieben im Einklang mit feministischen Prinzipien sehen und von diesen aus andere Vorlieben verurteilen. In der schwulen *Sub* handelt es sich eher um wechselseitige Distinktionen: *Ledermänner* nehmen *Tunten* nicht für voll und umgekehrt. Die enge Verknüpfung von eigener sexueller Orientierung und Werturteilen ist also nicht allein Kennzeichen der Normalbevölkerung, die Homosexuelle oft nur über Kriminalität oder Krankheit in ihr Weltbild einordnen kann, sondern setzt sich innerhalb der Subkulturen fort. Diskriminierung entspringt in der Entstehung, so gesehen, weniger ökonomischen oder politischen Interessen als vielmehr der normativen Hypostasierung der eigenen Gefühlswelt.

SM – Eine Karriere zum Außenseiter?

H. S. Becker, einem Vertreter des «Labeling-Ansatzes» zufolge, schaffen gesellschaftliche Gruppen abweichendes Verhalten dadurch, «daß sie Regeln aufstellen, deren Verletzung abweichendes Verhalten konstituiert, und daß sie diese Regeln auf bestimmte Menschen anwenden, die sie zu Außenseitern abstempeln. Von diesem Standpunkt aus ist abweichendes Verhalten keine Qualität der Handlung, die eine Person begeht, sondern vielmehr eine Konsequenz der Anwendung von Regeln durch andere und der Sanktionen gegenüber einem ‹Missetäter›. Der Mensch mit abweichendem Verhalten ist ein Mensch, auf den diese Bezeichnung erfolgreich angewandt worden ist; abweichendes Verhalten ist Verhalten, das Menschen so bezeichnen.»[198] Diese These soll aber keineswegs besagen, daß «Räuber andere Leute einfach nur deswegen überfallen, weil irgend jemand sie als Räuber bezeichnet hat, oder daß alles, was ein Homosexueller tut, aus der Tatsache resultiert, daß ihn jemand homosexuell genannt hat.»[199] Vielmehr geht dem Etikettierungsprozeß eine «primäre Devianz» voran. Deren Ursachen werden von den Labeling-Theoretikern entsprechend ihrem nicht-ätiologischen Forschungsverständnis zwar eingeräumt, aber nicht thematisiert. Sie untersuchen die «sekundäre Devianz», die infolge einer abweichenden Handlung und deren Etikettierung als solche aufgebaut wird und ein komplexes, wechselseitiges Gefüge von Zuschreibungen der anderen und Handlungsmöglichkeiten des Individuums bildet.

Empirisch untersucht hat Becker diese Thesen am Beispiel von Marihuana-Rauchern und Tanzmusikern. Dabei konnte er zeigen, daß abweichendes Verhalten immer ein prozessuales Geschehen ist, für das er den Begriff der «Karriere» verwendet: «Der Begriff schließt die Vorstellung von ‹Laufbahn-Bedingungen› ein, von Faktoren also, welche die Bewegung von einer Position zur anderen bedingen. Laufbahn-Bedingungen sind sowohl objektive Fakten der Sozialstruktur wie auch Änderungen der Einstellung, Motivationen und Wünsche des Individuums.»[200] Im einzelnen hat Becker in seinem Karrieremodell vier Phasen unterschieden:

1. «Der erste Schritt bei den meisten abweichenden Laufbahnen ist das Begehen einer nonkonformen Handlung, einer Handlung, die gegen einen besonderen Regelkatalog verstößt.»[201]

2. «Bevor der Mensch sich diesen [abweichenden, d. A.] Aktivitäten mehr oder weniger regelmäßig überläßt, hat er keine Ahnung von dem Vergnügen, das daraus für ihn entsteht; er lernt dies im Verlauf der Interaktionen mit Menschen, die im abweichenden Verhalten erfahrener sind.»[202]

3. «Einer der entscheidenden Schritte im Prozeß der Ausbildung eines festen Musters abweichenden Verhaltens ist wahrscheinlich die Erfahrung, verhaftet und öffentlich abgestempelt worden zu sein... Die wichtigste Konsequenz ist der Wandel in der öffentlichen Identität eines Individuums. Das Verüben einer unrechtmäßigen Handlung verleiht ihm einen neuen Status.»

4. «Ein letzter Schritt in der Laufbahn des Verhaltensabweichenden ist der Eintritt in eine organisierte Gruppe von Abweichenden. Wenn ein Mensch diesen endgültigen Schritt in den Kreis einer organisierten Gruppe unternimmt, oder wenn er die Tatsache, daß er ihn bereits getan hat, erkennt und akzeptiert, so ist das von mächtiger Auswirkung auf seine Selbstauffassung.»[203]

Der Sadomasochismus ist – das hat die bisherige Analyse verdeutlicht – eine Inszenierungsform von Erotik und Sexualität, die von der normalen Sexualität in zum Teil drastischer Art und Weise abweicht. Erfahrungen mit der Abweichung und den gesellschaftlichen Reaktionen darauf haben alle Sadomasochisten gemacht oder imaginativ vorweggenommen. Gleichzeitig haben manche Sadomasochisten gelernt, mit der devianten Leidenschaft umzugehen und ihre Leidenschaft (trotzdem) zu kultivieren. Dieser Prozeß läßt sich analog zum Beckerschen Modell als Karriere begreifen. Allerdings weicht die SM-Karriere in einigen Punkten von obengenannter Sequenz ab.

▼

▼ Stufe 1 : Die Entdeckung der sadomasochistischen Neigung

▼ Der erste Schritt in einer SM-Karriere ist der Zeitpunkt, an dem die Betroffenen ihre sadomasochistische Orientierung erkennen. Dazu gibt es unterschiedliche Anlässe und Auslöser. Medien, die Suche nach einer reichhaltigeren Erotik, persönliche Beziehungen oder bestimmte Kindheitserlebnisse werden von den Befragten als Berührungspunkte genannt. Die Zugänge zum Sadomasochismus gestalten sich also unterschiedlich. Die Entdeckung des «SM-Schicksals» ist allerdings noch nicht gleichbedeutend mit den ersten «praktischen» Schritten. Oft handelt es sich dabei um ein Ausleben in der Phantasie. Schon die bloßen Imaginationen lösen bei vielen Personen Schuld- und Minderwertigkeitsgefühle aus, so daß Probleme mit der eigenen Identität in dieser Phase typisch sind. Manche Sadomasochisten verbleiben auf dieser Stufe und wagen den Schritt zur Realisierung ihrer Vorstellungen nicht. Solche Personen haben in der vorliegenden Untersuchung allerdings keine Rolle gespielt.

▼

▼ Stufe 2 : Das Ausleben und die Verfestigung des SM-Verhaltens

▼ Das Praktizieren des Sadomasochismus ist in der Regel an den Aufbau persönlicher Beziehungen geknüpft. Bei Männern sind dabei Dominas des öfteren erste Station. Diese abweichende Handlung ist keine Konsequenz eines Labeling-Akts, sondern eher vergleichbar der «primären Devianz», die einer möglichen Etikettierung vorausgeht. Sie resultiert aus emotionalen oder triebdynamischen Ursachen. Wie schon die Phantasien, sind auch die ersten Auslebensversuche oft mit negativen Selbstbewertungen verbunden, wie z. B. «Ich habe mich wie die letzte perverse Sau gefühlt». Erst wenn dauerhafte Beziehungen aufgebaut werden können, gelingt es den meisten, den Leidensdruck zu verringern und SM zu einer positiven Erfahrung auszubauen. Einigen Sadomasochisten genügt das Erreichen der zweiten Stufe. Sie kultivieren ihren SM ausschließlich in der Paarbeziehung und haben kein Interesse an weitergehenden Aktivitäten, etwa der Realisierung von SM in der Gruppe.

▼

▼ Stufe 3: Der Eintritt in die SM-Szene

▼ Hier ist zunächst festzuhalten, daß die «Szene-Chancen» für Sado-masochisten unterschiedlicher sexueller Orientierungen variieren. Schwule verfügen über ein sehr gutes Kontaktnetz, das sowohl den Zugang wie den Aufenthalt in der *Sub* zu einer beinahe alltäglichen Begebenheit werden läßt. Schwieriger ist es für SM-Lesben, bei denen es Konflikte mit der «Mutter-Szene» gibt. Sie sind deshalb im Begriff, sich eine eigene organisierte Szene aufzubauen. Bei Hetero-sexuellen gestaltet sich das Szene-Leben vorerst noch eher in kleinen Kreisen als in einer organisierten, für alle zugänglichen Subkultur. Allerdings beginnt sich dieses Bild zu ändern, denn auch hier wird mit dem Aufbau einer Szene nach schwulem Vorbild begonnen. Typisch für die Definitionspraxis innerhalb der Szenen ist die Konstitution der Abweichung als interne Normalität. Durch spezifische Semantiken und Codes sind sie nach außen so «befestigt», daß der etikettierende Zugriff nicht möglich ist. Für einen großen Szene-Teil gilt zudem, daß er die allgemeine Öffentlichkeit nicht sucht, sondern im Gegenteil eher meidet.

▼

▼ Stufe 4: Der öffentliche Sadomasochismus

▼ Nur ein kleinerer Teil der homo- und heterosexuellen Sadomaso-chisten wagt den Gang an die Öffentlichkeit. Im Unterschied zum Becker-Modell kommt es hierzu in der Regel erst dann, wenn eine umfassende Szene-Integration schon erfolgt ist. Erst auf dieser Stufe können Etikettierungsprozesse durch andere bzw. durch Kontroll-instanzen einsetzen. Durch die Ausklammerung der «Normalen» in den vorhergehenden Phasen nämlich handelt es sich bis zu diesem Punkt um eine anonyme bzw. unentdeckte Abweichung, die von anderen zumeist nur dann aufgelöst werden kann, wenn sich jemand strafbar gemacht hat.

Die Entwicklung als Sadomasochist entspricht also dem Becker-schen Modell in bezug auf die Sequentialität der Karriere. Im Unter-schied etwa zum Marihuana-Raucher haben Sadomasochisten gute Chancen, sich den Etikettierungsprozessen zu entziehen, denn letzt-lich entscheiden nur sie darüber, ob ihr Verhalten öffentlich und da-mit bekannt wird. Solange dies nicht der Fall ist, ist SM eine Abweichung, um die nur der Abweichende weiß. Gerade hier zeigt sich sehr deutlich, wie Außenseiter als solche stigmatisiert werden, wenn sie erkannt worden sind. Becker geht davon aus, daß der Akt des Bezeichnens «den Täter in Umstände versetzt, die es ihm erschweren, die normalen Gewohnheiten des täglichen Lebens fortzusetzen, und ihn zu ‹anomalen› Handlungen veranlassen»[204]. Das Devianz-Management der Sadomasochisten verhindert diese Etikettierungsform, denn allenfalls ein öffentliches Coming Out gibt den «moralischen Unternehmern» die Möglichkeit, Labeling-Akte zu initiieren. Sicher verhält es sich bei Straftätern ähnlich: Erst wenn sie «erwischt» wurden, werden sie als solche stigmatisiert. SM wird dagegen strafrechtlich kaum verfolgt, und dementsprechend sind die Chancen des einzelnen sehr gut, nicht «erwischt» zu werden. Legt er aus freien Stücken kein öffentliches «Geständnis» ab, bleibt er unentdeckt.

SM ist also – um die eingangs gestellte Frage noch einmal aufzugreifen – allenfalls aus der Perspektive der Betroffenen eine Karriere zum Außenseiter, denn nur sie wissen um die Abweichung. Weil die Szene anscheinend gute Schutzmechanismen gegen den Blick von außen aufbaut und Szenen-Symbolik und -Interaktion fast nie nach außen getragen werden, ist die SM-Karriere als solche nicht zu erkennen.

Zivilisationsprozeß, Affektkulturen und der Ethnozentrismus der Gefühle

Aggressionsaffine Affekte gehören zur Grundausstattung der Menschen. Verhaltensforscher schließen aus der Primatenforschung auf stammesgeschichtliche Anpassungsleistungen, die sie dann im Kulturvergleich aufzuspüren suchen,[205] Psychobiologen können zunehmend die hormonellen Steuerungen erschließen und die Areale des Gehirns identifizieren, in denen entsprechende Erregungszustände lokalisierbar sind.[206]

Soziologen wiederum gehen in der Tradition der philosophischen Anthropologie[207] sowie der interaktionistischen Sozialpsychologie[208] davon aus, daß der Mensch sich nicht nur zu seiner Außenwelt, sondern auch zu sich selbst verhält. Die Fähigkeit zur Reflexivität ist eine spezifische Eigenschaft des Menschen: Er «ist» nicht nur Körper, sondern er «hat» auch einen Körper. Antriebe, selbst wenn sich für sie noch distinkte Auslösereize nachweisen lassen, wie bei «Sexualität» und «Brutpflege», sind daher beeinflußbar und werden immer in irgendeiner Weise kulturell überformt. Auch untereinander verlaufen sie nicht trennscharf und können ganz unterschiedliche Amalgame eingehen. Hieraus resultiert ein größerer Handlungsspielraum, gleichzeitig fehlen aber auch spezifische, instinktgebundene Verhaltenskontrollen wie etwa angeborene Tötungshemmungen gegenüber Artgenossen. Darum spricht z. B. A. Gehlen nicht von Instinkten, sondern von «Instinktresiduen». Deshalb werden beim Menschen, Gehlen zufolge, Institutionen zur zentralen Kontrolleinrichtung. Sie entlasten den Menschen von der Regellosigkeit der Instinktentbundenheit, indem sie Verhaltens- und Lebensbereiche strukturieren sowie Erwartungssicherheit etablieren. Diese kulturelle Regelung hat aber ihre Grenzen. Die Verhaltensweisen des einzelnen werden auf diese Weise zwar in beträchtlichem Maße präformiert, gleichwohl bleibt der «Außenhalt der Institutionen» stets prekär; zum einen, weil der Mensch sich auch zu ihm verhalten und von den institutionalisierten Normen abweichen kann, zum anderen, weil die kulturelle Überformung stets auch mit Kontrolle, Zurichtung oder Verdrängung von Affekten einhergeht und daher psychische und psychosomatische Kosten verursachen kann.

Während bei «Sexualität» und «Brutpflege» sich angeborene Auslöserreize beim Menschen nachweisen (und ökonomisch nutzen) lassen, hat demgegenüber die Stimulierung über Aggression eine Sonderstellung aus mehreren Gründen: zum einen gibt es Aggression auch ohne affektive Komponente (z. B. die professionelle Routine eines Soldaten), zum anderen sind auch bei aggressionsaffinen Affekten angeborene und darum menschlich universelle Auslöserreize kaum zu identifizieren. Verhaltensforscher versuchen diese Lücke auf doppelte Weise zu überbrücken: Sie verweisen einerseits auf die Universalität von Gebärden der Drohung, der Angst und der Beschwichtigung, und sie versuchen andererseits Situationen zu katalogisieren, in denen Aggression und Aggressionskontrolle immer wieder vorkommen.[209] Hier nehmen sie Bezug auf Rangordnungskonflikte, territoriale Konflikte und sexuelle Konkurrenz, in denen aggressionsaffine Affekte typischerweise auftreten und reguliert werden müssen. Sie befinden sich damit freilich auf einer Ebene, in der nicht mehr angeborene Schemata, sondern voraussetzungsreiche und kulturell typisierte Situationen Affekte der Aggression oder Angst auslösen. Ob z. B. eine Aussage als «Beleidigung» typisiert ist und ob sie dann ein Duell unausweichlich macht, ist nur im Kontext spezifischer sozialer Organisationsformen und kultureller Traditionen zu prognostizieren.

Das Ausmaß der kulturellen Kodierung von stimulierenden sozialen Situationen darf jedoch nicht über die vorgängige körperliche Gegebenheit dieser Affekte hinwegtäuschen. Gerade weil der Mensch sich zu sich selbst verhalten kann, hat er Affekte von Angst und Aggression nie nur erlitten, sondern – wie schon die Indianer- und Marterpfahlspiele der Kinder deutlich machen – immer auch hergestellt. Kriegsgesänge und Heldenlieder haben von den Mauern Trojas bis zu den Fankurven der Fußballstadien Kampfesstimmung verbreitet, und auch Angstlust hat in Heldensagen und Gespenstergeschichten eine uralte kulturelle Tradition.

Seit Beginn der Neuzeit findet jedoch so etwas wie eine «Neuordnung der Triebe» statt. Die Kirchen Europas unternahmen großangelegte Versuche, die Kulte «dunkler» Affekte entweder zu integrieren oder auf dem Scheiterhaufen zu vernichten. Die Aufklärung versuchte anschließend, auch die kirchlichen Kulte als Aberglaube auszugrenzen. Für das Individuum bleiben die Konsequenzen die gleichen. Ihm wird die Kontrolle seiner Affekte und ein abwägendes, rationales Handeln auch im Umgang mit ihnen abverlangt. Die Bevölkerungsgruppen, denen die Zivilisierung, Kontrolle und Verdrängung dieser Affekte am besten gelingt, sind ökonomisch und schließlich auch politisch erfolgreicher als andere. Ihr Leben wird planbarer und kann dadurch besser in ein immer arbeitsteiligeres Wirtschaftssystem eingefügt werden.

Zunächst bedarf es dazu vor allem äußerer Kontrollinstanzen. So hatten das mittelalterliche System der «peinlichen Strafe» und die öffentlichen «Feste der Martern»[210] die Funktion, dem einzelnen nachdrücklich die Schrecken und Qualen zu symbolisieren, die ein Kontrollverlust und damit ein Regelverstoß mit sich bringen würden. Im Laufe des von N. Elias beschriebenen Zivilisationsprozesses sind diese drastischen äußeren Symbole der Überwachung und Kontrolle zum Teil überflüssig geworden. Die Sichtbarkeit der Fremdzwänge tritt hinter das Funktionieren der Selbstzwänge zurück. Durch die Internalisierung externer Wertmaßstäbe haben die Menschen im Laufe der Zeit gelernt, von außen an sie gestellte Regelanforderungen und Konventionen zu verinnerlichen und einzuhalten, auch ohne dauernder äußerer Kontrolle ausgesetzt zu sein. Sie können das zunehmende Gewaltmonopol des Staates nicht nur beachten, sondern auch für sich strategisch nutzen, weil sie die Fremdzwänge in Selbstzwänge überführt haben.

Dieser «Zivilisationsprozeß» bleibt freilich prekär und instabil. Am bedrohlichsten ist, daß bei der Affektkontrolle der soziale und kulturelle Status potentieller Objekte bzw. Opfer immer eine wichtige Rolle gespielt hat. Häufig beschränkt sich die Kontrolle nur auf Affekte gegenüber Menschen, die standesgemäß waren, der gleichen staatlich verfaßten Rechtsgemeinschaft angehörten oder die im vollen

Sinn als «Menschen» anerkannt waren. Bis heute erscheint jenseits dieser Grenzen oft alles erlaubt, insbesondere, wenn den Opfern vorher der volle humane Status aberkannt wird, wie es vor hundert Jahren bei der Niederschlagung der «Kaffernaufstände» oder der Hunnenrede Kaiser Wilhelms II. geschah und wie es schließlich in den Hekatomben des Holocaust perfektioniert wurde. Die Roten Khmer, die serbischen Vergewaltiger haben gerade wieder gezeigt, wozu ansonsten durchaus «zivilisierte» Menschen fähig sind, wenn sie glauben, es zu dürfen, zu sollen oder zu müssen.

Die Labilität der zivilisatorischen Selbstkontrolle hat freilich auch andere Gründe. Eskalationsmechanismen in Konflikten können zu affektiven Stimulierungen der Wut oder des Hasses führen, die externe und interne Kontrollen durchbrechen. Ebenso ist Triebunterdrückung langfristig nur schwer durchzuhalten. Obendrein verliert sie an normativer Evidenz, wenn subjektive Dispositionen ganz allgemein immer mehr als Entscheidungsgrund akzeptiert werden: von der Partnerwahl bis hin zur Bildungs- und Berufsentscheidung und nicht zuletzt bei einer ganzen Reihe von mehr oder minder trivialen Entscheidungen hinsichtlich Urlaubsreisen, Einrichtung, Kleidung etc. Vor diesem Hintergrund erscheint es zwingend, sich in der Forschung mit der sozialen Bearbeitung von Affekten zu befassen, die als destruktiv gelten und daher tabuisiert sind. Bloße Verdrängung und Tabuisierung könnte sie als unbegriffene Mächte im Rücken der Akteure wieder auferstehen lassen, auf «legitime» Opfer wartend.

Die von uns erforschten sadomasochistischen Zirkel gehen mit solchen Gefühlen um. Es handelt sich nicht nur um aggressionsaffine Affekte, sondern um eine Vielzahl von Emotionen, die wir in unserem Alltag mehr oder minder kontrollieren müssen: Wille und Willenlosigkeit, Wut und Angst, Schmerz und Ekel, Macht und Ohnmacht, Scham und Schamlosigkeit, Stolz und Demut, die alle in der Kombination mit Erotik und Sexualität provoziert werden. Diesen, zur psychophysischen Natur des Menschen gehörenden Affekten und Emotionen können wir uns in entsprechenden realen Situationen kaum entziehen, wir «erleiden» sie, wenngleich wir die aus ihnen resultierenden Handlungen prinzipiell hemmen und auswählen können.

In den SM-Zirkeln werden diese Gefühlslagen bewußt hergestellt, allerdings an die Bedingung der freiwilligen Teilnahme und der Reversibilität der Folgen geknüpft. Hier vollzieht sich ein Prozeß, den wir auch aus dem Sport kennen, in dem begrenzte Aggression durch eine vorausgehende Vereinbarung legitimiert wird: Boxen, Catchen, Karate, Ringen oder Fechten sind Sportarten, die aus bestimmten Formen alltäglicher Gewalt hergeleitet sind. Das generelle Verbot der privaten Gewaltanwendung wird durch Einwilligung des Partners, dem vereinbarten Racheverzicht und durch die angestrebte Reversibilität der Gewaltfolgen gleichsam «ausgetrickst». Basis ist hier wie dort die Etablierung einer «Spezialkultur» zum Ausagieren der Affekte mit eigenen Regeln, Distinktionen und Kontrollen.

Wie wir zu Beginn dieses Buches ausgeführt haben, steht unsere Gesellschaft vor dem Widerspruch, daß Gewalt einerseits immer stärker «moralisch» tabuisiert, ihre Darstellung aber durch die Medien immer umfassender «visuell» enttabuisiert wird (weil diese die Aufmerksamkeitsprämie nutzen, die gerade skandalisierte Gewalt für die Berichterstattung bietet). Gerade was moralisch geächtet ist, wird auf dem Bildschirm zum Objekt der Schaulust. Zudem haben die Medien in den letzten vierzig Jahren auch das Visualisierungstabu für Sexualität immer stärker erodieren lassen. Noch ist unklar, wie Menschen mit diesen kulturellen Wandlungen umgehen oder umzugehen lernen. Denn auch der Konsum von dargestellter Sexualität und Gewalt berührt den Umgang mit eigenen und inneren Affekten. Wird damit die Affektkontrolle, die wir in Jahrhunderten des Zivilisationsprozesses gelernt haben, wieder hinfällig?

Die sadomasochistische Spezialkultur zeigt, daß sich neue Regeln des Umgangs mit destruktiven Affekten prinzipiell finden lassen. Dieses Ergebnis ist allerdings an den engen Rahmen von persönlichen Beziehungsnetzen und freiwilligen Vereinbarungen gebunden und daher nicht ohne weiteres auf die Gesellschaft insgesamt übertragbar. Gleichwohl trägt das in ihr entwickelte Lösungsmuster Züge, die letztlich aus der Transformation der Ethik im Modernisierungsprozeß stammen: Konkrete Rechte und Pflichten werden immer mehr durch abstraktere, universalistische Regeln ersetzt, die nichts positiv vorschreiben, sondern Bedingungen und Grenzen für inhaltlich unbestimmte Handlungen formulieren. Analog gilt in der SM-Szene die

Regel: Tue, was immer du willst, wenn dein Partner freiwillig daran teilnimmt und wenn die Folgen deiner Handlungen reversibel sind. Damit stellt sie die Geltung der universalistischen Werte der Moderne nicht in Frage, sondern bestätigt sie letztlich.

Warum aber bilden sich solche Affektkulturen verstärkt heraus? Als ein Grund ist hier die kommunikative Infrastruktur der Medien zu nennen, die es immer leichter macht, «Wahlnachbarschaften» für spezielle Interessen aufzubauen. Ein anderer und damit verbundener Grund liegt im Bedeutungszuwachs der Selbstverwirklichung. Mit der Ausdehnung der Bildungsbeteiligung erfahren immer mehr Menschen, daß sie selbst Gegenstand ihrer Arbeit sind und sein müssen.[211] Gesteigerte Reflexivität und Selbstbezogenheit ist die Folge. Der sich Bildende wird tendenziell zum Baumeister seiner eigenen Identität. Selbstverwirklichung bedeutet dann aber auch Selbstvergewisserung hinsichtlich des Körpers und der Gefühle. Sie wird hergestellt in persönlichen Beziehungen, im Extremsport, im Medienkonsum. Der Wunsch, den Körper, das «Animalische», den Affekt zu spüren, Grenzerfahrungen und Ekstase zu erleben, ist Ausdruck einer postmodernen Variante der Selbstthematisierung, die in immer schnellerem Tempo immer neue Räume der Außeralltäglichkeit und des *Thrills* produziert. Körpererfahrung wird für manche Menschen zum zentralen Konstruktionsprinzip der subjektiven Identität, weil gerade sie unhintergehbare Authentizität[212] zu beglaubigen scheint.

Muster reflexiver Identität sind historisch gesehen nicht neu. Neben die im 17. Jahrhundert sich ausbreitenden Formen religiöser Selbstthematisierung[213] tritt bereits im Kult des Genies seit Mitte des 18. Jahrhunderts und später in der romantischen Apotheose des Gefühls zunehmend die Leitvorstellung der Selbstverwirklichung. Was zunächst nur von kleinen Literatenzirkeln ausgedacht und manchmal auch ausgelebt wird, verdichtet sich in den Lebensformen der metropolitanen Bohème des 19. Jahrhunderts, den Lebensreformbewegungen zu Beginn unseres Jahrhunderts und wird – und das ist das Neue an dieser Entwicklung – zu einem Massenphänomen in unseren Tagen, das mittlerweile auch jenseits bildungsbürgerlicher Kreise in mannigfaltigen Subkulturen zu beobachten ist.

Der Schub an Reflexivität in den letzten Jahrzehnten, maßgeblich getragen durch die mediale Universalisierung von Selbstbezogen-

heits- und Selbstverwirklichungsidealen, führt zu immer weiter fortschreitenden Differenzierungen, zur Herausbildung von immer
neuen Spezialkulturen, in denen immer spezifischere Bedürfnisse
ausgelebt und ausagiert werden. Während «Selbstverwirklichung» in
der bildungsbürgerlichen Tradition noch begründungspflichtig war
und beispielsweise durch den «genialen» Beitrag zur Innovation in
Kunst und Wissenschaft legitimiert wurde, ist heute bereits durch die
unzähligen Wahlmöglichkeiten im Konsum sichergestellt, daß die
subjektive Gefühlslage zum Kriterium werden kann, auch ohne daß
dies begründungspflichtig wäre. Der Widerspruch zwischen Pflicht
und Neigung, wie er bei Kant und Schiller thematisiert wird, ist in
vielen Lebensbereichen, insbesondere der Freizeit, durch die Selbst-
legitimation der Neigung aufgelöst. Erlebnisorientierte Spezialisierungen gehören darum zur Grundstruktur der Freizeitgesellschaft.

Die Sadomasochisten bilden eine solche Teilwelt, die sich um Affekte wie Aggression, Sexualität, Ekel und deren Amalgame gebildet
hat. Anders als im Sport konstituiert sich hier für manche Menschen
ein Selbsterfahrungsbereich, der in der Gesellschaft insgesamt nicht
konsensfähig ist. Gewalt und aggressionsaffine Handlungen gelten
aus gutem Grund als destruktiv und verwerflich, ihr Genuß als Täter
oder Opfer als pathologisch. Die sadomasochistische Spezialkultur
steht dazu im Widerspruch. Hier erleben und genießen Menschen
diese Affekte und begreifen sie als positive Elemente ihrer Identität,
richtiger: eines bestimmten Teils ihrer Identität. Der Differenzierung
der Subkulturen in der Gesellschaft entspricht die Partialisierung der
Affekte beim Individuum. So sind sadomasochistische Interessen typischerweise nur ein Teilaspekt der jeweiligen Persönlichkeit. Sie sind
einzelne Bausteine im Spektrum der Selbstverwirklichungsbestre-
bungen. Wer in einem Lebensbereich die freiwillige Gewalt als faszinierendes Erlebnis akzeptiert, kann sie dennoch in anderen ablehnen.
Deswegen kann der Masochist auch zugleich resoluter Chef, die Sadistin liebende Mutter oder der «Sklavendompteur» politischer Pazifist
sein.

Individuen differenzieren unterschiedliche – sowohl affektiv als
auch rational geprägte – Segmente ihrer Identität aus, die in je spezifischen Kontexten und Situationen ihr Handeln bestimmen. Die Respektierung einer Privatsphäre, in der eigene, selbst vereinbarte Re-

geln gelten, wie sie für moderne Gesellschaften typisch ist, wird nun auch für die Enklaven gefordert, in denen aggressionsaffine Affekte kultiviert werden. Nachdem Selbstverwirklichung als anerkannte Strategie der Lebensführung gelten darf, ist offenbar kein Bereich menschlichen Erlebens und Erfahrens mehr prinzipiell von solchen Partialisierungen und Privatisierungen auszuschließen.

Öffentliche Moral und die Totalität von Familie und Nachbarschaft haben in der Vergangenheit das Ausleben aggressionsaffiner Affekte in Alltagssituationen zwar letztlich kaum verhindert, aber doch einem strengen Tabu unterworfen. Spezialkulturelle Arrangements versuchen nun, über eigene, freiwillige Übereinkünfte die Verbindlichkeit sexueller Tabus zu suspendieren und die Selbstverwirklichungsrechte des oder der Partner zum entscheidenden Regulativ der Handlungsführung zu machen.

Für die Gesellschaft im ganzen wirft dieser Prozeß viele Fragen auf. Die zentralen Werte der modernen westlichen Welt sind Freiheit, Gleichheit und Solidarität, die zusammen die Basis für persönliche Selbstbestimmung bilden. Zwei von ihnen werden durch die sadomasochistischen Spezialkulturen herausgefordert. Kann man frei das Spiel der Unfreiheit wählen, kann unter Gleichen ein Vertrag über Ungleichheit geschlossen werden? Ist jemand berechtigt, auf seine körperliche Unversehrtheit zu verzichten? Wenn aber Freiheit und Gleichheit immer wiederherstellbar sind, wenn körperliche Beeinträchtigungen prinzipiell reversibel sind, dann könnten auch diese Affektkulturen vermutlich in die moderne Zivilisation integrierbar sein. Dann ließe sich sogar fragen, ob die Ausdifferenzierung einer spezialisierten Szene andere Lebensbereiche von destruktiven Impulsen entlastet. Zumindest bei den befragten Personen scheint es sich so zu verhalten.

Eine andere Frage ist, wieweit einander widersprechende Kulturen und Spezialkulturen sich in einer Gesellschaft überhaupt integrieren lassen. Die moderne Gesellschaft ist «multikulturell» nicht nur, weil Menschen unterschiedlicher ethnischer und religiöser Herkunft in ihr koexistieren (müssen), sondern auch, weil sie selbst immer neue Diversifikationen von Lebensmustern erzeugt. Wer z. B. zu Beginn der achtziger Jahre die Zürcher Jugendbewegung oder die Berliner Alternativszene beobachtete, hatte den Eindruck, daß geradezu fremde Volksstämme im Dschungel unserer modernen Großstädte aufwachsen und zum Kampf um Selbstbestimmung und Lebensraum antreten. Ähnlich verhält es sich heute mit *Grufties, Horrorfans, Okkultisten, Fetischisten* und *Sadomasochisten*.

In dem Maße, wie subkulturelle Lebensstile öffentlich werden, erschüttern sie Weltbild und Normalitätsvorstellung bislang schweigender Mehrheiten. Dies wird um so dramatischer, je stärker zentrale menschliche Gefühle ins Spiel kommen, die für die Selbstdefinition des zivilisierten Habitus von Bedeutung sind. Minoritäre, also nicht mehrheitsfähige, Affektkulturen sind in einer prekären Lage, weil ihre symbolische Repräsentation in den Medien, aber auch im Straßenbild negative Gefühlslagen bei den Mehrheiten provozieren kann. Wer aber angesichts dieser Phänomene Ekel, Grauen und Angst empfindet, meint in der Regel auch, recht zu haben, wenn er so empfindet.

Wenn wir mit T. Parsons[214] davon ausgehen, daß im Sozialisationsprozeß auch kathektische Normen vermittelt werden, also eine Normierung des Fühlens stattfindet, dann sind diese Normen nur sehr schwer zu ändern oder zu relativieren. Diese normative Interpretation gefühlsmäßigen Abgestoßenseins findet sich deshalb nicht nur in den majoritären Gefühlslagen, sondern ebenso – manchmal kaum durch die eigene Diskriminierungserfahrung geläutert – in denjenigen der Minoritäten, wie sich am Beispiel der Diskriminierung von Tunten in Teilen der homosexuellen *Sub* zeigen läßt. Selbst unter den Sadomasochisten doziert in einem Szene-Blatt eine andersfühlende Frau darüber, daß Masochismus bei Männern eigentlich unwürdig, lächerlich und häßlich sei.

Es spricht also einiges dafür, daß es einen fundamentalen Bewertungsprozeß gibt, den man als «Ethnozentrismus der Gefühle» bezeichnen kann: In ungebrochener naiver Alltagssicht gehen wir davon aus, «daß wir fühlen, was gut ist, und daß gut ist, was wir fühlen». Ohne den Ethnozentrismus majoritärer Gefühlslagen könnten keine politischen oder ökonomischen Interessenten Vorteile aus der Diskriminierung und ihrer Eskalation ziehen; ohne die Macht kathektischer Normen könnte es kaum zu den Ambivalenzen kommen, die gemäß der Psychoanalyse durch die Identifikation mit dem Aggressor beantwortet werden. Psychoanalytische Theorien der Diskriminierung sexueller Minoritäten, die unterstellen, daß die «Verfolger» zugleich und «letztlich» ihre eigenen abweichenden Strebungen bekämpfen, soziologische Theorien, die vermuten, daß «letztlich» ökonomische oder politische Interessen Ursache der Diskriminierung seien, können nur Erklärungskraft gewinnen, wenn sie diese vorgängigen psychophysischen Prozesse anerkennen.

Wenn aber kathektische Normen so tief sitzen, dann sind Gefühlslagen immer wieder in Gefahr, sich zu verabsolutieren; dann kann aus der Normalität immer wieder die Norm werden; dann kann das «gesunde Volksempfinden» schließlich rasch politisch mobilisiert werden. Die Wirkung der Medien ist hier ambivalent: Auf der einen Seite ermöglichen sie es den speziellen Affektkulturen überhaupt erst, sich öffentlich zu annoncieren, zu verbreiten und Teil einer Mediennormalität zu werden; zugleich aber mobilisieren sie normativ interpretierte Aversionen und bringen damit auch potentielle Konflikte auf den Weg.

Es besteht also kein Grund zu der Hoffnung, daß die Ausdifferenzierung spezieller Affektkulturen auf längere Sicht konfliktfrei vor sich gehen kann. Die Intensität dieser Konflikte wird davon abhängen, wieviel Toleranz auf der Seite der Mehrheit und wieviel Takt auf der Seite der Minderheit aufgebaut werden können.

Anhang

Anmerkungen

1 R. Eckert (1990); R. Eckert/M. Kaase/F. Neidhardt (1990); R. Eckert/H. Willems (1992)
2 R. Eckert u. a. (1990); W. Vogelgesang (1991)
3 R. Winter/R. Eckert (1990)
4 In Deutschland hat R. Thurnwald den Grundstein zum Konzept der Ethnosoziologie gelegt, und sein Ansatz wurde von R. König und W. E. Mühlmann weiterentwickelt. Heute sind im deutschsprachigen Raum unter anderem die Studien von R. Girtler z. B. zur Prostituiertenszene (1990), die Arbeiten von R. Hitzler und A. Honer zu den Heimwerkern (1988) oder auch die neueren Studien von R. Eckert u. a. (1990; 1991) zu nennen. Auch in den angelsächsischen Ländern hat die Verknüpfung von ethnographischen und soziologischen Ansätzen eine lange Tradition, insbesondere durch die Vertreter der *Chicago School*, z. B. die Arbeit von F. M. Thrasher (1927) zu kriminellen Gangs, die Street-Corner-Society-Studie von W. F. Whyte (1943) bis hin zu den neueren Arbeiten von H. S. Becker (1973) und J. Thomas (1983). Nicht zuletzt die Subkultur- und Jugend- sowie die Medienforschung des *Center for Contemporary Cultural Studies* in Birmingham mit Arbeiten von P. Willis (1991), J. Clarke u. a. (1979) oder J. Fiske (1987) ist in diesem Zusammenhang zu nennen.
5 C. Geertz (1983), 9
6 Vgl. R. Eckert u. a. (1990)
7 M. Weber (1917/1973), 499
8 E. J. Haeberle (1989), 75
9 R. Girtler (1991), 20
10 A. L. Strauss (1991), 27
11 Vgl. A. Witzel (1982)
12 Vgl. M. D. Dechmann (1978); G. Faßnacht (1989)
13 A. Spengler (1979), 57 f
14 Vgl. P. H. Gebhard (1969); M. Hunt (1974); R. E. Litmann/C. Swearingen (1972)

15 Mit dieser Annonce sollten wir einem Paar, das uns angeschrieben hatte, bestätigen, daß wir Interesse an einem Interviewgespräch haben. In der Sams-
   tagsausgabe einer bestimmten Zeitung haben wir daraufhin folgenden, mit
   diesem Paar vereinbarten Text veröffentlicht: *Möchten Euch kennenlernen.*
16 Vgl. R. Eckert u. a. (1990)
17 Vgl. M. Foucault (1983)
18 R.v. Krafft-Ebing (1886/1984)
19 M. Hirschfeld (1920)
20 W. Kurth (1976), 513
21 A. Hahn (1988), 129
22 P. Bruckner/A. Finkielkraut (1981), 102
23 Schon A. C. Kinsey u. a. (1948/1967) weisen darauf hin, daß mit zunehmen-
   der Dauer einer (ehelichen) Partnerschaft die sexuellen Aktivitäten zurückgehen. Dies liegt zum einen an dem biologischen und altersbedingten Rück-
   gang sexueller Aktivitäten, zum anderen an Gewöhnungsprozessen in Partnerschaften. E. Pakesch (1977) zufolge nimmt die Zufriedenheit mit dem
   Partner im Laufe einer Ehe auch im sexuellen Bereich ab. Nach A. Giger
   (1981) wünschen sich 44 Prozent der befragten Ehemänner qualitative und
   quantitative Veränderungen in bezug auf die Sexualität mit dem Partner.
24 Die Antworten können ohne die Gefahr von Sinnverzerrungen nicht gekürzt
   werden, so daß wir sie nahezu in ihrer vollen Länge wiedergegeben haben.
25 H. Leitner (1982), 16
26 G. C. Davison (1979), 287
27 Vgl. M. Marcus (1987)
28 P. L. Berger (1973), 203f
29 Vgl. A. Hahn (1987)
30 A. Spengler (1979), 38
31 Vgl. M. Dannecker/R. Reiche (1974)
32 Vgl. R. Eckert u. a. (1989); A. Hahn (1983)
33 R. Eckert u. a. (1989), 53
34 Vgl. L. B. Rubin (1983)
35 A. C. Kinsey u. a. (1948/1967); A. C. Kinsey u. a. (1953/1967)
36 L. v. Friedeburg (1953)
37 W. Wottawa (1979)
38 S. Hite (1988)
39 S. Schnabl (1988), 522
40 Im weitesten Sinne erinnern diese Figurationen persönlicher Beziehungen an
   das Konzept der ‹Open Marriage› (vgl. N. O'Neill/G. O'Neill 1972).
41 Vgl. D. Dischner (1979); N. Luhmann (1982)
42 G. D. Bartell (1972), 14
43 E. Goffman (1980), 376
44 E. Schorsch (1980), 124
45 E. Goffman (1967), 31
46 A. Spengler (1979), 39

47 M. S. Weinberg (1973), 244

48 R. Girtler (1990), 247

49 R. Girtler (1990), 243

50 R. Girtler (1990), 83

51 Der Begriff *Bizarr* stammt aus dem Szene-Vokabular. Er wird für verschiedene Sexualpraktiken verwendet, etwa in Verbindung mit Fäkalien und Urin, den Verkehr mit extrem übergewichtigen Personen etc. Wir haben diesen Szene-üblichen Begriff übernommen und verwenden ihn an späterer Stelle auch für die Bezeichnung des entsprechenden pornographischen Subgenres.

52 H.-G. Soeffner (1986), 319

53 H.-G. Soeffner (1986), 319

54 Vgl. S. Stepper/F. Strack (1992); F. Strack/M. H. Gonzales (o. J.)

55 E. Goffman (1983), 231

56 «Kommunikation ist unter der gleichen Bedingung auch ohne Sprache möglich, etwa durch ein Lächeln, durch fragende Blicke, durch Kleidung, durch Abwesenheit und ganz allgemein und typisch durch Abweichen von Erwartungen, deren Bekanntheit man unterstellen kann» (N. Luhmann 1984, 208).

57 W. Bräutigam/ U. Clement (1989), 151

58 S. Freud (1972, 312; zuerst: 1925–1931) begriff den Fetischismus als Abwehrreaktion gegen die genitale Sexualität und präzisiert dies folgendermaßen: «Wenn ich nun mitteile, der Fetisch ist ein Penisersatz, so werde ich gewiß Enttäuschung hervorrufen. Ich beeile mich darum hinzuzufügen, nicht den Ersatz eines beliebigen, sondern eines ganz bestimmten, ganz besonderen Penis, der in den frühen Kinderjahren eine große Bedeutung hat, später aber verloren geht. Das heißt: er sollte normalerweise aufgegeben werden, aber gerade der Fetisch ist dazu bestimmt, ihn vor dem Untergang zu behüten. Um es klarer zu sagen, der Fetisch ist Ersatz für den Phallus des Weibes (der Mutter), an den das Knäblein geglaubt hat und auf den es – wir wissen warum – nicht verzichten will». Aus diesen Erfahrungen resultiere die Verdrängung des Genitalen und die Fixierung auf Ersatzobjekte.

59 Vgl. E. Goffman (1980).

60 In wichtigen Theorie-Arbeiten haben sich bspw. W. Simon/J. H. Gagnon (1986) oder R. J. Stoller (1979) mit Wesen, Ursprung und Funktion von sexuellen Phantasien auseinandergesetzt. Auch die Forschungsarbeiten von C. Crepault u. a. (1977); G. Wilson (1980) oder W. B. Arndt u. a. (1985) sind in diesem Zusammenhang zu nennen. Bekannt geworden sind auch die zahlreich erschienenen Textsammlungen, die die Tagträume von Männern und Frauen beschreiben (vgl. L. G. Barbach 1987; L. G. Barbach/L. Levine 1984; M.-F. Hans/G. Lapouge 1979; N. Friday 1978; 1983 u. v. m.). Einen Überblick über die verschiedenen Ansätze zur Erforschung und Erklärung von sexuellen Phantasien gibt Hartmann (1989).

61 M. Lohs (1983), 138

62 J. Benjamin (1985), 113

63 T. Reik (1941/1977), 69

64 M. Marcus (1987), 13

65 M. Luckow (1962), 11

66 H. Böhme (1984), 185

67 Diese Bücher sind zumeist in Sexläden erhältlich und werden nicht im Buchhandel vertrieben, z. B. *Die Korsettherrin, Disziplin in der Korrektionsanstalt, Katjas scharfe Zucht in Hamburg, Katjas Hauszucht und Gummidisziplin, Ein Rohrstock frischt die Ehe auf* oder *Erziehungsträume im Büro.* Auch für Schwule gibt es solche Titel: *Pariser Modellstück, Schuss, Mann oh Mann, Muscle Man.*

68 E. Kronhausen / P. Kronhausen (1963), 236

69 Vgl. R. Eckert u. a. (1990)

70 Vgl. R. Eckert u. a. (1990)

71 Hier sind bspw. zu nennen: *Venus im Pelz* (Massimo Dallamano, BRD 1968); *La philosophie dans le boudoir* (Jacques Scandelari, Frankreich 1969); *Der Nachtportier* (Liliana Cavani, Italien / Frankreich 1973); *Die Geschichte der O* (Just Jaeckin, Frankreich / BR Deutschland 1975); *Im Reich der Sinne* (Nagasi Oshima, Japan 1976); *Im Garten der Qualen* (Christian Gion, Frankreich 1976); *Die flambierte Frau* (Robert van Ackeren, BR Deutschland 1983); *Blue Velvet* (David Lynch, USA 1985); *Neuneinhalb Wochen* (Adrian Lyne, USA 1986); *Die Geschichte der Dienerin* (Volker Schlöndorf, BR Deutschland / USA 1989); *Lulu* (Bigas Luna, Spanien 1990); *Atame* (Pedro Almodovar, Spanien 1990); *Basic Instinct* (Michael Douglas, USA 1992); *Scandalosa Gilda – Die totale Unterwerfung* (Gabriele Lavia, Italien 1991); *Elftausend Ruten* (Eric Lipmann, Frankreich 1992). Eine Ausnahmestellung kommt dem Film *Salo – die 120 Tage von Sodom* (Pier Paolo Pasolini, Italien / Frankreich 1975) zu. Aufgrund seiner politischen Aussage und der damit verbundenen ausgesprochen negativen Kontextierung des Sadomasochismus ist er in SM-Kreisen nicht sonderlich beliebt. Nur wenige räumen überhaupt ein, daß sie den Film sexuell stimulierend empfinden, bemerken aber dann auch sofort, daß die im Film gezeigten Handlungen unter moralischen Aspekten strikt abzulehnen seien.

72 In der Bundesrepublik Deutschland sind Filme gemäß Paragraph 184 StGB verboten, die pädophile, sodomitische oder gewaltsame Themen zum Inhalt haben: «Wer pornographische Schriften (11 Abs. 3), die Gewalttätigkeiten, den sexuellen Mißbrauch von Kindern oder sexuelle Handlungen von Menschen mit Tieren zum Gegenstand haben,

1. verbreitet,

2. öffentlich ausstellt, anschlägt, vorführt oder sonst zugänglich macht oder

3. herstellt, bezieht, liefert, vorrätig hält, anbietet, ankündigt, anpreist, in den räumlichen Geltungsbereich dieses einzuführen oder daraus auszuführen unternimmt, um sie oder aus ihnen gewonne Stücke im Sinne der Nummer 1 oder 2 zu verwenden oder einem anderen solche Verwendungen zu ermöglichen, wird mit einer Freiheitsstrafe bis zu einem Jahr oder mit Geld bestraft.»

73 Diese – hierzulande verbotenen – Filme konnten wir bei Interviewpartnern im benachbarten Ausland anschauen und analysieren.

74 G. Seeßlen (1990), 271

75 Damit steht dieses Ergebnis in Einklang mit Befunden aus anderen Studien. So weist z. B. auch H. Ertel (1990) auf der Basis von repräsentativen Daten darauf hin, daß Frauen deutlich weniger Erotika und Pornographie rezipieren als Männer.

76 In diesem Zusammenhang ist die Verbindung von Sex- und hartem Action-film zu nennen. Hier treten die Affinitäten zur sadomasochistischen Thematik allerdings deutlicher zutage. Aus der Vielzahl der Titel seien hier nur genannt: *Motorpsycho* (Russ Meyer, USA 1965); *Barbarella* (Roger Vadim, Italien/Frankreich 1967); *Der Hexenjäger* (Michael Reeves, Großbritannien 1968); *Hexen bis aufs Blut gequält* (Michael Armstrong, BR Deutschland 1969); *Hexen – geschändet und zu Tode gequält* (Adrian Hoven, BR Deutschland 1972); *Eaten alive from the Cannibals* (Humphrey Humbert, Italien 1979); *Black Snake* (Russ Meyer, USA 1971); *Vergewaltigt hinter Gittern* (Michael Miller, USA 1975); *Caligula* (Tinto Brass, Italien/Frankreich 1976); *Gepeinigt* (Giuliana Gamba, Italien 1988); *Meister des Grauens* (Stuart Gordon, USA 1991); *Zipperface* (Mansour Pourmand, USA 1991). Eine besondere Bedeutung kommt hier einigen japanischen Produktionen zu, z. B.: *Onibaba – die Töterinnen* (Kaneto Shindo, Japan 1965); *Shunpo Den – Nackt und Verdammt* (Kiyonori Suzuki, Japan 1965); *Tokogawa – Gequälte Frauen* (Teruo Ishii, Japan 1968). Daneben können fast alle Filme, die sich um obsessionelle Sexualität und Gewalt drehen, eine Rolle spielen, z. B. *Uhrwerk Orange* (Stanley Kubrick; Großbritannien 1971).

77 R. Winter (1992), 71

78 Vgl. M. de Certeau (1988)

79 Die Einteilungsversuche in der Literatur sind unterschiedlich. M. S. Weinberg u. a. (1984) bspw. unterscheiden zwischen physiologischer und psychologischer Stimulation sowie Bondage-Praktiken. G. Greene/C. Greene (1974) trennen Bondage-, Schmerz- und Unterdrückungspraktiken sowie Fäkalvariationen. S. Janus u. a. (1979) unterscheiden zwischen Flagellation, sprachlicher und psychischer Demütigung sowie Fesselungen. Weitere Kategorisierungen finden sich in: C. Moser (1988); G. C. Schiller (1987).

80 R. Hülsenbeck, zit. nach H. Bergius (1989)

81 M. Farin (1991), 12

82 Vgl. S. Marcus (1979)

83 Vgl. J. v. Ussel (1977)

84 S. Janus u. a. (1979), 122

85 G. Simmel (1908/1968), 265

86 Vgl. E. Goffman (1986)

87 de Sade, Die Geschichte der Juliette, zit. nach der Ausgabe hrsg. von M. Luckow: Marquis de Sade, Ausgewählte Werke (Bd. 5). Frankfurt/M. (1972), 122 f

88 Vgl. A. L. Strauss (1968)

89 E. Goffman (1973), 25

90 Vgl. E. Goffman (1986)

91 G. Simmel (1908/1968), 265

92 E. Goffman (1980), 55

93 Vgl. C. Wouters (1982)

94 G. Greene/C. Greene (1974), 177

95 B. Ehrenreich u. a. (1988), 35

96 Vgl. N. Birbaumer (1983)

97 Im einzelnen kann auf die folgenden Arbeiten hingewiesen werden: N. M. Malamuth u. a. (1977); (1980a); (1980b); (1980c) sowie Y. Jaffé u. a. (1974).

98 T. Reinelt (1989), 135f

99 R. D. Eskapa (1988), 85f

100 Vgl. S. Cohen/ L. Taylor (1977)

101 W. Keeser (1990), 48

102 Vgl. F. v. Schrenck-Notzing (1902)

103 Experimente haben gezeigt, daß die Schmerztoleranz auch im interkulturellen Vergleich unterschiedlich ist: «In einer Studie in den USA wurden beispielsweise jüdische, italienische und indianische Hausfrauen miteinander verglichen. Obwohl es bei den drei Bevölkerungsgruppen keine Unterschiede bei den Schmerzschwellen gab, zeigten die Italienerinnen eine erheblich geringere Schmerztoleranz als die Jüdinnen oder die Indianerinnen. Das entspricht dem durch die Karl-May-Tradition genährten Klischee, daß Indianer mehr Schmerz aushalten können» (E. Pöppel 1982, 240).

104 N. Birbaumer/R. F. Schmidt (1990), 352

105 «Das ekstatische, hypermotorische Tanzen des Pyrovaten auf der Glut bei eingeschränkter Aufmerksamkeit auf Musik, Ikonen, religiöse Vorstellungen, kombiniert mit ‹schlafenden› Hirnteilen (erhöhte Thetaaktivität, entsprechend Schlafstadium 3–4), ist vergleichbar mit somnambulen Reaktionen oder hysterischen ‹fugues›. Diese psychopathologischen Zustände sind ebenfalls charakterisiert durch motorische ‹automatisierte› Aktivität bei gleichzeitigem Hirnschlaf» (W. Larbig u. a. 1982, 108f).

106 W. Larbig u. a. (1982), 109

107 N. Birbaumer/R. F. Schmidt (1990), 352

108 M. Bullinger (1990), 277

109 E. Pöppel (1982), 244

110 Ekelreize lösen in allen Kulturen die gleichen Reaktionsmuster aus. Die evolutionstheoretische Erklärung könnte hierfür eine Begründung liefern: «Wenn uns etwas anekelt, möchten wir es beseitigen oder in einer Weise verändern, daß es nicht länger ekelerregend ist. In der Evolution hat Ekel wahrscheinlich dabei geholfen, Organismen zu motivieren, die Umwelt ausreichend hygienisch zu erhalten und sie davon abzuhalten, verdorbene Nahrung zu essen und verschmutztes Wasser zu trinken. Ekel ist kein perfekter Detektor von gefährlicher Verunreinigung, aber er hilft. Ferner spielt Ekel wahr-

scheinlich eine Rolle bei der Erhaltung der körperlichen Hygiene» (C. E. Izard 1981, 376f). Die Auslöser für Ekelreaktionen sind aber kulturell codiert und variieren im interkulturellen Vergleich beträchtlich.

111 P. Gleichmann (1982), 277
112 J. Asendorpf (1990), 108
113 P. Califia (1981), 276f
114 Vgl. M. Holland (1989), 139
115 H. Eppendorfer (1977), 107
116 M. Boss (1947/1984), 81
117 L. Keupp (1971), 189
118 Vgl. N. Elias (1976)
119 M. Foucault (1977), 230
120 N. Elias (1976), 331
121 G. Bataille (1982), 88
122 Vgl. R. Eckert (1990)
123 Vgl. P. Bahnen (1992), 14
124 U. Aufmuth (1984), 89f
125 Vgl. A. Hahn (1976)
126 M. Csikszentmihalyi (1987), 59
127 G. Schmidt (1988), 115
128 In den letzten Jahren finden sich vereinzelt Versuche, Sicherheitsregeln zu verschriftlichen und allen Interessierten zugänglich zu machen. So ist z. B. das *Safety Manual* von P. Califia (1984) mit dieser Intention für lesbische Sadomasochistinnen geschrieben worden.
129 So hat sich z. B. in Hackerkreisen (Hacker sind Computerfans, die in fremde Rechner eindringen) die Regel durchgesetzt, daß es zwar völlig legitim sei, in fremden Computern herumzustöbern, das Verändern, Zerstören oder Kopieren von Daten aber geächtet wird (vgl. R. Eckert u. a. 1991).
130 R. Girard (1992), 59
131 E. Schorsch (1987), 131
132 Einen guten Überblick zur Vorgeschichte dieses Gesetzes gibt V. Sitzmann (1991, 72f): «Einer der ersten, der sich – wenn auch nur am Rande – mit der Strafbarkeit einer Körperverletzung auf Verlangen auseinandersetzte, war Erich *Wulffen*. Er vertrat die prinzipielle Straflosigkeit der Beteiligten. Die Handlungen seien zwar tatbeständig Körperverletzungen, jedoch greife der Grundsatz «volente non fit iniuria» rechtfertigend ein. Dies gelte aber dann nicht, wenn der Masochist minderjährig sei oder infolge übermäßiger Flagellation sterbe. (...) Ende der zwanziger Jahre beschäftigte sich erstmals die höchstrichterliche Rechtsprechung mit diesem Problemkreis. Da bei sadomasochistischen Praktiken die Körperverletzungen zu «Unzuchtszwecken» erfolgten, verstoße die Tat trotz einer Einwilligung gegen die guten Sitten. Die Einwilligung sei daher rechtlich bedeutungslos. Von Interesse ist in diesem Zusammenhang, daß bereits vor Einführung des Paragraphen 226a am 26. 5. 1933 für die Beurteilung der Sittenwidrigkeit auf den Tatzweck abge-

stellt wurde. Nach Einführung des Paragraphen 226a wird ausdrücklich hervorgehoben, daß es für das Verdikt der Sittenwidrigkeit ausschließlich auf die Sittenwidrigkeit der Tat und nicht auf die der Einwilligung ankomme. Eine sadomasochistische Körperverletzung sei sittenwidrig, da zum einen nicht der Masochist, sondern die Gesellschaftsordnung durch die Anwendung des Paragraphen 226a geschützt werde, Masochisten ansonsten auch in ein «abartiges Triebleben verstrickt» würden und «der Volksgemeinschaft verloren» gingen.

133 V. Sitzmann (1991), 81
134 E. Goffman (1980), 57
135 R. v. Krafft-Ebing (1886/1984), 155
136 S. Freud (1933), 123
137 S. Freud (1940), 374
138 H. Deutsch (1948), 5
139 H. Deutsch (1948), 199 ff
140 H. Deutsch (1948), 219
141 M. Bonaparte (1935), 24
142 K. Horney (1934), 390
143 C. Thompson (1942); R. C. Robertiello (1970)
144 H. P. Blum (1981), 142
145 Vgl. J. Benjamin (1990)
146 N. Chodorow (1990, 185). Zur ausführlichen Kritik an biologistisch-deterministisch orientierten Erklärungsversuchen weiblicher Passivität/Masochismus seien hier einige Arbeiten genannt: J. Baker-Miller (1976); J. Bernard (1981); R. Burgard/ B. Rommelspacher (1989); C. Hagemann-White (1979); L. J. Kaplan (1991); K. Millet (1974; 1979).
147 B. Ehrenreich u. a. (1988), 113
148 B. Ehrenreich u. a. (1988), 132 f
149 N. Friday (1978)
150 Vgl. A. Allemann-Tschopp (1979); R. Eckert (1979)
151 C. Lawrenz/P. Orzegowski (1988), 9
152 C. Lawrenz/P. Orzegowski (1988), 146 f
153 Die Autorinnen führen aufgrund ihrer Erfahrungen mit Frauen im Rahmen der Sommeruniversität der Frauen unterschiedliche theoretische Erklärungen masochistischer Phantasien an. Die hier beschriebene mögliche Verflechtung masochistischer Phantasien mit gesellschaftlichen Strukturen wird jedoch von ihnen in den Mittelpunkt gestellt.
154 C. Deja (1991), 35
155 J. Benjamin (1990), 81
156 J. Benjamin (1985), 90 f
157 J. Benjamin (1990)
158 B. Sichtermann (1985), 39 f, 35
159 Vgl. D. Leidholdt (1982/83)
160 Vgl. R. Linden u. a. (1982)

161 U. Heider (1987), 42
162 Emma (1982), 50
163 P. J. Caplan (1986), 51
164 M. Marcus (1982/83), 95
165 Vgl. S. Freud (1940)
166 T. Reik (1941/1977), 331
167 T. Reik (1941/1977)
168 Vgl. L. Mass (1983)
169 Vgl. U. Beck/E. Beck-Gernsheim (1990); R. Hitzler (1993)
170 Vgl. E. Beck-Gernsheim (1986)
171 I. Ostner (1990), 46
172 C. H. Ulrichs (1864/1975), 24
173 Vgl. G. Dörner (1980)
174 «Bei subhumanen Säugern konnte durch pränatale Hormongabe ‹homose-
     xuelles› Verhalten induziert werden. Bei Primaten hängt das spätere Ergeb-
     nis von zusätzlichen postnatalen sozialen Prägungen ab. Das Ergebnis dieser
     doppelten Prägung konnte beim Menschen an Pseudohermaphroditen de-
     monstriert werden, bei denen die pränatale Entwicklungsgeschichte und Dia-
     gnose übereinstimmten, die aber nach der Geburt verschiedenen Geschlech-
     tern zugeordnet worden waren und sich in ihrer klinischen Entwicklung und
     hinsichtlich der Bedingungen ihres Heranwachsens unterschieden. Verlaufs-
     studien am Pseudohermaphroditismus und verwandten Phänomenen bekräf-
     tigen die Hypothese, daß Hormone pränatal zwar eine Disposition, aber
     keine Prädestination für eine spätere homosexuelle, bisexuelle oder hetero-
     sexuelle Differenzierung darstellen. Umgekehrt gilt, daß die sozialen Ein-
     flüsse der postnatalen Differenzierung ihre pränatalen Vorläufer nicht voll-
     ständig löschen können» (J. Money 1988, 123).
175 Vgl. S. Le Vay (1991)
176 Vgl. S. Freud (1905/1972)
177 Vgl. R. Lautmann (1977); (1984); G. Bleibtreu-Ehrenberg (1978)
178 E. J. Haeberle (1985) beschreibt dies in ähnlicher Weise für amerikanische
     Großstädte am Beispiel San Franscisco.
179 Vgl. Die schwule Presseschau 1/91; 8/91; 5/92; 7/92.
180 Vgl. M. Dannecker/R. Reiche (1974); R. Pingel/W. Trautvetter (1987)
181 Vgl. I. Kokula (1983)
182 E. J. Haeberle (1983), 345
183 M. Dannecker/R. Reiche (1974), 79
184 G. Hierold; zit. nach: T. A. Armin (1991), 33
185 Hier sind vor allem M. Dannecker/R. Reiche (1974); L. Humphreys (1974)
     und R. Pingel/W. Trautvetter (1987) zu nennen.
186 Die Veröffentlichung dieser Codes stieß in den Szenen auf keine Bedenken,
     nicht zuletzt deshalb, weil sie bereits an anderen Orten (in szene-internen
     Materialien und wissenschaftlichen Abhandlungen) publik gemacht worden
     sind.

187 Ähnliche *Hanky-Codes* werden mittlerweile auch von manchen heterosexuellen Personen benutzt. Allerdings sind sie in diesen Kreisen längst nicht so etabliert wie bei Schwulen.

188 Vgl. L. Humphreys (1974)

189 Jack-Off kommt aus dem Amerikanischen und steht für Masturbation.

190 M. Frye (1989), 88

191 I. Kokula (1990), 20

192 C. Weedon (1990), 15

193 Vgl. M. T. Saghir / E. Robins (1973)

194 E. Klapheck / S. Ulrich (1992), 27

195 Auch K. Jay / A. Young (1977) bestätigen dies. Nach ihren Forschungsergebnissen ist die Zahl der Lesben, die *cruisen*, sehr gering.

196 Vgl. A. E. Moses / R. O. Hawkins jr. (1982); R. Zemann (1991)

197 M. Siems (1984), 9f

198 H. S. Becker (1973), 8

199 H. S. Becker (1973), 161

200 H. S. Becker (1973), 21

201 H. S. Becker (1973), 22

202 H. S. Becker (1973), 27

203 H. S. Becker (1973), 34

204 H. S. Becker (1973), 161

205 Vgl. I. Eibl-Eibesfeldt (1976)

206 Vgl. N. Birbaumer / R. F. Schmidt (1990)

207 Vgl. M. Scheler (1949 / 1988); H. Plessner (1928 / 1965); A. Gehlen (1950 / 1978)

208 Vgl. G. H. Mead (1934 / 1968)

209 Vgl. I. Eibl- / Eibesfeldt (1976)

210 Vgl. M. Foucault (1977)

211 Vgl. R. Eckert (1984), R. Eckert u. a. (1990)

212 Vgl. L. Trilling (1989)

213 Vgl. A. Hahn (1987)

214 Vgl. T. Parsons (1986)

Literatur

Allemann-Tschopp, A.: Geschlechtsrollen. Versuch einer interdisziplinären Synthese. Bern, Stuttgart, Wien 1979

Armin, T. A.: Faszination & Fetisch. Gay-Sex in Uniform. In: Adam 7/1991, 33f, 62

Arndt, W. B. u. a.: Specific Sexual Fantasy Themes: A Multidimensional Study. In: Journal of Personality and Social Psychology 48/1985, 472–480

Asendorpf, J.: Bewerten. In: Pöppel, E./Bullinger, M. (Hg.): Medizinische Psychologie. Weinheim u. a. 1990, 105–114

Aufmuth, U.: Von großer Qual und großer Lust – das Körpererleben des Alpinisten. In: Klein, M. (Hg.): Sport und Körper. Reinbek 1984, 89–105

Bahnen, P.: Zur Sozialgeschichte des Sadomasochismus. In: Schwulenreferat im ASTA/FU Berlin (Hg.): Dokumentation der Vortragsreihe Homosexualität und Wissenschaft. (Bd. 2). Berlin 1992, 11–26

Baker-Miller, J.: Toward a new Psychology of Woman. Boston 1976

Barbach, L. G.: Welche Farbe hat die Lust? Frauen erzählen ihre erotischen Phantasien. Frankfurt/M., Berlin 1987

Barbach, L. G./Levine, L.: Der einzige Weg, Oliven zu essen. Intime Geständnisse. Frankfurt/M., Berlin 1984

Bartell, G. D.: Gruppensex-Report. Über Milieu, Motive und Rituale. Frankfurt/M. 1972

Bataille, G.: Der heilige Eros. Frankfurt/M. u. a. 1982

Beck-Gernsheim, E.: Von der Liebe zur Beziehung. In: Berger, J. (Hg.): Die Moderne – Kontinuitäten und Zäsuren. Soziale Welt (Sonderband 4). Göttingen 1986, 209–233

Beck, U./Beck-Gernsheim, E.: Das ganz normale Chaos der Liebe. Frankfurt/M. 1990

Becker, H. S.: Außenseiter. Zur Soziologie abweichenden Verhaltens. Frankfurt/M. 1973

Benjamin, J.: Herrschaft – Knechtschaft: die Phantasie von der erotischen Unterwerfung. In: Snitow, A./Stansell, C./Thompson, S. (Hg.): Die Politik des Begehrens. Sexualität. Pornographie und neuer Puritanismus in den USA. Berlin 1985, 89–117

Benjamin, J.: Die Fesseln der Liebe. Psychoanalyse, Feminismus und das Problem der Macht. Basel, Frankfurt/M. 1990

Berger, P. L.: Lebenslauf und Lebensläufe oder: Vergangenheit nach Maß und von der Stange. In: Steinert, H. (Hg.): Symbolische Interaktion. Arbeiten zu einer reflexiven Soziologie. Stuttgart 1973, 197–207

Bernard, J.: The Female World. New York 1981

Birbaumer, N.: Psychophysiologische Ansätze. In: Euler, H. A./Mandl, H. (Hg.): Emotionspsychologie. München u. a. 1983, 45–52

Birbaumer, N./Schmidt, R. F.: Biologische Psychologie. Berlin u. a. 1990

Bleibtreu-Ehrenberg, G.: Tabu Homosexualität. Die Geschichte eines Vorurteils. Frankfurt/M. 1978

Blum, H. P.: Masochismus, Ichideal und Psychologie der Frau. In: Grunert, J. (Hg.): Leiden am Selbst. München 1981, 112–146

Böhme, H.: ‹Beim Glockenschlag des Wahnsinns schlagen die Stunden der Venus› – Marquis de Sade. In: Ziehe, T./Knödler-Bunte, E. (Hg.): Der sexuelle Körper. Berlin 1984, 183–198

Bonaparte, M.: Passivität, Masochismus und Weiblichkeit. In: Internationale Zeitschrift für Psychoanalyse 1/1935 (Bd. 21), 23–29

Boss, M.: Sinn und Gehalt sexueller Perversionen. Frankfurt/M. 1984

Bräutigam, W./Clement, U.: Sexualmedizin im Grundriß. Stuttgart 1989

Bruckner, P./Finkielkraut, A.: Das Abenteuer gleich um die Ecke. München 1981

Bullinger, M.: Schmerz. In: Pöppel, E./Bullinger, M. (Hg.): Medizinische Psychologie. Weinheim u. a. 1990, 271–281

Burgard, R./Rommelspacher, B. (Hg.): LEIDEunLUST. Der Mythos vom weiblichen Masochismus. Berlin 1989

Califia, P.: Sapphistrie. Das Buch der lesbischen Sexualität. Berlin 1981

Califia, P. (Hg.): The Lesbian SM Safety Manual. o. O. 1984

Caplan, P. J.: Frauen sind keine Sadomasochisten. Das Ende eines Vorurteils. Zürich, Köln 1986

Certeau, M. de: Kunst des Handels. Berlin 1988

Chodorow, N.: Das Erbe der Mütter. Psychoanalyse und Soziologie der Geschlechter. München 1990

Clarke, J. u. a.: Jugendkultur als Widerstand: Milieus, Rituale, Provokationen. Frankfurt/M. 1979

Cohen, S./Taylor, L.: Ausbruchsversuche. Identität und Widerstand in der modernen Lebenswelt. Frankfurt/M. 1977

Crepault, C. u. a.: Erotic Imagery in Women. In: Gemme, R./Wheeler, C. C. (Hg.): Progress in Sexology. New York, London 1977, 267–283

Csikszentmihalyi, M.: Das Flow-Erlebnis. Jenseits von Angst und Langeweile. Im Tun aufgehen. Stuttgart 1987

Dannecker, M./Reiche, R.: Der gewöhnliche Homosexuelle. Eine soziologische Untersuchung über männliche Homosexuelle in der Bundesrepublik. Frankfurt/M. 1974

Davison, G. C.: Klinische Psychologie. München u. a. 1979

Dechmann, M. D.: Teilnahme und Beobachtung als soziologisches Basisverhalten. Bern, Stuttgart 1978

Deja, C.: Frauenlust und Unterwerfung. Geschichte der O und Neun Wochen und drei Tage. Freiburg im Breisgau 1991

Deutsch, H.: Die Psychologie der Frau. (2 Bde.). Bern, Stuttgart 1948

Dischner, D.: Caroline und der Jenaer Kreis. Ein Leben zwischen bürgerlicher Vereinzelung und romantischer Geselligkeit. Berlin 1979

Dörner, G.: Sexual Differentiation of the Brain. In: Vitamins and Hormons. Advances in Research and Application 38/1980, 325–381

Eckert, R. (Hg.): Geschlechtsrollen und Arbeitsteilung. Mann und Frau in soziologischer Sicht. München 1979

Eckert, R.: Zur Konstitution von Wirklichkeit in Bildung und Beruf. In: Braun, H./Hahn, A. (Hg.): Kultur im Zeitalter der Sozialwissenschaften. Friedrich H. Tenbruck zum 65. Geburtstag. Berlin 1984, 127–141

Eckert, R.: Die Entstehung besonderer Lebenswelten – Konsequenzen für die Demokratie. In: Cremer, W./Klein, A. (Hg.): Umbrüche in der Industriegesellschaft. Herausforderungen für die politische Bildung. Opladen 1990, 137–148

Eckert, R./Kasse, M./Neidhardt, F.: Ursachen, Prävention und Kontrolle von Gewalt aus soziologischer Sicht. Gutachten der Unterkommission III. In: Schwind, D. u. a. (Hg.): Ursache, Prävention und Kontrolle von Gewalt. Analyse und Vorschläge der unabhängigen Regierungskommission zur Verhinderung und Bekämpfung von Gewalt (Gewaltkommission). Berlin 1990

Eckert, R. u. a.: Die ersten Jahre junger Ehen. Frankfurt/M. u. a. 1989

Eckert, R./Vogelgesang, W./Wetzstein, T. A./Winter, R.: Grauen und Lust – Die Inszenierung der Affekte. Pfaffenweiler 1990

Eckert, R./Vogelgesang, W./Wetzstein, T. A./Winter, R.: Auf digitalen Pfaden. Die Kulturen von Hackern, Programmierern, Crackern und Spielern. Opladen 1991

Eckert, R./Willems, H.: Konfliktintervention. Perspektivenübernahme in gesellschaftlichen Auseinandersetzungen. Opladen 1992

Ehrenreich, B. u. a.: Gesprengte Fesseln. München 1988

Eibl-Eibesfeldt, I.: Der vorprogrammierte Mensch. München 1976

Elias, N.: Über den Prozeß der Zivilisation. (Bd. 2). Frankfurt/M. 1976

Emma: Sadomasochismus. Die Macht der Erotik. In: Emma 4/1982, 50–53

Eppendorfer, H.: Der Ledermann spricht mit Hubert Fichte. Frankfurt/M. 1977

Ertel, H.: Erotika und Pornographie. Repräsentative Befragung und psychophysiologische Langzeitstudie zu Konsum und Wirkung. Weinheim 1990

Eskapa, R. D.: Die bizarre Seite der Sexualität. Hamburg 1988

Farin, M.: Lust am Schmerz. Texte und Bilder zur Flagellomanie. München 1991

Faßnacht, G.: Systematische Verhaltensbeobachtung. München, Basel 1989

Fiske, J.: Television Culture. London 1987

Foucault, M.: Überwachen und Strafen. Frankfurt/M. 1977

Foucault, M.: Sexualität und Wahrheit (Bd. 1). Der Wille zum Wissen. Frankfurt/M. 1983

Freud, S.: Die Weiblichkeit. In: Gesammelte Werke. (Bd. XV). Frankfurt/M. 1933, 119–145

Freud, S.: Das ökonomische Problem des Masochismus. In: Gesammelte Werke. (Bd. XIII). Frankfurt/M. 1940, 369–383

Freud, S.: Drei Abhandlungen zur Sexualtheorie. In: Studienausgabe. (Bd. V). Frankfurt/M. 1972 (zuerst: 1905), 37–145

Freud, S.: Fetischismus. In: Gesammelte Werke. (Bd. 14). Frankfurt/M. 1972 (zuerst: 1925–1931), 311–317

Friday, N.: Die sexuellen Phantasien der Frauen. Reinbek 1978

Friday, N.: Die sexuellen Phantasien der Männer. Reinbek 1983

Friedeburg, L.v.: Die Umfrage in der Intimsphäre. Stuttgart 1953

Frye, M.: Reflexionen über Separatismus und Macht. In: Sexualwissenschaftliche Forschung & Praxis für Frauen e. V. (Hg.): Nirgendwo und überall Lesben. Beiträge zur feministischen Theorie und Praxis 25–26/1989, 87–95

Gebhard, P. H.: Fetishism and Sadomasochism. In: Masserman, J.E. (Hg.): Dynamics and Deviant Sexuality. New York, London 1969, 71–80

Geertz, C.: Dichte Beschreibung. Beiträge zum Verstehen kultureller Systeme. Frankfurt/M. 1983

Gehlen, A.: Der Mensch. Wiesbaden 1978 (zuerst: 1950)

Giger, A.: Mann und Ehefrau. Das Verhältnis des deutschen Mannes zu Ehe, Frau und Sexualität im Spiegel von Befragungsdaten. Bern, Stuttgart 1981

Girard, R.: Das Heilige und die Gewalt. Frankfurt/M. 1992

Girtler, R.: Der Strich. München 1990

Girtler, R.: Über die Grenzen. Ein Kulturwissenschaftler auf dem Fahrrad. Frankfurt/M., New York 1991

Gleichmann, P.: Die Verhäuslichung körperlicher Verrichtungen. In: Gleichmann, P./Goundsblom, J./Korte, H. (Hg.): Macht und Zivilisation. Materialien zu Norbert Elias' Zivilisationstheorie. Frankfurt/M. 1982, 254–278

Goffman, E.: Stigma. Über Techniken der Bewältigung beschädigter Identität. Frankfurt/M. 1967

Goffman, E.: Asyle. Über die soziale Situation psychiatrischer Patienten und anderer Insassen. Frankfurt/M. 1973

Goffman, E.: Rahmen-Analyse. Ein Versuch über die Organisation von Alltagserfahrungen. Frankfurt/M. 1980

Goffman, E.: Wir alle spielen Theater. München 1983

Goffman, E.: Interaktionsrituale. Über Verhalten in direkter Kommunikation. Frankfurt/M. 1986

Greene, G./Greene, C.: S-M The Last Taboo. A Study of Sado-Masochism. New York 1974

Haeberle, E. J.: Die Sexualität des Menschen. Berlin, New York 1983

Haeberle, E. J.: Sexuelle Minderheiten in San Francisco. In: Wulf, C. (Hg.): Lust und Liebe. München, Zürich 1985, 151–180

Haeberle, E. J.: Aids und die Aufgabe der Sexualwissenschaft. In: Gindorf, R./Haeberle, E. J. (Hg.): Sexualitäten in unserer Gesellschaft. Beiträge zur Geschichte, Theorie und Empirie. Berlin, New York 1989, 63–84

Hagemann-White, C.: Frauenbewegung und Psychoanalyse. Basel, Frankfurt/M. 1979

Hahn, A.: Soziologie der Paradiesvorstellungen. Trier 1976

Hahn, A.: Konsensfiktion in Kleingruppen dargestellt am Beispiel von jungen Ehen. In: Neidhardt, F. (Hg.): Gruppensoziologie. Perspektiven und Materialien. Kölner Zeitschrift für Soziologie und Sozialpsychologie (Sonderband 25). Opladen 1983, 210–232

Hahn, A.: Identität und Selbstthematisierung. In: Hahn, A./Kapp, V. (Hg.): Selbstthematisierung und Selbstzeugnis. Frankfurt/M. 1987, 9–24

Hahn, A.: Die Sexualität der anderen. Sexualität als interkulturelles Phänomen. In: Ruprecht-Karls-Universität Heidelberg (Hg.): Sexualität. Studium Generale Wintersemester 1986/87. Heidelberg 1988, 122–129

Hans, M.-F./Lapouge, G.: Die Frauen – Pornographie und Erotik. Darmstadt, Neuwied 1979

Hartmann, U.: Inhalte und Funktionen sexueller Phantasien. Ergebnisse einer Panel-Studie an Männern und Frauen. Stuttgart 1989

Heider, U.: Der seltsame Tanz um die Pornographie. In: Psychologie Heute 4/1987, 40–47

Hirschfeld, M.: Die Homosexualität des Mannes und des Weibes. Berlin 1920

Hite, S.: Frauen & Liebe. Der neue Hite-Report. München 1988

Hitzler, R.: Individualisierte Erotik: Rituale der Ungleichheit. In: Mörth, I./Fröhlich, G. (Hg.): Kultur und soziale Ungleichheit. Frankfurt/M., New York 1993 (im Erscheinen)

Hitzler, R./Honer, A.: Reparatur und Repräsentation. Zur Inszenierung des Alltags durch Do-It-Yourself. In: Soeffner, H.-G. (Hg.): Kultur und Alltag. Soziale Welt (Sonderband 6). Göttingen 1988, 267–284

Holland, M.: La scatologie (coprophilie). In: Doucé, P. J. u. a. (Hg.): Le Sadomasochisme en question. Paris 1989, 139–141

Horney, K.: Das Problem des weiblichen Masochismus. In: Internationale Zeitschrift für Psychoanalyse 3/1934. (Bd. 20), 390

Hülsenbeck, R.: Dada siegt. In: Bergius, H.: Das Lachen Dadas. Giessen 1989

Humphreys, L.: Klappen-Sexualität. Homosexuelle Kontakte in der Öffentlichkeit. In: Beiträge zur Sexualforschung 54. Stuttgart 1974

Hunt, M.: Sexual Behavior in the 1970s. Chicago, Illinois 1974

Izard, C. E.: Die Emotionen des Menschen. Eine Einführung in die Emotionspsychologie. Weinheim, Basel 1981

Jaffé, Y./Malamuth, N. M./Feingold, J./Feshbach, S.: Sexual Arousal and Behavioral Aggression. In: Journal of Personality and Social Psychology 6/1974, 759–764

Janus, S./Bess, B./Saltus, C.: Die Mächtigen und der Sex. Berlin, Frankfurt/M., Wien 1979

Jay, K./Young, A.: The Gay-Report: Lesbians and Gay Men speak out about Sexual Experiences and Lifestyle. New York 1977

Kaplan, L. J.: Weibliche Perversionen. Von befleckter Unschuld und verweigerter Unterwerfung. Hamburg 1991

Keeser, W.: Angst vor Schmerzen. In: Schultz, H. J. (Hg.): Schmerz. Stuttgart 1990, 48–59

Keupp, L.: Aggressivität und Sexualität. München 1971

Kinsey, A. C. u. a.: Das sexuelle Verhalten des Mannes. Berlin, Frankfurt/M. 1967 (zuerst: 1948)

Kinsey, A. C. u. a.: Das sexuelle Verhalten der Frau. Berlin, Frankfurt/M. 1967 (zuerst: 1953)

Klapheck, E./Ulrich, S.: Nie wieder Frauenrolle. In: Zitty 8/1992, 26–30

318 Anhang

König, R.: Soziologie und Ethnologie. In: Müller, E. W. (Hg.): Ethnologie als Sozialwissenschaft. Kölner Zeitschrift für Soziologie und Sozialpsychologie (Sonderband 26). Opladen 1984, 17–35

Kokula, I.: Wir leiden nicht mehr, sondern sind gelitten. Lesbisch leben in Deutschland. München 1990

Krafft-Ebing, R. v.: Psychopathia sexualis. München 1984 (zuerst: 1886)

Kronhausen, E./Kronhausen, P.: Pornographie und Gesetz. Stuttgart 1963

Kurth, W.: Lustgewinn aus Grausamkeit. Über die sexuelle Problematik des Sadismus. In: Sexualmedizin 7/1976, 513–516

Larbig, W. u. a.: Thetaaktivität und Schmerzkontrolle. In: Keeser, W. u. a. (Hg.): Schmerz. München u. a. 1982, 83–113

Lautmann, R.: Seminar: Gesellschaft und Homosexualität. Frankfurt/M. 1977

Lautmann, R.: Der Zwang zur Tugend. Frankfurt/M. 1984

Lawrenz, C./Orzegowski, P.: Das kann ich keinem erzählen. Gespräche mit Frauen über ihre sexuellen Phantasien. Frankfurt/M. 1988

Leidholdt, D.: Freie Sklavinnen? In: Emma (Sonderband 3/1982/83). Sexualität, 88–93

Leitner, H.: Lebenslauf und Identität. Die kulturelle Konstruktion von Zeit in der Biographie. Frankfurt/M., New York 1982

Le Vay, S.: A Difference in Hypothalamic Structure Between Heterosexual and Homosexual Men. In: Science 8/1991, 1034–1037

Linden, R. u. a. (Hg.): Against Sadomasochism: A Radical Feminist Analysis. San Francisco 1982

Litman, R. E./Swearingen, C.: Bondage and Suicide. In: Archives of General Psychiatry 27/1972, 80–85

Lohs, M.: Frauen äußern ihre sexuellen Phantasien. Ergebnisse einer empirischen Untersuchung zum sexuellen Verhalten studierender Frauen. In: Lockot, R./ Rosemeier, H. P. (Hg.): Ärztliches Handeln und Intimität. Stuttgart 1983, 126–142

Luckow, M. (Hg.): Marquis de Sade. Ausgewählte Werke. (Bd. 1). Hamburg 1962

Luckow, M. (Hg.): Marquis de Sade. Ausgewählte Werke. (Bd. 5). Frankfurt/M. 1972

Luhmann, N.: Liebe als Passion. Frankfurt/M. 1982

Luhmann, N.: Soziale Systeme. Frankfurt/M. 1984

Malamuth, N. M./Feshbach, S./Jaffe, Y.: Sexual Arousal and Aggression: Recent Experiments and Theoretical. In: Journal of Social Issues 2/1977, 110–133

Malamuth, N. M./Feshbach, S./Heim, M.: Ethical Issues and Exposure to Rape Stimuli: A Reply to Sherif. In: Journal of Personality and Social Psychology 3/1980a, 413–415

Malamuth, N. M./Haber, S./Feshbach, S.: Testing Hypothese Regarding Rape: Exposure to Sexual Violence, Sex Difference, and the «Normality» of Rapists. In: Journal of Research in Personality 1/1980b, 121–137

Malamuth, N. M./Heim, M./Feshbach, S.: Sexual Responsiveness of College Students to Rape Depictions: Inhibitory and Disinhibitory Effects. In: Journal of Personality and Social Psychology 3/1980c, 399–408

Marcus, M.: Lust und Gewalt. In: Emma (Sonderband 3/1982/83). Sexualität, 88–95

Marcus, M.: Die furchtbare Wahrheit. Frauen und Masochismus. Reinbek 1987

Marcus, S.: Umkehrung der Moral. Sexualität und Pornographie im viktorianischen England. Frankfurt/M. 1979

Mass, L.: Coming to Grips with Sadomasochism. In: Weinberg, T. S./Kamel, G. W. L. (Hg.): S and M. Studies in Sadomasochism. New York 1983, 45–56

Mead, G. H.: Geist, Identität und Gesellschaft. Frankfurt/M. 1968 (zuerst: 1934)

Millett, K.: Sexus und Herrschaft. Die Tyrannei des Mannes in unserer Gesellschaft. München 1974

Millett, K.: Freud und der Einfluß der Psychoanalyse. In: Hagemann-White, C.: Frauenbewegung und Psychoanalyse. Frankfurt/M. 1979, 277–321

Money, J.: Homosexuell, bisexuell, heterosexuell. Zum psychoendokrinologischen Forschungsstand. In: Zeitschrift für Sexualforschung 2/1988, 123 ff

Moser, C.: Sadomasochism. Special Issue: The Sexually Unusual: Guide to Understanding and Helping. In: Journal of Social Work & Human Sexuality 1/1988, 43–56

Moses, A. E./Hawkins, R. O., Jr.: Counseling Lesbian Woman and Gay Men. A Life-Issues Approach. St. Louis, Toronto, London 1982

O'Neill, N./O'Neill, G.: Open Marriage. London 1972

Ostner, I.: Frauen im Erwerbsleben: Integration durch Segregation. In: Weibliche Identität im Wandel. Vorträge im Wintersemester 1989/90. Sammelband der Vorträge des Studium Generale der Ruprecht-Karls-Universität Heidelberg im Wintersemester 1989/90. Heidelberg 1990, 45–55

Pakesch, E.: Zur Problematik der Ehe in der nachfamilialen Phase. In: Jäger, A./Pakesch, E. (Hg.): Wenn die Kinder erwachsen sind (...). Die Ehe in der nachfamilialen Phase. Innsbruck, Wien, München 1977, 9–12

Parsons, T.: Aktor, Situation und normative Muster. Frankfurt/M. 1986

Pingel, R./Trautvetter, W.: Homosexuelle Partnerschaften. Eine empirische Untersuchung. Berlin 1987

Plessner, H.: Die Stufen des Organischen und der Mensch. Berlin 1965 (zuerst: 1928)

Pöppel, E.: Lust und Schmerz. Grundlagen menschlichen Erlebens und Verhaltens. Berlin 1982

Reik, T.: Aus Leiden Freuden. Masochismus und Gesellschaft. Hamburg 1977 (zuerst: 1941)

Reinelt, T.: Mensch und Sexualität. Berlin u. a. 1989

Robertiello, R. C.: Masochism and the Female Sexual Role. In: The Journal of Sex Research 1/1970, 56–58

Rubin, L. B.: Intimate Strangers. Men and Women Together. New York u. a. 1983

Saghir, M. T./Robins, E.: Male and Female Homosexuality. Baltimore 1973

Scheler, M.: Die Stellung des Menschen im Kosmos. Bonn 1988 (zuerst: 1949)

Schiller, G. C.: The Pursuit of Masculinity. A Study in Homosexual Sadomaso-chism. Michigan 1987

Schmidt, G.: Das große Der Die Das. Reinbek 1988

Schnabl, S.: Warum geht jede(r) Vierte fremd? In: Sexualmedizin 9/1988, 522–528

Schorsch, E.: Sexuelle Perversionen: Ideologie, Klinik, Kritik. In: Sigusch, V. (Hg.): Therapie sexueller Störungen. Stuttgart, New York 1980, 119–158

Schorsch, E.: Therapie mit Sexualstraftätern. In: Jäger, H./Schorsch, E. (Hg.): Sexualwissenschaft und Strafrecht. Stuttgart 1987, 127–133

Schrenck-Notzing, F. v.: Kriminalpsychologische und Psychopathologische Studien. Gesammelte Aufsätze aus den Gebieten der Psychopathia sexualis, der gerichtlichen Psychiatrie und der Suggestionslehre. Leipzig 1902

Seeßlen, G.: Der pornographische Film. Frankfurt/M., Berlin 1990

Sichtermann, B.: Weiblichkeit. Berlin 1985

Siems, M.: Coming out. Hilfen zur homosexuellen Emanzipation. Reinbek 1984

Simmel, G.: Soziologie. Untersuchungen über die Formen der Vergesellschaftung. Berlin 1968 (zuerst: 1908)

Simon, W./Gagnon, J. H.: Sexual Scripts: Performance and Change. In: Archives of Sexual Behaviour 2/1986, 97–120

Sitzmann, V.: Zur Strafbarkeit von sado-masochistischen Körperverletzungen. In: Pötz, P.-G.(Hg.): Goltdammers' Archiv für Strafrecht 2/91. Heidelberg 1991, 71–81

Soeffner, H.-G.: Stil und Stilisierung. In: Gumbrecht, H. V./Pfeiffer, K. L. (Hg.): Stil. Frankfurt/M 1986, 317–341

Spengler, A.: Sadomasochisten und ihre Subkulturen. Frankfurt/M., New York 1979

Stepper, S./Strack, F.: Proprioceptive Determinants of Affective and Nonaffective Experience. Manuscript submitted for publication. Universität Trier 1992

Strack, F./Gonzales, M.H.: Wissen und Fühlen: noetische und experimentelle Grundlagen heuristischer Urteilsbildung. In: Gigerenzer, G./Fiedler, K./ Hell, W. (Hg.): Kognitive Täuschungen. o. J. (im Druck)

Strauss, A. L.: Spiegel und Masken. Die Suche nach Identität. Frankfurt/M. 1968

Strauss, A. L.: Qualitative Sozialforschung. Datenanalyse und Theoriebildung in der empirischen und soziologischen Forschung. München 1991

Thomas, J.: Toward a Critical Ethnography. A Reexamination of the Chicago Legacy. In: Urban Life Jg. 11/1983, 477–490

Thompson, C.: Cultural Pressures in the Psychology of Women. In: Psychiatry 4/1942, 331–339

Thrasher, F. M.: The Gang. A Study of 1313 Gangs in Chicago. Chicago, London 1927

Thurnwald, R.: Die menschliche Gesellschaft in ihren ethno-soziologischen Grundlagen. (5 Bde.). Berlin, Leipzig 1931–1935

Trilling, L.: Das Ende der Aufrichtigkeit. Frankfurt/M. 1989

Ulrichs, C.H.: Vindex. Social-juristische Studien über mannmännliche Geschlechtsliebe. In: Forschungen über das Rätsel der mannmännlichen Liebe. New York 1975 (zuerst: 1864)

Ussel, J. v.: Sexualunterdrückung. Geschichte der Sexualfeindschaft. Giesen 1977

Vogelgesang, W.: Jugendliche Videocliquen. Action- und Horrorvideos als Kristallisationspunkte einer neuen Fankultur. Opladen 1991

Weber, M.: Gesammelte Aufsätze zur Wissenschaftslehre. Tübingen 1973 (zuerst: 1917)

Weedon, C.: Wissen und Erfahrung. Feministische Praxis und Poststrukturalistische Theorie. Zürich 1990

Weinberg, M. S.: Sexuelle Schamhaftigkeit in F.K.K.-Lagern. In: Friedrichs, J. (Hg.): Teilnehmende Beobachtung abweichenden Verhaltens. Stuttgart 1973, 242–253

Weinberg, M. S. u. a.: The Social Constituents of Sadomasochism. In: Social Problems 4/1984, 379–389

Whyte, W. F.: The Street Corner Society. Chicago, London 1943

Willis, P.: Jugend-Stile. Zur Ästhetik der gewöhnlichen Kultur. Hamburg 1991

Wilson, G.: Sex Differences in Sexual Fantasy Patterns. In: Forleo, R./Pasini, W. (Hg.): Medical Sexology. Amsterdam 1980

Winter, R./Eckert, R.: Mediengeschichte und kulturelle Differenzierung. Opladen 1990

Winter, R.: Filmsoziologie. Eine Einführung in das Verhältnis von Film, Kultur und Gesellschaft. München 1992

Witzel, A.: Verfahren der qualitativen Sozialforschung. Frankfurt/M., New York 1982

Wottawa, W.: Das sexuelle Verhalten der Deutschen. Rastatt 1979

Wouters, C.: Informalisierung und der Prozeß der Zivilisation. In: Gleichmann, P./Goundsblom, J./Korte, H. (Hg.): Macht und Zivilisation. Materialien zu Norbert Elias' Zivilisationstheorie. Frankfurt/M. 1982, 279–298

Zemann, R.: Selbstbewußt schwul!? München 1991

Glossar

Analpraktiken: Analerotik, Analkoitus oder Penetration mit verschiedenen Gegenständen.

Bizarr: Szene-Begriff für Praktiken wie Koprophilie, Urolagnie, Kliniksex.

Bondage: Fesselung des ganzen Körpers oder der Extremitäten mit Ketten, Seilen, Schnüren etc.

Bottom: Submissive Rolle im sadomasochistischen Arrangement (→M, Sklave).

Breeches: Reithose.

Chaps: (Leder-)Hosen, die an Gesäß und Geschlechtsteil ausgeschnitten sind. Sie werden sowohl auf der Haut als auch über Jeans getragen.

Cockring: Um den Penis befestigter Ring aus Metall, Gummi oder Leder. Neben der Schmuckfunktion (→Intimschmuck) dient er der Erhaltung oder Betonung der Erektion.

Cruising Area: Öffentliche Orte wie Parks oder → Klappen, an denen Schwule ihre Sexpartner suchen und auch Sexkontakte haben.

Darkroom: Meist Neben- oder Kellerraum in Schwulenkneipen, wo anonymer Sex (auch Sadomasochismus) praktiziert werden kann.

Dehnung: Dehnen von Körperöffnungen (Vagina und/oder Anus) mit Gegenständen (z. B. Dildos oder Analstopfern verschiedener Größe) oder von Hoden und Penis mit Gewichten.

Dildo: Nachbildung des steifen männlichen Gliedes (zumeist aus Kunststoff). Er wird von Männern und Frauen zur sexuellen Stimulation/Penetration benutzt.

Dirty: Sexpraktik, die Fäkalien (Verreiben auf dem Körper, Verspeisen) miteinbezieht.

Domina: Dominante Frau; 1. professionelle Domina, die masochistische Wünsche ihrer meist männlichen Kunden befriedigt. Geschlechtverkehr ist dabei in der Regel ausgeschlossen. 2. Ausdruck für dominante Frauen, die keine finanziellen Interessen mit der Ausübung von sadistischen Praktiken verbinden.

Dual: Person, die sich nicht auf eine SM-Rolle festlegt, sondern beide praktiziert (→Switch).

Englische Erziehung: Wechselspiel zwischen einer dominanten und einer submissiven Person. Dazu gehören Bestrafungen, wie etwa Schlagen, Peitschen etc. Oft werden solche Inszenierungen einem Lehrer/Schüler-, Vater/Sohn bzw. Tochter-, Mutter/Sohn bzw. Tochter- o. ä.-Verhältnis nachempfunden.

Fist Fucking, Fisten (FF): Anale oder vaginale Penetration mit zur Faust geschlossener Hand und Unterarm.

Flagellation: Praktik, bei der Schlagen und Geschlagenwerden im Vordergrund steht. Dazu können Peitschen, Rohrstöcke, Ruten, Reitgerten oder ähnliches verwendet werden. Oft in Verbindung mit Erziehungsspielen (→ Englische Erziehung).

Flag-Szene: Gruppe von Personen, die sexuelle Lust durch → Flagellation empfinden.

Golden Shower: Urinieren auf den Körper oder in den Mund des Partners.

Harness (Pferdegeschirr): Lederriemen, die durch Metallringe und Nieten zusammengehalten werden. Sie werden auf der nackten Haut getragen.

High-Heels: Hochhackige Frauenschuhe und Stiefel, werden als Fetisch von Frauen und Männern gebraucht.

HWG: 1. Häufig wechselnder Geschlechtsverkehr. 2. «Huren wehren sich gemeinsam»: Initiative von Prostituierten.

Intimschmuck: Ringe, Ketten oder ähnliche Gegenstände, die im Intimbereich oder an den Brüsten angebracht werden. Zur Befestigung werden die betreffenden Körperteile perforiert (→ Piercing).

Jack-Off-Party: (abgeleitet vom Amerikanischen *jerk off* = «wichsen»). Von Schwulen organisiertes Fest, bei dem ausschließlich → Safe-Sex-Praktiken erlaubt sind und der Einlaß nur bis zu einer bestimmten Uhrzeit erfolgt. Wer die Party danach verläßt, muß draußen bleiben.

Kaviar: Bezeichnung für Kot (→ Dirty).

Klammern: Werden zur schmerzhaften Befestigung an der Brust, im Intimbereich oder an anderen Körperstellen verwendet. Sie sind meistens aus Kunststoff oder Metall.

Klappen: Öffentliche Bedürfnisanstalten, die Schwule zum Sex nutzen (→ Cruising Area).

Kliniksex: Sexpraktiken, die in klinikähnlichen Räumen stattfinden. Dazu gehören Arzt-Patient-Inszenierungen (z. B. das Einführen eines Katheters, Untersuchungen auf einem gynäkologischen Stuhl, → Klistiere etc.).

Klistier: Einlauf. Diverse Flüssigkeiten werden in den Mastdarm mittels eines Schlauches zu dessen Entleerung bzw. Reinigung eingeführt. Wird häufig vor Analverkehr oder im Rahmen des → Kliniksex angewendet.

Lederszene: Personengruppe in der schwulen (aber auch heterosexuellen) Subkultur, die eine fetischistische Vorliebe für Lederkleidung und -materialien hat.

Lolita: 1. Vom sexuellen Verhalten und vom Aussehen her frühreifes Mädchen (zwischen 9 und 14 Jahren). 2. In unserem Kontext: Vom äußeren Erscheinungsbild her mädchenhafte Frau.

M: (→ Bottom), kann auch die Abkürzung für Meister sein.

Meister: Begriff, der (besonders bei Schwulen) für die dominante Rolle verwendet wird.

Nadelspiele: Nadeln werden zur Stimulation sowohl an den Geschlechtsteilen wie auch an anderen Körperstellen angebracht. Häufig werden auch Vorhaut, Brustwarzen oder Schamlippen durchstochen.

Natursekt (NS): Sexpraktik, die Urin miteinbezieht; Verreiben auf dem Körper, Trinken (→ Dirty).

One Night Stand: Sexuelle Aktivitäten zweier oder mehrerer Personen für eine Nacht ohne weitere Verpflichtungen.

Piercing: Durchstechen von Körperteilen mit Nadeln oder anderen Gegenständen (→ Intimschmuck).

Poppers: Rauschmittel auf Amylnitratbasis mit gefäßerweiternder und muskelentspannender Wirkung.

S: Aktive, dominante Rolle im sadomasochistischen Setting. Kann aber auch die Abkürzung für → Sklave sein.

Sackfolter: Behandlung der Hoden mit unterschiedlichen Gegenständen, wie etwa Riemen, Nadeln, → Cockringen oder Gewichten.

Safe Sex: Sexualpraktiken, die vor einer Aids-Infektion oder auch vor Geschlechtskrankheiten schützen.

Scat: (→ Dirty)

Schoko: (→ Dirty)

Sklave: Unterworfene Person, die absoluten Gehorsam gegenüber ihrem → Meister bzw. ihrer → Domina zeigt (→ M, Bottom).

Sklaven-Auktion: Inszenierung, die einer antiken Versteigerung von → Sklaven nachempfunden ist. Dabei werden letztere meistbietend (für einen begrenzten Zeitraum, in der Regel ein paar Stunden) «verkauft».

Sling (engl.: Schleuder, Schlagriemen, Schlinge): Ein meist aus Leder gefertigtes Gurtwerk zum Aufhängen an der Decke, bei dem sich die darin liegende Person in einer entspannten und für verschiedene Sexualpraktiken geeigneten Rückenlage befindet.

SM: Abkürzung für Sadomasochismus.

Stopcode: Vor einer sadomasochistischen Inszenierung vereinbartes Wort, das gebraucht wird, wenn einer der Partner das Arrangement abbrechen möchte.

Straps und Grips: Vereinigung von Prostituierten.

Strenge Erziehung: Besonders harte Bestrafungsmaßnahmen gegenüber einem →Sklaven oder Schüler.

Stromspiele: Sadomasochistische Praktiken, bei denen mittels leichter Stromschläge vor allem die Geschlechtsteile «stimuliert» werden.

Swinger: Männer und Frauen, deren Sexualverhalten in besonderem Maße auf wechselnde Geschlechtspartner abzielt.

Switch: (→Dual)

Tabuloser Sex: Begriff für die Bereitschaft zu den unterschiedlichsten Sexualpraktiken, meist auch →bizarre Praktiken miteinbeziehend.

Toilettensklave: →Sklave, der die Ausscheidungen anderer Personen, mitunter auch aus dem WC, verspeist oder trinkt.

Top: (→S)

Toys: Gegenstände («Spielzeuge») für sadomasochistische, bizarre oder ähnliche Sexualpraktiken.

Vibrator: Elektrisches (phallusförmiges) Massagegerät, das zur sexuellen Stimulation benutzt und häufig vaginal oder anal eingeführt wird.

Wasserspiele: (→Natursekt).

Watersports: (→Natursekt).

Whipping: (→Flagellation).

Zofe: Assistent(in) oder Befehlsempfänger(in) einer dominanten Person, der/die anderen Beteiligten unter Umständen auch für Geschlechts- und Oralverkehr zur Verfügung steht oder die untergeordnete Rolle einnimmt.

Kontaktadressen und Gesprächsgruppen – eine Auswahl

Quälgeist Berlin
c/o Mann-O-Meter
Motzstr. 5
10777 Berlin

SM-Lesben-Treff
(Jeden zweiten Samstag im
Spike-Connection)
Motzstraße
10779 Berlin

SMart
(Kontakt über die Schlagzeilen-
Redaktion)
Bremen/Oldenburg

Schlagzeilen – Zentralorgan des
SM-Sündikats Hamburg
Postfach 30 63 52
20329 Hamburg

GLSM (für schwule SMer)
Postfach 32 34 48
20119 Hamburg

AG SM und Öffentlichkeit
Holstenstr. 5
24534 Neumünster

SMbH (SM begegnet Hannover)
Postfach 932
30009 Hannover

AG SM und Recht
c/o Schwarze Galerie
Neue Fahrt 3
34117 Kassel

SM Gruppe Kassel
c/o Schwarze Galerie
Neue Fahrt 3
34117 Kassel

SMile Marburg
Postfach 16 05
35006 Marburg

SMart Rhein-Ruhr e. V.
Postfach 10 33 13
45033 Essen
(SMart Regionalgruppen existieren
noch in Köln, Düsseldorf/Neuss,
Wuppertal/Bergisches Land und in
Dortmund/östliches Ruhrgebiet)

Lustvolles Leiden
SM Gesprächskreis für
Jeder(mann)frau
KCM
Am Hawerkamp 31
48155 Münster

SexManiacs
Postfach 10 41 30
44041 Dortmund

Main-Pain
Postfach 21 02
61411 Oberursel
(Informationen gegen Freiumschlag)

«Schlagseite»
SM Kreis
Postfach 10 52 03
69042 Heidelberg

Gruppe Nordbayern und
Südthüringen
Postfach 16 34
96306 Kronach

C. O.
Postfach 44 01 25
80750 München

c/o Gretl Koschwald
Gehstorf 29½
93444 Kötzting

Dank

Wir danken Dirk Hellhammer und Karl-Martin Pirke für freundlichen Rat in psychophysiologischen Grenzfragen; Valentin Sitzmann für die Beratung in juristischen Aspekten; Alois Hahn für kultursoziologische Anregungen. Dank gilt auch Helmut Willems, Rainer Winter, Waldemar Vogelgesang, Hermann Dahm und Manfred Lerch für ihre Hilfe.

Für die Unterstützung unseres Forschungsprojektes während der empirischen Arbeit danken wir insbesondere: Schlagzeilen/Sündikat (Hamburg), Rohowski & Partner Verlag Stuttgart (Aktueller Sexführer), Kastley GmbH (Mira Magel), Schwarze Galerie (Kassel), Schwarze Mode (Berlin), -Magazin, Schlagseite, Lederstudio Schumacher (Frankfurt/M.), Shiwa Design Wagner (Ortenberg), Sadanas Verlag (St. Gallen), Boutique Secrets (Köln), Puls Drugstore (Hamburg), Hautnah Eccentric Fashion (Berlin), Walters Lederboutique (München), Buchhandlung Männerschwarm (Hamburg), SMile, LSMA, Verein zur Förderung der Erforschung der Geschichte der Homosexuellen in Nordrhein-Westfalen e.V., Libertine Sadomasochismus Initiative, MS Panther Köln e.V., Sklavin Phani, Lady Ira, Madame Sharka, Madame Rava, Andrea Venhaus, Stefanie Mahlknecht, Peter Bahnen (Aachen), Jürgen Lentes (Frankfurt/M.) sowie der Aids-Hilfe in Trier, der Deutschen Aids-Hilfe Berlin und nicht zuletzt all denjenigen, die anonym bleiben wollen.

«Die Liebe hat nun einmal dieses Übel, daß Krieg und Frieden immer wechseln.»
Horaz, Satiren

Lonnie Barbach
Mehr Lust *Gemeinsame Freude an der Liebe*
(rororo sachbuch 8721)

Cheryl Benard / Edit Schlaffer
Männer *Eine Gebrauchsanweisung für Frauen*
(rororo sachbuch 8820)

Marty Klein
Über Sex reden *Heimliche Wünsche, verschwiegene Ängste*
(rororo sachbuch 8824)

Tina Tessina
In guten wie in schlechten Tagen *Anregungen für homosexuelle Paare*
(rororo sachbuch 8782)
Dieses einfühlsame Buch trägt den besonderen Möglichkeiten und Problemen homosexueller wie lesbischer Beziehungen Rechnung und gibt praktische Anregungen vom ersten Flirt bis zur Goldenen Hochzeit.

Diane Vaughan
Wenn Liebe keine Zukunft hat *Stationen und Strategien der Trennung*
(rororo sachbuch 8818)

Judith Sills
Liebe nach dem ersten Blick *Handbuch für Romantiker*
(rororo sachbuch 9134)
«Dies ist kein Buch über hoffnungslos unglückliche Beziehungen, sondern eines über potentiell glückliche.»

CHERYL BENARD/
EDIT SCHLAFFER

MÄNNER

EINE GEBRAUCHSANWEISUNG FÜR FRAUEN

Béatrice Hecht-El Minshawi
Zwei Welten, eine Liebe *Leben mit Partnern aus anderen Kulturen*
(rororo sachbuch 9141)

Sämtliche Bücher und Taschenbücher zum Thema finden Sie in der *Rowohlt Revue*. Jedes Vierteljahr neu. Kostenlos in Ihrer Buchhandlung

Ute Auhagen-Stephanos
Wenn die Seele nein sagt *Vom
Mythos der Unfruchtbarkeit*
(rororo sachbuch 9378)

James L. Creighton
Schlag nicht die Türe zu *Konflikte aushalten lernen*
(rororo sachbuch 9194)

Steven Farmer
Endlich lieben können *Gefühls-
therapie für erwachsene
Kinder aus Krisenfamilien*
(rororo sachbuch 9168)
Kinder aus Krisenfamilien
können ihre Gefühle nur
schwer zeigen, haben das
Bedürfnis, ihre Partner zu
kontrollieren, und scheuen
sich vor Intimität wie vor
Konflikten. Der Autor
beschreibt die besonderen
Probleme und zeigt Lösungs-
wege auf.

Elisabeth Flitner /
Renate Valtin (Hg.)
Dritte im Bunde: die Geliebte
(rororo sachbuch 9376)

Marina Gambaroff
Sag mir, wie sehr liebst Du mich
Frauen über Männer
(rororo sachbuch 8817)
»Wenn in einer Beziehung das
Bedürfnis, "ich liebe dich" zu
sagen oder "liebst du mich?"
zu fragen, immer größer wird,
dann hat es schon irgendwelche Risse gegeben.«

Ruth Kuntz-Brunner / Inge
Nordhoff
Heute bitte nicht *Keine Lust*

*auf Sex - ein alltägliches
Gefühl*
(rororo sachbuch 9189)

Karin Mönkemeyer /
Inge Nordhoff
Ein platonisches Verhältnis
*Freundschaften zwischen
Männern und Frauen*
(rororo sachbuch 8749)

Dorothee Schmitz-Köster
Liebe auf Distanz *Getrennt
zusammen leben*
(rororo sachbuch 8816)

Henry Miller wuchs in Brooklyn, New York auf. Mit dem wenigen Geld, das er durch illegalen Alkoholverkauf verdient hatte, reiste er 1928 zum erstenmal nach Paris, arbeitete als EnglischLehrer und führte ein freizügiges Leben, ausgefüllt mit Diskussionen, Literatur, nächtlichen Parties – und Sex. In Clichy, wo Miller damals wohnte, schrieb er sein erstes großes Buch «Wendekreis des Krebses». Als er 1939 Frankreich verließ und in die USA zurückkehrte, kannten nur ein paar Freunde seine Bücher. Wenig später war Henry Miller der neue große Name der amerikanischen Literatur. Immer aber bewahrte er sich etwas von dem jugendlichen Anarchismus der Pariser Zeit. Henry Miller starb fast neunzigjährig 1980 in Kalifornien.

Insomnia oder Die schönen Torheiten des Alters
(rororo 4087)

Jugendfreunde *Eine Huldigung an Freunde aus längst vergangenen Zeiten*
(rororo 12587)

Der klimatisierte Alptraum
(rororo 1851)

Lachen, Liebe, Nächte
(rororo 758)

Nexus *Roman*
(rororo 1242)

Sexus *Roman*
(rororo 4612 und als gebundene Ausgabe)

Stille Tage in Clichy
(rororo 5161)

Wendekreis des Krebses *Roman*
(rororo 4361)

Wendekreise des Steinbocks
Roman
(rororo 4510 und als gebundene Ausgabe)

Im Rowohlt Verlag sind außerdem erschienen:

Tief im Blut die Lockungen des Paradieses *Henry Miller-Lesebuch*
Herausgegeben von Heinrich Maria Ledig-Rowohlt
256 Seiten. Gebunden.

Der Engel ist mein Wasserzeichen
Sämtliche Erzählungen
Deutsch von Kurt Wagenseil und Herbert Zand
352 Seiten. Gebunden.

Ein Verzeichnis sämtlicher Bücher und Taschenbücher von Henry Miller finden Sie in der Rowohlt Revue – jedes Vierteljahr neu und kostenlos in Ihrer Buchhandlung.

Als 1957 «Unterwegs» erschien, hatte die Beat-Generation in **Jack Kerouac** ihren Schriftsteller gefunden. Seine Romane waren die Kultbücher der 60er Jahre. Kerouac, 1922 in Lowell, Massachusetts geboren, besuchte nur kurz die Universität, fuhr statt dessen zur See und trampte jahrelang kreuz und quer durch die USA und Mexiko. Er starb 1969 in Florida.

Be-Bop, Bars und weißes Pulver

(rororo 4415)
Die Szene: die Bars, Betten und Bungalows von San Francisco. Die Personen: junge Schriftsteller, Maler und Jazz-Musiker, ihre Freundinnen und Frauen.

Engel, Kif und neue Länder

(rororo 1391)
Die volle Geschichte des Beat-Aufstandes, jenes aufregenden JAZZ-KOKS-MARIHUANA-LYRIK-GEDANKEN-ORGAS-MUS-GOTT!

Maggie Cassidy

(rororo 4561)
An einem Silvesterabend lernt Jack Duluoz das Mädchen Maggie kennen. Sie ist so anders als alle andern ... Eine bittersüße Liebesgeschichte.

The Town and the City

(rororo 4971)
In seinem Erstlingsroman schildert Kerouac seine eigene Kindheit und Jugend zunächst in einer intakten Gemeinschaft auf dem Land, später in der bedrückenden Enge New Yorks.

Gammler, Zen und Hohe Berge

(rororo 1417)
«Eines Tages Ende September 1955 sprang ich zwölf Uhr mittags vor Los Angeles auf einen Güterzug ... »

Lonesome Traveller

(rororo 4809)
Acht Prosaskizzen, die abgehen «wie eine Dampflok, die hundert Waggons zieht».

Unterwegs

(rororo 1035)
Das literarische Manifest einer Jugend, die inmitten der schlechtesten aller Welten ein lautes Bekenntnis zum glückseligen Leben ablegt: Tempo, Jazz, Marihuana, Sex und Freiheit.

Armistead Maupin

Armistead Maupin, 1944 geboren und Journalist von Beruf, kam Anfang der siebziger Jahre nach San Francisco. 1976 begann er mit einer Serie für den «San Francisco Chronicle», die in den USA zu einem Riesenerfolg wurde und das Material lieferte für sechs Romane - die heute schon legendären «Stadtgeschichten». In deren Mittelpunkt steht die ebenso exzentrische wie liebenswerte Anna Madrigal, 56, die ihre neuen Mieter gern mit einem selbstgedrehten Joint begrüßt. Unter anderem treten auf: Das Ex- Landei Mary Ann, der von Selbstzweifeln geplagte Macho Brian, das New Yorker Model D'orothea und San Franciscos Schwulenszene. All den unterschiedlichen Menschen, deren Geschichte erzählt wird, aber ist eines gemeinsam: Sie suchen das ganz große Glück.

Stadtgeschichten
Band 1
rororo 13441

Mehr Stadtgeschichten
Band 2
rororo 13442
«Maupins Geschichten lassen den Leser nicht mehr los, weil sie in appetitlichen Häppchen von jeweils circa vier Seiten gereicht werden und man so lange ‹Na, einen noch› denkt, bis man das Buch ausgelesen hat und glücklich zuklappt.» *Der Rabe*

Noch mehr Stadtgeschichten
Band 3
rororo 13443

Tollivers Reisen
Band 4
rororo 13444
«Nichts ist schlimmer, als die steigende Zahl der Seiten, die das unweigerliche Ende des Romans ankündigen.» *Hannoversche Allgemeine Zeitung*

Am Busen der Natur
Band 5
rororo 13445

Schluß mit lustig
Band 6
rororo 13446
«Ein Kultroman.» *Die Zeit*

rororo Literatur

«Es ist merkwürdig, aber von jedem, der verschwindet, heißt es, er sei hinterher in San Francisco gesehen worden.» *Oscar Wilde*

Louis Armstrong
dargestellt von Ilse Storb
(rororo bildmonographien
443)

Joachim-Ernst Berendt (Hg.)
Die Story des Jazz *Vom New
Orleans zum Rock Jazz*
(rororo sachbuch 7121)

Robin Denselow
The Beat goes On *Popmusik
und Politik. Geschichte
einer Hoffnung*
(rororo sachbuch 8849)

Albert Goldman
John Lennon *Ein Leben*
(rororo 13158 und als
gebundene Ausgabe im
Wunderlich Verlag)
Als John Lennon erschossen
wurde, endete eine Epoche.
Die Musik der Beatles stand
für das Lebensgefühl einer
ganzen Generation. Albert
Goldman aber deckt nun in
seiner schockierenden
Biographie die verborgenen
Seiten eines Musikgenies auf.
Eine Biographie, die man
«wie einen spannenden Krimi
verschlingt». *FAZ*

Charlotte Greig
Will You Still Love Me Tomorrow?
*Mädchenbands von den 50er
Jahren bis heute*
(rororo sachbuch 8854)

Bernward Halbscheffel /
Tibor Kneif
Sachlexikon Rockmusik
*Instrumente, Stile, Techniken,
Industrie und Geschichte*
(rororo sachbuch 6334)
Ob Amplifier oder Achtel-
note, Heavy Metal oder
House, Kadenz oder Klirr-
faktor, Riff oder Reggae,
Synthesizer oder Scratching -
dieses Lexikon klärt auf.

Martin Kunzler
Jazz-Lexikon
Band 1: AABA-Form bis Kyle
(rororo sachbuch 6316)
**Band 2: La Barbera bis
Zwingenberger**
(rororo sachbuch 6317)

Carsten Laqua
Wie Micky unter die Nazis fiel
Walt Disney und Deutschland
(rororo sachbuch 9104)

Michael Naura
Jazz-Toccata *Ansichten und
Attacken*
(rororo sachbuch 9162)

Sämtliche Bücher und
Taschenbücher zum Thema
finden Sie in der *Rowohlt
Revue.* Jedes Vierteljahr neu.
Kostenlos in Ihrer Buchhand-
lung.